لقمة پیاری لقمیة پیاری ١٢۶١

برگزیده متون پارسی مزدا

(شماره ۱۱)

آنچه که تاکنون منتشر شده است

چاپ نخست: ۱۹۹۹ (۱۳۷۸ خورشیدی)

ویرایش : رضا گوهرزاد

شابک : ۱-۰۸۸-۵٦۸٥۹-۱

فهرست

بخش هشتم: یهودیان و قرن بیستم

پیشگفتار

اگر خود را لحظه ای از ذهنیت متداولی که انسان را از دیگر موجودات جهان هستی کاملاً جدا و متفاوت تلقی می‌کند، رها کنیم و این اصل بسیار ساده و درعین حال مهم را بپذیریم که موجودات جهان با تمامی گونه گونی، در گوهر خویش تنها در شمار الکترونها و پروتونها با یکدیگر متفاوتند، نخست به یگانگی انسان با کل هستی و سپس به موقعیت انسان به مثابه پیچیده ترین شکل وجود در این جهان پی می‌بریم. انسانی که در جهان هستی به حضور خویش و چگونگی تکوین حیات خود واقف است، که حتی خورشید، با آن که سرچشمه زندگانی ماست از این امکان برخوردار نیست.

طرفه این جاست که مغز انسان به مثابه شگرف ترین معجزه آفرینش در کاربرد خویش به عنوان ابزار و سازمان تفکر و اندیشه از ثمره ای دوگانه و متناقض برخوردار است. از یك سوی، انسان این ابزار را برای حل مشکلات و ایجاد سهولت زیست در روند زندگی به کار می‌گیرد. از سوی دیگر، به کمك این ابزار تصاویر و مفاهیمی کاملاً ذهنی از جهان واقعی می‌آفریند، آن ها را به اصول و باورها تبدیل کرده و سپس به درستی و صحت آنها، به مثابه پدیده های مطلق و تردید ناپذیر، اصرار می‌ورزد. در همین کاربرد، بخش بزرگی از تاریخ صرف تقسیم انسان به باورهای گوناگون مذهبی و تحمیل جنگی پایان ناپذیر برای اثبات حقانیت باورهای یکی بر دیگری بوده است. تصور کنید که اگر هزینه سرسام آوری، که نیم قرن گذشته تنها در خاورمیانه صرف جنگ و تدارکات جنگی گردید، حتی در چهارچوبه نظامهای موجود سیاسی منطقه، صرف بهبود وضع بهداشت، آموزش و پرورش، تغذیه و مسکن مردم می‌شد و یا به بیان دیگر انسان و بهبود زندگی انسانی محور توجه قرار می‌گرفت و نه اختلافات مذهبی، با چه درجه از پیشرفت علوم، هنر و رفاه اجتماعی روبرو بودیم و این تنها حدیث نیم قرن معاصراست و نه سه هزار سال سابقه خونریزی مدام. بی شك اگر بخشی از این جنگ بی پایان، ناشی از مبارزه طبقاتی میان انسانهاست که اقشاری از آنها سهم بزرگتری

از ثروت را به خویش اختصاص داده و در حفظ نظم موجود اصرار می‌ورزند، این نیز ساخته ذهن آدمی است و بر گوهر نهادین پدیده خللی وارد نمی‌کند.

در عصر حاضر که انسان به یاری پیشرفت علم به تصویری نو از جهان هستی و پیرامون خویش دست یافته است و زمین را جزیی ناچیز، از گستره ای به وسعت ۱۵ میلیارد سال نوری می‌بیند و نه مرکز کاینات – به آن گونه که در کتابهای مذهبی تصویر شده – طبیعی است که اصرار در حقانیت باورهای کهن و اسطوره های دست و پا گیر بیهوده جلوه می‌نماید، چرا که انسان هوشمند و اندیشه ور کنونی می‌بایست گره گشای مسایل و مشکلات باشد. در پرتو اکتشافات بزرگ، دیریست که بنیاد باورهای جزمی سست گردیده و اندیشیدن و دانستن، ویژه طبقه و قشر گزیده ای نیست. خرد موهبتی است که به همگان یکسان ارزانی گردیده و هر کس به اندازه فهم خویش می تواند جهان را کشف و بیان نماید. انسانِ اندیشمند می‌داند که همین باور ها و مقولات اساطیری هستند که نه تنها در غالب سنتی مذهب بلکه در شکل پیچیده تری، او را از پگاه تا شام، و با حداکثر بهره گیری از امکانات تبلیغاتی و ارتباطی، در چنگ و چنبره خویش دارند.

تاریخ یهودیان، همانند تاریخ دیگر اقوام و ملل، در پوششی از اسطوره ها و افسانه ها پوشیده شده و حتی در برخی از موارد اسطوره ها جانشین واقعیتهای تاریخی گشته اند. انگیزه اصلی از نگارش این نوشتار کنجکاوی و پویش در همین نکته بود. کنجکاوی در اینکه چه بخشهایی از تاریخ یهودیان به استناد مدارک تاریخیِ موجود معتبر هستند و تا چه میزان از مقولات اسطوره ای ریشه گرفته اند. همچنین، این پوشش اساطیری، چگونه باورهای ما را شکل می‌دهند به گونه ای که آنها را جایگزین واقعیتهای تاریخی می‌کنیم. این کتاب، در واقع پاسخ به پرسشهایی است که از دوران نو جوانی در ذهنم شکل گرفتند و همواره در جستجوی پاسخی شایسته برایشان بودم. پرسشهایی که من را به شناخت واقعیتها و درک حقیقت کشانیده و از یک سو نگری و خشک اندیشی به دور می‌داشت.

نوشتار حاضر، سرگذشتی واقعی از مردمان واقعی است. این کتاب تلاشی است کاوشگرانه بر تاریخ و فرهنگ واقعی یهودیان. گرچه بخشهای این کتاب بر اساس الگویی از سیر تاریخی زندگی این اقوام سازمان یافته، ولی این مجموعه یک کتاب کلاسیک تاریخ یهود محسوب نمی‌شود و یگانه هدف آن بررسی رویدادهای مهم اجتماعی ـ فرهنگی این

اقوام، فرا از احساسات و تعصبات مذهبی و تنها به استناد مدارک تاریخی است. خواننده بر این نکته واقف است که تاریخ محصول برخورد اندیشهٔ افراد گوناگون با باور های گوناگون در دوران متفاوت با رویدادهاست. بنابراین جای شگفتی نیست اگر درباره رخدادی ویژه، دیدگاههای گوناگون و نقطه نظرهای متفاوت عرضه گردند. در این راستا همواره کوشیده ام که منابع و ماخذ نکات مندرج در این کتاب، به ویژه در مواردی که نقطه نظر های متناقض مطرح گردیده اند، آورده شود.

بخش نخست کتاب، با اشاره ای به اعوان و انصار عبرانیون و شیوه ساده زندگی شبانی آنها آغاز می‌گردد. سپس بردگی برخی از این قبایل و مهاجرت آنها از مصر، فتح کنعان، وحدت سیاسی این قبایل که سرانجام به بنیاد دولت اسرائیل باستان می‌انجامد مورد بحث قرار گرفته است. در پایان، فرهنگ عبرانیون، به ویژه مذهب بنی اسرائیل و فرامین دهگانه موسی مورد تحلیل قرار می‌گیرد. در این بخش از کتاب در می‌یابیم که در آن زمان، مفاهیمی چون بهشت و جهنم در مذهب عبرانیون پایگاه استواری نداشته و این مقوله دیرتر، تحت تاثیر فرهنگ یونان و پارسیان، به مذهب یهود راه یافته است.

در بخش دوم کتاب، بحران مذهب و ظهور فرقه های گوناگون مذهبی ـ سیاسی چون گروههای کُمران، اِسنی ها، فاریسی ها و سادوسی ها در میان یهودیان و کشمکش میان آنان بررسی می‌شود، دورانی که با بازگشت بنی‌اسرائیل از اسارت هفتاد ساله بابل آغاز شده و سرانجام با ظهور مسیحیت و تخریب معبد دوم اورشلیم پایان می پذیرد. سختگیری هر چه بیشتر در اجرای احکام و آیین سنتی مذهب، عدم تحمل آرا و عقاید مخالف و نبردهای خونین میان فرقه های مذهبی از ویژگیهای این دوره از تاریخ یهودیان است می‌باشد که در این بخش از کتاب آمده است. در چنین جوی، وعده بهشت نیز، ارزانی آنانی گردید که در جنگها شرکت می‌کردند و شهید می‌شدند. همچنین، جشنهایی مانند پِسح، روشاهشانا و حنوکا که در آغاز، وقایعی مستقل از مذهب بودند و به هنگام پدیده های مهم طبیعی برگزار می‌گردیدند، در این دوره پوششی اساطیری بر آن ها نشاندند و به آنها رنگ مذهبی دادند. سرانجام، تلمودها یا تفسیر بر تورات، به مثابه رکن اصلی زندگی در تبعید که در ادامه این دگرگونیها شکل می‌گیرند در پایان این بخش ارزیابی می‌شوند.

بخش سوم کتاب به بررسی زندگی یهودیان قرون وسطی اختصاص دارد. یهودیان در

این دوره از تاریخشان، در سرزمینهای تحت سلطه اسلام و اروپای مسیحی پراکنده اند؛ تورات و تلمود را به دوش می‌کشند در حالی که نه میهن دارند و نه دولت و اورشلیم، این میعادگاه عاطفی، بارها دست به دست می‌گردد. در این دوره از تاریخ است که شرایط اقتصادی ــ اجتماعی، یهودیان را از زمین و کشاورزی جدا می‌کند و آنها را به سوی داد و ستد و صرافی سوق می‌دهد و در پرتو همین عوامل اقتصادی ــ اجتماعی، شیوه زندگی یهودیان دگرگون می‌شود. ویژگیهای جوامع یهودی قرون وسطی در پایان این بخش مطرح می‌گردند.

بخش چهارم کتاب، کوششی است در بررسی سه پدیده ژرف و سیر تکوینی آنها در تاریخ یهودیان قرن هفدهم و هجدهم. گرچه این سه پدیده ماهیتی بسیار متفاوت داشتند ولی وجه مشترکشان دست و پا گیر برای گردانندگان دین بود. پدیده نخست تجدید اشتیاق و امید بازگشت به سرزمین موعود در میان یهودیان و ظهور افرادی بود که خود را در لباس منجی موعود یا "ماشیا" معرفی می‌کردند. دومین پدیده، ظهور نهضت حسیدیسم در اروپای شرقی بود که عبادت ساده و بی‌آلایش را تنها راه نجات می‌شناخت و به بیانی، خداشناسی بدون میانجیگری حخامیمِ* را تجویز می‌کرد. سرانجام، بدعت گذارانی در عرصه اجتماعی ظاهر شده بودند که در سایه خرد و برهان بسیاری از مفاهیم جزمی یهودیت را به زیر پرسش می‌کشیدند. از جمله فلاسفه ای که این جریان سوم را نمایندگی می‌کردند باروخ اسپی نوزا بود که به بیان بیضایی "با شک کردن در این سرنوشت نومیدی آور و از پیش تعیین شده برای انسان.... شیطان و اهریمنی معرفی گردید و دوزخ را پیشاپیش برای خویش خرید".

آغاز عصر روشنگریِ اروپا، انقلاب کبیر فرانسه و پذیرش یهودیان در جوامع غربی موضوع بحث بخش پنجم کتاب هستند. در سایه این دگرگونیها، جنبش خردگرایی در میان یهودیان اروپای غربی پیدا شد که تاثیر شایانی در رهایی یهودیان از زندگی در گتوها و

---

* واژه عبری "حاخام" به معنی دانا، که در اصل به بزرگ مذهبی جوامع یهودی سفاردی اطلاق می‌گردید، در این کتاب فراوان آمده است. از آنجا که برابر فارسی این واژه روشن و گویا نیست، همان واژه عبری "حاخام" و جمع آن "حخامیم" در کتاب به کار گرفته شده است.

دست یافتن آنان به حقوق شهروندی داشت. در این بخش یاد آور می شویم که رهاییِ یهودیان از سلطه تلمود، به عنوان یگانه نظام آموزشی برای بیش از چهارده قرن، چگونه انسجام جوامع سنتی را بر هم زد و صدها یهودی اندیشمند و متفکر تقدیم بشریت کرد.

در بخش ششم، مهاجرت یهودیان به قاره جدید و سپس مهاجرت آنان در سه نوبت، در ابعادی گسترده، به امریکای شمالی مورد بررسی قرار گرفته است. تناقضهای شدید اجتماعی ـ فرهنگی میان مهاجران یهودی اروپای غربی و اروپای شرقی و ویژگیهای جوامع یهودیان امریکا، به مثابه یکی از موفق ترین اقلیتهای این سرزمین، موضوع مورد بررسی در این بخش از کتاب است.

بخش هفتم کتاب اختصاص به پدیده یهودی‌ستیزی و بررسی ریشه های دشمنی با یهودیان دارد. پدیده ای که ریشه هایِ آن به دوران پیش از ظهور مسیحیت باز می‌گردد و در طول تاریخ، به بهانه ها و سببهای گوناگون بر یهودیان تحمیل شده است. در پی آن ویژگیهای قومی یهودیان که همواره آنان را به صورت طعمه ای دلچست در برابر قدرتهای بزرگ تاریخ، به ویژه هنگام بحرانهای اقتصادی و اجتماعی، قرار داده است بررسی می‌شود. بهره گیری از یهودی‌ستیزی به مثابه ابزارِ سیاسی و ظهور احزابی با چنین خط مشی‌ها در اروپا، یهودی‌ستیزیِ دولتی و آزار یهودیان اروپای شرقی و در پایان یهودی‌ستیزی در ایالات متحد امریکا، ارزیابی می‌گردد.

سرانجام بخش هشتم پیرامون رخدادهای مهم تاریخی یهودیان در قرن بیستم دور می‌زند. این بخش را با تحلیلی از جنبش صیهونیسم سیاسی آغاز نموده و بازگو می‌کنیم که جوامع یهودی سنتی که ظهور "ماشیا" را تنها چاره و یگانه راهِ نجات می‌شناختند و بیش از هفده قرن در انتظارش روزشماری کرده بودند تا آنها را از آوارگی نجات داده و جلال و شکوه باستانی را به آنان بازگرداند، چگونه در پایان قرن نوزدهم، برای نخستین بار، کوشیدند تا این اقدام مهم را خود عهده دار شوند و میهنی برای خویش دست و پا کنند. در ادامه این مقوله، برخورد جنبش چپ با مساله یهود و تناقض میان دیدگاه مارکس و دیگر پیشگامان جنبش سوسیال دموکراسی بررسی شده و موضوع جدایی دین از دولت و مقوله حذف طبقات اجتماعی به عنوان پیش شرط تامین حقوق شهروندی برای یهودیان مورد تحلیل قرار می‌گیرد. سپس با اشاره به فلسفه وجودی ناسیونال سوسیالیسم و ریشه های

دشمنی با یهودیان و جنگ دوم جهانی به چگونگی بنیانگذاری ِ دولت اسراییل جدید می‌رسیم. مساله پیچیده اعراب و اسرائیل و مواضع نا همگون یهودیان با این مقوله و سرانجام موقعیت یهودیانِ جهان در پایان هزاره دوم میلادی، ما را به پایان کتاب می‌رساند.

شاید نیاز به یادآوری باشد که محتوا و جان مایه این کتاب انعکاسی از درک و برداشت نگارنده از تاریخ یهودیان است که به هیچوجه "کلام آخر" محسوب نمی‌شود. برعکس، این کوشش دعوت از همه آنهایی است که مایل به ارائهٔ نقدی سازنده هستند و می‌خواهند در پویایی چاپهای آینده کتاب سهیم باشند. امید است که خواننده به نور واقع بینی و خرد به محتوای کتاب ِ بنگرد و تا جایی که در توانایی دارد از تعصب، تاریک اندیشی و یک سوی نگری در رد و پذیرش آنها بپرهیزد. در نهایت، انتظار می‌رود که خواننده دچار این توهم که جزمی نگری منحصر به یهودیت است نمی‌گردد زیرا که این چنین نیست. بدیهی است که ارزشها، اسطوره ها، معتقدات و باورهای دیگر ادیان سامی در دامن یهودیت ریشه و شکل گرفته اند و از این روی وجه تشابه و تجانس فراوانی میان مفاهیم سه گانه و شیوه برخوردشان نسبت به زندگی و آینده انسان وجود دارد.

بخش نخست

از دوران باستان تا تخریب معبد اول اورشلیم

سه واژه عبری، بنی اسرائیل و یهودی که امروزه برای بیان مقصود و مفهوم یگانه ای به کار می‌روند، معنی کاملاً متفاوتی با یکدیگر دارند. عبری[1] یا عبرانی به قبایل چادرنشین سامی زبان، که در دومین هزاره پیش از میلاد از بین النهرین به نواحی جنوب شرقی مدیترانه مهاجرت کرده و نزدیک به ۱۳۰۰ سال پیش از میلاد مسیح در سواحل شرقی دریای مدیترانه اسکان گزیده اند، اطلاق می‌شود. در قاموس یهود، واژه عبرانی، مشخصاً در مورد آن گروه از قبایل سامی زبان که یهوه[2] را به عنوان خدای خود پذیرفته بودند، به کار رفته است. این قبایل از دوران پیش از تاریخ مکتوب تا زمان فتح فلسطین باستان، یا کنعان، در شرق دریای مدیترانه می‌زیستند و حدود ۱۰۲۰ پیش از میلاد با ایجاد وحدت ملی موفق به تشکیل دولت مستقل شدند. همین قبایل عبرانی پس از آن که هویت ملی پیدا کردند و دارای مذهب مشترک گردیدند، بنی اسرائیل نامیده شدند. به گواه تاریخ، بنی اسراییل، از

---

۱   واژه عبری یا Hebrew از واژه ایوریم Ivrim یعنی " کسانی که از آن سوی رودخانه آمده اند " مشتق شده است. برخی ریشه این واژه را هابیرو Habiru و یا هابیری Habiri دانسته اند. در کتاب پیدایش، آیه ۱۵ از باب چهل، یوسف برای مصریان بیان می‌کند که او را از سرزمین عبرانیون ربوده شده است و در کتاب مهاجرت، آیه ۶ از باب دوم، خواهر فرعون، موسی را کودک عبرانی معرفی می‌کند. در روزگار پیشین، دیگران بنی اسرایل را همواره عبری یا عبرانی می‌نامیدند.

۲   ریشه واژگانی یهوه Yahweh، نام مقدس خدای عبرانیون نا شناخته است. موسی نام یهوه را برای نخستین بار در آیه ۱۳ از باب سوم کتاب مهاجرت به کار برد. در عهد عتیق تورات، نام یهوه نزدیک هفت هزار بار تکرار شده است. افزون بر این، نام های ادونای Adonai و الوهیم Elohim نیز به جای یهوه به کار رفته است در حالی‌که در برگردان انگلیسی تورات همه را لرد Lord نامیده اند.

زمان فتح کنعان تا سقوط دولت اسراییل به دست سارگون دوم، پادشاه آشور در سال ۷۲۱ پیش از میلاد، ساکن این نواحی بوده اند. سرانجام " یهودی "[۳] به گروهی اطلاق می‌شود که از لحاظ قومی و فرهنگی جانشینان دو گروه پیشین هستند که پس از بازگشت و آزادی از اسارت بابل به رغم اذیت و آزار های هولناک و مستمر که در طول نوزده قرن، یعنی از زمان سقوط دولت یهودیه توسط رومیان در سال ۱۳۵ میلادی تا تاسیس دولت اسراییل جدید در سال ۱۹۴۸ ، بر آنها تحمیل شد، تا امروز هویت خود را حفظ کرده اند[۳]. با توجه به مهاجرتهای فراوان و اسکان در سرزمین های گوناگون جغرافیایی، موثر از یورشها و تهاجمهایی که در طول تاریخ بر آنها رفته و تاثیر پذیری از فرهنگ اقوام و ملل دیگر، یهودیان نژاد متمایزی را تشکیل نمی‌دهند[۵، ۶].

---

۳   واژه عبری یهودی Yehudi از نام قبیله یهودا مشتق می‌شود و واژه انگلیسی Jew از واژه لاتین Judaeus به معنی شهروند یهودیه آمده است. واژه جهود نیز که در فرهنگ ما با تحقیر همراه است از واژه Judea ریشه گرفته و ارتباط آن با واژه جهد، به معنی سعی و کوشش پایه و اساسی ندارد.

۳   یهودی به استناد تعریفی که دولت جدید اسراییل، در سال ۱۹۷۰ ارائه داد، کسی است که یا از مادر یهودی متولد شده و یا به یهودیت گرویده باشد. به رغم این تعریف، شاخص اصلی یهودی بودن، اطاعت از مجموعه آداب، سنن و فرهنگی است که با تاریخ این اقوام به شدت در هم آمیخته و بر تمامی ارکان زندگی آنان حاکم است.

۵.   Langmuir GI, Toward a Definition of Antisemitism, p 312, University of California Press, 1996

۶   جامعه شناسی نوین، توجیه علمی برای مفهوم " نژاد" ندارد. انسانها را نمی‌توان بر اساس ویژگیهای جسمانی به گروه های متمایز از یکدیگر تقسیم کرد. عملاً بسیاری از افراد را می‌توان در چندین گروه نژادی جای داد، در حالی که بسیاری دیگر را در هیچ یک از نژاد های شناخته شده نمی‌توان طبقه بندی کرد. اگر عوامل اجتماعی را که موجب عقب ماندگی برخی از گروه های انسانی بوده اند، حذف نماییم، اختلافات ظاهری میان این گروه ها بسیار ناچیز خواهد بود. از این رو جامعه شناسی نوین بیش از آنکه به مفهوم نژاد تکیه کند به گروه های اجتماعی ـ جغرافیایی Ethnicity تاکید می‌ورزد. با وجود این، در حال حاضر دو گروه بر گروه بندی یهودیان به عنوان یک نژاد، پافشاری می‌کنند: گروه نخست نژاد پرستان و برتری طلبان سفید پوست هستند که می‌کوشند تا بدین وسیله، یهودیان را از اقوام دیگر جدا کرده و آزار و اذیتی را که در طول تاریخ بر آنها رفته است توجیه کنند. گروه دوم، بنیادگرایان یهودی هستند که برای اثبات نظر خود به تورات متوسل می‌شوند. با استناد به پنجمین آیه از باب نوزدهم کتاب مهاجرت، آفریدگار در کوه سینا با بنی اسراییل پیمان می‌کند که " اگر مرا به عنوان یگانه خدا و تنها قانون گذار بشناسی و از احکام من اطاعت کنی، در عوض شما را مردمی برگزیده و برتر از دیگر ملل به شمار آورده و همواره نظری خاص ▸

۱. عبرانیون در کنعان و قبایل دوازدهگانه

هر چند پژوهشهای تاریخی و باستان شناسی برخی از نوشته های تورات را درباره اعوان و انصار عبرانیون تایید می‌کند، لیکن به دلیل اینکه این مطالب قرنها بعد نوشته شده اند، باید با احتیاط با آنها برخورد کرد. برای نمونه، موسی در جایی خطاب به عبرانیون می‌گوید: " پدر من دوره گردی آرامی بود ".[٧] این گفته ضمن اشاره به زندگی کوچ نشینی اجداد عبرانیون، که از ویژگیهای زندگی شبانی است، آنان را آرامی تبار معرفی می‌کند در حالی‌که شواهد تاریخی، نیاکان بنی اسراییل را نه تنها با "آرامی ها" بلکه با اقوام آموریت و هایتیت[٨] نیز مربوط می داند. بررسیهای تاریخی نشان می‌دهند که نیاکان بنی اسراییل نخست در منطقه "اور" یکی از نواحی سومر که در جنوب رودخانه فرات واقع است، می‌زیسته اند. حدود دو هزاره دوم پیش از میلاد، گروهی از این قبایل به منطقه "کارا" یا " آران" در قفقاز که در آن زمان یکی از مستعمرات بابل محسوب می‌شد، مهاجرت می‌کنند. پس از چند قرن، برخی از این قبایل به سرزمینهای جنوبی و غربی کوچ کرده و در اطراف رودخانه اردن سکونت می گزینند و قبایل عبرانی را تشکیل می‌دهند که نه تنها عبرانیون یهوه پرست، بلکه آمونیان، موابیان و ادومیان[٩] را شامل می‌شدند. این مهاجرتها، در تورات، به دوران پاتریارش[١٠] مشهورند. از آنجا که نویسندگان تورات در قرون ششم و پنجم پیش از میلاد احتمالاً تحت تاثیر احساسات قومی خویش واقعه نگاری کرده باشند، تاریخ قبایل یهود و ارتباط نَسبی آنها را با حضرت یعقوب، به شرحی که در تورات آمده است، با احتیاط

◄

معطوفتان خواهم کرد". بنیادگرایان مذهبی، با استناد به این سند و آیات دیگر، به نوعی غرور نژادی اشاره کرده و حدود و ثغور منسجمی میان یهودیان و غیر یهودیان قائل هستند.

٧   تورات، آیه ۲۶، باب پنجم کتاب تثنیه

٨. Amorites and Hittites

٩   Amonites, Moabites and Adomites

١٠ Patriarchs

٣

باید تعبیر کرد[11]. نویسندگان تورات برای اینکه بتوانند تاریخ کامل و پیوسته ای از گذشته خود به دست دهند، اغلبِ داستانهای اسطوره ای را به جای وقایع تاریخی نگاشته اند. در تورات از دوازده قبیله عبرانی منسوب به دوازده پسران یعقوب به نام های آشر، بنیامین، دان، جاد، سیاکار، یوسف، یهودا، لاوی، نفتالی، رئوبن، شمعون و زبولون، صحبت می‌شود. ولی به نظر تورات شناسان داستان یعقوب بیشتر به اسطوره شباهت داشته تا واقعیت و تاریخ واقعی این قبایل، به بیان ناامُ گلاتزر، در زیر خاکستری از احساسات شخصی نویسندگان تورات مدفون گردیده است[12]. به عنوان نمونه، در این داستان، چهار قبیله رئوبن، شمعون، لاوی و یهودا که همه از فرزندان یکُ مادرند، در مقایسه با دیگر قبایل، روابط دوستانه تری با یکدیگر دارند. افزون بر این، قبایل آشر و جاد که فرزندان کنیز یعقوب هستند، همواره درمقام پست تری ارزیابی می‌شوند. در جای دیگر، نخستین معاهده میان قبایل عبرانی و سوریها که طی آن مرزهای میان چراگاههای متعلق به این قبایل در شمال جعلید[13] ازمیان می‌رود، در تورات به عنوان رابطه میان دو فرد و زیر پوشش قرارداد میان یعقوب و لابان[14] ذکر گردیده است.

۲. داستان مهاجرت

برخی از قبایل عبرانی ـ شاید اعوان وانصار یوسف ـ در جستجوی چراگاههای سبز به سوی مصر کوچ کردند. باید در نظر داشت که این نخستین بار نبود که عبرانیون از منطقه ای به منطقه دیگر کوچ می‌کردند. چنین کوچهایی، هر چند در ابعادی کوچکتر، بارها پیشتر

---

۱۱ Norbert Glatzer, late professor of religion, Boston University, from "Jews" in CD-Rom edition of Encyclopedia Encarta, 1994

۱۲ Naum Norbert Glatzer, late professor of religion, Boston University, in "Jews", Microsoft Encarta 1994

۱۳ جعلید Gilead نام منطقه ای بین رودخانه اردن در غرب، فلات موآب در جنوب و منطقه باشان در شمال است.

۱۴ تورات، کتاب پیدایش، باب ۳۱، آیات ۴۴ تا ۵۴

روی داده بود. این رویداد احتمالا در دوران سلطنت پادشاهان هیکسوس[15] که فاتحان سامی زبان مصر بودند، در فاصله سالهای ۱۶۹۴ و ۱۶۰۰ پیش از میلاد رخ داده است. حکومت این سلسله درسال ۱۵۷۰ پیش ازمیلاد منقرض گردید و به دنبال آن عبرانیون مورد آزار و اذیت قرار گرفته به بردگی کشیده شدند. تورات مدت اسارت عبرانیون در مصر را ۳۳۰ سال، از ۱۶۵۰ تا ۱۲۲۰ پیش از میلاد، ذکر می‌کند که مورد تایید پتری[16] باستان شناس انگلیسی نیز هست.

دررابطه با علت مهاجرت عبرانیون از مصر، دو دیدگاه موجود است: دیدگاه نخست، این مهاجرت را تلاش این گروه از عبرانیون برای پیوستن به دیگر قبایل عبرانی، که در واقع خویشاوندان آنها بودند، می‌داند. دیدگاه دوم، عقیده فلاویوس ژوزف[17]، مورخ یهودی قرن اول میلادی است که از قول مانه تو[18] مورخ مصری قرن سوم پیش ازمیلاد می‌گوید که مهاجرت بردگان عبرانی از مصر با موافقت مصریان و فقط به منظور حفظ مصریان از ابتلا به بیماری طاعون صورت گرفته است. او بر این عقیده است که شیوع طاعون در میان بردگان عبرانی، مصریان را وادار می‌کند تا موسی را که یک کاهن مصری بود به میان بردگان بفرستند تا آداب بهداشت را که از ویژه کاری این کاهنان بوده است به آنها بیاموزند. نویسندگان رومی و یونانی نیز همین نظر را تایید می‌کنند، گرچه گفته های آنان، به دلیل تمایلات ضد یهودیشان، مورد پذیرش همگان نیست. به هر حال هیچ گونه سند تاریخی، حتی در آثار به جای مانده از مصریان، در باره این مهاجرت موجود نیست. به باور ویل دورانت، شاید بدان علت است که شمار عبرانیون برده در مصر از چند هزار تجاوز نمی‌کرده و از این روی مهاجرت آنان تاثیر چندانی در زندگی اجتماعی ـ سیاسی آن روز مصریان نداشته است. مسلم این که در تاریخ یهود، در مورد ابعاد و اهمیت مهاجرت

---

۱۵ Hyksos

۱۶ Petrie Sir William Matthew Flinders,Egypt and Israel, London 1925

۱۷ فلاویوس، نام خانوادگی وسپاسین، پسر و جانشین نرون، امپراتور روم را ژوزفوس به عاریت گرفته است.

۱۸ Manetho

عبرانیون از مصر غلو شده است. افزون براین، خلاف آنچه در کتاب مهاجرت آمده است، مهاجرت عبرانیون در دوران حکومت رامسس دوم که فرعونی بسیار با قدرت بود نمی توانست رخ دهد[19] و این واقعه شاید در زمان جانشینش، فرعون مِرنپ[20] که به خاطر بیماری و ضعف جسمانی مدت کوتاهی حکومت کرد، روی داده است.

به هر حال، مهاجرت را موسی، نخستین پیامبر یهود، که در کوه سینا با یهوه پیمان بسته بود، رهبری کرد. برداشت شبانی از مالکیت، حقوق فردی، اخلاقیات جنسی، برابری افراد در پیشگاه پروردگار و آزادی‌های فردی، که از ویژگیهای زندگی چادرنشینی است، محتوای این پیمان را تشکیل می‌دهند. در این پیمان، خدا نه تنها به عنوان آفریدگار، بلکه قانونگذار و حاکم معرفی می‌شود. مذهب بنی اسراییل و سازمان سیاسی یهودیت پیرامون این پیمان شکل گرفته است.

با وجود پژوهشهای فراوان، محل دقیق "گذار از دریا" هنوز ناشناخته است. بسیاری خلیج عقبه، دریاچه "سیربونی" در شمال شبه جزیره سینا، خلیج سوئز و حتی دریاچه های نمک را محل احتمالیِ گذار پیشنهاد کرده اند[21]. در بسیاری از نقاطِ دریاچه سیربونی در کنار دریای مدیترانه، آب بسیار کم عمق است و از دو سوی، تنها دریا به چشم می‌خورد و از این رو بسیاری از ویژگیهای محل گذار را، به شرحی که در تورات آمده است، توجیه می‌کند[22].

گرچه داستان چهل سال سرگردانی بنی اسراییل در بیابان، در نظر نخست باور کردنی نیست ولی در چهارچوب زندگی شبانی آن روز این اقوام قابل درک است. جالب اینکه کوششهای فراوان باستانشناسان اسراییلی در فاصله سالهای ۱۹۶۷ تا ۱۹۸۲، هنگامی که صحرای سینا در اشغال دولت اسراییل بود، به منظور یافتن شواهدی در تایید داستان چهل سال سرگردانی بی نتیجه بود[23].

---

۱۹ Johnson P. A History of the Jews, p 25, HarperPrennial, New York 1987

۲۰ Merneptah

۲۱ Johnson P. A History of the Jews, p 26, HarperPrennial, New York 1987

۲۲ Ben-Sasson HH. A History of Jewish People, p 43-44, Harvard University Press, Cambridge Mass. 1976

۲۳ Levin M and Maranz F. Is the Bible fact or fiction? Time, December 18, 1995

فتح کنعان در حقیقت سرگذشت جماعتی چادرنشین گرسنه است که به سر زمینهای آباد رسیده اند و با ساکنان آن در گیر جنگ می شوند. در این جنگ نیز مانند دیگر جنگها، قتل عامهایی در مقیاس گسترده صورت می‌گیرد و فاتحان تا می‌توانند می کشند و زنان را به عقد اجباری خود در می‌آورند [۲۴]. گیدیون [۲۵] برای تسخیر دو شهر، بنا به قولی، بیش از صدو بیست هزار نفر را از دم تیغ می‌گذراند [۲۶]. موسی به همراهی العیازار کاهن، هنگام بازدید از سران ارتشی که بر "مدیانیت ها پیروز شده بود، از آنان خرده می‌گیرد که " چرا زنان را زنده گذاشته اید؟ " و می‌افزاید که " فقط دختران کوچك می‌توانند زنده بمانند، آنها را برای خود نگهدارید" [۲۷]. سرانجام در سال ۱۲۵۰ پیش ازمیلاد، قبایل یهوه پرست، تحت رهبری یوشع، جانشین موسی، از رودخانه اردن گذشته و پس از فتح شهر اریحا [۲۸] در مناطق غربی فلسطین مستقر شدند. آمده است که یوشع مردی خشن بود و اِعمال خشونت را ضامن بقا می‌دانست؛ "پروردگار یوشع را فرمود که ترس و یاس به خود راه نده، لشگر برگیر که اینك زمان فتح است" [۲۹] و " یوشع نیزه خود پس نکشید تا همه آنها کشته شدند" [۳۰]. ماقن بروشی، باستانشناس اسرایيلی، بر عکس معتقد است که یهودیه و سامره بدون کشت و کشتار تسخیر گردیدند. به این معنی که فتح سرزمین موعود حوالی

[۲۴] Durant Will, The Story of Civilization: Our Oriental Heritage, Volume I:302, Simon and Schuster, New York, 1935

[۲۵] گیدیون یا یروبال Jerubaal سرداری بود که "مدیانیت ها Medianites" را شکست داد. او پیشنهاد پادشاهی اسرایيل را بر این مبنای که تنها خدا پادشاه است، رد کرد.

[۲۶] تورات، کتاب اعداد، باب ۳۱ آیات ۱ تا ۱۸ و کتاب تثنیه باب ۷، آیه ۱۶

[۲۷] تورات، کتاب اعداد، باب ۳۱، آیات ۱ تا ۱۸

[۲۸] Jericho

[۲۹] تورات، کتاب یوشع، باب ۸، آیه اول

[۳۰] تورات، کتاب یوشع، باب ۸، آیه ۲۶

سیزده قرن پیش از میلاد روی داد و بر اساس یافته های باستانشناسی، بین قرن یازدهم و پانزدهم، این منطقه از سکنه تهی بوده و بنابراین فاتحان در تسخیر آن با مقاومتی روبرو نبوده اند. کاتلین کینیون باستانشناس و پژوهشگر انگلیسی، هم که بیش از شش سال در اطراف شهر اریحا حفاری کرده است، این نقطه نظر را تایید میکند[31]. و بدین ترتیب بنی اسراییل به سرزمین موعود دست یافت.

۳ . پادشاهان اسراییل

در سال ۱۰۲۰ پیش از میلاد قبایل بنی‌اسراییل، سرانجام به وحدت سیاسی دست یافتند و شائول، رییس قبیله بنیامین به عنوان نخستین پادشاه، قدرت را به دست گرفت. پس از مرگِ شائول، یکی از سرداران او به نام داود، بر جای وی نشست. داود که خود از قبیله یهودا بود، پیمانی را که موسی در کوه سینا با یهوه بسته بود، از نظر سیاسی و مذهبی سازمان داد و آن را مذهب رسمی فلسطین کرد. داود، اورشلیم، نیرومند ترین پایگاه فلسطینیها را تسخیر کرد و پایتخت دولت جدید خود قرار داد. با رهبری او، ارتش اسراییل باستان قدرت اقوام بدوی را در هم شکست و ادوم، آمون و مواب[32] را فتح کرد. بدین ترتیب داود پایه های دولت نوپای اسراییل را استحکام بخشید.

داود در آغاز قرن دهم پیش از میلاد در گذشت. به هنگام مرگ داود کشور های همجوار یا روابطی دوستانه با دولت او داشتند و یا به انقیاد او در آمده بودند. پس از داود، پسرش سلیمان، جانشین وی شد. سلیمان که به نماد شکوفایی و جلال دولت بنی اسراییل معروف است کسی بود که معبد اول اورشلیم را برای یهوه و قصر باشکوهی نیز برای خود بنا کرد. معبد اورشلیم به کمک معماران سیدون و تایر[33] و با کوشش بیش از صدو پنجاه هزار مزدور از قبایل بنی اسراییل بنا شد. سلیمان که پادشاهی قدرتمند بود ثروت پدر را در راه ترویج تجارت و صنعت به کار گرفت و راه مبادله با قدرتهای آفریقا، آسیا، عربستان و آسیای

---

۳۱ Levin M. Maranz F. Is the Bible fact or fiction? Time, December 18, 1995

۳۲ Edom (Idumea), Ammon and Moab

۳۳ Sidon and Tyre

صغیر را گشود. سلیمان از این ثروت بی انتها برای ارضای لذتهایِ شخصی خود نیز بهره گرفت. گرچه همواره از هفتصد زن عقدی و سیصد زن غیر عقدی سلیمان، صحبت کرده اند، با این حال تاریخ پژوهان ارقام شصت و هشتاد را واقع بینانه ترمیدانند[33]. به نظر برخی از تاریخ پژوهان، شاید هدف سلیمان از ازدواج با زنان با نفوذ، تحکیم دوستی با قدرتهای زمان بوده است.

سلیمان برای اداره بهتر کشور، قلمرو خود را به دوازده ناحیه که تنها پنج ناحیه آن با بخش بندیهای قبیله ای منطبق بود، تقسیم کرد. او با این اقدام خود، کوشید تا از زد و خورد میان قبایل کاسته و به قدرت حکومت مرکزی بیافزاید. ولی کار اجباری، مالیاتهای سنگین و نارضایی عمومی، دولت سلیمان را که بسیار ضعیف شده بود در سال ۹۲۲ پیش از میلاد به کلی تجزیه کرد. در شمال دولت مستقلی به نام دولت اسراییل که مرکب از ده قبیله بود، تشکیل شد. در جنوب نیز دولت یهودیه، که دو قبیله یهودا و بنیامین را در بر می‌گرفت، تاسیس گردید. در حقیقت، تاریخ بنی اسراییل برای دو قرن بعدی، شرح کشمکشهای میان این دو قدرت و قدرتهای کوچک منطقه مانند موآب، ادوم و دمشق است. افزون براین، در همان دوره بود که برخی در این دوره کوشیدند تا بت پرستی را دوباره با مذهب یهوه پرستی بنی اسراییل در هم آمیزند که خود به تفرقه بیشتر میان آنها دامن زد. رهبران مذهبی این دوران، بت پرستی و تجمل را تقبیح می‌کردند و راه چاره را در بازگشت به اصول زندگی بیابان گردی گذشته می‌دیدند. همزمان با این دگرگونیها بود که دولت آشور به بزرگترین قدرت منطقه تبدیل شد.

۴. حمله بخت النصر دوم و سقوط اورشلیم

نخستین حمله آشور در سال ۸۵۳ پیش از میلاد به سرداری سالماناسار و یا شلمناسر دوم روی داد ولی این حمله به خاطر ائتلاف میان قدرتهای کوچک منطقه با شکست روبرو گردید. درسال ۷۳۴ هنگام حمله دوم، دیگر این ائتلاف موقتی مقدور نبود و آشوریها توانستند سامره،

عه ۳، کتاب شموئیل، باب ۱۱، آیه ۲

پایتخت دولت اسراییل را با خاك یکسان کنند. از آن پس، هیچ گونه خبری از ده قبیله مفقود بنی اسراییل در دست نیست. [35]

گرچه دولت یهودیه، برای مدت یك صد سال دیگر، کما بیش هویت خود را حفظ کرد، ولی همواره زیر نفوذ دولت آشور باقی ماند. در این فاصله، با شکست دولت آشور، امپراتوری کلده به بزرگترین قدرت منطقه تبدیل شد. درسال ۵۹۷ پیش از میلاد، بخت النصر دوم، پادشاه بابل، یهویاقیم، آخرین پادشاه دولت یهودیه را سرنگون نمود و اعیان، اشراف و صنعتگران یهودیه را با خود به بابل برد. او "متنیا" یکی از نوادگان داود را به پادشاهی یهودیه برگزید و به او لقب "صدقیا" داد. صدقیا مدت ها میان سیاست تمکین با بخت النصر، که از سوی ارمیای نبی برای او تجویز می‌شد، و خط مشی دشمنانه ای که وطن پرستان یهودیه پیش پای او می‌گذاشتند مردد و بی تصمیم بود. سر انجام در سال ۵۸۸ پیش ازمیلاد، صدقیا بر علیه قدرت کلده قیام کرد و دو سال بعد، بخت النصر دوم، به اورشلیم یورش برد و شهر را با خاك یکسان کرد و این بار سرکردگان قیام را نیز با خود به بابل برد. به دستور بخت النصر، ابتدا پسران صدقیا را در برابر دیدگانش اعدام کردند و سپس او را کور کرده در غل و زنجیر به بابل بردند. [36] بسیاری از اهالی یهودیه به مصر گریختند و ارمیای نبی [37] را

---

۳۵   در طول تاریخ در باره سرنوشت قبایل ده گانه داستانها گفته اند و پیشگوییهای فراوان کرده اند. برخی بر این اعتقادند که قبایل مزبور به شرق کوچ کرده و تحت تعالیم نستوریوس، کشیش قسطنطنیه در نیمه اول قرن پنجم، به پیروان او بدل گردیده و مسیحیان نستوری امروزین را تشکیل می‌دهند. الداد حادانی Eldad Ha-dani نویسندهٔ یهودیِ قرن نهم، از حضور آنها در کوههای افریقا و بنیامین تودلو Tudela در آسیای مرکزی خبر می‌دهند. اعتقاد به بازگشت قبایل دهگانه در میان یهودیان آن قدر قوی بود که در قرن هفدهم میلادی شبتای ضوی Shabbetai Zevi رهبرانی برای این قبایل دهگانه تعیین کرده بود. در کتاب "مورمون" آمده است که قبایل دهگانه به شمال یا جنوب امریکا مهاجرت کرده اند. سرانجام بنا بر فرضیه British-Israelism که متعلق به دوران ویکتوریای انگلیس است، قبایل ده گانه همان آنگلوساکسونها هستند. پژوهشگران نوین را عقیده بر آن است که با افزایش قدرت دو قبیلهٔ بنیامین و یهودا، قبایل دهگانه هویت قبیله ای خویش را از دست داده و در درون دو قبیله مذبور ادغام گردیده اند.

۳۶   Friedman RE. Who wrote the Bible? p 98, HarperSanFrancisco, 1987

۳۷   ارمیا Jeremiah در سال ۶۲۵ پیش از میلاد ادعای پیامبری کرد و با تعالیمش مردم را بر علیه بت پرستی تشویق کرد. در سال ۶۰۵ پیش از میلاد، هنگامی که بخت النصر به سلطنت رسید، ارمیا پیش بینی کرد که بابل به زودی یهودیه را فتح ◄

نیز با زور و به رغم میل شخصی اش با خود بردند. از این پس فقط کشاورزان تهیدست در زمینهای خود باقی ماندند. بدین ترتیب بدنبال سقوط دولت یهودیه، یهودیان در سه منطقه مصر، بابل و کشتزارهای فلسطین پراکنده شده بودند. در حقیقت آغاز اسارت بابل، با پایان حکومت دولت یهودیه و نفیِ استقلال سیاسی بنی اسراییل مترادف است.

بسیاری، از جمله ارمیای نبی، حکمرانان یهودیه را مسئول اصلی شکست می‌دانستند. ارمیای نبی معتقد بود که دولت می بایست تسلیم بی‌چون و چرای بخت النصر دوم می‌شد و از وقوع این فاجعه پیشگیری می‌کرد. نوشته های ارمیای نبی گاهی این توهم را برای خواننده به وجود می‌آورد که شاید او کارگزار دولت بابل بوده است. در این رابطه خدای ارمیای نبی می‌گوید: " من زمین و انسان و حیوانات را آفریدم و همه آنها را به بخت النصر دوم، پادشاه بابل که خدمتگزار من است، بخشیدم. من همه گله ها و رمه های شما را به او ارزانی کردم......و بر همه اقوام واجب است که به فرمان او گردن نهند. من از ملت و دولتی که از او، یعنی بخت النصر دوم پادشاه بابل، پیروی نکند و یوغ او را به گردن نگیرد، با شمشیر، قحطی و بیماریهای گوناگون انتقام خواهم گرفت تا به دست او نابود شوند [38]".

با این همه، برخی دیگر مانند حزقیل[39] که مدت ۲۲ سال، از ۵۹۳ تا ۵۷۰ پیش از میلاد نبوت کرد، برخلاف ارمیای نبی به آیندهٔ بنی‌اسراییل بسیار خوش بین بود. او که در دوره اول مجبور به مهاجرت به بابل شده بود به اندازه ارمیای نبی، از سردمداران دولت یهودیه دلگیر نبود. کتاب حزقیل در اساس بازتابی از زندگی در اسارت بابل می‌باشد. حزقیل پیش بینی می‌کرد که این فاجعه دیری نخواهد پایید و یهوه، بنی اسراییل را نجات خواهد داد و برای همیشه در میان آنها خواهد زیست.

۰

خواهد کرد. از این رو یهویاقیم که از تاثیر سخنان منفی او بر مردم در هراس بود فرمان بازداشت او را صادر کرد و ارمیا تا هنگام سقوط یهودیه به دست بخت النصر در اختفا بسر می‌برد.

۳۸   کتاب ارمیا، باب ۳۷، آیات ۶ تا ۸

۳۹   Ezkiel

۵ ـ مذهب بنی اسراییل و تورات عبرانیون

در ابتدا قوم بنی اسراییل نیز چون دیگر اقوام بدوی، خدایان گوناگون داشتند. برخی از این خدایان بتهای کوچکی بودند که در خانه های مردم نگهداری می‌شدند و آنها را ترافیم می‌نامیدند. به رغم آموزشهای برخی از کاهنان، اعتقاد به جادو و ترافیم تا زمان موسی کماکان در میان این قوم وجود داشت و به تدریج تحت تاثیر تعالیم بزرگان مذهب، اعتقاد به قربانی کردن، نمازگزاردن و صدقه دادن رواج یافت و یهوه به عنوان یك خدای همگانی و ملی، قدرت گرفت و موجب وحدت بیشتر اقوام بنی اسراییل گردید.

به بیان ویل دورانت، به ظاهر فاتحان کنعان از نام یکی از همین خدایان محلی، به نام "یاهو" بهره گرفته و صفات جنگجویی و سرسختی خود را که از ویژگیهای زندگی شبانی بود، در او متبلور کرده اند. کشف اشیایی با نامهای "یاه" یا "یاهو"، درسال ۱۹۳۱، در خرابه های کنعان که متعلق به سه هزار سال پیش از میلاد است، در تایید این نکته می‌باشد. به نظر می‌رسد که یهوه، خدای رعد و طوفان بود و در کوهها زندگی می‌کرد [۳۰] و دست توانای کاتبان خمسه موسی (پنتاتوخ) [۳۱]، که برایشان مذهب ابزاری برای حکومت کردن بود، از یهوه خدایی قدرتمند وتوسعه طلب آفرید، خدایی که برای بندگانش مانند خدای ایلیاد غیورانه می‌جنگد. موسی در این باره می‌گوید " خدا مرد جنگ است " [۳۲] و داود نیز تاکید می‌کند که " او به من جنگیدن می‌آموزد " [۳۳]. یهوه وعده می‌دهد که دشمنان بنی اسراییل را نابود کند و منطقه تحت تصرف آنان را گسترش دهد. یهوه برخلاف خدای آرام و

---

۳۰   کتاب اول پادشاهان، باب ۲۰، آیه ۲۳

۳۱   پنتاتوخ یا پنج کتاب موسی(Pentateuch) شامل پنج کتاب اول تورات، پیدایش، مهاجرت، لاویان، اعداد و تثنیه می باشد.

۳۲   کتاب مهاجرت، باب ۱۵، آیه ۳

۳۳   کتاب دوم شموئیل، باب ۲۲، آیه ۳۵

صلح جوی هیلل ^{۳۳} و مسیح، دچار توهمات آشتی جویانه نمی‌شود. یهوه خوب می‌داند که سر زمین موعود را فقط به زور شمشیر می‌توان به دست آورد و از آن نگهبانی کرد. در واقع، با توجه به شرایط، چاره ای جز این ندارد . لازمهٔ تحول یهوه به خدای صلح جویِ هیلل و مسیح، قرنها شکست نظامی ـ سیاسی و ظهور اخلاقیات نوین است. به استناد آنچه در تورات آمده است یهوه مدعی نیست که بر همه چیز واقف می‌باشد، از این روی از بنی اسرائیل می‌خواهد که خون قوچهای قربانی را به در و دیوار خانه های خود بپاشند تا او فرزندان آنها را به اشتباه به جای اول زاد های مصریان نابود نکند ^{۳۵}. یهوه مانند انسانها اشتباه می‌کند زیرا از اینکه آدم را خلق کرده و شائول را به سلطنت رسانیده تاسف می‌خورد. گهگاه خشمگین و زود رنج می‌شود و می‌گوید: "من می بخشم آنکه را که دوست دارم ببخشم و مرحمت می‌کنم کسی را که مایلم مرحمت کنم" ^{۳۶}. او بر حیله و نیرنگی که یعقوب، به منظور انتقام جویی از لابان، به کار می‌برد صحه می‌گذارد ^{۳۷}. یهوه خجول

---

۳۳   هیلل Hillel فیلسوف و آموزگار قرن اول پیش از میلاد، بنیانگزار مکتب هیلل بود که تا قرن پنجم میلادی پیروان بیشماری داشت. شهرت هیلل در تواضع، فروتنی و گذشت بود که از این جهت آموزشهایش بی شباهت به مسیح نبود. جمله معروف " آنچه به خود نمی‌پسندی بر دیگران روا مدار. تنها حقیقت این است و مابقی حاشیه پردازی " را به هیلل نسبت داده اند. رجوع کنید به:

The New Standard Jewish Encyclopedia, p   442, Facts on File Books, New York, 1992

۳۵   کتاب مهاجرت، باب ۱۲، آیات ۷ و ۱۳

۳۶   کتاب مهاجرت، باب ۳۳، آیه ۱۹

۳۷   یعقوب شیفته "راحل"، دختر کوچک لابان می‌شود. لابان وعده می‌کند که در ازای هفت سال کار، راحل را به عقد یعقوب درآورد. پس از انقضای این مدت، از آنجا که خواهر بزرگتر راحل " لحا " هنوز ازدواج نکرده است، لابان دختر بزرگتر را به جای راحل شبانه به چادر یعقوب روانه می‌کند. صبحگاه یعقوب از نیرنگ لابان مطلع می‌گردد ولی لابان او را مجبور می‌کند که به خاطر ازدواج با راحل هفت سال دیگر برای او کار کند. یهوه یعقوب را تشویق می‌کند، تا به منظور انتقام جویی از لابان، در فصل جفت گیری بزهای ماده سفید رنگ لابان را با بزهای نر سیاه و سفید جفت کند و بدین ترتیب به لابان لطمه مالی وارد سازد.

است و نمی‌گذارد که بنی‌اسراییل صورت او را ببیند [۳۸].

برای کسب پیروزی بندگانش، گاهی فرمانهای خشن و بی رحمانه صادر می‌کند. هر چند که این فرمانها با اخلاقیات آن روز منافاتی نداشتند. به خاطر اینکه برخی از بندگانش با دختران طایفه موآب هرزگی کرده بودند، ملتی را تنبیه می‌کند. به موسی پیشنهاد می‌کند تا "سر بزرگان قبایل بنی اسراییل را در پیش چشمان او، زیر آفتاب داغ نیسروز بیاویزد" [۳۹].

فرزندان را بخاطر گناهان پدران و اجدادشان تنبیه می‌کند [۵۰] و در عین حال کسانی را که به فرمان او گردن نهند دوست می‌دارد [۵۱]. گاهی آن قدر سنگدل می‌شود که می‌خواهد قوم بنی اسراییل را به خاطر پرستیدن گوساله زرین نابود کند و موسی باید ترحم اورا برانگیزد و برای قوم بنی اسراییل میانجیگری کند [۵۲]. در جای دیگر، به خاطر شورش بر علیه موسی، به قلع و قمع بنی‌اسراییل کمر می‌بندد و این بار هم موسی از او می‌خواهد که آرامش و شکیبایی از خود نشان دهد و به عواقب چنین رفتار عجولانه بیاندیشد [۵۳].

افزون بر موسی، ابراهیم هم در رابطه با ارزشهای اخلاقی با یهوه وارد بحث و گفتگو می‌شود. در واقع ابراهیم است که یهوه را تشویق می‌کند تا خشم و دلگیری از مردم را کنار بگذارد و از نابودی سدوم و گمورا دست بردارد مبادا که پنجاه، چهل، سی، بیست وحتی

---

۳۸   کتاب مهاجرت، باب ۳۳، آیه ۲۳

۳۹   کتاب اعداد، باب ۲۵، آیه ۳

۵۰   کتاب تثنیه، باب پنجم، آیات نهم و دهم

۵۱   کتاب مهاجرت، باب ۲۰، آیات ۵ و ۶

۵۲   کتاب مهاجرت، باب ۳۰، آیات ۱۱ تا ۱۳

۵۳   کتاب اعداد، باب ۱۴، آیات ۱۳ تا ۱۸

ده انسان با خدا در آن شهر ساکن باشند [۵۴] . سرانجام، نفرینی که یهوه نثار قوم برگزیده خویش می‌کند بی شباهت به ناسزاگوییهایی‌که با آن بدعت گذارانی چون باروخ اسپی‌نوزا، را تکفیر کرده، از جامعه یهودیت طرد کردند نیست؛ " نفرینِ پروردگار بر او باد در آبادی و بیابان.......حرام باشد میوه جسم و زمین بر او......" [۵۵] .

یهوه، یگانه خدایی نبود که بنی اسرائیل می‌شناخت. در فرمان اول، یهوه از بندگانش می‌خواهد که او را از دیگر خدایان متمایز کنند ولی وجود دیگر خدایان را نفی نمی کند . او اعتراف می‌کند که " من خدایی حسود هستم " [۵۶] و رقبایم را " بی شک سرنگون می‌کنم " و " تصویر آنها را فرو خواهم ریخت" [۵۷] . حتی موسی نیز به وجود دیگر خدایان در میان بنی اسرائیل اذعان داشت. او در این باره می‌گوید " یهوه از دیگر خدایان بزرگتر است زیرا او بود که بندگانش را از سر زمین مصر رهایی بخشید " [۵۸] . سلیمان نیز می‌گوید " خدای ما بزرگ است، بزرگتر از دیگر خدایان " [۵۹] . گهگاه قبایل بنی اسرائیل مستقل از یکدیگر عمل کرده و هر قبیله خدایی برای خود دست و پا می‌کرد. این دل کندنهای موقتی از یهوه تا دوران سلطنت داود و سلیمان، یعنی آنگاه که بنی اسرائیل به یگانگی سیاسی و اقتصادی رسید، همچنان مشاهده می‌شود. با تمرکز قدرت سیاسی، عبادت نیز در معبد اورشلیم متمرکز می‌گردد و از آن پس یهوه یگانه خدای بنی اسرائیل بشمار می‌آید.

---

۵۳   کتاب پیدایش، باب ۱۸، آیات ۲۰ تا ۳۳

۵۵   Durant Will and Ariel, The History of Civilization: Our Oriental Heritage, I:311, Simon and Schuster, New York 1963

۵۶   کتاب تثنیه، باب پنجم، آیات نهم و دهم

۵۷   کتاب مهاجرت، باب ۲۰، آیه ۵، باب ۳۳، آیه ۱۳ و باب ۲۳، آیه ۲۳

۵۸   کتاب مهاجرت، باب ۱۸، آیه ۱۱

۵۹   کتاب دوم کرونیکلز، باب دوم، آیه ۵

به گفته ویل دورانت، در طول تاریخ هیچ قومی تا این حد شیفته پرهیزکاری نبوده است. به اعتقاد مذهب، نفس ضعیفِ انسان و احکام پیچیدهٔ مذهب، ارتکاب به گناه را امری اجتناب ناپذیر می‌نماید. از این رو مذهبِ بنی اسراییل مانند بسیاری از ادیان دیگر، مملو از ترس از پیامدهای ارتکاب به گناه است. به بیان دیگر، هسته اصلی دین را ترس از گناه تشکیل می‌دهد. در مذهب بنی اسراییل در ابتدا محل مشخصی برای تنبیه بندگان گناهکار به نام جهنم وجود نداشت. اما آنها به سرزمین تاریکی یا شِئول که مردگان را، بدون توجه به رفتار خوب و بدشان، در کام خود می‌گیرد باور داشتند. فقط موسی، اِلیاهو و اِنوخ [60] به این محل که کما بیش مانند جهنم ترسناک بود، راه نمی یابند. بنی اسراییل به زندگی پس از مرگ و نا میرندگی روح معتقد نبودند و پاداش رفتار خوب و بد خود را در این جهان جستجو می‌کردند. این اعتقاد بعدها یعنی پس از آشنایی با فرهنگ مصریان، یونانیها و پارسها از یک سو و سلب امید از اجرای عدالت در این جهان از سوی دیگر تغییر کرد و آنها نیز به پاداش و عذاب پس از مرگ معتقد شدند.

در مذهب بنی اسراییل، عواقب ارتکاب به برخی از گناهان را از راه عبادت و تقدیم قربانی می‌توان باز خرید کرد. آنها نیز مانند آریاییها، ابتدا انسان قربانی می‌کردند [61] ولی به تدریج تقدیمِ قربانی حیوانات و پرداختِ صدقه به صورت محصولات کشاورزی و خوراک جانشین آن گردید. حیوانات را ابتدا کاهنان تبرک کرده، سپس ذبح می‌کردند و پس از تقدیم موقتی آن به خدا آن را می خوردند. ختنه کردن هم در اصل نوعی قربانی به حساب می‌آمد که طی آن خدا " جزیی از انسان را به عنوان کل آن " می پذیرفت. عادت ماهانه و

---

۶۰   بنا بر آیات ۱۷ و ۱۸ از باب چهارم کتاب پیدایش، انوخ Enoch یا هانوخ، پسر قابیل و پدر ایراد Irad، و به استناد آیات

۱۸ تا ۲۱ باب پنجم کتاب پیدایش فرزند جارد Jared و پدر متوسلا Methuselah می باشد. در این آیات می‌خوانیم که انوخ همواره در حضور پروردگار بود و بر خلاف پدر که ۹۶۲ سال عمر کرد، وی پس از ۳۶۵ سال یعنی به شمار روزهای سال شمسی ناپدید گردید. از این رو انوخ را نماد نامیرندگی در یهودیت می‌شناسند و به استناد شمار سالهای حضور وی در این جهان، او را شخصیتی اسطوره ای که احتمالا از آیین مهر اقتباس گردیده در نظر گرفته اند.

شباهت میان انوخ و شخصیت اسطوره ای اِدریس Idris به شرحی که در آیات ۵۵ و ۵۶ سوره مریم در قرآن آمده است، قابل توجه می‌باشد.

۶۱   Sumner WG. Folkways p 554, Boston 1906

زایمان نیز مانند گناهان، در فرهنگ بنی اسراییل نا پاك بشمار می‌آمد و بنابراین به عبادت، تقدیم قربانی و تطهیر توسط کاهنان نیاز داشت. تقریباً به تعداد امیال انسان، گناه وجود داشت که می بایست با پرداخت صدقه آنها را پاك می‌کردند. در دیدگاه مردم فقط کاهنان می‌توانستند این مراسم را درست انجام دهند . یهوه در رابطه با دستمزد کاهنان این گونه آموزش می‌دهد: " صدقه ای‌که در محراب برای من می‌سوزانید غذای من است و مرا مسرور می‌کند. بنابراین بکوشید آنچه را که من به شما سفارش می‌دهم بی درنگ بیاورید "[62] . او در باره نوع صدقه می‌گوید: " روزهای شنبه علاوه بر صدقه معمول، دو بره نر فربه و بدون نقص به اضافه ۶ کیلو آرد نرم مخلوط با روغن و نوشیدنیهای معمول بیاورید"[63] .

در دوران باستان، فرزند اول هر خانواده عهده دار اجرای خدمات مذهبی بود. اما بعد ها، افراد قبیله لاوی به خاطر وفاداریشان به یهوه در جریان واقعه پرستش گوساله زرین عهده دار این نقش شدند. بدین ترتیب جرگه ای از کاهنان بوجود آمدند که فقط اعضای طایفه لاوی حق ورود به آن را داشتند. این گروه صاحب زمین نبودند و زمین به ارث نمی بردند ولی در عوض هیچگونه عوارض مالیاتی هم نمی پرداختند. آنها از راه صدقه ای که مردم به معبد یهوه تقدیم می‌کردند، امرار معاش می‌نمودند[63] .

پس از بازگشت از تبعید بابل و در دوران معبد دوم اورشلیم، کاهنان ثروتی چشمگیر به هم زدند و برخی از آنها مانند همگنانشان در معابد تبث[65] و بابل، حتی از برخی از سلاطین، ثروتمند تر بودند. به رغم افزایش روز افزون قدرت کاهنان و تاکید بر اجرای تعالیم مذهبی، عبرانیون، گهگاه شیفته بت پرستی می‌شدند و برفراز تپه ها و یا در عمق گودال ها، بتهایی به شکلها و اندازه های گوناگون می‌ساختند. گروهی نیز خدایان غریبه مانند بعل

---

۶۲   کتاب اعداد، باب ۲۸، آیات ۱ و ۲

۶۳   کتاب اعداد، باب ۲۸، آیات ۹ و ۱۰

۶۳   کتاب عزرا، باب ۷، آیه ۲۳

۶۵   Thebes

و آستارت یا اشتورِت ^{۶۶} را پرستش می‌کردند و یا در برابر گوساله زرین و مار زنگی زانو می‌زدند و آنان را می‌پرستیدند.

کتاب قانون موسی را، عزرا و دیگر واعظان طایفهٔ لاوی، درسال ۳۳۳ پیش از میلاد برای آن بخش از قوم بنی اسرائیل که در اسارت بابل بودند قرائت کردند و از آنها خواستند که از این احکام پیروی کنند و همواره این اصول را سرمشق وجدان خویش قرار دهند ^{۶۷} .

کتاب قانون، شامل پنج کتاب یا "سِفر" اول عهد عتیق، پیدایش، مهاجرت، لاویان، اعداد و تثنیه است که آن را یهودیان، تورات و دیگران پنتاتوخ می‌نامند. موسی شخصیت اصلی این پنج کتاب و به باور سنتی یهودیان و مسیحیان نویسنده آن محسوب می‌شود هر چند که در هیچ یک از این کتابها اشاره ای به این نکته به چشم نمی‌خورد ^{۶۸} .

برای نخستین بار، اسحق بن ایشوش ^{۶۹} ، طبیب یهودی قرن یازدهم، به این نکته اشاره کرد که برخی از پادشاهانی که در کتاب پیدایش از آنان نام برده شده بود، سالها پس از موسی می‌زیسته اند. وی مدعی شد که بخش هایی از خمسه موسوی را کسانی به جز موسی به رشته تحریر در آورده اند. ابراهیم بن عزرا، یکی از حخامیم قرن دوازدهم اسپانیا، به ادعای ایشوش اعتراض کرد ولی در این رابطه در جایی نوشت "او که می‌فهمد باید سکوت اختیار کند" ^{۷۰} . در پی پژوهشهای فراوان، توماس هابز، فیلسوف انگلیسی نتیجه گرفت که بخش بزرگی از خمسه موسوی نوشته موسی نیست ^{۷۱} . دیرتر، پژوهشگر دیگری چون آندره "وان مایز" ^{۷۲} ادعا کرد که گرچه موسی مولف پنج کتاب است ولی مولفین دیگری آن

---

۶۶   Baal, Astrate or Ashtoreth

۶۷   کتاب عزرا، آیه ششم از باب هفتم

۶۸   Friedman RE. Who wrote the Bible? p 17, HarperSanFrancisco, 1987

۶۹   Isaac ibn Yashush

۷۰   Friedman RE. Who wrote the Bible? p 19, HarperSanFrancisco, 1987

۷۱   Friedman RE. Who wrote the Bible? p 20, HarperSanFrancisco, 1987

۷۲   Andrew van Maes

را پرورانیده و در آن دخل و تصرف کرده اند. ناگفته نماند که کلیسای کاتولیک، از بابت این ادعا، رساله وان مایز را در ردیف کتابهای ممنوعه معرفی‌کرد. باروخ اسپی‌نوزا، فیلسوف هلندی قرن هفدهم، به آیه دهم، باب سی‌و چهار کتاب تثنیه که می‌گوید "پیامبری چون موسی که با پروردگار روی در رو گفتگو کند هرگز بر بنی اسراییل ظاهر نشد" اشاره کرده می‌نویسد این سخنانِ کسی است که پس از موسی می‌زیست، فرصت مقایسه موسی با دیگر پیامبران را داشته و بنابراین باید پس از موسی نوشته شده باشد [۷۳]. به باور اسپی‌نوزا، پاراگرافهایی مشابه این فراوان در تورات یافت می‌شوند. سرانجام، ریچارد سیمون، کشیش کاتولیک فرانسویِ قرن هفدهم مدعی گردید که فقط "مغز" پنج کتاب قانون نوشته موسی بوده و دیرتر بسیاری بر آن افزوده اند [۷۳].

به عقیده سیمون و دیگر پژوهشگران، خمسهٔ موسی حاصل کار کاتبان بیشماری است. شواهد موجود دلالت بر آن دارد که خمسه موسوی حاصل تلفیق چهار "اسناد ماخذ" می‌باشد [۷۵]. اصیل ترین عنصر اسطوره ای تورات موضوع " آفریدگار " است که برای نخستین بار در کتاب " پیدایش " مطرح می‌گردد. بخشی از منابع، که در آن از آفریدگار بنام یَهوه صحبت می‌شود، در دوران پادشاهی داود یا سلیمان، بین سالهای ۸۳۸ و ۷۲۲ پیش از میلاد، در یهودیه به رشته تحریر در آمده است [۷۶]. در حالی‌که فصول دیگر که در آن از خدا بنام "اِلوهیم" گفتگو می‌شود در بخش شمالی یعنی در اسراییل، بین سالهای ۹۲۲ و ۷۲۲ پیش از میلاد، توسط خانواده کاهنان شیلو نوشته شده است [۷۷]. چه از جهت شیوه نگارش و چه از نظر محتوی، این دو بخش متفاوت هستند و بنظر می‌رسد که بعد ها این دو بخش با

۷۳ Friedman RE. Who wrote the Bible? p 21, HarperSanFrancisco, 1987

۷۳ همانجا

۷۵ Friedman RE. Who wrote the Bible? p 34, HarperSanFrancisco, 1987

۷۶ Friedman RE. Who wrote the Bible? p 61, HarperSanFrancisco, 1987

۷۷ Friedman RE. Who wrote the Bible? p 24, HarperSanFrancisco, 1987

یکدیگر تلفیق شده اند. بخش سوم، یا احکام کاهنان[78]، که بخش بزرگ آن در کتاب لاویان عرضه گردیده، اساساً کار کاهنان خانواده اهرون می‌باشد که احتمالاً در دوران ساختمان معبد دوم اورشلیم تهیه گردیده است[79]. بر اساس این نظریه، کتاب تثنیه که حول و حوش تمرکز قدرت مذهبی و لزوم ادامه بی‌قید و شرط سلطنت در خانواده داود دور می‌زند مولف دیگری داشته است. این کتاب حوالی سال ۶۲۲ پیش از میلاد در دوران پادشاهی هوشیع[80] به رشتهٔ تحریر درآمده است.

به باور ریچارد فریدمن، استاد زبان عبری و ادبیات مقایسه ای در دانشگاه کالیفرنیا، سپس مولف دیگری، احیاناً عزرا، این چهار منابع را جمع آوری و تنظیم کرده است. خمسه موسی حدود ۳۰۰ سال پیش از میلاد به صورت امروزی خود در آمد.

داستان آفرینش و توفان نوح احتمالاً از منابع اساطیری بین النهرین، متعلق به سه هزار سال پیش از میلاد، اقتباس شده است. محتمل است که یهودیان، برخی از این داستانها را در دوران اسارت خود در بابل از ادبیات بابلیان گرفته اند. هر چند که احتمال اقتباس از منابع سومری و پارسیانِ دوران باستان نیز وجود دارد. از جمله شباهتهای میان تلمود و اساطیر پارسیان، آن که در هر دو می‌خوانیم که خدا در ابتدا یک موجود دو جنسی آفرید.....یک مرد و یک زن که مانند دوقلو های سیامی از پشت به هم متصل بودند و پس از تجدید نظر آنها را از هم جدا کرد. اما در کتاب پیدایش تنها به جمله ای با این مضمون بر می‌خوریم که "خدا مرد و زن را آفرید و آنها را برکت کرد و آدم نامید"[81].

داستان بهشت تقریباً در ادب و فرهنگ فولکلوریک همه ملتها مانند مصریان، هندو ها، تبتیها، پارسیها، یونانیها و مکزیکیها یافت می‌شود. بیشتر بهشتها مملو از درختانی هستند که

---

۷۸   Priestly Code

۷۹   Friedman RE. Who wrote the Bible? p 162, HarperSanFrancisco, 1987

۸۰   هوشیع Josiah (۶۳۸ تا ۶۰۹ پیش از میلاد) پدر یهویاقیم Jehoiakim و جد یهویاخین Jehoiachin آخرین پادشاه دولت یهودیه بود.

۸۱   کتاب پیدایش، باب پنجم، آیه ۲

استفاده از میوه آنها بر انسان حرام شده است. مارها و اژدها هایی که نامیرندگی را از انسان ربوده اند، بهشت را آذین شده اند [82]. مار و انجیر را نمادهای آلت مردانگی، عقل، زیرکی و جاودانگی می‌شناختند. در پس این اساطیر پیامی نهفته است که روابط جنسی و دانش، دشمن معصومیت و سعادت انسان هستند و درد و رنج حاصل از آنها بیش از لذاید موقتی آنهاست و از این رو ریشه شیطانی دارند. در بیشتر این داستانها زن نماینده جذاب و دوست داشتنی شیطان معرفی می‌شود، حال می‌خواهد نامش حوا" یا "پندورا" و یا آن گونه که در اساطیر چینی آمده است "پو ـ سی" باشد.

آنچه را که عِزرا [83] و دیگر واعظان مذهبی در اجتماع بنی اسراییل موعظه کردند مجموعه ای است که بعد ها زندگی اجتماعی یهودیان بر آن استوار گردید. این مجموعه یکی از جامعترین اسناد تاریخی به شمار می‌آید که در آن نه تنها به استفاده از مذهب به عنوان ابزار حکومت توجه خاص مبذول گردیده، بلکه خصوصی ترین جنبه های زندگی روزمره انسان مانند تغذیه، بهداشت عمومی، عادت ماهانه و روابط جنسی مورد بررسی قرار گرفته است. به گفته ارنست رنان، فیلسوف فرانسوی "این مجموعه، تنگ ترین لباسی است که بر تن زندگی کرده اند " [84]. برای مثال در سِفر لاویان از جزییات درمان بیماریهای مقاربتی، از قرنطینه تا ضدعفونی و سمپاشی، سخن به میان می‌آید [85]. قوم بنی اسراییل از نخستین اقوامی بود که ختنه کردن را آموخت و آن را نه تنها به عنوان نوعی قربانی تقدیم یهوه می‌کرد، بلکه اقدامی برای تامین بهداشت جنسی می‌شناخت. در رابطه با منع استفاده

---

82   Doane TW. Bible myths and their parallels in other religions, Chapter I, New York, 1882

83   عزرا Ezra یکی از کاتبان یهودی بود که به استخدام دولت پارس درآمده بود. وی هنگامی که اطلاع یافت یهودیان فلسطین دچار انحطاط گردیده اند با گروهی عازم آن دیار شد تا احکام موسی را در یهودیه به مورد اجرا گذارد. او به همراهی نحمیا مردم را تشویق کرد تا قوانین مربوط به شبات را رعایت کرده، تعهد مالی خویش به معبد اورشلیم را فراموش نکرده و از ازدواج با غیر یهودیان بپرهیزند.

84   Renan E. History of the People of Israel, IV:163, New York, 1888

85   کتاب لاویان، باب های 13 تا 15

از گوشت خوک، برخی معتقدند که چون اجداد بنی اسراییل گهگاه تمایل به پرستش این حیوان نشان میدادند لذا کاهنان خوردن آن را منع کرده اند.[86] اما با توجه به حجم نکات بهداشتی موجود در این مجموعه، احتمالاً مصرف گوشت خوک نیز به سبب کاهش شیوع بیماریهای انگلی ممنوع گردیده است.

۶ . فرامین دهگانه موسی

بخش اعظم قوانین موسی، حول و حوش ده فرمان[87] او میگردد[88]. روشن است که این فرامین را فقط در چهار چوب شرایطی که این قوانین در آن مطرح گردیده اند باید ارزیابی کرد.

فرمان اول، نوع جدیدی از خداشناسی را مطرح میکند. برخلاف باورهای پیشین، فرمان اول بر این شالوده استوار است که " خدا نیرویی است نامرئی و قانونگذار، که برای یکایکِ تخلف بندگان مجازاتی متناسب تعیین کرده و بنی اسراییل قوم برگزیدهٔ او محسوب میگردد که مدافع این خدا می باشد "[89]. به صراحت و به کرات گفته میشود که تخلف از فرمان او و کفر شناخته شده و مجازات مرگ به همراه دارد. نگارندگان این فرمان، مانند

---

۸۶   Reinach S: Orpheus. A History of Religions, 19, New York, 1930

۸۷   کتاب مهاجرت، باب ۲۰، آیات ۱ تا ۱۷ و کتاب تثنیه، باب ۵، آیات ۶ تا ۱۸

۸۸   در دوران باستان، معمولا فرمانها و احکام در پوششی الهی و مقدس عرضه میگردید. در مصر فرامین را، تات Thoth خدای باستان فرستاد و قوانین حمورابی را خدای آفتاب یا شماش Shamash تقدیم کرد. همچنین، دیونی سوس Dionysus خدای یونان، احکام را در دو لوح سنگی عرضه نمود و اهورامزدا در میان تندر و آذرخش و توفان در زرتشت ظاهر شد و کتاب قانون را به او هدیه کرد. در جوامع باستانی قوانین این چنین عرضه میشدند. قانونگذاران بر این باور بودند که چون احکام و قوانین در خدمت همه انسانها هستند، بنابراین قابل تقدیس میباشند. افزون بر این، پوشش الهی و مقدسی را که به قوانین میپوشاندند مردم را بیشتر تحت تاثیر قرار میداد و به احتمال پیروی از آنها می افزود. شاید هم واقعا فکر میکردند که خدایان این فرامین را به آنها الهام میکنند.

۸۹   کتاب مهاجرت، باب ۱۹، آیه ۵

بزرگانِ دیگر مذاهب، براین عقیده بوده اند که شالودهٔ اجتماعی جوامع انسانی را فقط از طریق وحدت بی چون و چرای مذهبی می‌توان تحکیم بخشید. شاید به خاطر پافشاری بر همین مساله، یهودیت تا به امروز دوام آورده است.

فرمان دوم، خدا را جانشین هنر می‌کند. طی این فرمان "مشابه سازی از آنچه در آسمانها، در زمین و در آبهای زیر زمینی است منع می‌گردد"[90]. به زبان دیگر، این فرمان کوشش عبرانیون را فقط معطوف به یک اصل، یعنی خدا پرستی کرده، در ها را به روی هنر می‌بندد و حتی ستاره شناسی منع می‌شود. از این روست که در معبد دوم اورشلیم هیچگونه اثری از مجسمه سازی و نقاشی به چشم نمی خورد. آفرینشهای هنری فقط در دوران سلطنت سلیمان، که کمتر به این فرمان پای بند بود، آنهم در مقیاس محدودی مشاهده می‌شود. از این فرمان، فقط موسیقی و معماری که از رونق نسبی برخوردار می‌باشد، استثنا است.

فرمان سوم بی احترامی به نام خدا را جایز نمی‌شمارد و می‌خواهد که نام او بیهوده بر زبان آورده نشود[91].

فرمان چهارم بر تقدیس شنبهِ هر هفته، به عنوان یکی از معتبرترین مبادی بشریت، تاکید می‌ورزد. از آنجا که در فرهنگ بابلیان، شَبَتو به روزهای استراحت و گوشه گیری اطلاق می‌شد، نام سَبَت و آیین آن شاید از بابلیان اقتباس شده باشد. تورات، شرح کاملی در مورد کارهای ممنوعه شبات نمی‌دهد و تنها به منع روشن کردن آتش[92]، شخم زدن[93] و غذا پختن[93] بسنده می‌کند، ولی حخامیم تلمودی این محدودیتها را به ۳۹ مورد افزایش دادند. افزون بر این تعطیل هفتگی، قوم بنی اسراییل روزهای دیگری را نیز چون جش

---

۹۰   آیه ۸ از باب ۵ کتاب تثنیه

۹۱   کتاب تثنیه، باب پنجم، آیه یازدهم

۹۲   کتاب مهاجرت، آیه سوم از باب ۳۵

۹۳   کتاب مهاجرت، آیه ۲۱ از باب ۳۴

۹۳   کتاب مهاجرت، آیه ۲۳ از باب ۱۶

"مازوت" به هنگام برداشت جو، جشن "شبوث" به هنگام برداشت گندم و جشن "سوکوت" به هنگام برداشت محصول انگور را جشن می‌گرفتند [۹۵] . "پِسَح" یا جشن باروری گله و رمه در اصل دو جشن جدا از یکدیگر بود. یکی به نام "شاگ هماتصوت" یا فستیوال نان بی خمیرمایه و دیگری "شاگ هاپِسَح" یا فستیوال قوچ. رسم بر این بود که نخستین روز عید پِسَح، بره یا بزغاله ای قربانی می‌کردند و خون آن را به عنوان سهم خدا، بر در و دیوار منازل خود می پاشیدند. هر دو جشنها مستقل از ماه عبری نیسان، قرنها پیش از وقایع مهاجرت از مصر، به هنگام فصل بهار بر گزار می‌گردید. دیرتر با تحکیم قدرت کاهنان یهودی، به این دو جشن جلوه ای مذهبی دادند و "شاگ هماتصوت" را با مهاجرت عجولانه بنی‌اسراییل از مصر [۹۶] و "شاگ هاپِسَح" را با دهمین بلای پروردگار در رابطه با داستان کشته شدن اول زاد مصریان [۹۷] شناسایی کردند. سرانجام جشن "روش هاشانا"[۹۸] که به هنگام خرمن برداری برگزار می‌گردید [۹۹] به جشن آغاز سال مذهبی تعبیر گردیده است.

فرمان پنجم در وصف حرمت خانواده است که پس از معبد اورشلیم نقش خطیری در جوامع یهودیان ایفا می‌کند. خانواده پدرشاهی عبرانیون، واحدِ اقتصادی ـ سیاسی بود که از پدر خانواده، همسران، فرزندان غیر متاهل او، زن و فرزندان پسران خانواده و احیاناً بردگان خانواده تشکیل می‌شد. پدر از قدرتی بلامنازع برخوردار بود و فرزندان از راه

---

۹۵   در آیات ۳۲ و ۴۳ از باب بیست و سوم کتاب لاویان پروردگار به بنی‌اسراییل می‌گوید : " هفت شبانه روز در زیر سایبان یا سوکا بسر برید تا فرزندانتان بدانند که من شما را به هنگام مهاجرت از مصر در کجا جا دادم و من برودگار، خدای تو هستم".

۹۶   کتاب مهاجرت، باب ۲۳، آیه ۱۵

۹۷   کتاب مهاجرت، آیه ۲۵ از باب ۳۳

۹۸   واژه روش هاشانا Rosh-Ha-Shanah به معنی "آغاز سال" شروع ماه هفتم عبری است. حخامیم دوران تلمود باور داشتند که در چنین روزی سرنوشت هر انسان در کتاب زندگی او نوشته می‌شود. دفتر زندگی انسانها در ده روز بین روش هشانا و کیپور باز می‌باشد و پروردگار سرنوشت هر فرد را تعین می‌کند. اما در دوره پس از تلمود، آن را برخی شروع سال نو و دیگران روش هاشانا را به عنوان روز آفرینش جهان د رنظر گرفته اند.

۹۹   Kolatch AJ. The Jewish Book of Why. p 226, Jonathan David Publishers, New York 1981

اطاعت از او می‌توانستند ادامه حیات دهند. اگر پدر مردی فقیر بود می‌توانست دختران خود را پیش از رسیدن به سن بلوغ بفروشد و یا بدون رضایتشان آنها را به عقد دیگران در آورد[100]. یهوه بر این تاکید داشت که شوهران برای زنان خود تصمیم بگیرند و زنان همواره پیرو و فرمانبر شوهران خود باشند. با این وجود، زنان صاحب عقیده و متکی به نفس در تاریخ یهود بسیارند. معمولاً زنانی که فرزندان متعدد می‌آوردند از احترام و امنیت ویژه‌ای برخوردار بودند. پس از سن بیست سالگی، ازدواج اجباری بود و تجرد گناه محسوب می‌شد. سقط جنین و تمهیداتی که رشد جمعیت و افزایش نسل را کند می‌کرد، منفور خدا بود. در این رابطه درکتاب پیدایش می‌خوانیم که "وقتی راحل همسر یعقوب فرزندان خواهرش را مشاهده کردبه یعقوب گفت اگر مرا فرزند ندهی، من می‌میرم"[101]. همچنین، هنگامی که لوت پیغمبر و دخترانش به کوهستان فرار کردند، دختر بزرگتر به خواهرش گفت "مرد دیگری که پدر، ما را به عقد او درآورد در این حوالی یافت نمی‌شود و گذشته از این، پدرمان نیز به زودی پیر و ناتوان می‌شود[102]، بگذار تا پدر را مست کنیم و با او بخوابیم تا نسل ما پایان نپذیرد"[103]. در مجموع، نقش و مسئولیت زنان در زاییدن بچه‌های فراوان و بر آوردن نیاز شوهران و فرزندان خلاصه می‌شد.

فرمان ششم در وصف پرهیز از خشونت است[103]. حتی با وجود این فرمان، فصلهای تورات، مملو از کشت و کشتار و انتقامجوییهاست. درگیری میان قبایل و توطئه هایی که از نسلها قبل، طرح ریزی شده بودند، گاه و بیگاه آرامش و صلح موجود را بر هم می‌زدند. از دیدگاه ویل دورانت اگر بخواهیم بر اساس نظری که کاهنان بر زبان یهوه جاری می‌کردند قضاوت کنیم، به نظر می‌رسد که اشتیاق آنان به جنگ، دست کمی از عشق و علاقه شان به

---

۱۰۰   کتاب پیدایش، باب ۲۴، آیه ۵۸ و کتاب قضات، باب اول، آیه ۱۲

۱۰۱   کتاب پیدایش، باب ۳۰، آیه اول

۱۰۲   کتاب پیدایش، باب نوزدهم، آیه ۳۱

۱۰۳   کتاب پیدایش، باب نوزدهم، آیه ۳۲

۱۰۴   کتاب تثنیه، باب پنجم، آیه هفدهم

پند و اندرز نداشت. از نمونه های اعمال خشونت همین بس که از نوزده پادشاه اسراییل، هشت نفرشان به قتل رسیده[105] و هفت نفر آنها کمتر از دوسال حکومت کرده اند. هنگام جنگ، به شیوه مرسوم زمان، شهر ها را پس از تسخیر، ویران می‌کردند و مردان را از دم تیغ می‌گذراندند[106]. باور عامه مردم بر این بود که آنها قومی بر گزیده اند و گاهی این باور آنچنان مغرورشان می‌کرد که خود را از دیگران جدا می‌کردند و اغلب، از معاشرت با دیگر اقوام پرهیز و دوری می‌نمودند. سرانجام همین امر گرفتاریهای گوناگونی برای نسلهای آینده ببار می آورد. از سوی دیگر، شاید هم همین افتخارِ قومی بود که به آنها امکان می‌داد تا قرنها رنج و آوارگی را تحمل نمایند.

همان گونه که فرمان پنجم خانواده را رکن اصلی جامعه می‌شناخت، بر اساس فرمان هفتم ازدواج پایه و اساس خانواده محسوب می‌شد و از حمایت بی چون و چرایِ مذهب برخوردار بود. ترتیب انتخاب همسر را والدین عهده دار بودند[107]. گرچه در این فرمان از روابط جنسی پیش از ازدواج سخنی به میان نیامده بود ولی اصل بر این بود که عروس بکارت خود را هنگام ازدواج به ثبوت می‌رسانید و یا درد و رنج مرگ از راه سنگسار شدن را پذیرا می‌شد[108]. در عین حال، فحشا پدیده ای متداول بود. از آنجا که در تورات داد و ستد با اقوام دیگر منع نشده بود، زنان غیر یهودی در کنار شاهراهها بساط خود را پهن کرده، در چادر ها زندگی می‌کردند و علاوه بر داد و ستد کالاهای خود، به فحشا نیز دست می‌زدند. سلیمان که در این زمینه سختگیری کمتری نشان می‌داد، قوانین مربوط به منع ورود زنان فاحشه به اورشلیم را سست کرد و بدین ترتیب در دوران سلطنت او شمار آنها در شهر رو به فزونی نهاد. می‌گویند که در دوران مکابی، فسق و فجور حتی به درون معبد

---

۱۰۵   Sumner WG. Folkways, p 456, Boston 1906

۱۰۶   کتاب دوم پادشاهان، باب ۳، آیات ۱۸ و ۱۹

۱۰۷   کتاب پیدایش، آیه ۲۱ از باب ۲۱ و آیه ۲ از باب ۲۸

۱۰۸   کتاب تثنیه، آیه ۲۱ از باب ۲۲

اورشلیم نیز راه یافت[109]. در این دوران مانند دیگر اقوام، عشق و علاقه نقش نا چیزی در روابط میان زن و مرد ایفا می‌کرد. پیش از اسارت بابل، ازدواج را والدین ترتیب می‌دادند و معمولاً کاهنان در آن دخالت نداشتند. در زمان صلح، ازدواج نوعی داد و ستد به حساب می‌آمد و به بیان دیگر، مرد همسر آینده خود را می‌خرید همچنان که یعقوب راحل و لحا را به بهای سال‌ها بیگاری خریداری کرده بود[110]. بواز[111]، روت را خرید و هوزای[112] نبی از اینکه پنجاه سکه بابت خریداری زنش پرداخته بود اظهار تاسف می‌کرد. در هنگام جنگ، به شیوه متداول زمان، زنان اسیر را به عقد اجباری خود در می‌آوردند و ظاهراً یهوه نیز با آن مساله ای نداشت.

مردانی که از موقعیت مالی بهتری بر خوردار بودند همسران متعدد انتخاب می‌کردند. زنان نازا مانند سارا، همسر ابراهیم، شوهران خود را تشویق می‌کردند که برای خود رفیقه ای برگزینند. البته انگیزه اصلی چنین روابطی صرفاً ازدیاد نسل بود. برای نمونه می‌توان یعقوب را مثال زد. راحِل و لِحا فرزندان متعددی برای یعقوب آوردند ولی از هنگامی که دیگر نمی‌توانستند بارور شوند، کنیزی را به یعقوب پیشنهاد کردند تا فرزندان بیشتری برای او بیاورد. وظیفه تولید فرزند توسط زن، اصل توقف ناپذیری بود. اگر شوهر می‌مرد، وظیفه برادر شوهر بود که زنِ او را به عقد خویش در آورد، بی توجه به اینکه خود او چند زن دیگر در نکاح داشت. اگر برادر شوهری وجود نداشت، این مسئولیت را نزدیکترین مرد خانواده به عهده می‌گرفت[113].

این گونه قوانین همواره منشأ تبعیض میان زن و مرد محسوب می‌شد و زن از حق

---

۱۰۹   Sanger W. History of Prostitution, 37-39, New York, 1910

۱۱۰   کتاب پیدایش، باب ۳۱، آیه ۱۵

۱۱۱   بواز، Boaz شوهر روت

۱۱۲   هوزای Hosea نبی در قرن هشتم پیش از میلاد، همزمان با سلطنت یروبام دوم Jeroboam می‌زیسته است.

۱۱۳   کتاب تثنیه، باب ۲۵، آیات ۵ تا ۱۰

انتخاب برخوردار نبود. افزون بر این در چنین شرایطی، زنای محصنه یعنی آمیزش با زنی که در مالکیت مرد دیگری بود، امری کاملاً غیر قانونی محسوب می‌گردید و پاداش مرگ برای هر دو به همراه داشت[113]. نزدیکی برای زنان مجرد منع شده بود ولی برای مردان گناهی قابل چشم پوشی به شمار می‌آمد[115]. طلاق برای مردان امری عادی و برای زنانِ پیش از دوران سلطه تلمود، غیر ممکن بود[116]. در نظر عوام، شوهر هرگز از موقعیت خود سو استفاده نمی کرد. به بیان ویل دورانت، تصویری که از شوهران ارائه می‌شد آنها را موجوداتی که همواره در خدمت زن و فرزندانشان عرق می ریختند معرفی می‌کرد و عشق مقوله ای جدا از ازدواج بود که گهگاه از آن صحبت به میان می آمد.

فرمان هشتم، فرمان تقدیس مالکیت خصوصی است. احترام مالکیت به همراهی احترام به مذهب و خانواده، ارکان سه گانه جوامع عبرانی را تشکیل می‌داد. پیش از دوران سلطنت سلیمان صنایع از رواج کمتری بر خوردار بود و مالکیت صرفاً در مالکیت زمین خلاصه می‌شد. اکثریت مردم به گله داری، پرورش زیتون و انجیر و تهیه انگور و شراب اشتغال داشتند و آن دسته از مردم که در جستجوی چراگاههای تازه بودند، زندگی چادرنشینی را به زندگی یکجا نشینی ترجیح می‌دادند. با بهبود شرایط اقتصادی و تولید مازاد بر مصرف، به تدریج داد و ستد رایج شد و دیری نپایید که سرو کله بازرگانان در دمشق، تایر و سیدون ظاهر شد. پیش از اسارت بابل، سکه و پول رایج نبود و نقره و طلا تنها ابزار داد و ستد اقتصادی محسوب می‌گردید. یهوه به شدت به تقویت موسسات مالی عبرانیون معتقد بود، و وام دادن به اقوام دیگر را تشویق می‌کرد ولی وام گرفتن از دیگران را منع می‌نمود"[117].

---

۱۱۳   کتاب لاویان، باب ۲۰، آیه ۱۰ و کتاب تثنیه، باب ۲۲، آیه ۲۲

۱۱۵   Westermarck E. Short History of Marriage. Volume I:427, New York, 1926

۱۱۶   کتاب تثنیه، باب ۲۳، آیه اول

۱۱۷   کتاب تثنیه، باب ۱۵، آیه ۶ و باب ۲۸، آیه ۱۲

عبرانیون هم مانند ساکنانِ دیگر کشور های منطقه، اسرای جنگی و مجرمان را به بردگی می‌کشیدند و هزاران هزار از همین برده ها بودند که در ساختمان معبد اول اورشلیم شرکت داشتند. ناگفته نماند که صاحبان برده، اختیار جان بردگان خود را نداشتند و بردگان می‌توانستند آزادی خود را باز خرید کنند و حتی صاحب زمین شوند[118].

طلبکار می‌توانست در برابر وامهای معوقه، شخص بدهکار و یا فرزندان او را بفروشد. این نوع قوانین تحت نفوذ کاهنان و به کمک خیراتی که مردم اهدا می‌کردند به تدریج در دولت یهودیه رو به زوال گذاشت. به هر حال یهوه امیدوار بود که "کسی، دیگری را استثمار نکند"[119] و خواستار آن بود که بردگان را پس از هفت سال آزاد کرده، قروض آنها را درمیان مردم سر شکن کنند[120]. اما هنگامی که دریافتند که این قانون قابل اجرا نیست، یهوه خواست که به جای هفت سال هر پنجاه سال یک بار، بردگان آزاد شوند و بدهی بدهکاران بخشوده گردد[121].

فرمان نهم، از شاهد، صداقت محض می‌طلبد. به استناد این فرمان، سوگند خوردن فریضه ای دینی به شمار آمده و مذهب، تنها قانون بنی اسراییل شناخته می‌شود. از این پس، دیگر نمی‌شد به شیوه مرسوم پیشین دست روی آلت تناسلی گذاشت و به آن سوگند خورد[122]. شهادت دروغ را سخت منع می‌کردند و در حقیقت چنین شهادتی همان مجازاتی را داشت که برای مجرم پیشنهاد می‌شد[123]. مذهب تنها ابزار اجرای قانون بود. جرائم

---

۱۱۸   Sumner WG. Folkways, 276, Boston 1906

۱۱۹   کتاب لاویان، باب ۲۵، آیات ۱۴ و ۱۷

۱۲۰   کتاب مهاجرت، باب ۲۱، آیه ۲

۱۲۱   کتاب لاویان، باب ۲۵، آیه دهم

۱۲۲   کتاب پیدایش، باب ۲۳، آیات ۲ و ۳

۱۲۳   Graetz H. Popular History of the Jews. Volume I:173, New York, 1919

کوچک را با توبه و صدقه می‌شد رفع و رجوع کرد. به فرمان یهوه، بت پرستی، زنا، نفرین، آزار والدین، ربودن بردگان و مقاربت با حیوانات سزای مرگ داشت[۱۲۳]، ولی کشتن مستخدمان شامل این قانون نمی شد. در زمینهٔ قوانین جزا، یهوه از اینکه مردم قانون را خود به دست بگیرند اشکالی نمی‌دید. انتقام خون مقتول را وابستگان او به شخصه با کشتن قاتل می‌گرفتند[۱۲۵]؛ انتقامجویی به معنی چشم در برابر چشم، دندان در برابر دندان و دست در برابر دست رواج کامل داشت[۱۲۶]. با اینکه قوانین جزایی موسی حدود هزار و پانصد سال پس از قوانین حمورابی نوشته شده، وجوه تشابه میان این دو بسیار است[۱۲۷].

فرمان دهم، گرچه به منظورِ تحکیم نظام اجتماعی صادر شده بود، به صراحت زن را در ردیف دیگر مایملکِ مرد قرار می‌داد. "چشم طمع به خانه، زن، برده، کنیز، گاو و الاغ یا هر چیز دیگر همسایه ات مدوز"[۱۲۸]. در جامعه عبرانیون مانند دیگر جوامع پدرشاهی، به حقوق زن توجهی کمتر مبذول می‌گردید و این در زمان خود غیر عادی نمی‌نمود.

این مجموعه قوانین که در حقیقت چکیده ای از آرمانها و آرزوهای کاهنان محسوب می‌گردید مانند دیگر قوانین، از احترامی بی شائبه برخوردار بود. کافی بود کسی پاره ای از این احکام را زیر پا می گذاشت و عواقب آن را بلافاصله می‌چشید. از آنجا که عامه مردم، گرفتاری او را مدیون بی توجهی او به این فرمانها تلقی می‌کردند، این احکام بیشتر مورد تحسین مردم قرار می گرفت. تاثیر این احکام بر رفتار مردم مانند دیگر قوانین و اصول اخلاقی بود و به قوم بنی اسرائیل که به زودی می باید نوزده قرن در به دری را آغاز کند، روحیه می‌داد و در واقع نقش میهن و سرزمین نیاکانیِ قابل نقل و انتقال را ایفا می‌کرد.

---

۱۲۳ کتاب مهاجرت، باب ۲۱، آیات ۱۵ تا ۲۱ و باب ۲۲، آیه ۱۹

۱۲۵ کتاب اعداد، باب ۳۵، آیه ۱۹

۱۲۶ کتاب مهاجرت، باب ۲۱، آیات ۲۳ تا ۲۵ و کتاب لاویان، باب ۲۳، آیات ۹ تا ۲۰

۱۲۷ The New Standard Jewish Encyclopedia, p 408, Facts on File, New York 1992

۱۲۸ کتاب مهاجرت، باب ۲۰، آیه ۱۷

بخش دوم
بازگشت از اسارت بابل تا قرن ششم میلادی
دوران تلمودها

۱ . بازگشت به اورشلیم

در سال ۵۳۹ پیش از میلاد، کورش کبیر، بنیانگذار امپراتوری پارس، بابل را فتح کرد و یک سال بعد، طی فرمانی کلیه یهودیان اسیر در بابل را آزاد نمود. در پی آن، حدود چهل و دو هزار نفر[۱]، که بخش کوچکی از یهودیان آزاد شده را تشکیل می‌دادند، تحت رهبری زِرُبابل، یکی از شاهزادگان خاندان داود، راهی فلسطین شدند. این گروه علاوه بر دارایی‌های شخصی خویش، هدایای دیگر یهودیانی را که تصمیم به اقامت در بابل گرفته بودند، به همراه آنچه را که کورش به آنها هدیه کرده بود[۲] با خود حمل می‌کردند. مهاجران، اورشلیم را ویرانه‌ای یافتند که پس از حمله کلدانیان در آن هیچ اقدام آبادانی صورت نگرفته بود. مسئولیت سنگین ترمیم و آبادانی این میهن مخروبه، یاس و نا امیدی شدیدی بر این تازه از راه رسیدگان مستولی کرد. در چنین شرایطی، تلاش رهبران مذهبی مانند زِکریا و هَگای[۳] در راستای معطوف کردن اذهان عمومی به سوی یک زندگی معنوی و روحانی، بی شک در بهبود وضع روحی آنان تاثیر فراوان داشت. نخستین اقدام

---

۱   " تمامی جماعت باهم چهل ودو هزار و سیصد و شصت نفر بودند " کتاب عزرا، باب دوم آیه ۶۳

۲   " و کورش پادشاه، ظروف خانه خداوند را که بخت النصر از اورشلیم آورده و درخانه خدایان خود گذاشته بود، بیرون آورد و به زروبابل رئیس یهودیان داد " کتاب عزرا، باب اول، آیات ۷ و ۸

۳   Zechariah and Haggai

ساختمانی مهاجران بنای معبد دوم اورشلیم بود. این کار در سال ۵۱۶ پیش از میلاد به اتمام رسید و یهودیان این سال را به عنوان پایان دوران اسارت بابل، که درمجموع ۷۰ سال، (از ۵۸۶ تا ۵۱۶ پیش از میلاد) به درازا کشیده بود، جشن گرفتند. به عقیده کائوتسکی[۴] بقای یهودیت را باید تا حدی مدیون عمر کوتاه این دوران اسارت دانست. به نظر وی اگر این دوره اسارت به جای ۷۰ سال، صد و هشتاد سال طول می کشید و اورشلیم نیز همانند سامره با خاک یکسان می‌شد، شاید امروز از یهودیت اثری باقی نمی ماند.

برخلاف ساختمان معبد اورشلیم که به سرعت انجام گرفت، باز سازی شهر تا سال ۴۴۵ پیش از میلاد به کندی پیش می‌رفت. در این سال نِحِمیا، فرستاده ویژه خشایار شاه اول، مسئولیت این اقدام بزرگ را به عهده گرفت. تحت رهبری او، اورشلیم دوباره رونق پیشین خود را باز یافت. نِحِمیا[۵] که مردی متمول و با نفوذ بود کوشید تا یهودیان سرگردان را به اورشلیم جلب کند. در همین دوره است که عزرا ، کاهن و کاتب بزرگ، همراه گروهی از یهودیان از پارس به اورشلیم باز گشت تا به تحکیم مبانی مذهب که به شدت تضعیف شده بود بپردازد. از این رو، یکی از کاهنان بزرگ به فرمانداری منطقه یهودیه منصوب شد و بدین ترتیب دین و دولت رسماً در هم آمیخت. حوالی قرن چهارم پیش از میلاد، یهودیه کشوری بود که طبق عقاید و فلسفه کاهنان قدرتمند یهودی اداره می‌شد و تورات یا کتاب قانون موسی بر کلیه شئون زندگی مردم حاکم بود. در این دوران بود که به همت کاتبان و معلمان مذهبی، تورات جلوه های امروزین خود را پیدا کرد.

۲. دوران دربه دری و نفوذ تمدن یونان

در اواخر قرن چهارم پیش از میلاد، اسکندر مقدونی قدرت بلامنازع دنیای باستان شد. پس از شکست امپراتوری هخامنشیان در ۳۳۱ پیش از میلاد، یهودیه هم که تا آن تاریخ از

---

۴ Karl Kautsky, Foundations of Chrisianity, pp 229, Monthly Review Press 1925

۵ The Jews, Story of a people, Howard Fast, pp 79, Dell Publishing, New York 1968

اقمار امپراتوری هخامنشی محسوب می‌شد، زیر سلطه امپراتوری اسکندر در آمد. به دستور اسکندر جمعی از یهودیان از فلسطین به مصر مهاجرت کردند و بندر اسکندریه را بنیاد گذاشتند. با رشد و توسعه تجارت، یهودیان به تدریج به دیگر نقاط امپراتوری مانند سواحل دریای سیاه، جزایر یونان و سواحل دریای مدیترانه کوچ کردند. این مهاجرتها که در مقیاسی گسترده صورت گرفت به پراکندگی یونانی[6] معروف است. با دور شدن از مراکز فرهنگی یهودیه، بسیاری از یهودیان به تدریج زبان یونانی را جایگزین زبان عبری کردند و آداب و سنن یونان را آموختند. گفته می‌شود که شیفتگان فرهنگ یونان تا آنجا پیش رفتند که ختنه گاه خود را با عمل جراحی پوشانیدند تا همانند یونانیان باشند[7]. حدود قرن سوم پیش از میلاد کتاب پنج موسی یا پنتاتوخ به یونانی ترجمه شد. این نسخه یونانی که سپتواجینت[8] نامیده می شود بعدها مبنای تهیه نسخه عبری امروزی تورات شد. شیفتگی به فرهنگ یونان یا هلنیسم یکی از ویژگیهای این دوره از پراکندگی یهودیان است.

مرگ اسکندر در سال ۳۲۳ پیش از میلاد، مخاطرات سیاسی و فرهنگی بی‌شماری برای یهودیان به همراه آورد. از جمله امپراتوری اسکندر میان سرداران او تقسیم گردید و یهودیه زیر سلطه بطلمیوس اول، پادشاه مصر در آمد. از سوی دیگر چون منطقه فلسطین بر سر شاهراه تجارت با شبه جزیره عربستان قرار داشت و از اهمیت ویژه ای برخوردار بود، موضوع کشمکشهای فراوانی میان جانشینان اسکندر که حکمرانان مصر و سوریه بودند، قرار گرفت. سرانجام به سال ۱۹۸ پیش از میلاد، آنتیاکوس سوم، مصر را شکست داد و یهودیه به سرپرستی سلوکیه که فرمانروایان سوریه، آسیای صغیر و بین النحرین بودند، درآمد. حکمرانان سلوکیه به تدریج کوشیدند تا فرهنگ یونان را رسما جانشین فرهنگ یهودی کنند. این اختلافها در سال ۱۶۸ پیش از میلاد، هنگام غیر قانونی کردن آیین یهودیت از سوی آنتیاکوس چهارم و جایگزینی محراب زئوس با محراب یهوه در معبد بزرگ اورشلیم به اوج

---

6   Greek Diaspora

7   The New Standard Jewish Encyclopedia, 7th edition, p 216, Facts on File, New York, 1992

8   سپتواجینت Septuagint از واژه یونانی "هفتاد" ریشه می‌گیرد و بر باور یونانیان، که در نوشتن تورات هفتاد نفر شرکت داشته اند، استوار است.

خود رسيد.

۳ . دوران حكومت هسمونيم

در سال ۱۶۸ پيش از ميلاد، يهوديان تحت رهبري كاهن بزرگ متاتيا و پسرانش عليهُ
سلوكيان، حكمرانان سوري، دست به قيام زدند و طي جنگي سخت نيروهاي سوري را
شكست داده، آنان را پس راندند و سلسله "هسمونيم" يا "مَكابي" را بنيان نهادند. دولت
يهودي مستقلي كه بدين ترتيب بار ديگر تاسيس گرديد فعاليت خود را براي تحكيم پايه هاي
مذهب و پاكسازي عناصر بيگانه متمركز كرد[9].

دولتهاي سلسله هسمونيم به تدريج بر قدرت و نفوذ خود افزودند و در دوره زمامداريِ
هيركانوس سامره و اِدوم را به متصرفات خود پيوستند و ساكنان اين مناطق را مجبور به
پذيرش آيين يهود كردند. يكي از اقدامات هسمونيم بنيانگذاريِ شوراي "سنهِدرين" بود.
اين شورا كه از ۷۱ تن رهبران مذهبي و حقوقي تشكيل شده بود مانند ديوان عالي كشور،
بر كليه مسائل حقوقي و مذهبي يهوديان اين دوره نظارت مي‌كرد. دولتهاي هسمونيم نيز
مانند پيشينيان خود دچار تناقضات داخلي فراوان بودند. از جمله كشمكشِ ميان هيركانوس
دوم پادشاه يهوديه و برادرش آريستوپولوس دوم به جنگ داخلي انجاميد. در سال ۶۳ پيش
از ميلاد، دو برادر در دمشق ظاهر شدند و از پمپي سردار روم ياري جستند. پمپي دستور
داد تا آريستوپولوس معبدِ اورشليم را كه در تسخير خويش داشت به هيركانوس باز گرداند.
پيروان آريستوپولوس از پيشنهاد پمپي پشتيباني نكردند و پمپي پس از سه ماه جنگ معبد را
تسخير كرد و آريستوپولوس و پسرش را به روم برد. آنتي پاتر پدر هرود يكي از حكام

---

۹ حدود ششصد سال پس از پيروزي مكابي بر آنتياكوس، حخاميم داستان كوزهٔ روغني را كه مي‌بايست فقط يك شب در معبد
مي‌سوخت و بطور معجزه آسايي هشت شبانه روز سوخت، به اين واقعهٔ تاريخي نسبت دادند و حنوكا Chanuka ناميدند. در
واقع قدمت تاريخي حنوكا به قرن ها پيش از پيروزي مكابي باز مي‌گردد و با جشن زمستاني نيروت Nayrot در ارتباط است. از
ديرزمان، به هنگام كوتاه شدن روزها در فصل زمستان، مردم نگران نابودي خورشيد و استيلاي تاريكي ابدي بر جهان بودند و
از اين روي با گذشت يلدا و طولاني شدن روزها، مردم آن را به عنوان "جشن زمستاني" جشن مي‌گرفتند و شمع روشن
مي‌كردند. مراجعه كنيد به Humanistic Judaism, 21:3/4,1993

۳۴

یهودیه، جانبِ هیرکانوس را در این جنگ گرفت و از این راه قدرت فراوان کسب کرد. پس از پیروزی " ژول سزار" بر "پمپی"، آنتی پاتر به جرگه سزار پیوست و به سال ۳۷ پیش از میلاد، حاکمیت روم را رسماً به یهودیه دعوت کرد. بدین ترتیب یهودیه استقلال سیاسیِ خویش را از دست داد و رسما تحت سرپرستیِ روم در آمد و آنتی پاتر نیز حکمران منطقه شد. هرود بزرگ، پسر آنتی پاتر، ده سال دیرتر در سال ۳۷ پیش از میلاد، به قدرت رسید.

پیروزیهای اسکندر و نفوذ فرهنگ یونان به خاورمیانه، ملل این منطقه را در موضع دفاعی شدیدی قرار داد. قیام مکابی در سالهای ۱۶۵ تا ۱۳۲ پیش از میلاد، در اصل یک جنگ داخلی میان یهودیان پیرو فرهنگ یونان و سنت گرایان یهودی را دامن زد که سرانجام به پیروزی سنت گرایان و استقلال یهودیه از سلطه سلوکیان منجر گردید.

پیروزی سیاسی سنت گرایان یهودی، عقب نشینیهای فرهنگی بیشماری با خود به همراه آورد و تاثیر شایانی بر مذهب یهود گذاشت. از آن جمله برای نخستین بار، جنگ به عنوان نزاع میان نیرو های الهی و شیطانی که سرانجام به پیروزی نیروهای الهی خواهد انجامید، تعبیر گردید. دیگر آنکه وعده تجدید حیات در روز رستاخیز فقط به آن دسته از یهودیان داده می شد که در این جنگها شرکت جسته و شهید می‌شدند. افزون براین، اعتقاد به روز رستاخیز، نامیرندگی روح و زندگی دوباره پس از مرگ، که تا این زمان در فرهنگ سنتی یهودیان وجود نداشت، به آن رسوخ کرد.

پیروزی مکابی ها گرچه یک دوران استقلال سیاسی ۸۰ ساله به ارمغان آورد، ولی مذهب همچنان در بحرانی عمیق دست و پا می‌زد. هسمونیم سلطنت را در خاندان خود موروثی کردند و سخت غرق در تجملات شدند. تجملاتی که از یونانیها به عاریت گرفته بودند و با شیوه زندگی سنتی ساده و بی آلایش عبرانیون در تضاد عمیق بود و همین امر مخالفت بسیاری از گروههای مردم را علیه آنها برانگیخت.

از جمله گروههای مخالف، تجمعی بود به نام "کمران" که توسط کاهنان مخالف هسمونیم رهبری می‌گردید. پیروان کمران بر این باور بودند که خاندان هسمونیم به معبد اورشلیم بی حرمتی کرده اند. آنها معبد واقعی و مقدس را معبدی می دانستند که گروه در تبعید ساخته بود. بنا برگفتهُ "فلاویوس ژوزف" ، تاریخ نویس یهودی، گروه کمران همان "اسه نس"

۳۵

ها [10] یا "اِسنی" ها بودند. این گروه در حدود سال ۱۵۰ پیش از میلاد پا به صحنه فعالیت اجتماعی گذاشت و تا هنگام تخریب معبد دوم اورشلیم توسط رومیان همچنان به فعالیت خود ادامه داد. این گروه با مالکیت خصوصی، برده داری و تقدیم قربانی به معبد مخالف بود و معمولاً به اهدای روغن و گندم اکتفا می‌کرد. در کتاب "بنیان مسیحیت" به قلم کارل کائوتسکی می خوانیم که اسنی‌ها صرفنظر از عقاید مذهبی ویژهٔ خود، طرفدار نوعی زندگی اشتراکی بودند و خواسته هایشان را بی پروا بیان می‌کردند. فلاویوس ژوزف درباره این فرقه می‌نویسد : " هیچیک از اینان رغبتی به مالکیت شخصی زمین، خانه، برده یا رمه ندارند و با اشتراک در همه چیز، از زندگی لذت بیشتری می برند " [11] . " فیلو" مورخ یهودی اهل اسکندریه می نویسد: " اعضای این گروه معتقدند که آنچه در دسترس فرد است متعلق به جامعه بوده و آنچه در مالکیت اجتماعی است متعلق به یک یک افراد " [12] . از سوی دیگر اسنی‌ها سرنوشت و تقدیر را حاکم بر هر چیز می شناختند. به عقیده آنان انسان هر چه می‌کند از پیش بر او مقدر شده است. آنها، به نامیرندگی روح و پاداش و تنبیه پس از مرگ اعتقاد داشتند ولی به حیات پس از مرگ متعقد نبودند. بگفته ای، آرأ اسنی‌ها در شکل گیری مسیحیت اولیه بی تأثیر نبوده است. سند تاریخی مشهور به "طومار بحرالمیت" را، که در جریان کوششهای باستانشناسی در سال ۱۹۷۷ به دست آمد، به این گروه نسبت می‌دهند.

فلاویوس ژوزف به دو گروه مخالف دیگر یعنی "فاریسی" ها و "سادوسی" ها نیز اشاره می‌کند. این دو گروه در واقع دو حزب معتبر سیاسی آن دوره بودند که نه تنها از دکترین مذهبی متفاوتی پیروی می‌کردند بلکه نقطه نظرهای اجتماعی ـ سیاسی کاملا مختلفی نیز داشتند. این دو گروه نیز مانند دیگر مخالفان دست اندرکاران معبد اورشلیم، در توجیه نظرات خود به تورات استناد می‌کردند و هر یک برداشتی متناسب با دیدگاههای خود از آن ارائه می‌دادند.

---

۱۰   واژه Essenes ریشه آرامی داشته و به معنی " شفا بخشندگان " می باشد.

۱۱   Kautsky k, Foundation of Christianity, p 308, Monthly Review Press, New York 1925

۱۲   Kautsky K. Foundations of Christianity, p 307-312, Monthly Review Press, New York 1925

فاریسی‌ها[13] تنها فرقه ای بودند که ایدئولوژی تازه ای به یهودیان عرضه کردند. آنها از لحاظ فلسفی به نامیرندگی روح، اصل تقدیر و سرنوشت و حلول ارواح پاك در كالبد تازه اعتقاد داشتند. با وجود اینکه در انزوا به سر می بردند ولی به صدقه و خیرات سخت پایبند بودند و در مجموع اقشار فقیر جامعه را نمایندگی می‌کردند. بقول ژوزف، " هنگامی که یهودیان سوگند وفاداری به آگوستوس امپراتور روم خوردند تنها فرقه ای که زیر بار حمایت از او نرفت فاریسی‌ها بودند که شمار آنان به شش هزار نفر تخمین زده می‌شد " . فاریسی‌ها بر خلاف سادوسی‌ها، علاوه بر اینکه احکام مکتوب تورات را بر حسب شرایط تعبیر و تفسیر می‌کردند، به احکام شفاهی نیز پایبند بودند. همچنان که خواهیم دید، تلمودها از جمله دست آوردهای فاریسی ها به شمار می‌آیند[13] .

سادوسی‌ها(سدوخیم)، برخلاف فاریسی‌ها، به نامیرندگی روح معتقد نبودند و روز رستاخیز و پاداش و تنبیه پس از مرگ را مردود می شناختند. آنها فرد را مسئول رفتار نیك و بد خویش می دانستند و بر این باور بودند که باید امید به سعادت در جهان بازپسین را رها کرد و آن را در این جهان جستجو نمود. حامیان سادوسی‌ها را بیشتر طبقات مرفه جامعه و کاهنان اشرافی سنتی تشکیل می‌دادند. بسیاری از آنها، نسلهای پی در پی در قدرت شرکت داشتند و در دولتهای یهودیه کم و بیش صاحبِ نفوذ بودند. اینها از جمله کسانی بودند که پس از اسارت بابل طرفداران امپراتوری پارس را تشکیل می‌دادند و پس از شکست هخامنشیان نیز شیفته اسکندر و فرهنگ یونان شدند[15] . دامنه برخورد میان این گروهها و دولت، در سده اول پیش از میلاد که یهودیه تحت قیمومیت روم در آمد به اوج خود رسید. سادوسی‌ها در دوران حکومت هرود بزرگ ضربه های اجتماعی سختی را متحمل گردیدند و مجبور به عقب نشینیهای سیاسی شدند.

---

13 Pharisees از واژه عبری Perushim به معنی " جدایی و انزوا " ریشه می گیرد.

14 Muraskin B. Hillel as a Jewish Humanist. In Humanistic Judaism, XXVI:number IV, p 31, 1998

15 Kautsky K. Foundations of Christianity, p 274-277, Monthly Review Press, New York 1925

۳ . ظهور مسیحیت و دوران قیامهای بزرگ

جمعیت یهودیان جهان را در بدو ظهور مسیحیت، هشت ملیون نفر تخمین می‌زنند [۱۶]. در آغاز نخستین قرن میلادی، بیشتر یهودیان بیرون از یهودیه، یعنی در اسکندریه، شمال آفریقا، بابل، انطاکیه و روم به سر می بردند. گرچه گروههای اجتماعی ـ سیاسی متعددی مانند اسنی‌ها، فاریسی‌ها و سادوسی‌ها باور های تازه ای را تبلیغ می‌کردند، ولی توده مردم همچنان شیفته یهودیت سنتی بودند. مردم بیشتر از اینکه جذب عقاید و نظریات گروههای جدید شوند، آماده شنیدن تعالیم " مردان خدا " بودند. یکی از این مردان خدا، شخصی بود به نام "جان" که مردم به او لقب "باپتیست" داده بودند. جان، غسل کردن را وسیله منزه شدن از گناه می شناخت و از این راه گروهی را به دور خود گرد آورده بود. بسیاری از مردم بر این باور بودند که او همان مسیحای موعود است.

یکی دیگر از همین "مردان خدا" عیسی بود که توسط جان باپتیست غسل تعمید شده بود. دیری نپایید که صدایی روحانی، که به ادعای عیسی، صدای خدا بود، او را "پسر" خویش خواند. عیسی به شهر جلیله در شمال فلسطین رفت و در آنجا دست به شیطان زدایی و دیگر معجزات زد. مردم دور او گرد آمدند تا به اندرزهای اخلاقی او گوش فرا دهند. او از میان انبوهی که دور او گرد آمده بودند دوازده نفر را به عنوان حواریون برگزید و مدعی شد که مسیحای موعود است. [۱۷]

مسیح مدعی بود که عمر جهان در زمان حیات وی به سر خواهد آمد. او همراه حواریون به اورشلیم آمد و در شب عید "پسح" نان و شراب را که نماد جسم و خون خویش می دانست به مردم تقدیم کرد. ماموران معبد اورشلیم به همراهی یهودا اسخریوط، یکی از حواریون عیسی [۱۸]، شبانه او را دستگیر کرده به حضور کاهن بزرگ ژوزف کایفاس

---

۱۶   Fast H. The Jews: Story of a People, p 113, Dell Publishing, New York, 1968

۱۷   The Columbia History of the World, Garraty JA and Gay P. p 218, Harper and Row, Publishers, New York, 1972

۱۸   کتاب لوک، باب ۲۲، آیه ۳۳

بردند[19]. به گفته ای، کایفاس و به بیانی دیگر، شورای سنهدرین، عیسی را به جرم کفر به مرگ محکوم کرد ولی از آنجا که اجرای حکم فقط در توان و اختیار حکمران رومی، پونتیوس پیلات، بود[20] او را تسلیم رومیان نمودند. رومیها روز بعد مسیح را مصلوب کردند[21]. در حالی که نقش حکمران رومی، در رابطه با مرگ عیسی مورد بحث بسیاری از تاریخنگاران بوده است. کلیسا و مسیحیت جوان همواره یهودیان را از این بابت سرزنش کرده و نقش پیلات را کم اهمیت تر جلوه داده است.

پیروان مسیح، به ویژه از سوی فاریسی‌ها، که آموزشهای او را نوعی بدعت گذاری در یهودیت می‌دانستند و معتقد بودند که وی سنت را زیر پا گذاشته است، مورد آزار و اذیت قرار می‌گرفتند. از این رو آنها مجبور به ترک اورشلیم شدند و در اطراف شهر تحت عنوان مسیحی[22] به فعالیتهای خود ادامه دادند.

---

۱۹   کتاب جان، آیات ۱۳ تا ۳۴ از باب ۱۸

۲۰   کتاب ماتیو، آیه ۲۴ از باب ۲۷

۲۱   در عهد عتیق تورات اشاره ای به ظهور مسیح یافت نمی‌شود و تنها مدارک و متون موجود درباره او همان مطالبی است که در عهد جدید یا انجیل مشاهده می‌گردد. این مدارک هم بیشتر از اینکه درباره شخص عیسی گفتگو کند از مسیحیت نوپا و کلیسا صحبت می‌کند. اختلافات کلیسا و مسیحیت جوان با گردانندگان جامعه یهودی به صورت اختلاف میان مسیح و فاریسی‌ها در انجیل منعکس گردیده است. ناگفته نماند که در برخی از منابع نظیر " مفهموم انجیلها" بقلم " کرای ولف " وجود مسیح به کلی مورد سئوال قرار گرفته است.

بر سر داستان مصلوب شدن عیسی اختلاف نظر فراوان موجود است. آنچه مسلم است اینکه عیسی به دست حاکم رومی یهودیه پونتیوس پیلات (Pontius Pilate) مصلوب شد، هرچند مسیحیان مدعی هستند که یهودیان فعالیت های مسیح را به عنوان یک ناجی نوظهور به رومیان گزارش کردند.

مسیح به تبلیغات ضد معبد اورشلیم متهم شد و بسیاری بر این باورند که ادعای او مبنی بر "پسر خدا" بودن مورد اتهام نبوده است. زیرا که این موضوع در زمان حیات او مطرح نگردید. گفته می‌شود که اعضای سنهدرین به تهدید ژوزف کایفاس (Joseph Caiaphas) کاهن بزرگ که دست نشانده حکمران رومی بود، از ترس جان خود با حکم تصلیب مسیح موافقت کردند. به گزارش بر کتاب "چرا مسیح مصلوب شد؟" به قلم ریموند بران، که در مجله تایم به تاریخ ۴ آوریل ۱۹۹۳ منتشر گردید مراجعه کنید.

۲۲   واژه Christian از Christ به معنی مسیحا یا Messiah ریشه می‌گیرد.

حواریون مسیح، با سفرهای بیشماری که به اطراف و اکناف کردند بسیاری از مردم غیر یهودی را به آیین خود جذب نمودند. علاوه بر غیر یهودیان، دو دسته از یهودیان نیز به مسیحیت روی آوردند. دسته نخست آنهایی بودند که مسیح را مسیحای موعود "ماشیا" می انگاشتند و گروه دوم کسانی بودند که آیین مسیح را به یهودیت ترجیح می‌دادند. باید یادآوری کرد که در آموزشهای سنتی یهودیت "مسیح" منجی موعود یا "ماشیا" شناخته نشده و برخلاف آنچه که در رابطه با عیسی بازگو کرده اند ماشیا رنجی برای پیروان یهودیت متحمل نمی‌شود.

به باور یهودیت سنتی، فرد یهودی آن هنگام که به مسیح به عنوان "ماشیا" بنگرد دیگر یهودی نیست [23]. پاسخ یهودیت در برابر این جنبشهای نوین، سختگیری هر چه بیشتر در اجرای فرمانها و آیین سنتی مذهب، عدم تحملِ آراء و عقاید مخالف و بی صبری و اشتیاق به کسب استقلال ملی و سیاسیِ پیشین بود. از این رو، قرن نخست میلادی با نبردهای خونین میان فرقه های مذهبی و قیامهای جسورانه یهودیان بر علیه روم مشخص می‌گردد.

یکی از این نبردهای خونین قیام "زیلات" هاست. در سال ۶۶ میلادی، زیلاتها که فرقه ای از یهودیان متعصب بودند، بر علیه ستم حاکمان رومی مسلحانه قیام کردند. چهار سال بعد، در سال ۷۰ میلادی وسپاسین، سردار روم به فرمان نرون، اورشلیم و معبد دوم را با خاک یکسان کرد و به این قیام پایان داد. فلاویوس ژوزف تلفات یهودیان را در قیام زیلاتها یک میلیون و صد و نود و هفت هزار و "تاسیتوس" مورخ رومی به ششصد هزار نفر تخمین زده اند. [24]

در سال ۱۳۲ میلادی قیام دیگری به رهبری "سیمون برکوخبا" علیه رومیان روی داد که پیروزیهای موقتی نیز به دست آورد. قیام برکوخبا در سال ۱۳۵ میلادی در هم شکسته شد و به فرمان امپراتور روم نام یهودیه نیز به "فلسطینِ سوریه" تغییر یافت. در پی شکست قیام برکوخبا، اورشلیم نیز شهری غیر یهودی اعلام گردید و یهودیانی که پا از دروازه شهر به درون می‌گذاشتند با مجازات مرگ روبرو بودند. شکست قیام برکوخبا نقطه عطفی در تاریخ

---

۲۳   Gorelik RR. Messiah: Another Jewish View, p 6, Eshav Books, 1993

۲۴   Durant W. Story of Civilization: Caesar and Christ, 3:545, Simon and Schuster, New York 1972

یهودیان بشمار می‌آید. به این مفهوم که از این پس یهودیان به دیگر نقاطِ جهان مهاجرت کردند، پراکنده شدند، همواره در اقلیت زیستند و هرگز از قدرت سیاسی مرکزی برخوردار نبودند.

سقوط یهودیه تضاد و زدو خورد میان یهودیان و مسیحیان را تشدید کرد. در نظر یهودیان، سقوط یهودیه و تخریب معبد اورشلیم فاجعه ای بزرگ به شمار می‌آمد. در حالی که مسیحیان، به عکس باور داشتند که خدا از یهودیان روی برتافته و رحمت خویش را از این پس فقط معطوف آنان خواهد کرد. حاصل آنکه در این دوره، تضاد میان طرفداران دو مذهب ابعاد گسترده ای پیدا کرد.

مسیحیت در طی سه قرن به سرعت رشد کرد و به سال ۳۱۳ میلادی، کنستانتین اول امپراتور روم به پیروان مسیح پیوست و مسیحیت مذهب رسمی روم اعلام گردید. با شرکت مسیحیت در قدرت دولتی، محدودیتهای جدید و سختی بر علیه یهودیان در حوزه متصرفات روم منظور گردید. مسیحیان از مراوده با یهودیان منع گردیدند^{۲۵} و ازدواج میان آنها جزای مرگ به همراه داشت^{۲۶}. افزون براین، مالیاتهای سنگینی برای یهودیان وضع گردید. گفته می‌شود گالوس برادر ژولین امپراتور روم، چنان مالیات سنگینی بر یهودیان بست که بسیاری مجبور شدند برای پرداخت مالیاتها فرزندان خود را هم بفروشند^{۲۷}. به سال ۳۵۲ میلادی یهودیان بر علیه ظلم و ستم رومیان بار دیگر دست به قیام زدند ولی این بار هم شکست خوردند و هزاران تن از آنان به قتل رسیدند و عده بیشماری نیز به بردگی کشیده شدند.

با به قدرت رسیدن ژولین، موقتا از شدت این آزار ها و تضییقات کاسته شد. ژولین مالیاتها را تعدیل کرد، قوانین تبعیض آمیز بر علیه یهودیان را لغو نمود و یهوه را بعنوان خدایی بزرگ به رسمیت شناخت. افزون بر این، او در سال ۳۶۱ میلادی، فرمان ساختمان

۲۵   Abbot GF, Israel in Egypt, 43,London 1907

۲۶   Baron SW. Social and Religious History of the Jews. I, 266, Columbia University Press, New York 1937

۲۷   Durant W. History of Civilization: The Age of Faith, volume IV:347, Simon and Schuster, New York, 1950

مجدد معبد اورشلیم را به خرج امپراتوری صادر کرد[28]. در اینجا به سختی بتوان، شوق و ذوق یهودیان را که برای چنین روزی بیش از سه قرن روزشماری کرده بودند، تصور نمود. آنها، اعم از مرد و زن و کودک، از اطراف و اکناف فلسطین، به معبد هجوم آوردند تا در ساختمان و بنای آن سهمی داشته باشند. در جریان پی ریزی معبد، شاید به سبب وجود منابع گاز زیرزمینی، انفجار های متعددی رخ داد و بسیاری از کارگران کشته شدند[29]. در پی این رویداد در حالی‌که یهودیان به سوگواری نشستند، مسیحیان از این رخدادها به وجد آمده آن را مشیت الهی خواندند. دیری نپایید که با مرگ نا به هنگام ژولین، تمامی کمک های مالی امپراتوری نیز برای ادامه بنای معبد اورشلیم قطع شد. یهودیان دوباره از اورشلیم اخراج شدند تا به دهات و آبادیهای خود بازگردند. بدین ترتیب آرزوی ساختمان معبد سوم اورشلیم هرگز به حقیقت نپیوست.

در سال ۳۲۵ میلادی، تئودوسیوس دوم، امپراتور روم، همهٔ موسسات مذهبی یهودیان را تعطیل کرد، کلیساها جای کنیساها راگرفتند و فلسطین نیز مقام و موقعیت خود را به عنوان مرکز یهودیان جهان به کلی از دست داد.

۵ . دوران مهاجرتهای قرون دوم تا ششم میلادی

با توجه به آنچه گذشت، یهودیان هرگز به سرزمین مسیحیت دل نبستند و در فاصله قرون دوم تا ششم میلادی به مهاجرتهای فراوانی دست زدند.

برخی از یهودیان به بین النهرین و ایران مهاجرت کردند. از آن روی که در ایران فقط نجبا در قدرت دولتی شرکت داشتند، یهودیان نیز مانند دیگر مردم عادی از این حقوق محروم بودند و تمایز میان یهودیان و غیر یهودیان چندان به چشم نمی‌خورد. هر چند آزار و اذیت یهودیان در ایران هم اتفاق افتاد، اما این فشار ها عموماً خفیفتر و قابل تحملتر بود.

---

۲۸   Socrates, Ecclesiastical History, III,20 and Julian Works,III,51

۲۹   Ammianus Marcellinus, Works, XXIII, 1,1935

جامعه یهودیان ایران با بهره وری از قانون چند همسری به سرعت رشد کرد. این پدیده نه تنها در میان اغنیا بلکه در میان بزرگان دین نیز مشاهده می‌شد. حخامیم بزرگی چون راب و نهمان [30] به بهانه آموزش مراسم ازدواج به جوانان، از یك آبادی به آبادی دیگر سفر می‌کردند تا مردم را به صیغه کردن تشویق کنند. گفته می شود که نهمان به هنگام ورود به دهکده "شِکونزیب" [31] در شرق رودخانه دجله، خواست تا زنی برای یك شبانه روز به عقد او در آید [32].

جمعی به جامعهٔ یهودیان بابل که یکی از قدیمیترین جوامع یهودی بود پیوستند. این جامعه از سال ۵۹۷ پیش از میلاد، پس از سقوط دولت یهودیه، در بابل به جای مانده بود. برخی از یهودیان به سوریه کوچ کردند و گروهی در قسطنطنیه اسکان گزیدند و گروهی دیگر به جنوب، به سوی عربستان رفتند و سالها در کنار اعراب زندگی مسالمت آمیز داشتند. اعراب مدینه و خیبر به وسیلهٔ این گروه از یهودیان با آموزشهای یهودیت آشنا گردیدند و بسیاری نیز آن را پذیرا شدند. بدین ترتیب زمینه های ذهنی پذیرش اسلام در میان اعراب بوجود آمد. سرانجام جمعی دیگر نیز به شمال مصر یعنی به بندر اسکندریه مهاجرت کردند و در آنجا صنعت کشتی سازی و دریانوردی را رونق بخشیدند [33].

سرانجام، بسیاری از یهودیان به شمال افریقا کوچ کردند و جوامع یهودی نشین این مناطق را تشکیل دادند و زیر پرچم و رهبری امپراتوران غیر مسیحی، از آزادیهای نسبی برخوردار بودند.

گرچه آزار و اذیت یهودیان گاه و بیگاه و در مقیاسی وسیع صورت می‌گرفت، ولی دوران آرامش نسبتا طولانی نیز وجود داشت. از ویژگیهای جوامع یهودی نشین این دوره وجود حداقل یك مدرسه و یك کنیسا بود. لزوم این حداقل از آن چنان اهمیتی برخوردار

---

30   Rab and Nahman

31   Shekunzib

32   Talmud, Yebamoth, 37b

33   Friedlander L. Roman Life and Manners under the Early Empire, III:173

بود که بزرگان مذهب و معلمین، یهودیان را از زندگی در جوامع بدون مدرسه منع می‌کردند. شاید این پافشاری در موفقیت نسبی یهودیان در زمینه تحصیل و دانش بی تاثیر نبوده است. زبان عبادت عبری، و زبان مکالمه روزمره در شرق آرامی و در مصر و اروپای شرقی یونانی بود. در دیگر نقاط نیز یهودیان معمولاً به زبان های محلی تکلم می‌کردند. مذهب مرکز ثقل تعلیمات یهودیان بود که روح و جسم آنان را تقویت می‌کرد. هر چه آنها بیشتر مورد ضرب و شتم و آزار قرار می‌گرفتند بیشتر به احکام مذهبی پناه می بردند. کنیسا رکن جدایی ناپذیر جوامع یهودی را تشکیل می‌داد. جامعه ای که به امید زنده بود و آن را هم در اعتقاد به خدا جستجو می‌کرد.

۶ . تلمود

پس از تخریب معبد دوم اورشلیم و فروپاشی کامل دولت یهودیه، ظهور مسیحیت و گسترش موج وسیع یهودی ـ ستیزی، یهودیان آرام ننشستند. آنها بیش از پیش به مذهب خویش پناه بردند و اقدام به تدوین مجموعه احکامی کردند که بر وحدت قومی و اعتقاد به ظهور یک منجیِ موعود سخت تاکید می‌ورزید. این مجموعه احکام، که در واقع تفسیر بر تورات محسوب می‌شوند، پاسخ آنان به شرایط جدید و همه معضلاتی که این شرایط به همراه داشتند بود. بخش بزرگی از آنچه که امروز به عنوان آیینِ یهودیت می شناسیم، عملاً در این دوره شکل گرفته است.

طی شش قرن نخست تبعید، در دو مرکز معتبر یهودی نشین جهان، فلسطین و بابل، یهودیان این احکام را جمع آوری کردند و آن را به ترتیب تلمود های ۳۴ فلسطینی و بابلی نامیدند. اگر تورات را مذهب عبرانیون دوران باستان بشناسیم، تلمود را باید تار و پود یهودی‌گری دوران تبعید و قرون وسطی به شمار آوریم.

---

۳۴ تلمود واژه عبری به معنی "مطالعه و بررسی" است و مترادف آن در زبان آرامی گمارا Gemara خوانده می شود.

بانیان تلمود

پس از تخریب معبد دوم از شمار طرفداران سادوسی‌ها به شدت کاسته شد و کاهنان فاریسی، که متعصب تر و قشری تر بودند، کنترل مذهب را به دست گرفتند. فاریسیها بر این باور بودند که موسی، علاوه بر قوانین مکتوب که در پنج کتاب موسی متبلور گردیده، احکام شفاهی بیشماری نیز برای بنی اسرائیل به جای گذاشته است. کاهنان فاریسی این احکام شفاهی را که از آموزگار به شاگرد و از نسلی به نسل دیگر، سینه به سینه و دهان به دهان انتقال یافته بودند به عنوان کلام خدا پذیرفتند و آنها را به مذهب افزودند.

افزون بر این، قوانین مکتوب در پنج کتاب موسی دیگر پاسخگوی نیازهای جدید نبود. اوضاع و احوال به کلی دگرگون گردیده بود، از جمله آنکه یهودیان اورشلیم را از دست داده بودند و اورشلیم نیز استقلال خویش از دست داده بود. از این رو، در دوران پیش از تبعید آموزگاران سنهدرین و در دوران پراکندگی، کاهنان مسئولیت یافتند تا مجموعه قوانین موسی را با توجه به اوضاع و احوال جدید تعبیر و تفسیر کنند.

از سوی دیگر بر شمارش احکام شفاهی، فتواها و توضیحاتی که حخامیم بر این احکام می نوشتند روز به روز افزوده می‌شد. گذشته از این، تعداد کسانی که همه احکام شفاهی را حفظ بودند رو به کاهش بود. تبعید نیز برخی از حافظان این احکام را به اطراف و اکناف پراکنده بود که دسترسی به آنان مشکل می نمود. از این رو آموزگاران و حخامیمی چون هیلل، آکیبا بن یوسف [35] و مایر [36] کوشش در گرد آوری و طبقه بندیِ این احکام شفاهی و فتوا ها کردند، ولی هیچ یک از آنها مورد پذیرش عامه قرار نگرفت. حوالی سال ۱۸۹ میلادی، حاخام یهودا حناسی [37] طبقه بندی نوینی از احکام شفاهی ارائه داد که به

---

[35] Akiva Ben Joseph (50-135 A.D.)

[36] مایر Meir حوالی قرن دوم میلادی می‌زیست. وی یکی از شاگردان آکیبا بن یوسف و عضو شورای سنهدرین بود.

[37] یهودا حناسی Juda Ha-Nasi (۲۲۰ ـ ۱۳۵ میلادی) از رهبران سیاسی و مذهبی جامعهٔ یهودیان فلسطین بود. حناسی به عنوان "آموزگار مقدس" در میان یهودیان دوران خویش شناخته می‌شد. وی بر این باور بود که جهل ریشهٔ تمامی بدبختیهای یهودیان است. گفته می‌شود که حناسی روابط بسیار دوستانه با امپراتور آنتونیوس داشت.

۳۵

میشنای ربای یهودا[38] و یا به میشنا معروف شد. حاصل هشت قرن جدل، قضاوت و تبادل نظر حول وحوش احکام شفاهی، به "گِمارا" یا "توضیح بر میشنا" مشهور است[39]. بخشهایی از تلمود که مسایل حقوقی را بررسی می‌کنند " حَلاکا " نامیده اند. مجموعهٔ میشنا و شرح کوتاهتر گمارا "تلمود فلسطینی" نامیده می‌شود که تدوین آن در اواخر قرن چهارم میلادی به پایان رسید. شرح مبسوط تر میشنا که صد سال بعد، یعنی حدود ۳۹۹ میلادی در مدارس بابل به اتمام رسید، "تلمود بابلی" نام دارد.

بار سنگین تهیه این مجموعه بر دوش کاتبان و کاهنان دون پایه ای بود که در کنیساها و مدارس فلسطین و بابل سالهای سال فعالیت کردند. بسیاری از آنها از اقشار فقیر جامعه برخاسته بودند و عملا دستمزدی بابت کارشان دریافت نمی‌کردند. معمولا ثروتمندان و آنها که از زندگی مرفه تری برخوردار بودند، آنان را کمک می‌کردند و اغلب در خانه های خود، آنان را تغذیه می نمودند. در مواردی هم آنها را در کسب خود شریک کرده و یا دختران خود را به عقد آنها در می‌آوردند. مردم عموما آنها را دوست داشتند و درباره دانش، قضاوت و معجزه های آنها غلو کرده، داستانها می ساختند.

البته برخی از این کاهنان هم، بابت امکاناتی که این چنین در اختیارشان قرار گرفته بود هر از گاه مغرور می شدند و خود را تافته جدا بافته می انگاشتند. به بیان ویل دورانت، نگارندگان و بانیان تلمود و یا به اصطلاح "مردان خدا" هم مانند دیگر مردمان، دچار خشم می‌شدند، حسد می‌ورزیدند، اعتراضهای بیجا ابراز می‌کردند، مغرور و خودستا می شدند و از این روی هراز گاهی می بایست به آنها یادآوری می‌شد که از آنها انتظاری متفاوت می‌رود.

---

۳۸   Rabbi Yehuda's Mishna or Mishna

۳۹   بخش احادیث تلمود به هگادا Haggada و بخش مربوط به مسائل حقوقی و قضایی تلمود به هلاکا Halakah معروفند.

تلمود و خداشناسی

تلمود هم مانند تورات به وجود خدای عاقل و قادر معتقد است. خدای تلمود نیز مانند یهوه از ویژگیهای انسانی برخوردار می‌باشد، بدین معنی که مانند انسان، دوست می‌دارد، متنفر می‌شود، خشمگین می‌گردد [۳۰]، می‌خندد [۳۱]، می‌گرید [۳۲]، از کرده خود پشیمان می‌شود [۳۳]، و حتی تِفیلیم به بازوی خود می بندد [۳۴] و روزی سه بار نماز می‌خواند [۳۵]. بسیاری از حخامیم اعتراف می‌کردند که نسبت دادن این صفات انسانی به خدا امری غیر واقعی بود و تنها به منظور درک بهتر موضوع، این ویژگیها را از مخلوق گرفته بودند و به خالق نسبت می‌دادند [۳۶]. در یهودیت هیچ گناهی نابخشودنی تر از چند خدایی نیست و به همین جهت تلمود از یگانگی خداوند در برابر چند خدایی بت پرستان و سه خدایی مسیحیت سخت دفاع می‌کند. بی‌دلیل نیست که مهمترین و مشهورترین دعای یهودیت *"ثمه ایسرائل ادونای الوهنو، ادونای احاد"* (بشنو ای بنی اسراییل، پروردگار ما خدای یکتاست) [۳۷] بر این نکته تاکید دارد.

---

۳۰   Talmud, Berachoth, 6-b

۳۱   Talmud, Aboda Zara, 3-b

۳۲   Talmud, Chagiga, 3-b

۳۳   Talmud, Sukkah, 52-b

۳۴   Talmud, Berachoth, 6-a

۳۵   Talmud, Aboda Zara, 3-b

۳۶   Rabbi Shimon Ben Yohai, Mechilta, 65-a, on Exodus XIX, 18

۳۷   کتاب تثنیه، باب ششم، آیه ۱۳

از دیدگاه تلمود، خدا می‌تواند معجزه کند و این کار را به وسیله حخامیم برگزیده خود به مورد اجرا می‌گذارد؛ در نظر تلمود هیچ قانونی برتر از اراده پروردگار نیست و خداوند هر چیزی را برای هدفی خاص آفریده است. از جمله " حلزون را برای درمان جرب، مگس را به منظور درمان نیش زنبور، پشه را برای مداوای نیش مار و مار را برای درمان زخم آفریده است‌"[38].

تلمود معتقد است که " خداوند رفتار و افکار ما را همواره زیر نظر دارد " و اینکه " همه انسانها از اعقاب حضرت آدم هستند"، در عین حال می‌گوید " انسان ابتدا مانند حیوانات دم داشت "[39]. سرانجام تلمود بر این باور است که انسان از روح و جسم ساخته شده که روح او متعلق به خدا و جسم او از آن زمین است؛ روح انسان او را به پرهیزگاری و جسمش او را به سوی گناه سوق می‌دهد؛ هرچند که گناه گاهی می تواند نتایج خوب هم در بر داشته باشد؛ " از نیاکانمان باید قدردانی کنیم، زیرا که اگر آنها گناه نکرده بودند ما امروز وجود نداشتیم "[50].

حخامیم دوران تلمود بر این اعتقاد بودند که انسان به سبب گناهان خویش است که رنج می برد. اگر انسان بیش از آنچه که سزاوار است رنج و بدبختی می کشد، به خاطر آن است که به ژرفای گناهان خود پی نبرده است و به این گفته که " انسان باید که به بدبختیها رضا دهد "[51] ایمان نیاورده است. در نوشتار های عبرانیون به ندرت اشاره ای به بهشت و جهنم شده است. در حالی که تلمود با جزئیات تمام به بیان این باورها می پردازد. به عقیده تلمود، مرگ حاصل گناه است و انسان واقعا بی گناه، هرگز نمی

---

38 Talmud, Shevuoth, 77-b

39 Talmud, Eirubin, 18-a

50 Talmud, Aboda Zara, 5-a

51 Sifre on Deutronomy 32

میرد ^{۵۲} . تلمود هم مانند دیگر مذاهب عذاب این جهانی را در بهشت پاداش میدهد. در دیدگاه تلمود، جهنم یا گه حینوم ^{۵۳}، مانند بهشت به هفت طبقه بخش شده است و فقط شرور ترین ختنه شدگان به آن می‌روند ^{۵۴} . " همه به جهنم می‌روند و روزی دوباره باز می‌گردند به جز سه گروه که هرگز باز نمی گردند : زناکاران، آنها که دیگران را بد نام کرده اند و کسانی که در ملا عام باعث شرمساری دیگران شده اند " ^{۵۵} . از سوی دیگر، بهشت یا گَنَ ادن ^{۵۶} باغی است مملو از خوشیهای روحی و جسمانی، که شراب آن از محصول انگور شش روز نخست خلقت تهیه گردیده و بوی خوش آن فضا را پر کرده است. در آنجا خدا با حاضران بر سر یك سفره غذا می‌خورد و آنان از دیدار چهره او بهره مند می‌شوند. باوجود این، بسیاری از حخامیم اعتراف داشتند که کسی نمی داند که پس از مرگ چه بر سر آدمی می‌آید و یا به کجا می رود ^{۵۷} .

یهودیان به رستگاری قومی، بیش از رستگاری فردی پایبند بودند. مردمی که با سنگدلی و بیرحمی از سرزمین نیاکان خود رانده شده و در سرزمینهای بیگانه پراکنده شده بودند،

---

۵۲   Talmud, Shevuoth 55-a

۵۳   گه حینوم Ge Hinnom   نام خندقی بیرون شهر اورشلیم بود که زباله شهر را در آن می انباشتند و برای پیشگیری از شیوع بیماری همواره آن را می‌سوزاندند. آمده است که از دیر زمان، ساکنان کنعان فرزندان نخست خود را در این محل برای مولاخ Moloch " خدای جهنم " قربانی می‌کردند. این تشریفات بعد ها در تورات نکوهش شد (کتاب لاویان، باب ۱۸، آیه ۲۱ و باب ۲۰، آیات ۳ تا ۵)

۵۴   Genesis Rabbah, XLVIII-8

۵۵   Talmud, Baba Metzia, 58-b

۵۶   بهشت، باغ عدن یا به عبری Gan Eden، باغی بود که چهار رودخانه آن را آبیاری می‌کردند و آدم و حوا به خاطر نافرمانی از پروردگار از آن رانده شدند.

۵۷   Talmud, Berachoth, 34-a

تنها با اعتقاد به این موضوع که هنوز فرزند برگزیده پروردگارند به خود دلداری می‌دادند.

در دیدگاه آنان، خدا نه تنها آفریدگار بلکه پدری محسوب می‌گردید که به سادگی پیمانی را که با قوم برگزیده خویش بسته بود، نقض نمی‌کرد. به گفته ویل دورانت، همواره در اوج یاس و نا امیدی به خود آرامش می‌دادند که، مگر همین خدا نبود که "متون مقدس" را نخستین بار به ما نازل کرد و سپس مسیحیان و مسلمانان نیز به آنها گردن نهادند؟

تلمود و اخلاق

تلمود نه تنها یک دائرة المعارف یهود، بلکه مجموعه ای است غنی در باره خداشناسی، طب، فرهنگ و هنر، راهنمای صنعت، باغبانی، تجارت، امور مالی، مالیات، مالکیت، برده داری، وراثت، قانون و حقوق جزا. مهمتر از همه، تلمود مجموعه ای از اصول اخلاقی است.

اخلاق، در یهودیت، مسیحیت و اسلام بر پایه مشترکی بنیان گذاشته شده است. هر سه مذهب بر این عقیده اند که رفتار انسان را فقط با ترس از خدا و وعده پاداش پرهیزکاران به سعادت اخروی و کیفر گناهکاران به عذاب جهنم می‌توان مهار کرد. در یهودیت هم، مانند اسلام، اخلاق، قانون و مذهب از یکدیگر تفکیک ناپذیرند و به زبان دیگر تفاوتی میان جرم و گناه نیست. در این ادیان آنچه که از لحاظ حقوقی جرم به حساب می‌آید در حقیقت نوعی معارضه با خدا نیز محسوب می‌شود. افزون بر این، هر سه مذهب، درباره دیگر جنبه های اخلاقی مانند حرمت خانواده، احترام به والدین و بزرگترها، نگهداری و حمایت از فرزندان و پرداخت صدقه نیز اتفاق نظر دارند.

یهودیان دوران تلمود صدقه دادن را وظیفه ای تخطی ناپذیر بشمار می‌آوردند. برخی هنگام دادن صدقه از خود بخل و خست نشان می‌دادند ولی در مجموع در دادن صدقه دست و دل باز بودند. تا آن جا که گاهی حخامیم مجبور می‌شدند که مردم را از پرداخت بیش از یک پنجمِ دارایی‌شان منع کنند.

هیچ مذهبی چون یهودیت، بر اهمیت خانواده تاکید نورزیده است. در یهودیت نیز مانند اسلام خود داری از تولید مثل و نداشتن عمدی فرزند گناهی کبیره به حساب می‌آمد[۵۸] و انسان بدون فرزند در شمار مردگان محسوب می‌شد[۵۹]. تاکید مصرانه این مذاهب بر اهمیت تشکیل خانواده، لازمه حفظ و تداوم نسل انسان بود. البته به این نکته نیز باید اشاره کرد که حخامیمِ دوران تلمود در شرایط خاصی، محدود کردن خانواده، از راه پیشگیری را جایز می‌شماردند.

یهودیان هم مانند دیگر اقوام هم عصر خود، از داشتن فرزند دختر نا خشنود می‌شدند و تولد فرزند پسر را با شادی فراوان استقبال می‌کردند. زیرا معتقد بودند که فرزند پسر نام پدر را زنده نگهداشته، از ثروت و دارایی او حفاظت می‌کند. در حالی که فرزند دختر با دیگری ازدواج کرده، از خانواده پدر فاصله می‌گیرد و جذب خانواده ای دیگر می‌شود. در این رابطه باید به ریشه های اقتصادی این باور ها نیز توجه داشت. باور عمومی بر این بود که از فرزندان پسر به هر قیمتی باید پشتیبانی کرد تا فرهنگ بیاموزند. زیرا آنها هستند که در آینده در هر شرایطی از والدین خود نگهداری خواهند کرد.

در دوران تلمود ازدواج به شدت تشویق می‌شد. گرچه اشتیاق به روابط جنسی تقبیح نمی‌شد ولی از جذبه وکشش آن سخت در هراس بودند و همواره می‌کوشیدند که آن را به شکلهای گوناگون مهار کنند. در این رابطه برخی از حخامیم خوردن نان و نمك را به منظور کاهش ترشح منی تجویز می‌نمودند[۶۰]. گروهی دیگر معتقد بودند که وسوسه های جنسی را با کار سخت جسمانی و خواندن تورات می‌توان مهار کرد. سرانجام، معدودی نیز پیشنهاد می‌کردند که اگر چنانچه این تمهیدات کار ساز نبود " بگذار به جایی که او را نمی شناسند برود، لباس سیاهی به تن کند و کاری را که دلش می‌خواهد انجام دهد، ولی مبادا که خدا

---

۵۸   Talmud, Berachoth, 10-a

۵۹   Genesis Rabbah, 1XXI-6

۶۰   Talmud, Gittin 70-a

را در ملأ عام بدنام کند ".[61] آنان معتقد بودند که مرد باید از شرایطی که شهوت جنسی را بر می‌انگیزد بپرهیزد. "مرد نباید که در مصاحبت با زنان افراط کند....مرد نباید پشت سر زنان و حتی زن خویش راه برود....مردها می‌توانند پشت شیر وحشی راه بروند ولی حق راه رفتن پشت سر زنان را ندارند"[62]. هر چند در نظر حخامیم، بکارت دختران ارزش فراوان داشت ولی درباره زنان، عملاً به استاد اینکه مادران خوبی بودند یا نه، قضاوت می‌شد.

پدران را تشویق می‌کردند که برای دختران جهیزه تهیه کنند و مخارج ازدواج پسرانشان را کنار بگذارند تا مبادا ازدواج فرزندان به تاخیر افتد. ازدواجهای در سنین پایین را تشویق می‌کردند. از لحاظ قانونی دختران در سن دوازده و نیم سالگی و پسران در سیزده سالگی می‌توانستند ازدواج کنند. اما در عمل، دختران در سن چهارده و پسران در هجده سالگی ازدواج می‌کردند. ازدواج را فقط در مورد شاگردان تورات می‌توان به تاخیر انداخت. آنان سخت به این اصل پایبند بودند که " مرد باید ابتدا خانه ای برای خود دست و پا کند، تاکستانی بسازد و سپس ازدواج کند "[63]، گرچه اجرای این امر همیشه به راحتی مقدور نبود.

جوانان را نصیحت می‌کردند که همسر خود را نه بر مبنای زیبایی ظاهری بلکه بر پایه ویژگیهای پسندیده مادری انتخاب کنند[63]. به رغم این گونه پند و اندرزها، حاخام سرشناسی چون آکیبا معتقد بود که مرد هر وقت زنی زیباتر از زن خود یافت می‌تواند زنش را طلاق دهد[65]. تلمود هم مانند عهد عتیق تورات و قرآن چند همسری را مجاز می شناسد و در

---

61   Talmud, Chagiga, 16-a

62   Talmud, Berachoth 61-a

63   Talmud, Sota 44-a

63   Talmud, Taanith Iv-8

65   Talmud, Gittin LX-10

جایی شمار زنان عقدی را به چهار محدود می‌کند [66].

بنا بر اصل "لویرات" [67]، مرد یهودی موظف است که بیوه برادرش را به عقد خود در آورد [68]. گرچه انگیزه چنین قانونی، به رغم ظاهر نوع دوستانه اش، توجه به ازدیاد نسل بوده است، به هر حال نوعی چند همسری محسوب می‌گردد.

گرچه طلاق با توافق طرفین مجاز بود؛ مرد می توانست بدون اجازه زنش او را طلاق دهد در حالی که زن هرگز بدون اجازه شوهر نمی‌توانست طلاق بگیرد. طلاق زن زناکار اجباری بود و طلاق زنی که پس از ده سال ازدواج، هنوز صاحب فرزند نشده بود به شدت توصیه می‌شد [69]. هیلل طلاق زن را بدون هیچگونه دلیل بلامانع می شناخت. مرد می توانست زنش را به جرم آنکه بدون روسری در ملأ عام ظاهر شده بود و یا با مردی غریبه مصاحبت کرده بود، طلاق دهد [70]. زناکاری مرد، مجوزی برای طلاق محسوب نمی شد [71] و برخی از حخامیم مانند مسیح، زنای خیالی را بلامانع می‌شناختند [72]. بعضی از حخامیم

---

[66]   Tamud, Yebamoth 65-a and 44-a

[67]   لویرات Levirate Marriage یا ازدواج با بیوه بی فرزند برادر، کتاب تثنیه، آیه پنجم از باب بیست و پنج

[68]   اگر مرد یهودی به ازدواج با بیوه برادرش تن ندهد، زن از حق ازدواج مجدد محروم است مگر آنکه مرد یهودی او را آزاد کند. مشکل وقتی پیش می‌آید که برادر شوهر، کمتر از سیزده سال دارد. در اینصورت نه می‌تواند بیوه برادر را به عقد خویش درآورد و نه می تواند شرعاً او را رها کند. چنین زنی بدون اجرای مراسم حلیتصا Halitzah حق ازدواج با مرد دیگری را ندارد. مراسم حلیتصا به این ترتیب صورت می‌گیرد که زن بیوه کفش برادر شوهر را از پای راست او کنده، تف به روی او می‌اندازد و می‌گوید " با کسی که خانه برادرش را بنا نکند چنین می‌شود ". (کتاب تثنیه، باب ۲۵ آیات ۹ و ۱۰). به حکم قانون مصوب سال ۱۹۵۳ دولت اسرائیل، مردی که از اجرای مراسم حلیتصا سر باز زند محکوم به زندان است.

[69]   Talmud, Yebamoth 64-a

[70]   Talmud, Nedarim 30-b

[71]   Cohen A, Everyman's Talmud, p 179

[72]   Pesikhta Rabbati, 25,2 in Neuman AA. The Jews in Spain, 3, Philadelphia, 1942

تحت شرایط خاصی مانند عدم حمایت مالی از زن، اعمال خشونت بر علیه زن، نقص عضو و یا ناتوانی جنسی مرد، به زن اجازه می‌دادند که تقاضای طلاق کند. باوجود تمامی شرایط، باز حخامیم این کار را با اکراه انجام می‌دادند و تشریفات قانونی پیچیده ای برای اجرای آن مطرح می‌کردند [73]. چنین سنتی هنوز در بسیاری از جوامع یهودی وجود دارد.

رابطه جنسی میان زنِ شوهردار با مردی به جز همسر او در ردیف گناهان کبیره چون بت پرستی و قتل عمد محسوب می‌شد و مجازات مرگ داشت. رابطه جنسی میان مرد یهودی و زن غیر یهودی از مجازات کمتری برخوردار بود. البته این بدان معنا نیست که چنین رابطه ای مورد تایید تلمود بوده است. در این موارد تلمود تنبیه اصلی را متوجه زن غیر یهودی می‌کند چرا که به خاطر اوست که مرد یهودی دچار چنین گرفتاریی گردیده است [74]. این تنبیه بدون توجه به سن زن و اینکه آیا او مجرد بود یا متاهل، قابل اجرا بود؛ جریمه مرد یهودی چند ضربه شلاق بود و فقط در صورتی که مرد یهودی، از طایفهُ "کهن" می‌بود دو برابر شلاق می‌خورد [75].

احکام تلمود مانند قوانین اسلام، توسط مردان تدوین گردیده و در آن حقوق بسیار ناچیزی برای زنان در نظر گرفته شده بود. حمایت بی چون و چرای این احکام از حقوق مرد، واقعاً می‌توانست هر زنی را به به وحشت اندازد. تلمود مانند مسیحیت و اسلام، زن را مسئول بی عدالتیها و خشونتهای جهان می شناسد. تلمود زن را موجودی سبک مغز می‌داند [76] و از نظر حقوقی شهادت صد زن برابر شهادت یک مرد محسوب می‌گردد [77]. تلمود حق مالکیت را برای زن به رسمیت نمی شناسد و درآمد زن و آنچه که او کسب

73   Talmud, Ketuboth 77-a

74   Talmud, Berachoth 78-a

75   Maimonides op cit, Prohibitions on Sexual Intercourse, 12, 10

76   Talmud, Kiddushin 80-b

77   Talmud, Sotah 31-b and 47-b

میکند متعلق به شوهر او میداند[78]. سرانجام تلمود معتقد است که "مردی که زن بد نصیبش گردد، هرگز به جهنم راه نمییابد"[79]. در عین حال، تلمود مرد یهودی را تشویق میکند که برای سر و وضع زنش با دست و دل بازی خرج کند و از زن یهودی میخواهد که فقط برای شوهرش خود آرایینماید[80].

تلمود و تشریفات مذهب

یکی از ویژگیهای یهودیت دوران تلمود اجرای مراسم و تشریفات دشوار و پیچیده مذهبی است که تنها مردمانی با ایمان و مغرور، صبر و شکیبایی اجرای آن را داشتند. در حالی که مسیحیت وحدت اجتماعی را از راه باور همگان به خدا تبلیغ میکرد، یهودیت تحقق چنین وحدتی را علاوه بر ایمانِ به پروردگار، از طریق اجرای مراسم و تشریفات مذهبی مشابه برای پیروان خود عملی میدانست. پس از تخریب معبد اورشلیم، تقدیم صدقه و نمازگزاری در کنیسا جانشین تقدیم قربانی در معبد گردید. گرچه نمازگزاری در خانه، جای خود داشت ولی حکامیم اصرار داشتند که "خدا صدای نمازگزار را فقط در کنیسا می شنود"[81].

بهداشت جسمانی برای تامین سلامت روح ضروری به نظر می رسید. زندگی در آبادیهای بدون حمام منع میشدو حتی دستورات ویژه ای در ارتباط با شیوه استحمام

---

78   Talmud, Ketuboth 47-b

79   Talmud, Eirubin 41-b

80   Hai Gaon in Newman et al. The Talmudic Anthology, p 540, New York 1945

81   Cohen A. Everyman's Talmud, 89

وجود داشت[82]. بلافاصله پس از برخاستن از خواب، پیش و پس از هر وعده غذا و پیش از اجرای مراسم مذهبی دستها را می بایست شست. هر گونه تماسی با جسد، زایمان، حشرات، خوک، جذام و مقاربت جنسی و قاعدگی از نظر مذهب نجس محسوب می‌گردید و شخص را موظف می‌کرد که در کنیسا نماز ویژه بگزارد. زن تا چهل روز پس از تولد فرزند پسر و تا هشتاد روز پس از تولد فرزند دختر، ناپاک محسوب می شد. فرزندان پسر را هشتمین روز تولد ختنه می‌کردند. ختنه، در اصل نوعی تقدیم قربانی به یهوه و تجدید عهد و پیمان با او به شمار می آمد. اما از آنجا که ختنه کردن در میان دیگر اقوام مانند مصریان، حبشیها، فنیقیها، سوریها و عربها نیز متداول بود باید برای آن یک انگیزه بهداشتی در نظر گرفت. در تایید بر این نکته باید اضافه کرد که یهودی حق نداشت که برده ختنه نشده را بیش از ۱۲ ماه نگهدارد[83].

تلمود گاهی در نقش یک راهنمای پزشکی ظاهر می‌شد. یهودیان قرن چهارم و پنجم میلادی مانند دیگر اقوام ساکن اطراف دریای مدیترانه، به خرافات پزشکی سخت معتقد بودند لذا بسیاری از این خرافات در تلمود نیز رسوخ کرده است. باوجود این، در تلمود بابل توصیف دقیقی از ساختمان حنجره، مری، نای، ریه ها، پرده های مغز و آلت تناسلی وجود دارد. علاوه براین، در تلمود، توصیفی از دگرگونیهای آسیب شناسی بیماری سل، تومورهای ریه، تشمع یا "سیروز" کبدی و دیگر بیماریها را می‌توان یافت. برای مثال حخامیم می‌دانستند که وجود مگس در کنار ظروف آشامیدنی، موجب انتقال بیماریهای عفونی می‌گردد[83]. هموفیلی را نوعی بیماری ارثی می شناختند و ختنه پسران را در این موارد جایز نمی دانستند. در کنار اینها روشهای جادو و جنبل و شیطان زدایی نیز برای درمان بیماریها تجویز می‌شد.

---

82   Talmud, Kiddushin 66-b

83   Talmud, Yebamoth 48-b

83   Talmud, Ketuboth, 27-a

حخامیم مانند بیشتر مردم متخصصان علوم تغذیه نیز بودند. آنها بر این باور بودند که تغذیه خوب از دندان خوب آغاز می‌شود و کشیدن دندانها را هر قدر هم که درد می‌کرد، تجویز نمی‌کردند [۸۵]. زیرا بر این باور بودند که " اگر انسان با دندان، خوب بجود، پاهایش قدرت و توانایی می‌گیرد" [۸۶]. مصرف سبزیها و میوه ها به جز خرما، را تشویق می‌کردند، در حالی که گوشت از اقلام تجملی به حساب می‌آمد. خوردن گوشت با خون حرام بود و لذا حیوانات را بشیوه ای ذبح می‌کردند که بیشترینِ خون از بدنشان خارج می‌گردید. ذبحِ حیوانات را به کسانی محول می‌کردند که در این زمینه آموزش کافی داشتند. البته این متخصصین کسانی به جز خود حخامیم نبودند که هنگام ذبح، امعا و احشای حیوان را نیز معاینه می‌کردند تا مبادا بیمار باشد.

به دستور حخامیم، گوشت و لبنیات را در یك سفره مصرف نمی‌کردند و برای تهیه آنها از ظرفهای جداگانه باید استفاده نمود و در آشپزخانه آنها را نزدیك یکدیگر نباید گذاشت. البته اینها همه محصول برداشت شاخ وبرگدار حخامیم دوران تلمود از این حکم تورات که "گوشت بزغاله را در شیر مادرش نجوشانید" [۸۷]، بود. حکمی که در سه بخش از پنج کتاب موسی منعکس گردیده ولی هیچ توضیحی بر آنها نیامده است. آیه ۲۱ از باب ۱۳ کتاب تثنیه در حقیقت این حکم را چنین مطرح می‌کند: "گوشت حیوانی را که به مرگ طبیعی مرده است نخورید، اگر غریبه ای در میانتان هست به او بدهید تا بخورد، و یا به او بفروشید ولی خودتان نخورید زیرا که شما برای یهوه قوم مقدسی هستید، گوشت بزغاله را در شیر مادرش نجوشانید".

شنبه، "شبات"، یا تعطیل آخر هفته، این بزرگترین پدیده آیین یهود، ظاهرا دشواری بزرگ دوران تلمود بود. بخش بزرگی از تلمود به این مقوله اختصاص یافته و با ریزبینی و

---

۸۵   Talmud, Pesachim 113-a

۸۶   Talmud, Shabbath 152-a

۸۷   کتاب مهاجرت، باب ۳۳ آیه ۲۶، کتاب تثنیه، باب ۱۳ آیه ۲۱ و کتاب مهاجرت، باب ۲۳ آیه ۱۹

موشکافیِ غیر قابل تصوری مقرر شده است که در این روز چه باید کرد و چه نباید کرد. از نظر تلمود فقط تحت شرایط خاصی می‌توان برخی از آیین شبات را نقض کرد. از آن جمله است عیادت بیماران توسط ماما و پزشک یهودی که آن هم به عوامل متعددی از جمله مذهب بیمار بستگی دارد. در همین رابطه مامای یهودی، موظف به زایمان زن غیر یهودی در روز شبات نیست. تلمود تحلیل می‌کند که مامای یهودی فقط می‌تواند زنی را که آیین شبات را رعایت می‌کند عیادت نماید ولی در مورد زن غیر یهودی که آیین شبات را رعایت نمی نماید، چنین توصیه ای نمی‌کند [۸۸]. همین استدلال در مورد عیادت بیمار غیر یهودی، توسط پزشک یهودی در روز شبات مطرح شده است [۸۹]. لازم به تذکر است که این مقوله گهگاه کینه توزی و دشمنی اقوام دیگر را بر علیهٔ یهودیان برانگیخته و کشمکشهای میان یهودیان و دیگر اقوام را دامن زده است.

زندگی و قانون از دیدگاه تلمود

هرگز نباید تصور کرد که یهودیان دوران تلمود، به خاطر از دست دادن سرزمین اجدادی خود، مردمانی گوشه گیر، بدبین و بی سلیقه بودند که خود را در پس این احکام مخفی می‌کردند. برعکس، باوجود دربه دری، اختناق و فقر، آنها به فراز و نشیب زندگی واقف بودند، زیباییهای زمین و آسمان را تحسین می‌نمودند و از زیبایی زنانشان نیز لذت می بردند.

به گفته ویل دورانت، دست و پاگیری احکامِ تلمود، افراط در جزئیات و سختگیری به هنگام نقض آنها را نیز نباید جدی تلقی کرد. در واقع، نه همه یهودیان، همه آنها را اجرا می

---

۸۸   Talmud, Avodah Zarah,26-a

۸۹   op cit on Shulhan Arukh, Hoshen Mishpat, 194

کردند و نه همه حخامیم از زیر پا گذاشتن آنها همیشه دلگیر می شدند. تلمود کتا ب قانونی نبود که کلیه احکام آنرا می بایست بی چون و چرا اجرا می‌کردند. این مجموعه در حقیقت سندی بود از عقاید و باورهای حخامیم که به اقتضای زمان می بایست اجرا می شد. توده های عامی هم فقط بخشهایی از آن را اجرا می کردند.

تلمود در شش بخش، ۶۳ رساله و ۵۲۳ فصل، به شرح زیر تنظیم گردیده است.

۱۱ رساله درارتباط با بذر و صدقه	Zeraim	زراعیم
۱۲ رساله در باب اعیاد	Moed	موعد
۷ رساله مربوط به ازدواج، حاملگی و روابط جنسی	Nashim	ناشیم
۱۰ رساله بر حقوق مدنی و جزا	Nezikin	نزیکین
۱۱ رساله در زمینه مقدسات	Qodashim	کوداشیم
۱۲ رساله مربوط به نظافت	Tohorot	طهوروت

به راستی خلاصه کردن فکر نسلها و گنجانیدن آن در یک مجموعه، حتی برای صد ها حاخام صبور و با حوصله هم کار دشواری بوده است. به جرات می‌توان ادعا کرد که تلمود یکی از پیچیده ترین و غامض ترین تراوشات فکر انسان است. به هر حال، تلمود یک شاهکار ادبی به شمار نمی‌آید. چندین رساله تلمود در بخشهای نادرست گنجانیده شده و چندین فصل در رساله های نا مربوط قرار گرفته اند. موضوعی را شروع کرده اند، بعد آن را رها کرده و دوباره در جایی دیگر دنباله آن را گرفته اند. در عین حال که نقطه نظر های بسیاری مطرح گردیده، با این حال بسیاری از نکات ضد و نقیض همچنان لاینحل باقی مانده اند. در تلمود صوفی گری، حماسه سرایی، ستاره شناسی، خرافات، جادو، معجزه، علم اعداد و تعبیر خواب، همه با هم در آمیخته اند.

در تلمود، اجرای مراسم و آیین یهودی‌گری به شدت تاکید شده است. بخش بزرگی از این احکام و تاکید در اجرای آنها در واقع پاسخی در برابر منع اجرای این مراسم بود که توسط دولتهای مسیحی و کلیسا بر یهودیان تحمیل می‌گردید. در این بیست جلد، اینجا و آنجا الفاظی که دال بر تنفر بانیان تلمود از مسیحیت باشد نیز به چشم می‌خورد، ولی این تنفر و انزجار بیشتر برعلیه آن عده از مسیحیانی بود که به بیان ویل دورانت عطوفت مسیح را به بوته فراموشی سپرده بودند. در عین حال، به این نکته نیز باید اشاره کرد که در لابلای

این صفحات، صد ها نکته در تجلیل از عهد عتیق تورات و لطافت عرفانی عهد جدید انجیل نیز مشاهده می شود.

آن گونه که خواهیم دید برای بیش از چهارده قرن، تلمود سند آموزش و پرورش یهودیان بود. جوان یهودی روزی هفت ساعت و به مدت هفت سال آن را می‌خواند، روی آن تعمق می‌کرد و مطالب آن را بارها تکرار می نمود تا از بر می‌شد. روش یادگیری تلمود، تنها به خواندن و از بر کردن محدود نمی‌شد بلکه احکام آن موضوع جدل میان شاگرد و آموزگار وشاگرد و شاگرد قرار می گرفت و بدین ترتیب قوانین کهنه بر اوضاع و احوال جدید منطبق می گردید. حاصل این جدلها، هوشیاری و ذکاوت و حافظه ای قوی بود که به آنها امکان می‌داد تا در مسائل مذهبی تعمق کنند و بیش از دیگران دقت عمل نشان دهند. این شیوه یادگیری در عین حال دیدگاهی جزئی و محدود نیز برای جوان یهودی ایجاد می کرد. غرق شدن در تلمود دیگر جایی برای آموزش دیگر علوم نمی گذاشت و بنا به گفته تلمود، نیازی هم برای یادگیری علوم دیگر نبود. به قول تلمود " فلسفه یونان و علوم غیر مذهبی را در ساعاتی می‌بایست آموخت که نه شب است و نه روز "[90].

تلمود را بیرون از چهار چوب تاریخیِ که نوشته شده است نمی توان درک کرد. تلمود ابزار و وسیله حیات مردمی بود که از سرزمین خود رانده شده، همواره تحت اختناق و فشار زندگی کرده و گاه و بی گاه در معرض نابودی قرار می‌گرفتند. نقشی را که انبیای یهود در راستای ارتقای روحیه بنی اسرائیل در دوران اسارت بابل و پس از آن ایفا کردند، تلمود در دوران پراکندگی برای آنان انجام داد. در حقیقت تلمود سرزمین نیاکانی از دست رفته ای بود که یهودیان با خود به دوش می‌کشیدند. یهودی اگر در سرزمینهای بیگانه تحت ستم بود، در عوض در اقیانوسی از احکام تلمود غرق می‌شد و خود را در وطن احساس می‌کرد[91].

---

۹۰   Talmud, Menachoth 99-b

۹۱   تلمود ها برای نخستین بار بین سالهای ۱۵۲۰ و ۱۵۲۳ توسط دانیال بومبرگ در ونیز به چاپ رسیدند. ترجمه انگلیسی تلمود بابلی در سال ۱۹۳۵ منتشر گردید در حالی که ترجمه فرانسه تلمود فلسطینی، متعلق به اواخر قرن نوزدهم است.

بخش سوم

یهودیان در قرون وسطی

در آستانه قرون وسطی، یهودیان افزون بر تورات، تلمود و دیگر کتب مقدس، صاحب قوانین مدوّنِ عریض و طویل بودند اما نه دولت داشتند و نه میهن. شهر اورشلیم، این میعادگاهِ عاطفی، بارها دست به دست شده بود. بدین معنی که تا سال ۶۱۳ میلادی اورشلیم تحت تسلط مسیحیان بود و سپس تا سال ۶۲۹ زیر سلطه امپراتوری ساسانیان درآمد. از سال ۶۲۹ تا سال ۶۳۷ دوباره اورشلیم به دست مسیحیان افتاد و از آن پس نیز تا سال ۱۰۹۹ یک مرکز اسلامی به شمار می‌آمد.

در سال ۱۰۹۹ میلادی صلیبیون به اورشلیم حمله کردند و یهودیان به حمایت از مسلمانان به دفاع از شهر پرداختند. دیری نپایید که مسلمانان در این جنگ شکست خوردند و صلیبیون، بازماندگان یهودیِ شهر را در کنیسایی جمع کرده و همه را در آتش سوزاندند[1].

صلاح الدین ایوبی، سلطان سوریه، در سال ۱۱۸۷ اورشلیم را بار دیگر تسخیر کرد و از این پس اورشلیم دوباره به جمع مراکز اسلامی پیوست که سکنهٔ یهودی آن چندان قابل ملاحظه نبود. در آن زمان یهودیان در سراسر جهان پراکنده بودند و اجتماعات بزرگی از آنان در سرزمینهای اسلامی، در خاورمیانه و شمال افریقا، می‌زیستند و بخش چشمگیر دیگری از آنان زیر سلطه مسیحیت در اروپا به سر می‌بردند.

---

[1]   Graetz H. History of the Jews, III:308, Philadelphia 1891

۱. مراکز یهودی نشین جهان در آستانه قرون وسطی

یهودیان در سرزمین های اسلامی

با وجود آزار و اذیت یهودیان و وادار کردن آنها به دست کشیدن از مذهب و اعتقادات خویش، شمار قابل توجهی از یهودیان در سوریه، بابل و ایران می زیستند و از امکانات اقتصادی و فرهنگی کم وبیش رضایت بخشی بر خوردار بودند. در دوران پادشاهی ساسانیان، یهودیان ایران حتی از نوعی خود مختاری بهره مند شدند. بدین معنی که هر یک از اجتماعاتِ آنان زیر نظر یک یا چند حاخام اداره می شد. این مدیران [۲] نه تنها امور اداری جامعه یهودیان را زیر نظر داشتند بلکه برای یهودیان در غربت، مرجع تقلید نیز محسوب می‌شدند.

سپاه اسلام در سال ۶۳۷ میلادی ابتدا بین النهرین وسپس ایران را فتح کرد. پس از استقرار قدرت در این مناطق، از آنجا که اعراب مایل به بازگشتِ هر چه زودتر اوضاع به روال عادی بودند، مناسبات ساسانیان با اقلیتهای مذهبی را حفظ کردند. اسلام به تدریج مذهب رسمی منطقه شد و با صدور فرامین عمر، موقتاً دوران تازه ای از تضییق و تبعیض بر علیه یهودیان آغاز گردید [۳]. بر اثر فرمانهای عمر، حمایت از یهودیان در سرزمینهای اسلامی فقط به بهای فرمانبرداری آنان از مسلمانان مقدور بود. یهودیان از حمل اسلحه و شرکت در

---

۲   این مدیران را Exilarch یا سرپرست جامعهٔ در تبعید می‌نامیدند. مقام مدیریت موروثی بود و مدیران در بیشتر موارد منتسب به خانوادهٔ داوود بودند.

۳   مضمون تعهداتی که اهل ذمه (نامسلمانان صاحب کتاب) به اجبار به عمر، خلیفه سوم، کرده اند این چنین است : " در شهرهای خود و اطراف آنها کلیسا و دیر و ....نسازیم و هر کدام خراب شود مرمت نکنیم و .....تعهد می‌کنیم که اگر مسلمانانی بر ما وارد شدند سه شب به فراخی از ایشان پذیرایی کنیم و شرع خود آشکار نکنیم و کسی را بدان فرانخوانیم و اگر کسی از خویشاوندان ما اسلام بیاورد او را بازنداریم و مسلمانان را گرامی بداریم و در مجالس خود به احترام ایشان برخیزیم و از آنان سخن نگوییم و به نامها و کنیه های ایشان نامگذاری نکنیم، اسب سوار نشویم و شمشیر حمایل نکنیم و سلاح برنگیریم و .....شراب نفروشیم و به کسی شراب نخورانیم و موی جلو سر و زنار بر کمر بندیم و ..... در کلیساهای خود ناقوس جز به ضرب خفیف ننوازیم و در حضور مسلمانان آواز خود به خواندن چیزی بلند نکنیم و برای مردگان خود به بانگ بلند زاری نکنیم و .....مردگان خود را نزد مردگان مسلمانان دفن نکنیم و بردگانی را که در دست مسلمانان اند تملک نکنیم و به خانه های مسلمانان ننگریم. "

حکومت محروم بودند و حق استخدام و بکارگرفتن مسلمانان، از آنان سلب شد. افزون براین، ساختمان کنیسا های جدید و تعمیر کنیساهای قدیمی به کلی ممنوع گردید. یهودیان مجبور بودند که برای متمایز شدن از دیگران وصله زردی[۴] به آستین خود بدوزند. اهمیت تاریخی این فرمانها بیشتر از این لحاظ است که بعدها مسیحیان آن را در دشمنی با یهودیانِ اروپا به کار گرفتند و گرنه خلفای بغداد چندان اشتیاقی در اجرای این فرمانها از خود نشان نمی دادند و حتی در بسیاری از موارد از استعدادهای یهودیان در امر خلافت بهره می‌گرفتند. حاصل آنکه یهودیان ساکن شمال افریقا، بین النهرین، ترکیه و اسپانیا قرنها از آرامش بدون وقفه برخوردار گردیدند. به بیان دیگر، ظهور اسلام در عمل مشکلات ویژه ای برای یهودیان این مناطق بوجود نیاورد. البته این بدان معنی نیست که مسلمانان در برخورد با یهودیان از خود آزاد منشی به خرج می دادند، بلکه برخی از عوامل موجود در این مناطق سرانجام به نفع یهودیان تمام شد. از جمله اینکه در نواحی متصرفه اسلامی، بر خلاف سرزمینهای تحت نفوذ مسیحیت، یهودیان تنها اقلیت موجود نبودند و لذا حضورشان آن چنان چشمگیر نبود. افزون براین، دربسیاری از این مناطق، یهودیان جوامعِ منسجم و پرجمعیتی داشتند، لذا مسلمانان ترجیح دادند به جای آنکه آنها را از میان بردارند با آنان کنار بیایند. درواقع ریشه های تاریخی ـ اقتصادی یهود ستیزی، که جزئیات آن در فصل هفتم کتاب آمده است، در عمل منحصر به جهان مسیحیت بود و مشابهٔ آن در سرزمینهای زیر سیطره اسلام به وجود نیامد. حاصل آنکه یهودیان بابل، شمال افریقا، اسپانیا و ترکیه قرنهای پی در پی در صلح و آرامشی بدون وقفه زندگی کردند.

بخش بزرگ بیش از یک میلیون یهودیان ساکن امپراتوری اسلامی به کشاورزی و صنعت اشتغال داشتند و برخی در حاشیهُ شهرها دادوستد می‌کردند. تمامی امور اجتماعی و مذهبی این جوامع توسط یک یا چند تن از یهودیان، معمولاً حخامیم و بزرگانِ مذهب، اداره می‌گردید. به زبان دیگر یهودیان در رتق و فتق امور داخلی جامعه خویش آزاد بودند. این

---

۴   حسن قاضی در کتاب " تعلیفات و حواشی بر تجارب السلف " در توضیح این نکته چنین می‌نویسد : " غیار بر وزن خیار همان عسلی است که یهود و اهل ذمه بر کتف خود جهت امتیاز و تشخیص از مسلمانان می‌دوختند و فصحای فارسی آن را به زرد پاره ترجمه کرده اند.........الحاکم بامرالله خلیفه فاطمی هم برای اهل ذمه علامتی معین کرد و حدود و قبودی برای آنان اعلام نمود و دستور داد که یهودیان عمامه سیاه بر سر گذارند و با مسلمانان در یک کشتی مسافرت نکنند. "

گونه خود مختاری، امکانات وسیعی برای رشد مذهب و تحکیم قدرت حخامیم در درون این جوامع فراهم آورد.

در سال ۷۵۰ میلادی، پس از شکست بنی‌امیه و استقرار حاکمیت و خلافت بنی‌عباس، مرکز خلافت به بغداد منتقل شد و قدرت دولتی بیش از پیش متمرکز گردید. تمرکز قدرت، اقلیتهای مذهبی از جمله یهودیان را به حاشیه راند و به موازات آن بر قدرت حخامیم به عنوان گردانندگان جوامع یهودی نشین بیش از پیش افزود. در این دوره موقعیت تلمود، به عنوان بالاترین سند قانونی یهودیان، بیش از پیش تثبیت گردید.

شورای حخامیم "سورا"، که در شهری به همین نام در بابل تشکیل گردید، بزرگترین مجمع و در حقیقت مرجع تقلید یهودیان در سرزمین های اسلامی به شمار می آمد. این مجمع از قرن هفتم تا یازدهم میلادی ایفای نقش کرد و افزون بر گزینش مدیرانِ اجتماعات یهودی، وظایف متعدد دیگری را عهده دار بود. نخست آنکه خبرگانِ مذهبی درون شورا به کلیه پرسشهایی که در ارتباط با تورات و تلمود و تعابیر آنها به این شورا ارائه می‌گردید پاسخ می‌دادند. افزون براین، وظیفه رودرویی با مجادلات کتبی و شفاهی علمای اسلامی در رابطه با یهودیت نیز به عهده این شورا بود. همچنین شورا موظف بود که از بروز هر گونه شك و تردید در ایمان یهودیان به یهودیت پیشگیری نماید. و در نهایت، شورا در موقعیتی بود که با جنبشهای فکری ضد حخامیم مبارزه کند و آنها را به میدان به در نماید. گرچه درسال ۶۵۸ میلادی، علی خلیفه چهارم از مجمعِ سورا خلع ید کرد ولی این مجمع تحت نام "گئونیم" به فعالیت خود همچنان ادامه داد. در مدتی کمتر از سه سال، "یهودا گائون"، یکی از بزرگان شورا که مردی نابینا بود طرحی پیاده کرد که قرنها مهر خویش را بر فرهنگ یهودیت کوبید. تحت تعالیم او و هر گونه تخلف از مفاد تلمود بابلی، کفر تلقی گردید و تلمود در ردیف تورات قرار گرفت. به موازات سختگیری در اجرای تلمود بابلی، از اهمیت تلمود فلسطینی نیز کاسته شد. بدین ترتیب، تلمود بابلی به عنوان "شرعِ" یهودیت، نه تنها در کشورهای اسلامی بلکه در میان یهودیان جهانِ مسیحت برای قرنها سندیت یافت.

برنامه های جاه طلبانه حخامیم در قالب مجمع سورا و یا دیگر مجامع، همواره بدون مقاومت برگزار نمی‌شد. همان گونه که پیشتر هم اشاره کردیم، یکی از وظائفِ مجمع سورا، مبارزه با جنبشهای فکری ضد حخامیم و مراجع تقلید بود. در این رابطه می‌توان جنبش ضد

تلمودی "قرائتی" ها [5] را که قرنها با حاکمیتِ حخامیم در ستیز بود نام برد.

این جنبش بدین ترتیب آغاز به فعالیت کرد که در سال ۷۶۲ میلادی حاخام سلیمان، مرجع تقلید، درگذشت و کارگزاران مجمع سورا به جای اینکه برادرزاده او عنان را که متوقع کسب این مقام بود انتخاب کنند، برادر کوچکتر او را به این سمت برگزیدند. عنان به عنوان اعتراض به فلسطین گریخت و در آنجا کنیسایی برای خود دست و پا کرد و در کتابش زیر نام " سِفِر هامیتصوت" [6] از همه یهودیان خواست تا تلمود را انکار کرده و فقط پنج کتاب موسی را مرجع تقلید خود قرار دهند. این اقدام عنان در حقیقت بازگشت به دکترین سادوسی ها بود.

عنان پا را از این هم فراتر گذاشت و به تعابیر قوانین موسی از سوی حخامیم دوران تلمود نیز اعتراض کرد. طرفداران عنان به قرائتی ها معروفند. عنان از عیسی وتعالیم او نیز تجلیل می کرد و معتقد بود که هدف عیسی نه ابداع مذهبی نوین بلکه پاکسازی و تحکیم یهودیت بود. در اثر تعالیم قرائتی‌ها، در ایران، حتی برخی از جوامع یهودی از پرداخت مالیات به حخامیم سر باز زدند. البته این گونه مقاومتها بسرعت سرکوب می‌گردید. افزون براین، جنبش ضد حخامیم که به این ترتیب شکل گرفته بود اختلافهای میان پیروان تلمود بابلی و فلسطینی را بیش از پیش دامن زد و انسجام و یکپارچگی شورا را در قرن هشتم و نهم تضعیف کرد. "قرائتی" ها تحت تاثیر آرای معتزله [7] برخی از آموزشهای عنان را نیز کنار

---

۵   قرائتی ها Karaites فرقه ای از یهودیان بودند که احکام شفاهی را مردود می‌شناختند. واژه قرائتی ریشه آرامی دارد و از "قرا Qara به معنی خواندن مشتق می‌گردد.

۶   سِفِر ها میتصوت Sepher Ha-Mitzvot حوالی سالهای ۷۶۰ میلادی به رشته تحریر در آمده است.

۷   معتزله Mutazilites مکتب الهیات مبتنی بر استنتاج عقلی بود. آنها هر گونه اعتقاد عرفانی و عقیده به جهان مافوق طبیعت و امکان شناخت باریتعالی را از طریق اشراق، الهام و یا حس باطنی رد می کردند. معتزله اطاعت کورکورانه از ظاهر احادیث را مردود می شناختند. از آنجا که قرآن را منبع و منشأ حقیقت دینی اعلام می‌کردند، تعبیر آزادانه و ایهامی و نمادین آیات قرآن را جایز نمی‌شمردند. با همه این مراتب نباید تصور کرد که آنها نمایندگان جهان بینی نوین علمی و فلسفی بوده اند. معتزله هرگز عقل را در برابر ایمان، و علم را در برابر دین قرار ندادند. (اسلام شناسی در ایران، صفحات ۲۱۸ و ۲۱۹، ۲پطروشفسکی، ترجمه کریم کشاورز). دکترین معتزله برای مدت کوتاهی، از ۸۱۳ تا ۸۳۲ میلادی، مذهب رسمی خلافت مامون بود.

۶۵

گذاشتند و توصیف خدا و قیامت را به شکلی که در تورات آمده است، نفی کردند. آنها با
کنار گذاشتن وعدهٔ ظهور ناجی " ماشیا" خلفای عباسی را متقاعد کردند تا با مهاجرت آنان به
فلسطین مخالفت نکنند و بدین ترتیب جوامع بزرگی در مصر، بیزانس، مراکش و اسپانیا بنیاد
نهادند. عده ای از آزاد اندیشان یهود مانند "خیوی البلخی" حتی اطاعت کورکورانه از
مندرجات پنج کتاب موسی را نیز جایز نمی شماردند.[8] قرائتی‌ها تا اواخر قرن یازدهم
میلادی، درمصر، فلسطین و اسپانیا طرفداران فراوانی داشتند ولی در قرن دوازدهم به
تدریج رو به افول نهادند. در طول فعالیت اجتماعی این گروه، قتل و عامهای بیشماری بویژه
در اسپانیا از آنان شد. سر انجام به سال ۱۱۳۹ میلادی، یهودا بن عزرا، پیشکار دربار آلفونس
هفتم لئون و کاستیل، با استفاده از نفوذ و قدرت خویش بر یهودیان قرائتی شورید و از آن
پس، دیگر اثری از این فرقه در تاریخ اسپانیا به چشم نمی‌خورد[9].

در قرن دهم میلادی "سادیا بن یوسف" به مقام مرجع تقلید سورا نایل شد. وی بسال
۸۹۲ میلادی در "فایوم" از توابع مصر به دنیا آمد و درسال ۹۱۵ به فلسطین مهاجرت کرد و
در سال ۹۲۸ میلادی، در سن ۳۶ سالگی به این سمت دست یافت. سادیا در دوران کوتاه
عمر خویش آثار بیشماری، که بیشتر آنها به زبان عربی است، از خود به جای گذاشت. او
تورات را به عربی برگرداند که یکی از شاهکارهای کلاسیک در کلام عرب شناخته می‌شود.

سادیا، مانند متکلمین اسلامی، بر این باور بود که ایمان باید بر برهان و شواهد تاریخی
استوار باشد. بر این اساس، به نظر سادیا، آن بخش از تورات را که با دلیل و برهان قابل
توضیح است باید به همان صورت پذیرفت ولی برای مابقی آن می‌توان تعابیری نمادین در
نظر گرفت. او به آفریدگاری با شعور که پرهیزکاری را بی پاداش نمی‌گذارد معتقد بود، ولی
از آنجا که پاداش پرهیزکاری، همواره در این جهان مقدور نبود، لذا به وجود جهان دیگر نیز
اعتقاد داشت. آثار او چنان موسی بن میمون را تحت تاثیر قرار داد که گفت " اگر به

---

۸   Druck D. Yehuda Halevy, 66, New York 1941

۹   Graetz H. History of the Jews, III:360, Philadelphia 1891

خاطر سادیا نبود از تورات اثری باقی نمی ماند "[10]. در عین حال سادیا مردی سرسخت و انعطاف ناپذیر بود که در سال ۹۳۰ میلادی با داودبن ذکی، مرجع تقلید مدرسه بابل، در افتاد و هردو یکدیگر را متقابلاً تکفیر کردند. کشمکش میان آنها برای مدت بیش از ده سال تا هنگام مرگ داود ادامه داشت. جانشین داود به خاطر اینکه فضیلت محمد بن عبدالله پیامبر اسلام را مورد پرسش و تردید قرار داده بود، به دست مسلمانان به قتل رسید. دیری نپایید که سادیا فرزند مقتول را جانشین پدر کرد که او نیز به قتل رسید.

در سال ۷۵۶ میلادی فتح اسپانیا به دست مسلمانان و تاسیس سلسلهُ عبدالرحمان اموی، صلح و آرامش بیشتری برای یهودیان ساکن این منطقه به ارمغان آورد. کوششهای عبدالرحمان سوم (۹۶۱ – ۹۱۲) و اَل حَکَم (۹۷۶ – ۹۶۱)، کوردوبا را به بغداد مغرب بدل کرد. کتابخانه ها و دانشگاهها در اطراف کاخها بنیاد گردید و بسیاری از اهل ادب و فرهنگ بی توجه به عقاید مذهبی‌شان، دور هم گرد آمدند. مسلمانان حداکثر استفاده را از استعدادهای یهودیان بردند و بسیاری از آنان را در مقامات عالی دولتی و سیاسی جایگزین مسلمانان کردند. همکاری میان مسلمانان و یهودیان که مدت چهار قرن دوام یافت، شکوفایی بیسابقه ای در زمینه های فرهنگی ، ادبی و علمی این دوره پدید آورد که یکی از ویژگیهای تاریخیِ یهودیان اسپانیا است. یهودیان اسپانیا سفاردیک [11] خوانده می‌شدند و خود را از اعقاب طایفه باستانی یهودا معرفی می‌کردند. در این جا اشاره به نام برخی از کاردانان یهودی این دوره از تاریخ که تاثیر شایانی در فرهنگ این اقوام داشته اند، ضروری

---

۱۰   Durant W. Story of Civilization: The Age of Faith, V:368, Simon and Schuster, New York 1950

۱۱   سفاردیک Sephardic از واژه سفاراد، که در کتاب اوبدیا Obadia به مرکز لیدیا Lydia در آسیای صغیر اطلاق می‌شد، مشتق می‌گردد. در برگردان آرامیِ عهد عتیق، اسپانیا به این نام خوانده شده است. در حقیقت یهودیان سفاردیک آن دسته از یهودیان بودند که اسپانیا و پرتغال را در سال ۱۴۹۲ میلادی ترک گفتند. در برابر سفاردیک، فرقه بزرگ دیگر یهودیان اشکنازی Ashkenazi هستند. این واژه اشکناز که به نواحی غربی آلمان و شمال فرانسه حوالی قرن هشتم میلادی اطلاق می‌گردید مشتق می‌شود. به کلیه یهودیانی که فرهنگ مردمان این منطقه از اروپا را ترویج می‌کردند، یهودیان اشکنازی گفته اند. اغلب، یهودیان غیراشکنازی را نیز به غلط، سفاردیک خوانده اند. علاوه براین دو فرقه بزرگ، یهودیان ایران، یهودیان عرب ، یمنی، فرقه یهودیان حبشی، فرقه یهودیان کای . فنگ Kaifeng در چین، یهودیان غارنشین جنوب لبی و یهودیان ابایودایا Abayudaya ساکن اوگاندا را می‌توان نام برد.

به نظر می‌رسد. نقش حسدای ابن شاپروت[12]، در دربار عبدالرحمن دوم، همانند نقشی است که نظام‌الملک در دربار ملکشاه سلجوقی ایفا کرد. او به زبانهای عبری، عربی و لاتین تسلط کامل داشت و طب و علوم می دانست. او که مردی حاذق و مدبر بود توانست اعتماد مسلمانان، یهودیان و مسیحیان را به خود جلب کند. هر چند که به دلائل امنیتی هیچگاه صاحب مقام رسمی نگردید، مسئولیت زندگی مالی و اقتصادی مملکت در دست او بود. حسدای افزون بر فعالیتهای اداری، در گسترش فرهنگ و ادب کوشش فراوان از خود به خرج می‌داد و از شعرا و فلاسفه سخت پشتیبانی می‌کرد.

شموئیل حالوی ابن نقدالا[13] در زمینه فرهنگ و ادب حتی از حسدای ابن شاپروت مقام والاتری داشت. حابوس وزیر پادشاه گرانادا، او را به عنوان منشی ویژه خود به کاخ الحمرا برد و بنا به وصیت وزیر، پس از مرگش به وزارت رسید. درسال ۱۰۲۷ میلادی ابن نقدالا تنها وزیر یهودی بود که بطور رسمی در یک دولت اسلامی شرکت داشت. گفته می‌شود که در قرون وسطی، هیچ یهودیی مقامی مشابهٔ ابن نقدالا کسب نکرد. او افزون بر موقعیت معتبر اداری، شاعر، ستاره شناس و ریاضیدان بود و به زبانهای گوناگون تسلط داشت. پس از مرگ او، فرزندش "یوسف ابن نقدالا" به جانشینی پدر به وزارت رسید.

قرون دهم، یازدهم و دوازدهم میلادی دوران طلایی برای یهودیان اسپانیا به شمار می‌آید. دورانی که با سقوط یوسف ابن نقدالا عملاً پایان می پذیرد. گرچه، یوسف، مانند پدر با آنچه در توان داشت به خلیفه خدمت کرد ولی از تواضع و فروتنی پدر بی نصیب بود. او مانند پادشاهان لباس فاخر به تن کرد و قدرت را در دست خویش متمرکز کرده و قرآن را به سخره گرفت. سخن چینان به او اتهام خداشناسی زدند و در سال ۱۰۶۶، بربرها[14]، اعراب و مسلمانان متعصب بر او شوریدند و او را مصلوب کردند. در جریان

---

۱۲   Hasdai ibn-Shaprut (915-970)

۱۳   Samuel ibn-Nagdela (993-1056)

۱۴ بربرها ساکنین غیر عرب بخش های بزرگ شمال افریقا هستند که رنگ پوست روشن دارند و قدمت تاریخی آنان به سه هزار سال پیش از میلاد باز می‌گردد. طی قرون بربر ها با اقوام دیگر امیخته اند و معرف هویت نژادی خاصی نیستند. زبان آنان .

این واقعه بیش از چهار هزار یهودی در شهر گرانادا قتل عام شدند. باقیمانده یهودیان را نیز مجبور کردند تا دارایی خود را بفروشند و ترک دیار کنند.

بیست سال پس از این واقعه، هنگامی که مسلمانان متعصب اَل موراوید از شمال افریقا به اسپانیا هجوم بردند، یکی از ملایان مسلمان ادعا کرد که یهودیان با محمدبن عبداله وعده کرده بودند که اگر تا پنج قرن پس از هجرت پیامبر اسلام که برابر است با سال ۱۱۰۷ میلادی، ناجی موعودشان ظهور نکرد کلیه یهودیان اسلام خواهند آورد. از این رو خلیفه امیر یوسف فرمان داد تا همه یهودیان اسلام بیاورند ولی در اجرای این حکم پافشاری زیاد نکرد و فقط به دریافت رقم بزرگی خراج از آنان قناعت نمود. بسیاری از یهودیان به ظاهر اسلام آوردند و عده ای دیگر به دنبال مسیحیان به شمال اسپانیا مهاجرت کردند. گذشته از این دوره های کوتاه نا آرامی، روابط اقتصادی و داد وستد های بازرگانی به وجهی مطلوب میان یهودیان، مسیحیان و مورها[۱۵] جریان داشت. این سه گروه به هنگام اعیاد هدایایی میان خود رد و بدل می‌کردند و هر از گاه، پادشاه نیز برای ساختمان کنیسا کمکهای مالی به آنها می‌کرد[۱۶].

مجمع سورا که به مدت بیش از پنج قرن فعالیت کرد، سرانجام درسال ۱۰۳۳ منحل شد. آخرین مرجع تقلید این مجمع، "حای" نام داشت که به فرمان خلیفه بازداشت گردید و درسال ۱۰۳۰ به قتل رسید. گذشته از این، با سقوط بغداد و تشکیل دولتهای اسلامی درمصر، شمال افریقا و اسپانیا، بسیاری از یهودیان به این مناطق مهاجرت کردند و عملا از رونق یهودیت فلسطین کاسته شد. وقوع جنگهای صلیبی نیز یهودیان را بیشتر در گیر مهاجرتها و کمتر متوجه اختلاف نظرهای قومی و نیاز حل و فسق آنها از راه مجمع می‌کرد.

<

شاخه ای از گروه زبانهای افریقایی ـ آسیایی است که به بیش از ۳۰۰ لهجه تکلم می‌شود. بربر ها چهل در صد جمعیت مراکش و سی در صد جمعیت الجزایر را تشکیل می‌دهند. پس از حملهٔ اعراب به شمال افریقا بسیاری از بربر ها اسلام آوردند.

۱۵   مورها Moors حاصل آمیزش میان اعراب و بربرهای ساکن شمال افریقا بودند. آنها بعدها به شمال مهاجرت کرده و اسپانیا را تسخیر کردند. واژه های مراکش و موریتانی از مور مشتق می‌گردند.

۱۶   Neuman A. Jews in Spain, II:184, 1942

۶۹

یکی از برجسته ترین چهره های فرهنگ قرون وسطی، موسی بن میمون [17] یا ابن میمون، فیلسوف و طبیب یهودی است که به سال ۱۱۳۵ میلادی در کوردوبا، یکی از شهر های جنوبی اسپانیا چشم به جهان گشود. ابن میمون در میان یهودیان به آن درجه از شهرت و محبوبیت رسید که درباره او چنین گفته اند : " از موسی بن عمران تا موسی بن میمون، موسای دیگری هرگز ظهور نکرد ". گرچه او در کودکی رغبت چندانی به کسب دانش نداشت ولی به تدریج شیفته آموختن تورات، طب، ریاضیات، نجوم و فلسفه گردید. با تسلط بنیادگرایانِ اَل مواحید [18] در جنوب اسپانیا درسال ۱۱۳۸، تحمل اهل ذمه عملاً به پایان رسید. بنیادگرایان بربر شهر کوردوبا را تسخیر کرده، کنیساها وکلیساها راتخریب نمودند و یهودیان و مسیحیان را مجبور کردند که یا اسلام بیاورند و یا اسپانیا را ترک کنند. به سال ۱۱۵۹ میلادی، ابن میمون زیر فشار مسلمانان متعصب، به شهر "فِذ" در شمال مراکش مهاجرت کرد و برای نه سال به عنوان یک مسلمان در آنجا به سر برد. او درباره تغییر مذهب خود این چنین نوشت: " مسلمانان خوب می‌دانند که در این کار من صداقتی وجود ندارد و این اقدام من تنها به خاطر رهایی از خطری است که مرا تهدید می‌کند " [19]. ابن میمون در سال ۱۱۶۵ به اسکندریه گریخت و تا هنگام مرگ در آنجا زیست. او دردوران اقامت خویش در مصر به موفقیتهای استثنایی دست یافت و طبیب ویژه پسر ارشد صلاح الدین

---

۱۷ عنوان دیگر موسی بن میمون Moses Maimonides (1135-1204) " رمبام" RaMba'M است که مخفف نام و عنوان اوست که پس از احراز عالی ترین مرجع مذهبی به او اطلاق گردید.

۱۸ اَل مواحید Almohads جنبش بربر های مسلمان شمال افریقا و اسپانیا در قرون دوازدهم و سیزدهم است. بنیانگذار این جنبش محمدبن تومارت (۱۱۳۰–۱۰۸۰)، یک عرب مراکشی بود که به یگانگی پروردگار معتقد بود و پیروان بیشماری از بربر ها پیدا کرد و در سال ۱۱۲۱ مدعی شد که "مهدی" است. بانی سلسلهٔ اَل مواحید، عبدول مومن بود که ابتدا مراکش را فتح کرد و سپس به دیگر بخشهای شمال افریقا تاخت و سرانجام سلسلهٔ اَل موراوید را در سال ۱۱۴۷ منقرض کرد و عنوان خلافت به خود داد. در سال ۱۱۵۴ عبدول مومن بر جنوب اسپانیا تسلط یافت. جانشین او، یعقوب اَل منصور، که از سال ۱۱۸۴ تا به هنگام مرگ بر اسپانیا خلافت کرد سلطان صلاح الدین ایوبی را در جنگهای صلیبی یاری داد. ساختمان ابنیهٔ تاریخی اسلامی جنوب اسپانیا را به یعقوب نسبت می‌دهند. سلسلهٔ اَل مواحید سرانجام توسط پادشاهان کاستیل، آراگون و ناواره در سال ۱۲۳۳ منقرض شد و مسلمانان از اسپانیا رانده شدند. این سلسله در سال ۱۲۶۹ از صحنهٔ سیاست شمال افریقا بیرون رفتند.

۱۹   Zeitlin S, Maimonides, 5, New York 1935

ایوبی، یعنی نورالدین علی و وزیر او "الخادی الفادیل ال بیسانی" گردید. بسال ۱۷۷۷،
ابن میمون عهده دار سرپرستی جامعه یهودیان مصر شد. ده سال بعد یعنی در سال ۱۱۸۷
مسلمانان او را به این بهانه که ترک اسلام کرده است، به مرگ محکوم کردند. ولی وزیر
صلاح الدین به استناد اینکه ابن میمون به زور اسلام آورده بود و بنابراین نمی‌توانست
مسلمان حقیقی باشد، او را از این مهلکه نجات داد[۲۰].

ابن میمون گرچه نخستین فیلسوفی نبود که استفاده از برهان و استدلال را در ادارهٔ
جوامع انسانی مطرح می‌کرد ولی نخستین فیلسوف یهودی بود که این چنین نظر داشت.
موسی بن میمون طی ده رساله در باب عقاید پیشینیان مانند بقراط، جالینوس، رازی و
ابوعلی سینا به عربی مطالبی نوشت. رساله ای دیگر درباره تغذیه برای پسر صلاح الدین و
رساله ای نیز در باب روابط جنسی برای برادرزاده او اَل مظفر اول   به رشته تحریر درآورد.
افزون بر اینها، نوشته های متعددی درباره آستم، بواسیر و فهرست داروها از وی به جای
مانده است. گر چه بسیاری از آنچه که در این رسالات آمده است با دانش امروزی
همخوانی ندارد ولی باوجود این برای زمان خود دستاوردی ارزشمند به حساب می‌آید.

موسی بن میمون نوشته های تلمود را در رابطه با فالگیری، نظرقربانی و آویختن اشیا به
منظور رفع شر از خود مردود می شناخت و مخالف سر سخت طالع بینی بود. او تورات را
در ۱۴ بخش که شامل ۶۱۳ رساله بود تنظیم کرد و قوانین مکتوب را جداگانه تفسیر کرده،
ضرورت تاریخی و منطقی هر یك را به تفصیل شرح داد.

ابن میمون مانند بنیادگرایان مسیحی و مسلمان دوران خویش در عقاید خود سخت
متعصب بود. او نوشت: " یهودی موظف است تا به احکامی که در تلمود بابلی آمده است
پایبند باشد و وظیفه ماست که او را مجبور به اطاعت کنیم "[۲۱]. ابن میمون در برخورد با

۲۰   Arnold Sir TW. Preaching of Islam, 421, New York 1913

۲۱   Mishnah Torah, Introduction 16, 3-a

بدعت‌گذاران همانند تورکومادا [۲۲] سختگیری نشان می‌داد. در این رابطه می‌نویسد " هر یهودی که قوانین یهودیت را زیر پا بگذارد محکوم به مرگ است "[۲۳] .

ابن میمون مجازات مرگ را برای جادو، جنایت، زنای با محارم، دزدی مسلحانه، انسان ربایی و نقض آیین شبات، به ترتیبی که در تورات آمده است [۲۴] ، مجاز می‌دانست. او معتقد بود که " کلیه ملل نابود خواهند شد، به جز یهودیان که تا ابد پابرجا خواهند ماند"[۲۵] . همچنین در مورد روابط میان مرد و زن این چنین اظهار نظر کرد: مرد هنگامی باید ازدواج کند که صاحب مسکن باشد [۲۶] ؛ می‌توان چهار زن اختیار کرد اما نباید مانند خروس همواره نزد زنان بود، وظایف زناشویی را فقط به جمعه شبها باید محول کرد و نزدیکی با زنی را که در خواب است مجاز نمی‌دانست [۲۷] . با این وجود، در برخی از باورهایش از زمان خویش پا فراتر می‌گذارد. مثلاً در تایید اهمیت دانش اندوزی و یادگیری می‌گوید که "ولد زنای عاقل، بهتر از حاخام نادان است "[۲۸] .

پس از ده سال سعی و کوشش ، ابن میمون معروفترین اثر خود را تحت عنوان "راهنمای سردرگمی‌ها" در سال ۱۱۹۰ میلادی به اتمام رسانید که به نام "موره نِبوخیم" به

---

۲۲   تورکومادا Torquemada یکی از بنیادگرایان مسیحی بود که در سال ۱۴۸۳ در راس سازمان تفتیش عقاید قرارگرفت.

۲۳   Maimonides, Guide to the perplexed, III:xli

۲۴   کتاب تثنیه، باب ۲۳، آیه ۱۷، کتاب مهاجرت، باب ۲۲، آیه اول و باب ۳۱، آیه ۱۵

۲۵   Baron SW. Essays on Maimonides, 110, Columbia University Press 1941

۲۶   Mishna Torah 54-a

۲۷   Mishna Torah, 53-a

۲۸   Mishna Torah, 59-a

زبانهای عبری و لاتین ترجمه گردیده است . در مقدمه این رساله، موسی بن میمون می‌گوید: هدف من از نوشتن این رساله توضیح برخی از عبارات کتاب انبیا و عهد عتیق تورات است. او ادامه می‌دهد که بسیاری از این واژه ها و عبارات نه تنها معانی تحت الفظی بلکه معانی مجازی و نمادین نیز دارند. معانی تحت الفظی آنها دست و پا گیر کسانی خواهد بود که هم مذهبی هستند و هم به دلیل و برهان اعتقاد دارند. ابن میمون می‌گوید که هیچکس را نباید وادار کرد تا میان مذهب و برهان یکی را انتخاب کند. از آنجا که خداوند برهان را در دسترس بندگانش گذاشته است لذا برهان نمی‌تواند در تضاد با نیات پروردگار باشد. با این حال، اگر در عمل چنین تناقضی پیش می‌آید صرفاً به این خاطر است که ما به معانی تحت الفظی این عبارات چسبیده ایم و معانی نمادین آنها را نادیده می‌گیریم. به عقیده او از آنجا که خدا مظهر عقل است و در جسم نمی گنجد، آن دسته از آیات تورات که در رابطه با جسم هستند، معانی نمادین دارند. در همین رساله می‌خوانیم که " ما چیزی به جز اینکه خدا وجود دارد از خدا نمی دانیم". درباره جهان می‌گوید : " ما نه ابدیت را می شناسیم و نه از آفرینش سر در می‌آوریم، بنابراین به آنچه پدرانمان در این زمینه گفته اند باید قانع باشیم "[۲۹]. ابن میمون در میشنا تورا، روز قیامت و بهشت و جهنم مسلمانان را به مسخره می گیرد و نامیرندگی روح را نفی می‌کند[۳۰]. در حقیقت این یکی از نکاتی است که هم مسلمانان و هم یهودیان به او خرده می‌گیرند. باروخ اسپی نوزا فیلسوف قرن هفدهم، از ابن میمون به عنوان نخستین عالم دین که کوشید تا برای تورات مبانی منطقی دست و پا کند تجلیل کرد، در عین حال او بر این باور بود که عقاید ابن میمون کوششی در جهت تحکیم سلطه مذهب بود. این شیوهٔ تفسیرِ نمادینِ تورات را که ابن میمون آغاز کرده بود، ابراهیم ابن موسی، پسر ابن میمون و داود بن ابراهیم، نوه وی بسط و گسترش دادند. برخورد نمادین به متون مقدس، بی اعتقادی به نامیرندگی روح و انکار بهشت و جهنم، که پایه های فلسفی ابن میمون را تشکیل می‌دادند، باعث نفاق میان جوامع

---

۲۹   Guide to perplexed, II:xvii-f

۳۰   Zeitlin S. Maimonides, 103, New York 1935

یهودی گردید. زمانی که افراطیان مسیحی با سوزانیدن کتاب ارسطو جنگی بزرگ برعلیه منطق و برهان به راه انداخته بودند، حاخام سلیمان بن ابراهیم هم به پیروی از مسیحیانِ تاریک اندیش، عقاید ابن میمون را تقبیح کرد و کلیه یهودیانی را که به دنبال کسب علم و ادب بودند تکفیر نمود. در ادامه این رویدادها در سال ۱۲۳۳ میلادی در مونپولیر و هشت سال بعد در پاریس، کلیه آثار ابن میمون را طی مراسمی به آتش کشیدند. این واقعه بر طرفداران ابن میمون سخت گران آمد، به آن حد که سرکردگان جنبش ضد ابن میمون را دستگیر کرده و زبانشان را بریدند و سلیمان بن ابراهیم را نیز به قتل رساندند[31]. البته پس از این واقعه تاریک اندیشان آرام ننشستند و دشمنی با برخی از دیدگاههای ابن میمون همچنان ادامه یافت.

نفوذ قشریگری در میان یهودیان این دوره به همراه رشد تفتیش عقاید در اروپا، جوامع یهودی را از نظر فرهنگی به انزوا کشاند و کسب علوم غیر دینی بیش از پیش رو به افول نهاد. تحصیل دانش به آنچه که حخامیم و ملایان در کنیساها موعظه می‌کردند محدود گردید.

۲ . مراکز یهودی نشین جهان در آستانه قرون وسطی

جوامع یهودیان اروپا

در آستانهٔ قرن پنجم میلادی، گرچه جمعیت یهودیان جهان نزدیک به سه میلیون نفر بود ولی بسیاری از مسیحیان بر این باور بودند که دیری از عمر یهودیت باقی نمانده است. فلسطین از سکنهٔ یهودی تهی بود و یهودیان توانایی کسب هیچ گونه وحدت قومی نداشتند. افزون بر این، به فرمان امپراتورانِ مسیحی روم، بسیاری از حقوق و مزایای پیشینِ خویش را از دست داده بودند. یهودیان حق نگهداری بردگان مسیحی را نداشتند و نمی توانستند کنیساهای نو بسازند و یا کنیساهای کهنه را تعمیر کنند. از سوی دیگر، مرزهای میان

۳۱   Neuman AA. Jews in Spain, II:122, Philadelphia 1942

امپراتوری روم و امپراتوری ساسانیان مسدود گردیده بود و رابطه میان یهودیان روم و بابل قطع بود. اما هیچ یک از این محدودیتها مانع از آن نشد که یهودیان از آیین یهودیت و باور هایشان دست بردارند. اگر کنیسا نبود، خانه ای بود که در آن جمع شوند و عبادت کنند. از سویِ دیگر، هجوم اقوامی چون واندالها، لومباردها و گاتها که لطمه فراوانی به امپراتوری روم زد، تاثیر چندانی بر سکنهٔ یهودی امپراتوری نگذاشت. در روم، یهودیان به کشاورزی، صنعتگری و دریانوردی اشتغال داشتند و در دوران امپراتوری اکتاو اگوست، کمتر شهر معتبری یافت می‌شد که سکنه یهودی نداشت.

قرن پنجم تا هفتم، شاهد بیعدالتیهای فراوان بر علیهٔ یهودیان اروپا بود. اخراجها به دنبال قتل عامها پی در پی روی می‌داد. در سال ۳۱۱، یهودیان از اسکندریه اخراج شدند، در سال ۵۹۲ از انطاکیه و در سال ۶۳۰ از اورشلیم. در سال ۶۱۳ فومان پذیرش اجباری مسیحیت در اسپانیا صادر گردید، در سال ۶۳۳ در گل [32] و در ۶۶۱ در ایتالیا، برخی از یهودیان مسیحیت را پذیرا شدند و دیگران وانمود کردند که مسیحیت را پذیرفته اند و در خفا از اعتقادات پدرانشان پیروی می‌کردند، بخشی هم به نقاط آرامتر فرار کردند.

روم، با وجود اینکه در مسیحیت غرق شده بود، هنوز برای برخی از اصول گذشته احترام قائل بود. حق یهودی زیستن و حق استخدام آموزگاران و قضات یهودی در موسسات امپراتوری هنوز محفوظ بود و پاپ گرگوار اول (۶۰۵ _ ۵۳۰) نیز بر آن تاکید می‌ورزید: "یهودی حق دسترسی به آنچه را که قانون از او سلب کرده است، ندارد اما یهودی را نیز از حقوقی که قانون به او تفویض کرده نمی‌توان محروم کرد". بنابراین یهودیان، نه به منزلهٔ کفار، بلکه به عنوان اقلیتی که تحملشان می‌بایست کرد، محسوب می‌شدند. بسیاری از پادشاهان و قدرتمندان اروپا، کم و بیش به این نکته توجه داشتند.

در اواسط قرن هشتم، شرایط به نفع یهودیان تغییر کرد. ظهور دومین سلسله پادشاهی فرانکها در فرانسه و گسترش اسلام به اسپانیا، موجب شد که هر دو، از استعداد های یهودیان بهره گیرند. حاکمان مسیحی جدید، به استناد قرار داد به جوامع یهودی حقوق ویژه ای تفویض کردند. به این معنی که پادشاهان، کنتها و اسقفها، در ازای تفویض حق حیات در

---

۳۲ بخش عمده فرانسه امروز گل Gaul نامیده می‌شد.

۷۵

جوامعِ خود کفا و فعالیت در یك رشته مشاغلِ ویژه، از یهودیان همه ساله مبلغی دریافت می‌کردند. به موجب این قرار داد ها، در برابر تامین درآمد مستمری و وفاداری یهودیان نسبت به حکام، قدرتمندان مصونیت نسبی اجتماعات یهودی را تضمین می‌کردند. یهودیان حداکثر استفاده را از شرایطی که بدین ترتیب پیش آمده بود، کردند و بیشتر در شهر های بزرگ اسقفی متمرکز گردیدند.

شهر های بزرگِ ایتالیا در قرن دهم و فرانسه و آلمان در قرن یازدهم، شاهد تاسیس آکادمیهای علوم بودند. گر چه فرهنگ یهودی این کشور ها، مانند فرهنگ یهودیان سرزمینهای اسلامی، حول و حوش متون مقدس و تلمود دور می‌زد ولی به سرعت به شاخهٔ فرهنگی مجزایی به نام *فرهنگ اشکنازی* بدل شد. ادبیات این دوره تفسیر متون مقدس تورات، چکیدهٔ دیدگاههای حخامیم، اشعار مذهبی، تاریخ مذهب و عرفان را شامل می‌گردید. پیش از آغاز جنگهای صلیبی، یهودیان مرفه، به تجارت و توده های یهودی به کشاورزی، صنعتگری، عطاری و دادو ستد برده اشتغال داشتند. گرفتاری با مسیحیان به ندرت روی می‌داد و زود به مصالحه می‌انجامید و هیچکس آغاز فاجعهٔ سال ۱۰۹۶ را پیش بینی نمی‌کرد.

با آغاز جنگ های صلیبی [33]، شایع شد که صلیبیون قصد دارند تا اروپا را از وجود " قاتلان مسیح " پاك کنند. شعار هایی از این دست، آتشِ دشمنی دیرینه مسیحیان را بار دیگر شعله ور کرد و مسیحیان را به جان یهودیان کوچه و بازار انداخت. دولت و پاپها اعمال خشونت را تقبیح می‌کردند. اما کینه توزیهای دیرینه با پیوند به فتواهای کشیشان مهار اوضاع را نا ممکن می‌نمود. مقوله "رباخواری" همواره مستمسکی بود در دست مسیحیان تا اعمال خشونت برعلیه یهودیان را توجیه کنند.

روی‌هم رفته به نظر می‌رسید که دوران همزیستی مسالمت آمیز میان مسیحیان و

---

۳۳   جنگهای اول صلیبی بین سالهای ۱۰۹۶–۱۰۹۹ میلادی

جنگهای دوم صلیبی بین سالهای ۱۱۴۶–۱۱۴۸ میلادی

جنگهای سوم صلیبی بین سالهای ۱۱۸۹–۱۱۹۲ میلادی

جنگهای چهارم صلیبی بین سالهای ۱۲۰۲–۱۲۰۴ میلادی

یهودیان اسپانیا به پایان خود نزدیک می‌شد و دوران آرامش چند صد ساله، با تضعیف قدرت مسلمانان در جنوب اسپانیا در میانهٔ قرن سیزدهم میلادی، در عمل پایان می‌پذیرفت. اتحاد مثلث کلیسا، اوباش و دولت سرانجام یهودیان را از جوامع قرون وسطایی بیرون راند. هرازگاه، اوباش و اراذل به اجتماعات یهودیان حمله می‌کردند، کلیسا کم و بیش سکوت اختیار می‌کرد و دولتهای محلی نیز آتش کینه توزیها را دامن می‌زدند. در نظر مردم عامی، تحمل یهودیان فقط به خاطر استعداد های آنان در تامین پشتوانه مالی برای پادشاهان و قدرتمندان جامعه قابل درک بود. در چنین شرایطی، مطالبات یهودیان را نادیده می‌گرفتند و از آنان هرازگاه سلب مالکیت می‌کردند. در سراسر اروپا، یهودیان به شهر هایی که مقر پاپها بودند پناه می‌بردند تا از مصونیت بیشتری برخوردار باشند. طی قرون سیزدهم و چهاردهم، یهودیان را از دیگر شهروندان مجزا کرده و وادار به زندگی در محله های یهودی نشین کردند. افزون بر این، در بسیاری از کشورهای اروپایی، پس از سلب مالکیت از یهودیان، آنان را از کشور اخراج می‌کردند و از این راه پادشاهان به ذخائر نقدی خویش می‌افزودند. از جمله در سال ۱۲۹۰ میلادی ادوارد اول، بدین گونه یهودیان را از انگلیس اخراج کرد و در سال ۱۳۹۳ شارل ششم به تقلید انگلیس اقدام به اخراج یهودیان از فرانسه نمود.

پر جمعیت ترین و بی‌شک، شکوفاترین جامعه یهودیان قرن چهاردهم، متعلق به اسپانیا بود. اجتماعات سازمان یافته یهودیان اسپانیا زیر چتر حفاظتی پادشاهان آراگون و کاستیل از پیشرفتهای فرهنگی، ادبی و فلسفی بیشماری برخوردار گردید و در مقایسه با اجتماعات یهودیان اشکنازی از فرهنگی غنی تر برخوردار بودند. به هر روی، در پایان قرن چهاردهم، نا آرامیها به اسپانیا نیز سرایت کرد. اتهامات علیه یهودیانِ در قدرت دولتی، فتواهای کشیشان در زمینهٔ نقش یهودیان در همه گیری طاعون سیاه[34] و دیگر تهمتها سرانجام موثر افتاد. نخستین اعمال خشونت بار و کشتارِ همگانی در سال ۱۳۹۱ روی داد که طی آن هزاران یهودی به شهادت رسیدند و صدها هزار فقط با پذیرفتن مسیحیت جان خود را نجات دادند. در مسیحیت از غسل تعمید مفری نبود و "تازه مسیحیانی" که در خفا از آیین یهودیت پیروی

---

۳۴   همه گیری طاعون در سال ۱۳۴۷ در جنوب غربیِ اروپا آغاز شد و تا سال ۱۳۵۱ به تدریج تا نواحی شرقی لهستان گسترش یافت. طی قرن چهاردهم از یهودیان به اتهام اینکه از طریق آلوده کردن چاههای آب موجب همه گیری طاعون شده اند، قتل عامهای گسترده ای صورت گرفت.

می‌کردند مرتد شناخته شده و قابل تعقیب بودند. این دسته یهودیان را "مارانو" [۳۵]،
می‌نامیدند. مارانوها یا تازه مسیحیان، هم از جانب کهنه مسیحیان و هم از سوی یهودیان
همواره تهدید می‌شدند. آنها به یمن مذهب جدید، به مشاغل دولتی پیشین ادامه می‌دادند
و اکنون به سهولت، استعدادهای خویش را در خدمت پادشاهان بکار می‌گرفتند و این
حسادت و دشمنی کهنه مسیحیان را بر می‌انگیخت. از سوی دیگر، یهودیانی هم که
مسیحیت را نپذیرفته بودند به آنان به چشم دیگری می‌نگریستند و آنان را از قماش پست تری
می‌دانستند. هرگونه فشار بر یهودیان، موجب افزایش جمعیت مارانوها می‌گردید. دیری
نپایید که زمزمهٔ بازگشت مارانوها به یهودیت، کهنه مسیحیان را سخت آزرده خاطر کرد و این
پدیده یکی از انگیزهٔ های اصلی شکل گیری و تاسیس سازمان تفتیش عقاید بود.

تاسیسِ سازمان تفتیش عقاید [۳۶] و گسترش آن در اروپا در اخراج یهودیان ازاسپانیا سهم

---

۳۵   مارانو Marranos در زبان اسپانیایی به معنی خوک است.

۳۶   دکترین تفتیش عقاید بر این باور استوار بود که شناسایی غیر مسیحیان و مسیحی کردن آنان را از عذاب دوزخ
می‌رهاند. بیشتر مسیحیان قرون وسطی از آغاز کودکی با این اعتقاد بزرگ می‌شدند که انجیل، واژه به واژه، کلام خداست و
کلیسا و مسیح بنیانگذاری کرده است و خداوند همواره آرزوی مسیحی شدن تمام جهان را دارد. به بیان دیگر، اعتقاد به
مذاهب دیگر نوعی توهین به پروردگار به شمار می‌آید. رشد این سازمان در واقع مدیون حمایت وسیع توده های بی فرهنگ
مسیحی بود.

در سال ۱۴۷۸ میلادی، به فرمان ایزابلا و فردیناد، کمیته ای مرکب از شش کشیش تشکیل گردید تا غیر مسیحیان را
شناسایی کرده و آنان را به سزای ناباوریشان برساند. این کمیته در ابتدا زیر نظر کلیسا و کلیسا نیز به فرمان دولت عمل می‌کرد.
ولی پس از سال ۱۴۸۳ دولت به طور رسمی عهده دار اداره این سازمان گردید. در آغاز، تفتیش عقاید کاری با یهودیان
نداشت و در حقیقت هدف اصلی آن بدعت گذاران مسیحی و یهودیانی بود که به ظاهر مسیحیت آورده بودند ولی در خفا
مراسم یهودیت را به جای می‌آوردند.

به شیوه معمول، تفتیش عقاید در شهرها و آبادیها اعلام می‌کرد تا مردم خویشاوندان، دوستان و همسایگان مرتد خود را
معرفی کنند. در مورد یهودیان تعمیدی، استفاده از آیین موسی در تهیه غذا، عبادت و استراحت در روز شنبه، جشن گرفتن اعیاد
یهودیان، ختنه کردن فرزندان پسر و انتخاب نام عبری برای آنان، گفتگو در باره بازگشت ناجی موعود، نکشیدن صلیب بر سینه
به هنگام برکت کردن و چرخش روی مرده به طرف دیوار از شاخصهای بازگشت به یهودیت محسوب می‌گردید.

متهمین موظف بودند که خود نیازمندیهای دوران اقامت در زندان را تامین کنند. معمولاً پیش از اینکه موارد اتهام را به
مجرم ابلاغ کنند به او فرصت می‌دادند تا اعتراف کند. شکنجه ابزاری نیرومند برای اعتراف گرفتن بود و نوع آن بر حسب
زمان و مکان تغییر می‌کرد. به جز زنان شیرده هیچکس از شکنجه مصون نمود. پس از اعتراف به گناه، مجرم می‌بایست که
شرکای جرم را معرفی می‌کرد. افزون براین، اگر مجرم به دلائلی آزاد می‌شد حق نداشت تا از آنچه در زندان بر او رفته بود
◄

۷۸

به سزایی داشت. هدف اصلی تشکیل این سازمان سوق دادن مسیحیان به بنیادگرایی بود.
اما دیری نپایید که سرکوب مارانو ها، یا آن دسته از یهودیان که به ظاهر تعمید یافته بودند
ولی در خفا هنوز آیین یهودیت را اجرا می‌کردند، در سرلوحه فعالیتهای این سازمان قرار
گرفت. تفتیش عقاید، اعمال خشونت را با استناد به باب سیزدهمِ کتاب تثنیه، که در نظر
کلیسا کلام پروردگار بود، بر علیه مخالفان جایز می‌شمارد: "نه چشم پوشی کن و نه او را
مخفی کن، حتی اگر برادر، پسر و یا همسرت باشد. او را بکش زیرا که دست تو پیش از
دست دیگران برای قتل او باید بلند شود"[۳۷]. از آنجا که تامین وحدت مذهبی موجبِ
تحکیم قدرت مرکزی بود، دولت نیز از این اقدامات حمایت می‌کرد.

فردیناد پادشاه اسپانیا به توانایبهای مالی و اقتصادی یهودیان اعتقاد داشت و در ابتدا
زیر بار پیشنهادات کلیسا مبنی بر اخراج آنها از اسپانیا نمی‌رفت. اما وقوع برخی از رویدادها
عقیده او را در این باره دگرگون کرد. به منظور آمادگی افکار عمومی مردم اسپانیا، شایع
گردید که "ریباس آلتاس" پزشک ویژهٔ فردیناد که یک یهودی تعمیدی بود، گردن بندی به
گردن دارد که سراپا بی حرمتی به مسیح است. این تهمت مسخره به ظاهر دلیل کافی برای
سوزاندن پزشک را به دست داد[۳۸]. افزون بر این، بنیادگرایان مسیحی نامه ای جعل کردند
که در آن رهبر یهودیان قسطنطنیه از مسئول جامعه یهودیان اسپانیا خواسته بود   تا   حد

باکسی بازگو کند. گاهی مردگان را نیز به محاکمه می‌کشیدند؛ از وارث او سلب مالکیت می‌کردند و یک سوم دارایی او را به
خبر چین می‌پرداختند. ثروت، نه تنها مامورین تفتیش عقاید بلکه خبر چین، کلیسا و دولت را نیز وسوسه می‌کرد و اغلب عشق به
طلا بر عشق به خدا چیره می‌گردید.
سوزاندن شدیدترین شکل تنبیه بود. این کار نه تنها وسیله ترساندن گناهکاران بلکه وسیله به اصطلاح نمایش روز قیامت به
مسیحیان نیز بود. مراسم سوزاندن را تا حد امکان با وقایعی نظیر ازدواج شاهان و شاهزادگان و یا پیروزی در جنگها همزمان
می‌کردند. محکوم را ابتدا در میدان شهر می‌گرداندند و سپس او را زنده می‌سوزاندند و خاکستر او را بر روی کشتزارها و یا
رودخانه می‌ریختند. متهمانی که تا آخرین لحظه انکار می‌کردند به زندان باز گردانده می‌شدند و از آنجا که معتقد بودند کلیسا
دست به خون کسی آلوده نمی‌کند، متهم را ابتدا خفه می‌کردند و سپس می‌سوزاندند. بدین ترتیب مامورین تفتیش عقاید و
کشیشان متقاعد می‌شدند که وظیفه خود را در برابر پروردگار و کلیسا با طیب خاطر انجام داده اند. جنایات دستگاه تفتیش عقاید
سند دیگریست در تائید این نکته که اعتقاد کورکورانه به هر چیز مخوفترین دشمن روان آدمی است.
۳۷ کتاب تثنیه، باب سیزدهم، آیه نهم

۳۸   Lea HC. History of Inquisition in Spain, I:133, New York 1906

امکان مسیحیان را مسموم کنند[39]. در جایی دیگر از یک یهودی تعمیدی در زیر شکنجه اعتراف گرفتند که او و شش تعمیدی دیگر، برای تهیه معجونی به منظور نابودی هر چه بیشتر مسیحیان، قلب پسر بچه مسیحی را از سینه درآورده اند. با وجود تناقضات فراوان در این اعترافات و به رغم اینکه هرگز ادعایی مبنی بر مفقود شدن کودک مسیحی از سوی کسی مطرح نشد چهار نفر یهودی را در این رابطه سوزاندند[30].

در سال ۱۴۸۳ میلادی، "تورکومادا" یکی از بنیادگرایان متعصب در راس سازمان تفتیش عقاید قرار گرفت. او معتقد بود که حضور یهودیان علت اصلیِ بازگشت تازه مسیحیان به یهودیت است. تورکومادا مصمم بود که ابتدا ریشه مارانو ها را بر کَند و سپس یهودیان را. او سر انجام فردیناند را متقاعد کرد تا فرمان اخراج یهودیان را در ۳۰ مارس ۱۴۹۲ امضا کند. افزون بر این، در پنجم دسامبر ۱۴۹۱، با خروج گرانادا از دست مسلمانان ، از اهمیت یهودیان به عنوان یک وزنه اقتصادی به شدت کاسته شد و در عمل، برای فردیناند بهانه ای برای درنگ در صدور این فرمان باقی نماند.

طی این فرمان، تمامی یهودیانی که تا آن زمان مسیحیت نیاورده بودند می‌بایست تا سی و یکم ژوئیه همان سال اسپانیا را ترک کنند و در صورت بازگشت به اسپانیا مجازات مرگ در انتظار آنان خواهد بود. یهودیان مجاز بودند که در مدت اقامت کوتاه خود در اسپانیا املاک خویش را بفروشند و اموال منقول خود را بغیر از طلا، نقره و نقدینه با خود ببرند. طی همین فرمان، یهودیان موظف بودند که مالیاتهای خود را تا پایان سال بپردازند ولی حق نداشتند وامهایی را که به مسیحیان داده بودند پیش از زمان سررسید آنها، مطالبه کنند. البته می‌توانستند این گونه وامها را به بهایی ارزانتر به مسیحیان بفروشند. تنها اتهام رسمی که از سوی دولت بر علیه یهودیان مطرح گردید این بود که آنها می‌خواستند مارانو ها یا یهودیان تعمیدی را دوباره به یهودیت بازگردانند. در فاصله زمانی بین ۳۰ مارس تا پایان ماه ژوئیه ۱۴۹۲، یک خانه با یک الاغ و یک تاکستان با یک دست لباس مبادله می‌گردید. برخی از یهودیان، منازل خود را به آتش کشیدند و بسیاری، خانه ها را به شهرداری بخشیدند و

---

۳۹   Lea HC. History of Inquisition in Spain, I:133, New York 1906

۴۰   Lea HC. History of Inquisition in Spain, I:134, New York 1906

کنیساها به کلیسا تبدیل شدند. به بیانی، آنچه یهودیان طی چندین قرن اقامت در اسپانیا اندوخته بودند در پیش چشمشان دود شد و به آسمان رفت. حدود پنجاه هزار نفر از آنان مسیحیت آوردند و بیش از صدو پنجاه هزار نفر باقیمانده با اسب، الاغ و گاری و یا پای پیاده اسپانیا را ترک گفتند. بسیاری از مسیحیان خوش قلب از آنان خواستند تا مسیحیت بیاورند و جلای وطن نکنند. در برابر، حخامیم به یهودیان مهاجر اطمینان خاطر می‌دادند که خدای بنی‌اسرائیل از ورای دریا ها آنان را به سرزمین موعود هدایت خواهد کرد، همچنان که درمورد پدرانشان چنین کرده بود [۴۱]. برخی از یهودیان در کنار دریا به انتظار نشستند تا شاید دریا خشک شود و بتوانند خود را به افریقا برسانند. ولی چون چنین معجزه ای روی نداد بهای گزافی بابت مسافرت با کشتی پرداختند. توفان، بسیاری از کشتیها را دوباره به ساحل اسپانیا سوق داد و بسیاری مسیحیت را به توفان و بیماری دریا ترجیح دادند. ناگفته نماند که در سال ۱۳۹۶ میلادی، پاپ الکساندر ششم، عنوان " کاتولیک " به فردیناد و ایزابل تفویض کرد و از اقدامات ویژه آنها در مورد اخراج یهودیان از اسپانیا تجلیل کرد [۴۲]. یهودیان، اسپانیا را ترک کردند ولی یگانگی مذهبی که کلیسا و ایزابل در انتظارش بودند تامین نگردید. گرانادا سقوط کرد ولی مورها تا فوریهٔ سال ۱۵۰۲ در اسپانیا باقی ماندند. طی فرمانی دیگر، مورها را وادار کردند یا مسیحیت را بپذیرند و یا از اسپانیا خارج شوند. ولی مورها به این فرمان اعتراض کردند. آنها مدعی شدند زمانی که اجدادشان بر اسپانیا حکومت می‌کردند، مسیحیان در اجرای مراسم مذهبی شان آزاد بودند و اکنون چنین انتظاری از مسیحیان دارند. البته دولت گوش شنیدن این ادعا را نداشت با وجود اینکه کاردینال ریشیلیو آن را وحشیانه ترین فرمان خواند. طی قرن شانزدهم بیش از سه میلیون مسلمان اسپانیا را ترک کردند.

حدود هشتاد هزار نفر از یهودیان اسپانیا به پرتغال مهاجرت کردند. هجوم یهودیان به پرتغال، جان دوم پادشاه این کشور را سخت آشفته کرد و از این رو به آنها هشت ماه مهلت

---

۴۱   Prescott WH. History of the reign of Ferdinand and Isabella the Catholic. I:514, Philadelphia 1891

۴۲   Encyclopedia Americana. Volume 16, p 65, 1979

داد تا خاك پرتغال را ترك كنند. ناگفته نماند كه شيوع طاعون در ميان مهاجران يهودی و سرايت آن به مسيحيان مستمسك خوبی بود تا اخراج يهوديان را تسريع كنند. جان برای اخراج آنان امكاناتی از قبيل كشتيهای ارزان قيمت در نظر گرفت تا آنها را به بنادر جنوبی دريای مديترانه برسانند. ملوانان كشتيها، يهوديان را سركيسه كردند، دار و ندارشان را دزديدند، به زنان و دخترانشان تجاوز كردند، بسياری از آنان را دربنادر پياده كردند تا از گرسنگی بميرند و يا آنها را دربازارهای برده فروشی به مور ها فروختند[43]. يهوديانی كه پس از سپری شدن مهلت هشت ماهه هنوز در پرتغال مانده بودند به عنوان برده فروخته شدند. كودكان كمتر از ۱۵ سال را از والدينشان جدا كردند و آنها را به جزاير سنت توماس تومباس فرستادند تا مسيحی تربيت شوند. برخی از مادران، خود و كودكانشان را در دريا غرق كردند تا رنج جدايی از فرزند را تجربه نكنند[44]. در ماه مه ۱۳۹۷ ميلادی امانوئل جانشين جان، طی فرمانی دادگاهها را از تعقيب يهوديان تعميدی كه دوباره يهودی شده بودند، به مدت بيست سال منع كرد. با وجود اين در سال ۱۵۰۶ ميلادی، مسيحيان پرتغال بر عليه بازمانده يهوديانی كه به آنها به چشم رقبای اقتصادی می‌نگريستند، شوريدند و بيش از دو هزار نفر از آنها را قتل عام كردند.

در سال ۱۵۹۵ ميلادی، به ظاهر كليسای كاتوليك می‌توانست ادعا نمايد كه اسپانيا و پرتغال از ساكنان يهودی پاكسازی گرديده و مارانو ها و فرزندانشان، به مسيحيان واقعی بدل گشته اند[45]. البته سازمان تفتيش عقايد نظری جز اين داشت.

با اخراج يهوديان در سال ۱۳۹۲ و مور ها در سال ۱۵۰۲، اسپانيا گنجينه بزرگی از صنعتگران، بازرگانان، پزشكان، دانشمندان و انديشمندان يهودی و مسلمان را از دست داد. اسپانيا تسليم روحانيت گرديد و حق انديشيدن در باب مقولات بيرون از مقولهٔ مذهب را نيز تسليم كليسا كرد.

---

43   Graetz H. History of the Jews, IV:369, Philadelphia 1891

44   Graetz H. History of the Jews. IV:371, Philadelphia 1891

45   Lea HC. History of Inquisition in Spain. III:236, New York 1906

۳ ـ مهاجرتی دیگر: یهودیان پس از اخراج از اسپانیا

به هنگام اخراج یهودیان از اسپانیا و پرتغال در پایان قرن پانزدهم، درهای بسیاری از کشورهای دیگر به روی آنها بسته بود. همانگونه که پیشتر هم بیان شد، در سال ۱۲۹۰ یهودیان از انگلستان اخراج شده بودند و در سال ۱۲۹۶ از نورماندی و در سال ۱۳۹۳ از فرانسه و سرانجام در سال ۱۳۹۲ از اسپانیا و پرتغال. در واقع تنها کشورهایی که مهاجران یهودی را پذیرا شدند امپراتوری عثمانی، ایتالیا و لهستان بودند که هلند نیز پس از رهایی از سلطه اسپانیا به آنها پیوست.

در آن روزگار، امپراتوری عثمانی شامل مناطق شمالی افریقا، ترکیه، خاور نزدیک و بخشهای بزرگی از اروپای شرقی بود. مهاجرت یهودیانِ اسپانیا و پرتغال به امپراتوری عثمانی در دوران سلطنت سلطان بایزید دوم روی داد. یهودیان در سراسر امپراتوری عثمانی پراکنده شدند و حتی برخی از آنان از راه آسیای صغیر به ایران کوچ کردند. اما تمرکز اصلی آنان در شهر قسطنطنیه پایتخت عثمانی بود و دیری نپایید که این شهر یکی از بزرگترین مراکز یهودی نشین اروپا گردید. فردیناد، پادشاه اسپانیا بر این باور بود که سلطان بایزید با پذیرفتن یهودیان عقل و درایت خود را از دست داده است. او گفت که " بایزید با این اقدام خود، امپراتوری عثمانی را ورشکست خواهد کرد و سلطنت را در اسپانیا تحکیم خواهد بخشید ". یهودیان در قسطنطنیه از برخی مزایای اجتماعی برخوردار شدند و شاید پس از وقایع اسپانیا و پرتغال، این دوره را یکی از درخشان ترین دوره های نوزده قرن به به دری یهودیان باید به حساب آورد. در پایان قرن پانزدهم سکنه یهودی‌نشین شهر را بیشتر، سفاردیکهای اسپانیا تشکیل می‌دادند و اشکنازی ها در اقلیت محض بودند. در امپراتوری عثمانی، بسیاری از یهودیان از راه اشتغال به تجارت، طبابت و دستیابی به مقامات عالی در دادگاهها به ثروت و شهرت رسیدند. امکانات تا این حد بود که برخی یهودیان دست به نشر آرا و عقایدشان زدند؛ در این رابطه از رسالهٔ معروف "شولهان آروخ" [۳۶]، اثر "یوسف کارو"، باید نام برد که درقرن شانزدهم در قسطنطنیه منتشر گردید. در کنار این گونه آزادیها، تضییقات سیاسی و اقتصادی بیشماری همچنان یهودیان فقیر را تهدید می‌کرد. می‌گویند در

---

۳۶ شولهان آروخ Shulhn Arukh به معنی "میزه چیده"، حاوی احکام و آیین یهودیان ساکن امپراتوری عثمانی می‌باشد.

شهر قسطنطنیه، بجز "سلیمان همیتسری" که پزشک ویژهٔ سلطان عثمانی بود هیچ یهودی حق سوار شدن بر اسب نداشت.

سلطان سلیم عثمانی روش پیشینِ ادارهٔ جوامع یهودی را دگرگون کرد. بدین معنی که در گذشته، مدیران جوامع یهودی توسط شورای حخامیم انتخاب می‌گردید. از این پس به فرمان سلطان سلیمِ اول، مسئولیت ادارهٔ امور هر جامعه ای به یک حاخام یا بزرگِ مذهبی که اهالی، او را در محل بر می‌گزیدند، محول شد. یهودیان امپراتوری عثمانی چون یهودیانِ ساکن دیگر سرزمینهای اسلامی، جزیه می‌پرداختند ولی در عوض از خدمت سربازی معاف بودند.

بسیاری از یهودیان، در فلسطین که اکنون جزئی از امپراتوری عثمانی به حساب می‌آمد، ساکن شدند. البته از آنجا که اورشلیم، نه تنها برای یهودیان بلکه برای مسلمانان و مسیحیان شهری مقدس بود، از تراکم جمعیت یهودیان در شهر اورشلیم خودداری می‌کردند. با وجود این، جمعیت چشمگیری از یهودیان در فلسطین زندگی می‌کردند و برخی از آنان حتی طرح جاه طلبانهٔ تشکیل دوبارهٔ سنهدرین را پیش کشیدند. البته به خاطر جداییِ شدیدِ میان یهودیان این دوره، چه از نظر موقعیت جغرافیایی و چه از نظر زبان، هرگز این طرح از پشتیبانی اکثریت برخوردار نگردید.

آن دسته از یهودیان که به ایتالیا مهاجرت کردند عموماً در شهرهای شمالی مستقر شدند. موقعیت اجتماعی آنان در ایتالیا همواره تابع خلق و خوی پاپها و دوکها بود. در ونیز، یهودیان از سال ۱۵۱۶ در محله هایی جدا از مسیحیان به سر می‌بردند تا سال ۱۷۷۲ میلادی هنگامی که آزاد شدند و از حقوقی کم و بیش برابر با مسیحیان برخوردار گردیدند. گتوی شهر روم وضعیتی رقت بار داشت. بدین معنی که تولید مثل بی رویه اهالی که به تشویق حخامیم صورت می‌گرفت موجب شده بود که در هر کیلومتر مربع بیش از ده هزار یهودی در شرایط اسفناکی زندگی کنند. افزون بر این، به موجب فرمان "پاپ پیوس ششم" در سال ۱۷۷۵ یهودیان روم بیش از پیش در تنگنا قرار گرفتند. براساس این فرمان یهودیان حق نداشتند که بر درشکه سوار شوند، در مراسم خاکسپاریِ مردگان خود آواز بخوانند و یا سنگ قائم بر سر قبر مردگان خود بگذارند. یهودیان روم تا سال ۱۷۹۷، هنگام رهایی توسط

ارتش ناپلئون[47]، در شرایط رقت باری میزیستند. در شهرهای میلان و ناپل که زیر نفوذ اداری اسپانیا بودند، یهودیان زندگی سخت و طاقت فرسایی داشتند. اما در "پیزا" و "لیوورنو" یا "لگورن" آنها از امکانات و آزادیهای بیشتری برخوردار بودند. در سال ۱۵۹۳ میلادی طی فرمانی، ماموران تفتیش عقاید و دیگر مقامات دولتی از ایجاد مزاحمت برای بازرگانان یهودی ساکن لیوورنو بر حذر شدند[48]. به خاطر همین فرمان، لیوورنو به یکی از مراکز عمده داد وستد ایتالیا تبدیل گردید و از شکوفایی اقتصادیِ ویژه ای برخوردار شد.

لیوورنو از جمله شهرهای ایتالیا بود که در آن هرگز گتو تاسیس نشد[49]. بسیاری از یهودیان موقعیتهای برجسته ای در صنعت، دادو ستد و صرافی کسب کردند و به تدریج قشر مرفه ای از میان آنان ظهور کرد که همانند اقشار بالای جامعه ایتالیا شیفته فرهنگ رنسانس آن روز بودند. یهودیان شهر ونیز نیز در شرایط نسبی مناسبتری بودند. به رغم کوششهای بسیار برای اخراج یهودیان، دولت از آنان تحت عنوان حامیان بازرگانی و امور مالی حمایت کرد. این بخش از یهودیان به تجارت ابریشم و پشم از اسپانیا و ادویه و مروارید از هندوستان اشتغال داشتند.

در آغاز قرن دهم میلادی، لهستان سکنه یهودی کمی داشت. بیشتر آنها از مهاجران آلمانی بودند که بعد ها، پس از اخراج یهودیان از انگلیس و فرانسه، بر جمعیت آنان افزوده گردید. به گونه ای که در سال ۱۵۰۱ حدود پنجاه هزار نفر یهودی در لهستان میزیست و پس از اخراج یهودیان اسپانیا و پرتغال بیش از پیش جمعیت آنان در لهستان افزایش یافت. جمعیت یهودیان لهستان را در سال ۱۶۳۸ به بیش از نیم میلیون تخمین میزدند. پادشاهان لهستان یهودیان را معمولاً تحت حمایت خود قرار میدادند. این پشتیبانی بیشتر از آن جهت بود که یهودیان توانایی ویژه ای در گردآوری مالیاتها و اجاره املاک دولتی از خود نشان

---

47   Browne L. The Wisdom of Israel, p 551, New York 1945

48   Roth Cecil. History of Marranos, 214 Philadelphia 1941

49   Wigoder G. The New Standard Jewish Encyclopedia, p 585, 7th Edit. Facts on File, New York 1992

می‌دادند. "استفان باتوری"، طی فرمانی که در سال ۱۵۷۶ صادر کرد حق تجارت را برای یهودیان به رسمیت شناخت و هر گونه اعمال خشونت بر علیه آنان را جرم قابل تعقیب اعلام کرد[50]. به همراه رقابتهای اقتصادی میان یهودیان و غیریهودیان، اختلافات کهنه مذهبی دوباره از سرگرفته شد. اندکی دیرتر، تبلیغات وسیع ضد یهودی در بسیاری از شهرهای لهستان به راه افتاد. در سال ۱۵۹۸ در "لابلین" یکی از آبادیهای لهستان، جسد پسر بچه ای مسیحی را در باتلاقی یافتند. در پی آن سه نفر یهودی را زیر شکنجه وادار به اعتراف کردند و سپس آنان را به دار آویختند. سال ۱۶۴۸ نقطه عطف دیگری در تاریخ اعمال خشونت بر علیه یهودیان لهستان محسوب می‌گردید که از نظر شقاوت و بیرحمی فقط با وحشگیریهای نازیسم قابل قیاس است. ماجرا با درگیری میان قزاقها و دهقانان و زمینداران لهستان و اوکراین آغاز گردید ولی در پایان یهودیان بودند که زیردست و پا رفتند. به هر حال قتل عام یهودیان لهستان اشکال بسیار زشت و کریهی به خود گرفت. بنا به قول یك تاریخ نویس روسی، کشتار یهودیان لهستان با شکنجه فراوان همراه بود. " یهودیان را زنده پوست می‌کندند، دوشقه می‌کردند، روی ذغال کباب کرده و یا آنها را در آب می‌جوشاندند و یا به قصد مرگ آنان را کتك می‌زدند. تورات را از کنیساها بیرون ریخته، روی آن می‌رقصیدند. سپس یهودیان را روی آن خوابانده قطعه قطعه می‌کردند. هزاران کودك یهودی را درچاه انداختند و یا زنده گور کردند"[51]. بنا به قولی بیش از ۳۳ هزار یهودی در وقایع سال ۱۶۴۸ میلادی لهستان به قتل رسیدند.

بازماندگان این کشتار های فجیع بسیار کوشیدند تا به روسیه مهاجرت کنند ولی عملاً تا سال ۱۷۷۲ میلادی که لهستان به روسیه پیوست، هیچ یهودیی موفق به چنین کاری نشد. در سال ۱۶۹۸، پطر کبیر در پاسخ در خواست یهودیان مبنی بر مهاجرت به روسیه گفت: " من روسها و یهودیان را خوب می‌شناسم. به نظر من هنوز وقت آن نرسیده است که این دو قوم باهم تلفیق شوند. می‌دانم که یهودیان خدمات شایانی به روسیه خواهند کرد ولی در حال

۵۰   Dubnow SM. History of the Jews in Russia and Poland. I:89, Philadelphia 1916

۵۱   Dubnow SM. History of the Jews in Russia and Poland. I:145, Philadelphia 1916

حاضر صلاح نمی‌بینیم که با روس‌ها همسایه شوند " ⁵².

آزادی نسبی مذهبی و تحمل غیر مسیحیان در هلند، به تدریج یهودیان را سخت مجذوب خود کرد. پس از اخراج یهودیان از اسپانیا و پرتغال، بسیاری از یهودیان به این کشور مهاجرت کردند و در عمل مرکز تجارت اروپا به هلند منتقل گردید. در سایه این آزادیها جمعیت یهودیان در شهرهای روتردام، هارلم و آمستردام به تدریج رو به فزونی نهاد. نخستین یهودیانی که وارد هلند شدند مارانوها یا یهودیان به ظاهر مسیحی شده ای بودند که مراسم مذهبی خود را به زبان عبری برگزار می‌کردند ولی در زندگی روزمره زبانهای اسپانیایی و پرتغالی را به کار می‌گرفتند. در سال ۱۶۱۵ میلادی رسماً یهودیان هلند در اجرای مراسم مذهبی خود آزاد گردیدند، کنیساها بر پا کردند ولی هنوز از ازدواج با مسیحیان محروم بودند " ⁵³.

حوالی دهه سوم قرن هفدهم میلادی، یهودیان اشکنازی از آلمان به آمستردام مهاجرت کردند. این فرقه از یهودیان که به لهجه ای از زبان آلمانی ⁵³ سخن می‌گفتند از لحاظ فرهنگی نسبت به یهودیان سفاردی در سطح پایینتری قرار داشتند. یهودیان سفاردی به استناد این برتری فرهنگی به اشکنازیها به دیده تحقیر می نگریستند و وصلت با آنان را نوعی سرشکستگی به شمار می آوردند.

به تدریج از میان یهودیان سفاردی آمستردام، اقلیتی ثروتمند برخاست که به زور ثروت خود، اداره کلیه امور یهودیان شهر را، از نظارت بر کنیساها گرفته تا زندگی سیاسی، در دست خود متمرکز کردند. گفته می‌شود که در سال ۱۶۸۸ هنگامی که ویلیام سوم هوای تاج و تخت انگلیس را در سر می پرورانید، "اسحق سواسو"، یکی از یهودیان ثروتمند شهر، دومیلیون فلورین در اختیار او گذاشت و گفت " اگر پیروز شدی آن را به من پس می‌دهی و

---

۵۲   Dubnow SM. History of the Jews in Russia and Poland. I:246, Philadelphia 1916

۵۳   Roth Cecil. History of Marranos, p 242, Philadelphia 1941

۵۳   Yiddish زبان غیر عبری یهودیان اشکنازی است که در آن از واژه ها و دستور زبان آلمانی فراوان استفاده شده است.

اگر شکست خوردی ارزانی تو باد"[55] .   می‌گویند در مراسم ازدواج دختر یکی از ثروتمندان یهودی شهر، ثروت چهل تن از میهمانان را متجاوز از چهل میلیون فلورین تخمین زدند[56].

۳ ـ در چهار دیوار گتو

واژه گتو[57] نخستین بار در سال ۱۵۱۶ میلادی، به محلهٔ یهودیان ونیز اطلاق گردید هر چند که قدمت تاریخیِ محله ها به پیش از ظهور مسیحیت باز می‌گردد[58] . استفاده از این واژه در قرن شانزدهم متداول شد و به محله های یهودی نشین سراسر اروپا اطلاق می‌گردید. گسترش گتو در ایتالیا و دیگر کشور های اروپایی در واقع بخشی از واکنش کلیسای کاتولیک نسبت به پروتستانیسم بود که در فرمان رسمی پاپ پل چهارم در ۱۲ ژوئیه ۱۵۵۵ تجلی کرد. به رغم اختلافات عقیدتی گوناگون میان کلیسای کاتولیک و جنبشِ پروتستانیسم، هر دو در رابطه با عدم پذیرش غیرمسیحیان در جوامع اروپایی یگانگی نظر داشتند و تجویز گتو برای یهودیان از این دیدگاه ریشه می‌گرفت. به هر حال این شیوه زندگی، کمی دیرتر، بسیاری از جوامع یهودیان اروپا را شامل گردید و تا وقوع انقلاب کبیر فرانسه کم و بیش زندگیِ یهودیان با آن عجین بود. انقلاب کبیر فرانسه، موقعیت حقوقی مجزای یهودیان را نفی کرد و آنان را در ردیف دیگر شهروندان قرار داد. پیامند این، محله های یهودی نشین در فرانسه از میان رفت و تحت تاثیر انقلاب کبیر فرانسه در دیگر کشور

---

۵۵   Graetz H. History of the Jews. V:205, Philadelphia 1891

۵۶   Roth Cecil. History of Marranos, p 244, Philadelphia 1941

۵۷ گتو واژه ای ایتالیایی است که از واژه عبری "گِت" get به معنی " طلاق و جدایی" مشتق می‌گردد.

۵۸   در کتاب تاریخ فلسفه غرب به قلم برتراند راسل می‌خوانیم " پس از تاسیس بندر اسکندریه، جمعیت بزرگی از یهودیان به آن شهر مهاجرت کردند و به خواست خود محله ای در اختصاص خویش داشتند. این محله به مفهوم امروزی " گتو " نبود و به منظور پیشگیری از رسوخ آداب و سنن غیر یهودیان در میان یهودیان ترتیب داده شده بود."

های اروپایی گتوها به تدریج نا پدید شدند[59].

گتو، معمولاً دیوار های زشت و ترسناکی داشت و از راه دروازه به محیط بیرون راه پیدا می‌کرد. دروازه ها را از نیمه شب تا بامداد می‌بستند، به جز روزهای یکشنبه و روزهای مقدس مسیحیان که دروازه ها تمام روز بسته می‌شد. ساکنان گتو فقط در موارد اضطراری حق خروج از گتو داشتند. آنها نمی‌توانستند آزادانه مهمان به درون گتو دعوت کنند مگر آنکه پیشتر از مقامات شهر اجازه می‌گرفتند. اهالی این محله ها برای آنکه، در بیرون از گتو، از مسیحیان متمایز شوند همواره می‌بایست کلاه و یا روسریِ زردی بر سر می‌داشتند. ویل دورانت می‌نویسد، جداکردن یهودیان از دیگر شهروندان، بالاترین توهین برای آنها نبود. افزون بر این، یهودیان فقر را نیز کم و بیش تحمل می‌کردند. بی رحمانه ترین اهانت به آنان پوشیدن اجباری وصلهٔ زرد بود. به گفتهٔ تاریخ نویس یهودی "گرایتس"[60]، "پوشیدن وصله به مفهوم دعوت مردم عامی برای تحقیر یهودیان بود. وصله، تودهٔ اوباش را تشویق می‌کرد که هر گونه توهین و آزار و حتی قتل یهودی را مجاز بشناسند. مهمتر از این، پوشیدن وصله با خود احساس رسوایی و بدنامی به همراه می‌آورد و اعتماد به نفس را از یهودی سلب می‌کرد"[61].

گاهی ساکنین گتو را مجبور می‌کردند تا درب خانه هایشان را با رنگها و یا علامتهای مسخره ای تزیین کنند تا از دیگر منازل متمایز باشند. معمولاً از راه پرداخت رشوه، یهودیان می‌توانستند از اجرای این مقررات تحقیرآمیز معاف شوند. به علت تراکم جمعیت شیوع بیماریهای عفونی و آتش سوزی در گتو رایجتر بود. جوامع کوچک و خودکفایی که به این ترتیب در کوچه های تنگ و باریک گتو شکل گرفت به خاطر عدم تماس با دنیای خارج بسیاری از استعدادهای خود را از دست می‌داد و افرادی به بار می‌آورد که از واقعیت عینی گریزان بودند. ناگفته نماند که گاهی یهودیان درون گتو دچار این توهم می‌شدند که گویا

---

۵۹   گتو هایی را که نازی‌ها بین سالهای ۱۹۳۹ و ۱۹۳۲ در اروپا برپا کردند در حقیقت محله های مسکونی موقتی بود. هدف آنها از تاسیس این شهرکها تمرکز یهودیان و تضعیف روحیه روحیه آنان پیش از نابودیشان بود.

۶۰   هاینریش گرایتس (1817-1891) Heinrich Graetz

۶۱   Graetz H. History of the Jews, III:511, Philadelphia 1891

دیوارهای گتو آنها را ازگزند دشمنان مصون نگه می‌دارد. ولی دیوار ها عملاً نازکتر از آن بودند که بتوانند یهودیان را از گزند مسیحیان کینه توز حفاظت کنند. اما در پس دیوار های گتو، یهودیان به پایداری دیرینه خود همچنان ادامه می‌دادند. افزون بر این، زندگی در گتو موجب می‌شد تا در برابر یکدیگر بیش از پیش احساس مسئولیت کنند.

اسلام در ابتدا برای اهل ذمه محدودیت مسکن قائل نبود و در عمل در کشورهای اسلامی، گتو به شیوه ای که در اروپا تاسیس شد، دست کم تا اوایل قرن هجدهم، وجود نداشت. مسلمانان در رابطه با مساله مسکنِ یهودیان برخوردی ناروشن و تدریجی داشتند، به این معنی که مقوله "محله های یهودی نشین" در کشور های اسلامی، ابتدا به صورت دور کردن یهودیان از پیرامون مساجد آغاز گردید. سپس موضوع محدودیت اندازهٔ خانه های اهل ذمه مطرح شد که طبق آن وسعت منازل یهودیان از حد خاصی نباید تجاوز می‌کرد. با تجمع خانه های کوچک و به طبع ارزان قیمت در یك منطقه، وضع اقتصادی این مناطق رو به افول می‌گذاشت و به تدریج محله های یهودی نشین را به محله های پرت و کثیف شهر ها تبدیل کرد. در ایران و دیگر کشورهایی که مذهب تشیع درقدرت بود ابتدا به ساکن، یهودیان مجبور بودند تا در محله های محصوری که شب ها و شنبه ها در های آن را مسدود می‌کردند زندگی کنند.

۵ . ویژگیهای یهودیت قرون وسطی

جوامع یهودیان قرون وسطی از ویژگی‌هایی برخوردار بود که این دوره از تاریخ این اقوام را از دوران های قبلی متمایز می‌کند. این ویژگیها که نه تنها در جوامع یهودی اروپا بلکه در دیگر نقاط جهان کم و بیش بطور یکسان مشاهده می‌گردد، همانیست که "ایسرائل شاهاك" آن را "یهودیت کلاسیك" می‌نامد. همچنان که خواهیم دید بسیاری از این ویژگیها محصول پراکندگی و انزوای اقلیتها است.

الف ـ دولت و جوامعِ یهودی قرون وسطی

جوامع یهودی قرون وسطی از نوعی خود مختاری نسبی برخوردار بودند. اغنیا با

توجه به قدرت و نفوذ خود نقش مهمی در تعیین اعضای شورای مجتمع ایفا می‌کردند. این شورا که از میان ریش سفیدان، حخامیم و مسئولان کنیساها برگزیده می‌شدند و مسئولیت داشتند که مالیاتها را از اعضای مجتمع گردآوری کرده، قیمتها را تثبیت نمایند و مهمتر از همه مجری قانون باشند. مذهب بالاترین مرجع حاکم شناخته می‌شد و از جمله وظایف شورا بود که یهودیان را به اطاعت بی چون و چرا از احکامِ آن وادار کند. این اعمال قدرت گاهی صورتهای زشتی به خود می‌گرفت. برای مثال اگر حاخام کسی را تکفیر می‌کرد، دیگران هم با او مراوده نمی‌کردند و یا اجازه دفن مردگان او را در گورستان یهودیان نمی‌دادند. در حقیقت تکفیر ابزار نیرومندی در دست حخامیم بود تا به این وسیله اعضای جامعه را همواره زیر مهارِ خویش داشته باشند. حِرم یا تکفیر کامل [62]، بیرحمانه ترین و جدی‌ترین شکل تنبیه و اعمال قدرت بود که با تهمت و نفرین آغاز می‌شد و به انزوای کامل فرد از سایر اعضای مجتمع می‌انجامید [63] . به نشان پایان حیات معنوی فرد شمعهای کنیسا را یکی پس از دیگری خاموش می‌کردند. حِرم نقش مهمی در زندگی یهودیان قرون وسطی ایفا می‌کرد. این شیوهٔ تنبیه به عنوان ابزاری برای گردآوری مالیاتها، منع آموزش فلسفه و علوم غیر دینی و نفی فعالیتهای اجتماعی ضد حخامیم به کارگرفته می‌شد. رهبران مذهبی برای اجرای این مراسم از عوامل مخصوص خود استفاده می‌کردند، هرچند که بسیاری از مردم عامی نیز از روی رغبت در آن شرکت می‌جستند و آن را صواب می‌دیدند. در برخی از موارد، تنبیه به صورت اعمال خشونت جلوه می‌کرد و به شکلهای گوناگون ماند شلاق زدن، زندانی کردن و اخراج کردن از شهر و آبادی عملی می‌گردید. دربرخی از کشورهای اروپایی چون اسپانیا و لهستان، دادگاههایی که زیر نظارت حخامیم انجام وظیفه می‌کردند، حتی توانایی صدور حکم اعدام داشتند، آن هم گاهی به شکلهای بیرحمانه ای چون سنگسارکردن. این گونه شدت عملها نه تنها از طرف دولتهای وقت مورد بازخواست

---

[62] "حِرم Herem" از واژهٔ آرامی "حاروما Haruma" به معنی "ممنوع" ریشه می‌گیرد. این واژه نخستین بار در آیهٔ ۱۹ از باب ۲۲ کتاب مهاجرت برای تنبیه آنانی که خدایان دیگری به جز یهوه را پرستیده اند، به کار گرفته شده است. میشنا یا تفسیر بر تورات، میان حِرم و شکل ملایمتر آن یعنی "نیدوی Niddui" ، تمایز قایل است. دومی محرومیت از فعالیتهای اجتماعی برای مدت هفت تا سی روز به همراه پوشیدن لباس عزا، ولی بدون تشریفات رسمی بود.

[63]   Encyclopedia Judaica, Herem, CD-ROM edition 1997

قرار نمی‌گرفت بلکه به شدت حمایت می‌شد. درعمل هم دولتهای مسیحی و هم دولتهای مسلمان، به ظاهر تحت پوشش تامین نظم و آرامش، از این نوع اعمال خشونت حمایت می‌کردند زیرا از این راه سود کلانی به جیب آنها سرازیر می‌شد. برای نمونه پرونده های وابسته به قرون سیزدهم و چهاردهم موجود در آرشیو دولتی اسپانیا نشان می‌دهد که پادشاهان کاتولیک کاستیل و آراگون همواره مسئولین امور را تشویق می‌کردند تا با حخامیم و گردانندگانِ جوامعِ یهودی در زمینه اجرای قوانین مربوط به شبات همکاری کنند. انگیزه این گونه همکاریها آن بود که اگر فرد یهودی به سبب ارتکاب جرم در محضر حخامیم محکوم می‌گردید، نه دهم جریمه ای را که به صندوق جوامع یهودی می‌پرداخت به خزانه پادشاه سرازیر می‌شد و این معامله ای بسیار سودآور بود.

حخامیم اغلب خود از پرداخت مالیات به دولت معاف بودند. روابط میان پادشاه و گردانندگان جوامع یهودیان آن چنان صمیمانه بود که پادشاه گاهی حکام محلی را فدای این روابط می‌کرد. آمده است که امپراتور تئودوس اول که یک مسیحی متعصب بود، فرماندار رومی فلسطین را به خاطر تحقیر بزرگِ مذهبی یهودیان اعدام کرد. روشن است که امپراتور از اینکه به حقوق شهروندی یک یهودی اجحاف شده بود به چنین اقدامی دست نزده بود. نمونه دیگر آنکه، حدود صد سال پیش از تاسیس سازمان تفتیش عقاید و استیلای وحشت بر اروپا، "پدرو اول" حاکم کاستیل، به مجمع حخامیم اختیار تام داد تا تفتیش عقاید را درباره یهودیانی که در اسپانیا از مقررات مذهب یهود سرپیچی می‌کردند به مورد اجرا بگذارد[63]. در جوامع بزرگتر یهودیان، مانند جامعه یهودیان لهستانِ قرون وسطی، تبانی میان حخامیم و اقشار ثروتمند و توانمند، شرایط دردناکی را بر توده های فقیر یهودی این جوامع تحمیل می‌کرد. یک چنین شرایطی به خودکامگی بیش از پیش بسیاری از حخامیم و گردانندگانِ مذهبی دامن می‌زد. جای شگفت نبود که حاخام موشه سوفر[65]، اهل براتیسلاوا از توابع اطریش، می‌گفت: " اگر به من خبر می‌رسید که کسی جرات کرده است تا

۶۳   Israel Shahak. The Jewish religion and its attitude to non-jews. Khamsin Volume 9, part 3, p

12, Ithaca Press, London 1981

۶۵   Rabbi Moshe Sofer known as "Hatam Sofer" (1762-1839)

روز شنبه دکانش را باز کند من فوراً پلیس می‌فرستادم تا او را دستگیر کنند ". این نوع اعمال خشونت البته محدود به دوران قرون وسطی نبود و به کرات در دوران تلمود نیز مشاهده می‌گردید. داستان مرد یهودی که، به خاطر رابطه نامشروع با زن غیر یهودی، زیر شلاق حخامیم جان سپرد نمونه بارزی از این گونه رفتار است[66]. زمانی که ابن میمون مسئول جامعه یهودیان مصر بود به کلیه محاضر یهودی دستور داد تا یهودیانی را که با غیر یهودی ازدواج کرده بودند دستگیر کرده، آنان را درملأ عام شلاق بزنند تا زنان غیر یهودی خود را طلاق بدهند[67]. در جایی دیگر می‌خوانیم که اگر زن یهودی به همسری مرد غیر یهودی در می‌آمد، به دستور حخامیم بینی زن را می‌بریدند تا از قیافه بیفتد و شوهرش او را رها کند[68]. این شرایط یعنی اطاعت بی‌چون و چرا از مذهب و فرامین آن و پیروی از تعابیری که حخامیم از این فرامین می‌کردند، کم و بیش در کلیه جوامع یهودی قرون وسطی، چه در کشورهای اسلامی و چه در اروپا حاکم بود و در برخی نقاط چون اروپای شرقی تا اواخر قرن نوزدهم نیز ادامه داشت.

جوامع یهودی قرون وسطی مشخصاً به پادشاهان و نجبای صاحب قدرت متکی بود. جوامع یهودی معمولاً در برابر مأموران محلی مسئول نبودند و به طور مستقیم با نمایندگان شاه مراوده می‌کردند. پادشاه در حقیقت ارباب کل محسوب می‌شد. زیرا او بود که می‌توانست حق خود مختاری نسبی و امکان داد و ستد میان یهودیان و دیگران را برای این جوامع تضمین کند. یهودیان در عین حال، موظف بودند که از قوانین مملکتی پیروی کنند. به زبان دیگر، رابطهٔ میان جوامع یهودی و پادشاهان بر قراردادی استوار بود که به استناد آن شاه امنیت و حق اشتغال به برخی از مشاغل مانند داد و ستد و صرافی را برای این جوامع در برابر دریافت مستمری از پیش تعیین شده، تضمین می‌نمود. تلمود در این

---

[66]   Talmud, Baba Pethra 8-a, Nidah 10-b and 20-b

[67]   Israel Shahak. The Jewish religion and its attitude to non-jews. Khasmin, volume 9, part 3, p 11, Ithaca Press, London 1981

[68]   Israel Shahak, The Jewish religion and its attitude to non-jews. Khamsin, volume 9, part 3, p 11, Ithaca Press, London 1981

رابطه بر این باور بود که *"قانون همان قانون پادشاه است"* [69] و تجویز می‌کرد که *"برای سعادت دولت دعا کنید که اگر ترس از دولت نبود مردم یکدیگر را زنده می‌بلعیدند"* [70]. در همین رابطه، بسیاری از آنچه که اجرای آن بر تودهٔ یهودی منع گردیده بود در مورد پادشاهان و صاحبان قدرت استثنا می‌پذیرفت. از آن جمله اند احکام روز شبات که یهودی را موظف به تمکین می‌کرد ولی در مورد پادشاهان چشم پوشی می‌شد. برای مثال قوانینی که عبادت از بیماران را در روز شبات برای طبیب یهودی منع می‌کرد در موارد پادشاهان و نجبا استثنا قائل می‌شد و طبیب یهودی را موظف می‌نمود که در این زمینه از هیچ کوششی فروگذار نباشد.

این رابطهٔ ویژه میان جوامع یهودی و پادشاهان، یهودیان را همواره در موضع ضعف قرار داده به شدت این جوامع را آسیب پذیر می‌کرد و پادشاهان از این رابطهٔ ویژه، بیشترین استفاده را به نفع خویش می‌کردند. برخورد پادشاهان فرانسه با یهودیان آن کشور قابل توجه است. در سال ۱۳۰۶ یهودیان را از فرانسه اخراج کردند و نه سال بعد، به شرط پرداخت دو سوم سود حاصل از وام‌ها به پادشاه، آنها را به فرانسه پذیرفتند. در سال ۱۳۲۱، پس از آنکه پادشاه از سود کلانی بهره مند گردید یهودیان را دوباره اخراج کردند. بار دیگر یهودیان را به فرانسه پذیرفتند تا مسئولیت همه گیری طاعون سیاه را به حساب آنان بگذارند و درسال ۱۳۴۹ آنان را اخراج کنند. در سال ۱۳۶۰ مجدداً یهودیان را به فرانسه دعوت کردند تا از همکاریهای مالی آنان به منظور بازخرید پادشاه فرانسه، که در اسارت انگلیس بود، بهره گیرند. سرانجام در سال ۱۳۹۳، یهودیان را به قتل یهودیِ تعمید یافته ای، که به طور مرموزی ناپدید شده بود، متهم کردند و شارل ششم زیر فشار افکار عمومی بار دیگر یهودیان را از فرانسه اخراج کرد.

---

[69]   Talmud, Baba Kama 113-a

[70]   Mishnah, Avoth chapter III-2

ب . اقتصاد و یهودیت قرون وسطی

جدایی مرد یهودی از زمین و امتناعِ از اشتغال به کشاورزی، مهاجرت او به شهرها، در گیری با داد و ستد و سرانجام جذب او به صرافی و امور مالی، همه و همه در سالهای قرون وسطی شکل گرفت. این گذار نه به سلیقه و انتخاب شخصی فرد یهودی، بلکه بنا بر شرایط محیطی که در آن می‌زیست، به او تحمیل گردید و مدیون عواملی گوناگون بود.

در آغاز دوران پراکندگی، یهودیان چه در ممالک اسلامی و چه در اروپا، معمولاً از حق مالکیت بر زمین برخوردار بودند و اغلب آنان همانند دیگر اقوام از راه کشاورزی و گله داری امرار معاش می‌کردند. اما به تدریج شرایط حفظ مالکیت زمین سخت تر و دشوار تر گردید. یهودیان هنگامی که در کشور های مسیحی می‌زیستند، از داشتن برده مسیحی محروم بودند و بنا بر قوانین تورات و تلمود حق نگهداری برده یهودی را نیز نداشتند. بنابراین یهودیان فقط می‌توانستند از کارگران آزاد در زمینهایشان استفاده کنند که کاری بسیار پرخرج بود. افزون براین، از یک سو احکام یهودیت، مرد یهودی را از کار کردن روز شنبه منع می‌کرد و از سوی دیگر قوانین مسیحیت از کار کردن روز یکشنبه. مهمتر از همه در نظام اقتصادی فئودالی حاکم، یهودی جایی برای ابراز وجود نداشت. زیرا برای کسب موقعیت در درون چنین نظام فئودالی، یهودیان می‌بایست برای فئودالها بجنگند در حالی که از حق حمل اسلحه محروم بودند.

براین مشکلات می‌باید سلب مالکیت از یهودیان را، که پادشاهان، دوکها و پاپهای مسیحی هر از گاه برعلیه آنان اعمال می‌کردند، افزود. مجموعه این عوامل یهودیان را از دل بستن به زمین و اشتغال به کشاورزی دلسرد کرده و به تدریج آنها را به زندگی شهری و امرار معاش از راه دادو ستد و صنعت سوق داد. حاصل آنکه یهودیان پیشرفتهای چشمگیری در زمینه دادوستد و کارهای حرفه ای در روم شرقی و کشور های اروپای غربی کسب کردند. با پیشرفت آنان به تدریج رقابت میان یهودیان و مسیحیان مطرح گردید. در اروپای شمالی که امور دادوستد را مسیحیان در انحصار خویش داشتند، دولتها با نگرانی از رقابت میان یهودیان و مسیحیان، یکی پس از دیگری قوانینی در حمایت از نظم موجود وضع می‌کردند.

درگیری در دادوستد به تدریج برخی از یهودیان را به بازرگانی در مقیاس بزرگتر سوق

داد. دیری نپایید که درشهر های کوچک و بزرگ بازرگانان یهودی که در بازرگانی جهانی مهارت کسب کرده بودند ظاهر شدند. در قرن یازدهم میلادی، این بخش از بازرگانی در عمل در انحصار یهودیان در آمده بود[71]. یهودیان در واقع بین جهان اسلام و مسیحیت مانند یک میانجی عمل می‌کردند و بخش بزرگی از تجارت بَرده نیز در انحصار آنان بود. یهودیان در امر تجارت صبر و شکیبایی ویژه ای از خود نشان می‌دادند. به خاطر آشنایی بیشتر با زبانهای گوناگون و برخورداری از میهمان نوازی یهودیان پراکنده در کشورهای دیگر، که آنها را راهنمایی می‌کردند، موفق تر بودند و به موقعیتهای کم نظیر تری نائل گردیدند. اما با تصرف اورشلیم توسط صلیبیون و فتح مدیترانه توسط ناوگان ونیزی‌ها، شرایط به نفع بازرگانان ایتالیایی تغییر کرد و از این پس عملاً رهبری تجارت بین المللی نیز از دست یهودیان خارج گردید. دراواخر قرن دوازدهم یهودیان فقط به داد و ستد و تجارت محلی اشتغال داشتند.

سرانجام، در شرایطی که همواره سلب مالکیت و خطر نابودی کامل یهودیان را تهدید می‌کرد، چاره ای به جز تبدیل ثروت به اموال منقول و اندوختن نقدینه موجود نبود. از این روی یهودیان به امور مالی و صرافی جلب گردیدند. امور مالی در ابتدا به مبادله پول محدود می‌شد و بهره گرفتن به تدریج به آن افزوده گردید. پنج کتاب موسی[72] و تلمود[73] هر دو رباخواری را منع می‌کردند، اما درک عمومی آن بود که بهره گرفتن از غیر یهودی مجاز است. با توسعه صنایع و تجارت، نیاز به پول و سرمایه رو به افزایش نهاد و حتی یهودیان هم از راه واسطه های مسیحی به یکدیگر وام می‌دادند. از آنجا که قرآن و انجیل هم رباخواری را منع می‌کردند یهودیانی که به این کار اقدام می‌کردند انگشت نما می‌شدند.

نکته دیگر آنکه رباخواران، بی توجه به وابستگی مذهبی شان، مشمول پرداخت

---

71 Israel Shahak, The Jewish religion and its attitude to non-jews. Khamsin, volume 9, part 3, p 11, Ithaca Press, London 1981

۷۲   کتاب تثنیه، باب ۲۳، آیه ۲۰

۷۳   Talmud, Baba Metzia 61-a

مالیاتهای سنگین بودند. در مورد یهودیان، افزون بر پرداخت مالیات، همواره خطر سلب مالکیت از آنان نیز موجود بود. بسیاری از پادشاهان بهره های بالا را مجاز می‌شمردند تا خود در فرصتهای مناسب رباخواران را سر کیسه کنند. گاهی نیز برای کسب محبوبیت در میان مردم، پادشاهان بهره و حتی اصل وامی را که مردم به یهودیان بدهکار بودند به آنان می‌بخشیدند. پادشاهان انگلیس به ویژه در این گونه حاتم بخشیها شهرت داشتند. طی قرن سیزدهم میلادی چنین اقداماتی، یهودیان انگلیس را آن چنان به خاک سیاه نشاند [73] که بارها تقاضای خروج دسته جمعی از انگلیس را کردند ولی تقاضای آنان همواره رد می‌شد.

از سوی دیگر، چون بازپس گرفتن وامها کاری پر دردسر و دشوار بود، وام دهندگان مجبور بودند که ماموران دولت را با پرداخت رشوه های بزرگ تطمیع کنند تا در این امر به آنان یاری رسانند.

بدین ترتیب، شرایط اقتصادی و فرهنگی، یهودی قرون وسطی را از زمین جدا کرد و او را به سوی دادو ستد، صرافی و امور مالی سوق داد. *از این رو جوامع کلاسیک یهودی قرون وسطی با زمین و کشاورزی نا مانوس بودند.* این ویژگی اقتصادی همراه با اتکای این جوامع به سلاطین و صاحبان قدرت برای بقا و ادامه حیات، بیشتر موجب برخورد های خشونت آمیز میان دیگران و یهودیان می‌شد و در تحریک احساسات یهودی‌ستیزی بی‌تاثیر نبود.

جوامع یهودی قرون وسطی هم مانند دیگر اجتماعات، به مردمان فقیر و غنی تقسیم می‌شدند. به رغم ادعای حاخام الیازار مبنی بر اینکه "همه انسانها، اعم از زن، برده، فقیر و غنی نزد خداوند برابرند" [75]، تاکید حخامیم بر این بود که اغنیا، در محدوده امکاناتشان، فقرا را دستیاری کنند. البته اگر اغنیا به این موعظه حخامیم کم توجهی می‌کردند مورد تکفیر آنان نیز قرار نمی‌گرفتند. احتکار در نظر آنها گناه محسوب می‌شد [76] و تاکید بر آن بود که

---

73   Graetz H. History of the Jews. III:588, Philadelphia 1891

75   In Foakes-Jackson F and Lake K. Beginnings of Christianity. I:76, London 1920

76   Talmud, Baba Bathra, 90-a

کسبه بیش از یک ششم قیمت کلی فروشی سود نبرند[77] . در واقع یکی از وظایف حخامیم نظارت بر حداقل دستمزدها و حداکثر قیمتها بود[78] . ناگفته نماند که در بسیاری از موارد این مقررات با شکست روبرو می‌گردید زیرا که حخامیم نمی‌توانستند زندگی یهودیان را از زندگی مسلمانان و مسیحیان مجاور جدا کنند و قانون عرضه وتقاضا همواره فائق می‌آمد.

ج - اخلاق و آداب یهودیان قرون وسطی

یهودیان مادام که در جامعه یهودی می‌زیستند هرگز از گرسنگی نمی‌مردند[79] . هر یک از اعضای جامعه وظیفه داشت که هر چند وقت یک بار به صندوق جامعه کمک کند. از محل این اعانات بود که مستمندان، سالمندان، بیماران و یتیمان نگهداری می‌شدند. از این رو هر جامعه ای برای خود نوانخانه، خانه سالمندان، بیمارستان و یتیم خانه داشت. قدمت تاریخی این سنت به قرن دوم میلادی مربوط می‌گردد[80] .

زنان بدون روسری حق ظاهر شدن در ملأ عام را نداشتند و تخلف از این اغلب به طلاق می‌انجامید. یهودیان از نمازگزاردن در حضور زنانی که موهایشان پوشیده نبود بر حذر بودند[81] .

ازدواج را والدین برنامه ریزی می‌کردند. از آنجا که جوانان بسیار زود ازدواج می‌کردند، فحشا در این جوامع کمتر متداول بود. اغلب مردان پس از بیست سالگی متاهل

---

77   Talmud, Menachoth, 77-a

78   Baron SW. Social and Religious History of the Jews. I:277, II:108, Columbia University Press 1941

79   Baron SW. Social and Religious History of the Jews. II:99, Columbia University Press 1941

80   Moore GF. Judaism in the first centuries of the Christian era. II:174-175, Cambridge, Massachusetts 1932

81   Abrahams I. Jewish life in the middle ages. p 277, Philadelphia 1896

بودند. چند همسری در میان یهودیان متمول ساکن سرزمینهای اسلامی، اما نه در میان یهودیان جهان مسیحیت، رایج بود [82]. خانواده و همبستگی میان اعضای آن شالوده اساسی زندگی یهودیان را تشکیل می‌داد و هر قدر آزار یهودیان ابعاد گسترده تری می‌گرفت این همبستگی نیز بیشتر می‌شد. پدر در سرپرستی خانواده نقشی اساسی ایفا می‌کرد. او می‌توانست فرزندانش را تکفیر کند و یا همسرش را کتک بزند. البته اگر صدمه جسمی جدی به زنش وارد می‌کرد می‌بایست جریمه می‌پرداخت.

مانند دیگر اقوام، زنان یهودی از نظر اخلاقی مقامی والا و در پیشگاه قانون مقامی پست داشتند. مرد یهودی از اینکه پروردگار او را زن نیافریده، همواره سپاسگزار بود و زن یهودی نیز به خاطر اینکه بر حسب اراده خداوند زن آفریده شده، شکرگزار بود [83]. پس از مرگ شوهر، زن به جز جهیزه، چیزی به ارث نمی برد حتی اگر یگانه بازمانده خانواده بود. تنها در صورتی دختران ارث می‌بردند که خانواده پسر نداشت. در غیر این صورت همواره چشم دخترها می‌بایست به دستهای بخشنده برادر بزرگتر بود [84]. دختران را به مدرسه نمی‌فرستادند و معتقد بودند که دانش کم نه تنها مفید نیست بلکه زیانبار هم می‌تواند باشد. پسران پس از سیزده سالگی مرد محسوب می‌شدند و موظف به اجرای کلیه مراسم مذهبی بودند. مراسم و تشریفات بَرمیتصوا پس از قرن چهاردهم متداول گردید و پیش از آن زمان، از این مراسم صحبتی نبود [85].

آداب و اخلاق یهودیان قرون وسطی برگردان شرایطی بود که در آن می‌زیستند. تبعیضها، تحقیر ها، محکومیتها و قتل عامها همه، جای پایی در خلق و خوی این مردمان به جای گذاشته بود. روی همین اصل، جوامع یهودی قرون وسطی همواره در نوعی تضاد با

---

[82]   Moore GF. Judaism in the first centuries of the Christian era. II:22, Cambridge, Massachusetts 1932

[83]   White EM. Woman in World History. p 176, London

[84]   Neuman AA. The Jews in Spain, II:63, Philadelphia 1942

[85]   Abrahams I. Chapters on Jewish literature, p 106, Philadelphia 1899

جوامع غیر یهودی اطراف خویش به سر میبردند. به همین خاطر خوشه های بی اعتمادی میان یهودیان و غیریهودیان میرویید. متاثر از این واقعیت، برخی از قوانین تلمود نیز دو معیار متفاوت برای یهودی و غیر یهودی در نظر گرفته اند. از جمله، در دیدگاه تلمود قتل عمد، بت پرستی و زنا که سه گناه کبیره محسوب میشدند مجازات مرگ داشتند. درحالی که قتل غیرعمد، نوعی تخلف از قوانین الهی به حساب میآمد که در این مورد خداوند مسئول اجرای عدالت میبود[86]. در تلمود، قتل یک غیر یهودی به دست غیر یهودی در ردیف قتل غیر عمد ارزیابی شده و در این مورد، اجرای عدالت به خداوند محول میگردید.

_____

86 Maimonides, Mishnah Torah, "Laws on Murderer" 2:11

بخش چهارم
یهودیان در قرون هفدهم و هجدهم

قرون هفدهم و هجدهم میلادی، شاهد دگرگونیهای ژرف در یهودیت و جوامعِ یهودی بودند. گرچه ماهیت این دگرگونیها برحسب مکان و زمان بسیار متفاوت می‌نمودند ولی همه آنها جز دست و پاگیری و مزاحمت چیزی برای بزرگانِ دین در برنداشت. گویی امواجی خروشان از راست و چپ برخاسته بودند و اساس و بنیان یهودیتی را که حخامیم طی ۱۶ قرن به زیر سلطه خود داشتند هدف گیری می‌کردند.

به نظر می‌رسید که جوامع یهودی دیگر از وضع موجود خسته شده اند و به دنبال بدیلی تازه می‌گردند. از یک سوی، تشدید اشتیاق و امید بازگشت به سرزمین موعود شرایط را برای ظهور شیادانی آماده می‌نمود که خود را در لباس منجی موعود یا "ماشیا" عرضه کرده و چند صباحی از توهم توده ها سؤ استفاده می‌کردند. از سوی دیگر، ظهور نهضت هایی مانند حسیدیسم، که "خداپرستی بدون حخامیم" را پیشنهاد می‌کرد، توده های یهودی را سخت مجذوب خود می‌نمود.

در کنار این وقایع، موجی از ارتداد به راه افتاده بود که در پرتوی برهان و منطق، بسیاری از مفاهیم جزمیِ مذهب را به زیر پرسش می کشید. سرانجام، برای نخستین بار پس از اخراج یهودیان از اسپانیا و پرتغال و پشت سر گذاری قتل عام یهودیان در لهستان و وقوعِ آزادیهای نسبی مذهبی، تحمل یهودیان را در هلند و برخی از کشورهای اروپای غربی مقدور کرده بود و به نظر می‌رسید که برای نخستین بار برخی از یهودیان شیفته جستجوی اورشلیمی بیرون از "سرزمین موعود" شده بودند.

۱. امید بازگشت به سرزمین موعود و ظهور منجی"ماشیا"

واژهٔ عبری ماشیا[1] و مترادف انگلیسی آن، قرنها پیش از آنکه مفهوم "منجی یا نجات دهنده" مطرح گردد، مورد استفاده قرار داشت. در تورات این واژه برای نخستین بار در رابطه با هارون، برادر موسی، تحت عنوان *"ماشیایِ پروردگار"* ذکر گردیده است[2]. واژه ماشیا، به مفهوم روغن مالی و تدهین است که از قرنها پیش مفهوم "برکت شده" از آن استنتاج می‌گردید و به ویژه در مورد مقدسان و بزرگان دین به کار می‌رفت[3]. پس از تاسیس سلطنت، آن را در مورد پادشاهان نیز به کار می‌گرفتند. در ابتدا از این واژه مفاهیم "نجات دهنده" و " آخرت" و "آمرزش" تفهیم نمی‌شد ولی قرنها بعد، هنگامی که بی‌عدالتیهای این جهان بی پاداش باقی ماند، انبیای یهود اجرای عدالت را موکول به ظهور "ماشیا" نموده، توجه خویش را معطوف به وعده های آینده کردند و از این واژه، مفهوم "منجی یا نجات دهنده" از قید ستم استنتاج گردید. در این رابطه "ایشیعای نبی" مدینهٔ فاضله ای را توصیف کرد که، با ظهور یکی از شاهزادگان خانوادهٔ داود، دیگر اثری از ظلم و ستم باقی نمانده و در آن صلح و عدالت اجتماعی حاکم خواهد شد و *" انسانها تیغهای خویش را فقط برای شخم و زراعت بکار می‌گیرند و در چنین جامعه ای گرگ و میش در کنار یکدیگر خواهند زیست"*[4]. پس از تخریب معبد اورشلیم و پراکندگی یهودیان، تامین وحدت قومی و بازگشت به اورشلیم و بازسازی معبد نیز به جمع وظایف "ماشیا" افزوده شد.

سیمون برکوخبا، رهبر قیامِ نافرجامِ یهودیان علیهٔ رومیان در قرن دوم پیش از میلاد، از جانب بسیاری از پیروانش "ماشیا" معرفی گردید. گذشته از این قیام، در طول تاریخِ پراکندگی، آن هنگام که یهودیان با بحران های بزرگ اجتماعی روبرو بودند، آرزو و اشتیاقِ به ظهور "منجی" و ماشیا، به منظور راه حل نهایی بحران ها، در نظر آنان بیشتر ملموس

---

۱ ماشیا Mashiach و Messiah و مترادف یونانی این واژه Christos و برگردان انگلیسی آن Christ همه به معنی روغن مالی و تدهین می‌باشند.

۲ کتاب مهاجرت، باب بیست و هشتم، آیهٔ ۳۱

۳ کتاب لاویان، باب چهارم، آیات سوم، پنجم و شانزدهم

۴ کتاب ایشیعا، باب دوم، آیه چهارم و باب یازدهم، آیه ششم

بوده است. آتشِ شور و اشتیاق بازگشت به اورشلیم، باز سازی معبد و پیشکش قربانیها همواره در دلهایشان شعله کشیده است. اما پیامد شکست قیام برکوخبا و ترس از تکرار آن، بزرگان مذهب را بر آن داشت تا برخوردی متفاوت با مقولهٔ ماشیا اتخاذ کنند. بدین معنی که هرگونه انتظار کوتاه مدت برای ظهور ماشیا را مردود شناخته و مدعیان منجی‌گری را "منجی‌های کاذب" خواندند و حتی آنان را تکفیر کردند. لازم به تذکر است که در برخی موارد، حتی حخامیم، خود نیز تحت تاثیر این ماشیا های دروغین قرار می‌گرفتند.

امید به ظهور ماشیا شاید در دوران غربت بابل آغاز گردید و در اواخر دوران معبد دوم به اوج خود رسید. با توجه به این که اعقاب مسیح نیز به خانوادهٔ داود باز می‌گردد، جای شگفت نیست که حواریون، وی را ماشیا معرفی کردند. در دوران تلمود، کنیسا جای خود داشت ولی هرگز جای معبد اورشلیم را در دل یهودیانِ دوران پراکندگی پر نمی‌کرد. از این رو به دفعات، بسیاری در لباس منجی موعود بر یهودیان ظاهر می شدند تا از ساده انگاریِ توده ها به نفع مقاصد خویش بهره برداری کنند.

گذشته از مسیح که، دست کم در دیدگاه فرقهٔ یهودیانِ فارسی، خود را ماشیا معرفی کرده بود و به بیانی نیز مصلوب شد، بسیاری در طول تاریخ، ادعای منجی‌گری کرده اند. در سال ۷۲۰ میلادی مردی به نام "سِرین" از اهالی سوریه، یهودیان را گرد شعار باز پس گرفتن اورشلیم از مسلمانان بسیج کرد ولی پس از چندی به فرمان خلیفه یزید دوم به قتل رسید. سی سال بعد، " اوبدیا ابوعیسی بن ایشاق" ، از اهالی اصفهان خود را منجی موعود خواند و بیش از ده هزار نفر یهودیان را به دور خودِ گرد آورد. یهودیان خانه و کاشانه خود را رها کردند تا به فرمان او و بر علیه مخالفان وی شمشیر زنند. اوبدیا در یکی از جنگها به قتل رسید و یهودیان اصفهان ضربات مهلکی را متحمل گردیدند.

در سال ۱۱۶۰ داود آلرَوی، یهودیان بین النهرین را به دور خود گرد آورده و وعده بازگشت به اورشلیم را به آنان داد. پدر زن داود که از پی‌آیند این جنبش در بیم و هراس بود، شبانه داود را به قتل رساند. حدود سال ۱۲۲۵ ناجی دیگری در جنوب شبه جزیره عربستان ظهور کرد. این بار موسی بن میمون درنامه ای معروف به "نامه ای به جنوب" یهودیان را از پی‌آیند پشتیبانی از او بر حذر داشت. از نوشته ویل دورانت این چنین استنباط می‌گردد که نامه موسی بن میمون حوالی سال ۱۲۲۵ به رشته تحریر در آمده است در حالی که ابن میمون در سال ۱۲۰۳ درگذشت. به هر حال موسی بن میمون اعتقاد به ظهور ناجی

را برای تقویت روحیه یهودیان در غربت مفید می‌دانست و آن را رکن سیزدهم مذهب می شناخت.

در سال ۱۵۲۴، مردی خوشِ چهره از اهالی عربستان، به نام "داود رئوبنی"، سوار بر اسبی سفید، به واتیکان تاخت و خود را به پاپ کِلِمِن هفتم معرفی کرد. او پاپ را برادر خطاب کرده و مدعی شد که رییس طایفهٔ مفقودهٔ "رئوبن"، یکی از طوایف مفقوده بنی‌اسراییل است که سیصد هزار سرباز در خدمت دارد و اگر پاپ و شاهزادگان اروپا او را یاری دهند مسلمانان را از فلسطین اخراج خواهد کرد. یهودیان روم، از اینکه یک یهودی این چنین در واتیکان پذیرفته شده است، سخت به وجد آمدند. جان سوم پادشاه پرتغال از پیشنهاد رئوبنی استقبال کرد و داود به پرتغال رفت. موثر از این تحول، جان تعقیب مارانوها را در پرتغال معوق گذاشت و مارانوها نیز تصور کردند که داود منجیِ موعود است؛ از سوی دیگر، "دیِگو پایرز"، منشی شاه که یک تازه مسیحی بود برای اثبات یهودی بودنش ختنه کرد، نامش را به "سلیمان مولکو" تغییر داد و به ترکیه رفت تا مردم را از ظهور ماشیا آگاه کند. مهاجرت سلیمان، جان را مضنون کرد. داود به اسپانیا گریخت و توسط تفتیش عقاید دستگیر شد. شارل پنجم به منظور اینکه پاپ را خوشحال کند داود را آزاد کرد. این بار داود به ونیز رفت و ادعا کرد که اگر به او یاری رسانند یهودیانِ اروپا را برعلیهٔ ترکان عثمانی بسیج خواهد کرد. شارل در خواست او را رد کرد و او را دستگیر کرده به اسپانیا فرستاد. داود در سال ۱۵۳۶ در زندان تفتیش عقاید مسموم شد.

به دلایل تاریخی از جمله ظهور پروتستانیسم که بحثِ دربارهٔ مقولهٔ "آخرت" را به شدت دامن می‌زد، کشتار های جمعیِ یهودیان در لهستان و اوکراین در سال های ۱۶۴۸ و ۱۶۴۹، و گسترش آرا و عقاید عرفانی در میان یهودیانِ اروپا، قرن شانزدهم و هفدهم دوران وفور مدعیان منجی‌گری محسوب می‌گردد. از سوی دیگر، درمیان پیروان عرفان یهود، این باور که سال ۵۳۳۵ عبری سال "آخرت " است طرفداران فراوانی داشت و از این رو در دهه های حول و حوش این سال که مصادف با ۱۵۷۳ میلادی بود، اشتیاق به ظهور ماشیا نیز بالا گرفت.

در تاریخ دوران دربه دریِ یهودیان، هیچ یک از مدعیان منجی‌گری موعود به اندازه "ساباتای ضوی" از حمایت توده های یهودی برخوردار نبوده اند. شرح داستان ساباتای به ویژه از این جهت که به زمان ما نزدیکتر است از اهمیتِ ویژه ای برخوردار می باشد.

ساباتای در سال ۱۶۲۶ در شهر ازمیر چشم به جهان گشود. او مردی خوب روی، بلند قامت و سخت پای بند نظافت بود. ساباتای در کلیه فصول سال خود را موظف به آب تنی در دریا می‌کرد. به خاطر عطریات فراوانی که استفاده می‌کرد، مریدانش سخت شیفته بوی خوش بدن او بودند. ساباتای مردی خوش آواز بود و اغلب بسیاری از جوانان به دور او حلقه می‌زدند تا به آوازهای عرفانی او گوش فرا دهند. او چندان رغبتی به زنان نداشت. گرچه یک بار ازدواج کرده بود ولی زندگی زناشویی او دوام چندانی نیاورد[5].

از متن عرفان یهود یا کابالای قرن سیزدهم که زوهار[6] نامیده می شد، ساباتای چنین استنباط کرده بود که منجی موعود به سال ۵۳۰۸ عبری برابر با سال ۱۶۴۸ میلادی ظهور خواهد کرد. ساباتای در آن سال ۲۲ سال داشت و داعیه مسیحایی کرد. در ابتدا شمار اندکی از یهودیان "ازمیر" از شهر های امپراتوری عثمانی دور او را گرفتند ولی مجمع حخامیم شهر او را تکفیر کرد. ساباتای به سالونیکا مهاجرت کرد و طی تشریفاتی ویژه، خود را به عقد تورات در آورد. از آنجا به آتن و قاهره و سپس به اورشلیم سفر کرد. درغزه با ثروتمندی به نام "ناتان غزاتی" آشنا شد که مدعی بود که او حضرت خضر یا "الیاهو" است و از سوی خداوند ماموریت دارد که راه را برای ظهور مسیحای موعود هموار کند.

در سال ۱۶۶۵ ساباتای بار دیگر به ازمیر بازگشت و روز اول روش هشانا در کنیسای شهر ظاهر شده ادعای خود را تجدید کرد. این بار جمعیتی بزرگ از او استقبال کردند. آوازه ساباتای ضوی به کلیه جوامع یهودی غرب آسیا، اروپای شرقی و شمال افریقا رسید. معدودی از یهودیان به ساباتای به دیده شک و تردید می نگریستند ولی در مقابل، هزاران هزار گفته های او را باور داشتند. حتی برخی از مسیحیان نیز به این باور بودند که ساباتای همان مسیح بوده که دوباره متولد شده است. دیری نگذشت که حاخام بزرگ شهر آمستردام نیز تحت تاثیر سخنان ساباتای قرار گرفت و او را منجی موعود معرفی کرد و به افتخار او مراسم

---

۵   Graetz H. History of the Jews. V:119-166, Philadelphia 1891

۶   در رابطه با تالیف زوهار Zohar بمعنی " روشنی " دو نظریه موجود است. برخی بر این باورند که کتاب در قرن دوم میلادی توسط "شیمعون بن یوهای" Simeon ben Yohai به رشته تحریر در آمده است. دیگران مولف کتاب را "موسی دو لئون" اهل اسپانیا، متعلق به سالهای ۱۲۸۰ و ۱۲۸۶ میلادی می شناسند.

جشن و سرور بر پا نمود. جزوه هایی منتشر شد تا به مردم مراسم و تشریفات ورود به سرزمین موعود را آموزش دهند. در لهستان بسیاری از یهودیان خانه و کاشانه خود را رها کرده در انتظار ورود ساباتای روز شماری کردند و برخی از جوامع یهودی خود را آماده کردند تا به فلسطین مهاجرت کنند. در اِزمیر، برخی از مریدان دلباخته ساباتای تا این حد پیش رفتند که پیشنهاد کردند در نماز روزانه یهودیان، نام ساباتای جایگزین نام "یهوه" شود و گفته شد که از آن پس، یهودیان حتی روزهای مقدس عزاداری را نیز جشن بگیرند. در آمستردام حروف س و ض را که حروف آغازین نام ساباتای ضوی است بر سر در کنیساها حک کرده بودند و در هامبورگ زندگی روزمره عملاً از روال عادی باز ایستاده بود.

دیری نگذشت که امر بر خودِ ساباتای هم مشتبه گردید. بر اثر این باور که به هنگام ظهور ماشیا، قبایل مفقوده دهگانه بنی اسراییل نیز ظهور خواهند کرد تا در رکاب ماشیا به سرزمین موعود مهاجرت کنند، ساباتای تا این حد پیش رفت که برای این قبایل روسایی را نیز برگزید. افزون بر این، او اعلام کرد که به زودی به قسطنطنیه می‌رود تا تاج امپراتوری عثمانی را از سر سلطان برداشته بر سر خود بگذارد و بدین ترتیب سلطنت الهی را آغاز نماید. روز اول ژانویه ۱۶۶۶، او همراه گروهی از مریدان خود، وارد قسطنطنیه شد ولی بلافاصله به دست ماموران امپراتوری عثمانی دستگیر شد. اما در سراسر اروپا، یهودیان پیش بینی می‌کردند که ساباتای به زودی آزاد خواهد شد.

مقامات امپراتوری عثمانی از این همه شور و احساساتی که یهودیان اروپا نسبت به ساباتای ابراز می‌کردند سخت آشفته خاطر بودند و بیم آن داشتند که قتل او محبوبیت او را به عنوان یک شهید صد چندان کند و مشکلات جدیدی به بار آورد. پس از هفته ها تعمق، مقامات امپراتوری به ساباتای پیشنهاد کردند که اسلام بیاورد و گرنه او را شمع آجین خواهند کرد و در میدان شهر به چهار میخ خواهند کشید.

ساباتای ضوی، این مدعی ناجی‌گری، روز چهاردهم سپتامبر ۱۶۶۶در حضور سلطان عثمانی خرقه یهودیت از تن به در کرد و اسلام آورد. به فرمان سلطان، نام ساباتای از آن پس به "عزیز محمد افندی" تغییر یافت و در زمره مباشران دربار عثمانی قرار گرفت. یهودیان آسیا، اروپا و افریقا خبر اسلام آوردن ساباتای را جدی نگرفتند ولی دیری نپایید که یاس و نا امیدی سراسر این جوامع را فراگرفت. مسلمانان و مسیحیان، یهودیان را از بابت خوش باوری هایشان سخت به مسخره می‌گرفتند. البته برخی از مریدان ساباتای استدلال

می‌کردند که اسلام آوردن ساباتای اقدامی مصلحتی بوده و با این شگرد ساباتای خواسته است تا مسلمانان را نیز به یهودی‌گری جلب کند.

پس از این رویداد، ساباتای آرام ننشست. او از ماموران دولت عثمانی اجازه گرفت که شبها درکنیسای شهر برای یهودیان موعظه کند به این بهانه که شاید آنان نیز مانند وی اسلام بیاورند. همزمان با این اقدامات، ساباتای از طریق مریدانش پیغامهای مخفی برای یهودیان می‌فرستاد و همچنان وعده می‌داد که آنان را به سرزمین موعود هدایت خواهد کرد. پس از گذشت مدتی، مقامات امپراتوری عثمانی که متوجه دودوزه بازیهای ساباتای شده بودند او را به نقطه دور افتاده ای در آلبانی تبعید کردند که تا هنگام مرگش به سال ۱۶۷۶ در آنجا به سر برد. جالب آن که برای بیش از نیم قرن پس از مرگ او، هنوز بسیاری از ساده دلان امیدوار بودند که روزی ساباتای دوباره زنده شود و به وعده های خود جامعه عمل بپوشاند.

یانکیو لیبوویتس ملقب به جکوب فرانک (۱۷۹۱-۱۷۲۶)، چهره دیگری از مدعیان منجی‌گری، فرزند یک یهودیِ متدین از اهالیِ پودولیا بود که در جوانی شیفتهُ زوهار شد و به جرگهُ پیروان ساباتای ضوی پیوست. او تورات را بخوبی می‌دانست ولی هرگز رغبتی به تلمود نشان نداد و همواره از این بابت که به اصطلاح "مردی ساده و بی آلایش" است، فخر فروشی می‌کرد. پیروان ساباتای، در سال ۱۷۵۵، شایع کردند که به زودی ماشیای دیگری ظهور خواهد کرد. در پی این، در آغاز سال ۱۷۵۶، فرانك مراسمی مذهبی به شیوهُ ساباتای در ترکیه برگزار کرد که به دنبال آن توسط مقامات دولتی دستگیر شد. وی پس از مدت کوتاهی آزاد گردید و چند ماه دیر تر به طور رسمی اسلام آورد [۷]. حوالی سال ۱۷۵۷، به هنگام مهاجرت به لهستان، پیروان ساباتای دور وی را گرفتند و فرانك را مردی بسیار جاه طلب بود در پی این واقعه آینده درخشانی را برای خویش پیش بینی کرد. بسیاری از پیروان ساباتای بر این باور بودند که روح مقدس ساباتای ضوی بزودی در جسم فرانك حلول خواهد کرد. از سوی دیگر، به استناد این که باورهای مذهبی جرگه پیروان ساباتای با مفاد تورات در تناقض است، حخامیم او را تکفیر کردند. اما فرانك با هوش تر از این بود که به این سادگی از میدان بیرون رود. وی از طریق تماس با مقامات کلیسای کاتولیك و معرفی جنبش خویش به عنوان جنبشی ضد تلمودی، که با مسیحیت در زمینه های گوناگون

---

۷   Encyclopedia Judaica, CD-ROM edition, Frank, Jacob and the Frankists, p 2

همگونی داشت، زیر چتر حمایت کلیسای کاتولیك قرار گرفت[8]. از سوی دیگر، مقامات کلیسا نیز در پس حمایت از این جنبش، خیال مسیحی کردن توده های یهودی را در سر می‌پروراندند. در حالی که کارگردانان این جنبش پیروان خویش را، به رغم تمایلات شخصی شان، تشویق به تبلیغات ضد یهودی می‌کردند، فرانك زیرکانه از این گونه فعالیت ها فاصله می‌گرفت و به ظاهر خود را رهبر معنویِ جنبش معرفی می‌کرد[9].

پیروان فرانك در اواخر سال ۱۷۵۶ قطعنامهٔ مبهم و دو پهلویی برای جنبش دست و پا کردند و از مقامات کلیسا خواستند تا ناظر بر جدل و مباحثه میان آنان و حخامیم حول و حوش این سند باشند.

این اعلامیهٔ نه ماده ای باورهای گروه را بدین شرح شامل می‌گردید:

۱- اعتقاد به پنج کتاب موسی

۲ - نفی مابقیِ تورات و کتب انبیا

۳ - رد تلمود ها به عنوان تفسیر بر تورات. پیروان فرانك بر این باور بودند که تلمودها بیهوده و دروغ هستند و در تعارض با تعالیم پروردگار و تورات می‌باشند.

۴ - ایمان به پروردگار به عنوان خدای یکتا و خالق جهان

۵ - اعتقاد به تثلیث، "سه چهرهُ برابر در خدای واحد"

۶ - ایمان به تجلی پروردگار در جسم انسان بی‌گناه

۷ - باور به این که اورشلیم تا پایان این دوره از حیات انسان تجدید ساختمان نخواهد شد.

۸ - انتظار بیهودهُ بندگان برای ظهور ماشیا

۹ - اعتقاد به این که پروردگار، خود در جسم انسان، ظهور خواهد کرد و جهان را از همه گناهان و بی عدالتیها پاك خواهد کرد.

مفاد این قطعنامه به جای آنکه به بازگشت ساباتای ضوی اشاره کند ظهور مجدد مسیح را نوید می‌داد و به شیوه ای تنظیم گردیده بود تا کلیسای کاتولیك را گول بزند. در ابتدا

---

۸   Encyclopedia Judaica, CD-ROM edition, Frank, Jacob and the Frankists, p 4

۹   Encyclopedia Judaica, CD-ROM edition, Frank, Jacob and the Frankists, p 4

حخامیم از شرکت در این مناظرهٔ عقیدتی امتناع ورزیدند ولی سرانجام در ژوئن ۱۷۵۷ این جدل و مباحثه صورت گرفت و در ۱۷ اکتبر ۱۷۵۸ کلیسا به سود پیروان فرانک فتوی داد. گفته می‌شود که پس از این تاریخ پیروان فرانک در جستجوی نسخه‌های تلمود به منازل یهودیان ریختند و آنها را به آتش کشیدند و در برابر، حخامیم روزه عمومی برای مردم تجویز کردند.

سرانجام در آغاز سال ۱۷۵۹، جکوب فرانک برای نخستین بار مدعی شد که نیروی پروردگار در جسم او تجلی کرده و وی مأموریت ساباتای ضوی را به اتمام خواهد رسانید[10]. او خود را "یعقوب حقیقی" خواند و عناوین "شاهِ شاهان" و "برادر بزرگتر" برخویش نهاد. فرانک دوازده مرد را به عنوان "برادران"، که حواریون وی به حساب می‌آمدند و دوازده زن یا "خواهران" را که در حقیقت رفیقه‌های وی بودند، انتخاب کرد. از آموزشهای فرانک آنکه "راهی که ما می‌پیماییم از قاعده و قانونی تبعیت نمی‌کند. در حقیقت لازم است که تمامی قوانین و تعالیمی که نیرو و انرژی حیات را محدود می‌کنند زیر پا بگذاریم، ولی این کار را مخفیانه انجام دهیم"[11]. او بر این باور بود که باید از دیگر مذاهب گذار کرد و یکی را پس از دیگری، مانند جامه‌ای از تن به در کرد و دیگری را پوشید، و فقط از این راه است که انسان به "ایمان مخفی" دست می‌یابد. بدین ترتیب وی پیروانش را آماده کرد تا مسیحیت را به عنوان آخرین مرحله از ایمان بپذیرند. آموزشهای فرانک بدین گونه نوعی هرج ومرج مذهبی را دامن می‌زد.

در فوریه ۱۷۵۹، یکی از حواریون فرانک بار دیگر نزاع عقیدتی با حخامیم را دامن زد و این بار مقولهٔ استفاده از خون کودکان مسیحی را به اعتراضات پیشین افزود. هدف اصلی این نمایش، در واقع تحقیر هر چه بیشتر جوامع سنتی یهودیان در برابر سلسله مراتب کلیسا بود، اقدامی که در شرایط آن روز اروپا خطر زیادی را برای این جوامع می‌توانست در بر داشته باشد. جکوب فرانک، در پی آمد این وقایع، پیروانش را تشویق کرد تا مسیحیت را پذیرا شوند، هر چند که تمامی پیروان وی از پیشنهاد وی استقبال نکردند.

جکوب فرانک در ششم فوریه ۱۷۶۰، به خاطر آن که مقامات کلیسا به صداقت وی

---

۱۰   Encyclopedia Judaica, CD-ROM edition, Frank, Jacob and the Frankists, p 6

۱۱   Encyclopedia Jadaica, CD-ROM edition, Frank, Jacob and the Frankists, p 7

مشکوک شده بودند، دستگیر شد و برای مدت ۱۳ سال به "چستوکووا"، در جنوب لهستان، تبعید گردید. فرانک در اوت ۱۷۷۲، به هنگام تجزیه لهستان، از تبعید آزاد شد و به "موراوی" مهاجرت کرد و کمر همت به ترویج مسیحیت بست. جالب آن که، در موراوی، فرانک یونیفورم نظامی بر تن پیروانش کرد و به آنان تعلیمات نظامی آموخت. وی در مارس ۱۷۷۵ بهمراهی دخترش به دربار ژوزف دوم، پادشاه اتریش، رفت و با وی از لزوم یک "انقلاب جهانی" گفتگو کرد[۱۲]. در سالهای آخر عمر، فرانک شایع کرد که دخترش "اِوا" فرزند نامشروع کاترین، ملکه روسیه است و سالها بعد برخی از طرفداران فرانک اِوا را یکی از شاهزادگان خانواده رومانوف معرفی می‌کردند.

جکوب فرانک دهم دسامبر ۱۷۹۱ در گذشت. بر اساس آن چه که درباره‌ی وی نوشته اند می‌توان این چنین نتیجه گرفت که فرانک رهبری خودکامه، پیامبری توده پسند و شیادی چیره دست بود. در دیدگاه توده های یهودی که به جرگه‌ی وی نپیوستند، فرانک از نیروی شیطانی بی نظیری برخوردار بود. همچنان که در پیش به آن نیز اشاره شد، بخش بزرگی از پیروان فرانک به مسیحیت گرویدند. برخی، سرخورده از وعده های دروغین وی، دوباره جذب جوامع سنتی یهودی شدند و شماری از آنان آرای عرفانی کابالا را با دیدگاههای خردگرایی هسکالا همگام کردند و به آن جنبش پیوستند. گروهی نیز فرقه "ابراهیمیان" را بنیاد نهادند که تا زمان حاضر، در "بوکووینا" یکی از ایالات رومانی، در انزوا بسر می‌برند.

سرانجام باید از "موسی حییم لوزاتو" یکی دیگر از مدعیان منجی‌گری نام برد که در سال ۱۷۰۷ میلادی در ایتالیا به دنیا آمد. موسی حییم از شاعری به کابالا یا عرفان یهود رسید و در سال ۱۷۳۳ داعیه مسیحایی خویش را مطرح کرد و سه سال بعد، در سن سی و نه سالگی، به بیماری طاعون درگذشت.

۲ ـ نهضت حسیدیم و یهودیت بدون حخامیم

بنیانگذار جنبش فکری حسیدیم، ایسرائیل بن الیازار بعال معروف به "شِم توو" به معنی

---

۱۲   Encyclopedia Judaica, CD-ROM edition, Frank, Jacob and the Frankists, p 15

"صاحب نام خوب"[۱۳] بود که در سال ۱۷۰۰ میلادی در نواحی جنوبی لهستان در خانواده ای فقیر چشم به دنیا گشود. او در جوانی عهده دار مشاغلی بسیار دون پایه از قبیل سرایداریِ کنیسا و یا گورکنی در گورستان یهودیان بود. شم توو بر خلاف حخامیم دوران خویش، باور داشت که هر انسان ساده ای از راه عبادت صادقانه می‌تواند به خدا نزدیک شود. او به تبانی میان اغنیا و حخامیم در اداره جوامع یهودی معترض بود و تاکید داشت که بی تردید از راه میانجیگری حخامیم و کنیسا به حقیقتِ پروردگار نمی‌رسیم. زندگی ساده و بی آلایش شم توو بسیاری از یهودیان تهیدست را شیفته خود کرد. او از محلی به محل دیگر مسافرت می‌کرد، برای کودکان قصه می‌گفت و از زندگی ساده خود بسیار خشنود بود. با وجد و شعف بسیار عبادت می‌کرد و مریدانش را تشویق می‌کرد تا شعائر کنیسا و نوشته های تلمود را کنار بگذارند و مستقل از این تشریفات، صادقانه به درگاه پروردگار عبادت کنند. او از مریدانش می‌خواست تا خدا را در جلوه های طبیعت جستجو کنند و او را دوست بدارند. شم توو اصرار داشت که به جای عزاداری برای گناهان گذشته، به زندگی امروز دل ببندند. لازم به یادآوری است که زندگیِ "شم توو" و آموزشهای او بی شباهت به تعالیم مسیح نبود. می‌گویند روزی مردی یهودی از رفتار پسر به "شم توو" شکایت کرد که او خدا را فراموش کرده است، شم توو در پاسخ او گفت که " بیش از پیش به او محبت کن"[۱۳] . شم توو نوشته ای از خود به جای نگذاشت ولی جانشینانش افکار و عقاید او را گردآوری کردند. نخستین بار، "یعقوب یوسف پولونوی" یکی از پیروان شم توو، باور ها و دیدگاههای وی را در سال ۱۷۸۰، زیر عنوان "تولدوت یاکوو یوسف"[۱۵] گرد آورد. درون مایه عقیدتی شم توو حرف تازه ای دربر نداشت و در واقع پایه های فکری او را در پنج کتاب موسی می توان یافت؛ آنجا که در کتاب تثنیه[۱۶] پروردگار به بنی اسراییل می‌گوید: " اگر کلیه فرامین مرا

---

۱۳   Israel ben Elizer Ba'al, Shem Tov (1700-1760)

۱۴   Browne, Lewis. The wisdom of Israel. p 551, New York 1945

۱۵   "Toledot Ya'akov Yosef" in Encyclopedia Judaica, CD-ROM edition, Hasidism p 1

۱۶   کتاب تثنیه، باب ۱۱ آیات ۲۲ و ۲۳

آویزه گوش کنی، خدای خود را دوست بداری و فقط در راه او قدم برداشته و با او یگانه شوی، آنگاه اقوام دیگر را بی توجه به اینکه چقدر از تو نیرومند تر باشند، از سرزمین تو میرانم ". به بیان دیگر، شِم توو، سعادت و خوشبختی را در زندگی بی آلایش و عبادتِ صادقانه به درگاه پروردگار میدید.

جنبش حسیدیم و رشد چشمگیر آن بازتاب کشتار های دستجمعی چِمیل نیکی [17] و دهقانان هایداماکس [18] در لهستان از یك سوی و شكست وعدهای دروغین شبتای ضوی و یعقوب فرانك در اروپا از سوی دیگر بود [19]. افزون بر این، رمز موفقیت شِم توو و جانشینانش را در پشتکار آنها برای به کرسی نشاندن باورهایشان باید جستجو کرد. گذشته از این، شیوه زندگی ساده دهقانی و بی آلایش لهستان قرن هجدهم و اعمال قدرت همراه با خشونت حخامیم و ثروتمندان در جوامع یهودی اروپای شرقی، درشکل گیری و موفقیت این جنبش بی تاثیر نبوده است.

بهر حال جنبش حسیدیم و سرعت گسترش و رشد آن بسیاری از حخامیم و بزرگان مذهب را سخت هراسان نمود. در سال ۱۷۷۲ میلادی، الیاهو بن سلیمان [20] یکی از حخامیم سر شناس "ویلنا"، جنبش حسیدیم را تکفیر کرد ولی این فرقه مدتها از پشتیبانی گسترده مردم برخوردار بود. با وجود شعار " خدا پرستی منهای حخامیم " که جنبش

---

۱۷   بین سالهای ۱۶۳۸ و ۱۶۳۹، قیام دهقانان اوکراین به رهبری چمیل نیکی Chemielnicki ، بر علیه استیلای لهستان بسیاری از جوامع یهودی اوکراین و لهستان را نابود کرد. چمیل نیکی، سرانجام با دریافت مبلغی چشمگیر از جوامع یهودی دست از قصابی یهودیان برداشت.

۱۸   درسالهای ۱۷۳۳، ۱۷۵۰ و ۱۷۶۸ میلادی قزاق های روسی بهمراه دهقانان و اقشار پایینی شهرها، با شعار "مرگ بر زمینداران و یهودیان" به نواحی کیف و پودولیا Kiev and Podolia یورش بردند و تنها درشهر اومان Uman بیش از بیست هزار یهودی لهستانی را به قتل رسانیدند. این جنبش دهقانی به جنبش شورشیان یا Haidamacks معروف است.

۱۹   Encyclopedia Judaica, CD-ROM edition, Hasidism p 1

۲۰   الیاهو بن سلیمان Elijah ben Solomon Zalman در سال ۱۷۲۰ در لیتوانی بدنیا آمد و حوالی سالهای ۱۷۳۰ و ۱۷۳۵ به لهستان مهاجرت کرد. او با فلسفه سخت مخالف بود و مطالعه علوم غیر مذهبی را فقط تا حدی که در خدمت تورات باشند جایز می دانست. الیاهو با جنبش فکری هسکالا نیز میانه خوبی نداشت.

حسیدیم مطرح می‌کرد، محور مرکزی جوامع حسیدیم را "رهبر" یا "صدیق" تشکیل می‌داد که به ظاهر رابط میان مردم و خدا محسوب می‌شد و کم و بیش نقش حخامیم را ایفا می‌نمود. از آغاز قرن نوزدهم به بعد، مقام رهبری در جنبش حسیدیم موروثی شد. حسیدیم به معجزه سخت پایبند بودند و آن را به تنهایی در توانایی برخی از صدیقان می‌دیدند. آموزشهای حسیدیم گرد محور عبادت و عشق به خدا دور می‌زند. خدایی که همه جا هست و همواره می‌توان او را یافت، حتی در زشتیها. وظیفه پیروانِ حسیدیم آن است که زشتیها را به نیکویی تبدیل کرده و از شیطان نیز فرشته ای بسازند. آنها بر این باورند که آدمی نه تنها پندار بلکه رفتار و کردارش را باید در خدمت پروردگار به کار گیرد. پس از سقوط معبد دوم اورشلیم، حسیدیم نخستین جریان مذهبی در یهودیت است که از تشریفات و مراسم منسجم عبادت و شیوه و آیین زندگی برخوردار می‌باشد[21].

حسیدیسم که در میان یهودیان اروپای شرقی طرفداران فراوانی داشت نخست به اروپای غربی و سرانجام به امریکا رسوخ کرد. در جریان کشور گشاییهای ناپلئون، حسیدیسم از در مخالفت با ناپلئون برخاستند و بسیاری از صدیقان پیروان خویش را تشویق کردند تا برعلیه ناپلئون جاسوسی کنند. آنها بر این باور بودند که پیروزیِ ناپلئون بر شمارش یهودیان ثروتمند خواهد افزود و با افزایش آنان، یهودیان کمتر دل به خدا می‌بندند[22].

حسیدیم با جنبش خردگرایی یا هسکالا، که در نیمه دوم قرن هجدهم در میان یهودیانِ اروپای غربی ظهور کرد، نیز از در دشمنی درآمدند. محکم ترین پاسخ هسکالا به حسیدیم در جزوه سرا پا طنزِ "یوسف پِرل" نویسندهٔ یهودی زیر عنوان "جوهر فکری حسیدیم به استناد نوشته های خودشان"[23]، در سال ۱۸۱۶ عرضه گردیده است. در دیدگاه پرل، حسیدیسم جنبشی ضد ترقیخواهی، منزوی و بیهوده بود. وی در این مقاله از مقامات دولت اتریش خواست تا به پیروان حسیدیسم آموزش اجباری در مدارس دولتی تحمیل کند شاید دست از

۲۱   Encyclopedia Judaica, CD-ROM edition, Hasidism p 4

۲۲   Encyclopedia Judaica, CD-ROM edition, Hasidism p 6

۲۳   "Ueber das Wesen der Sekte Chassidim aus ihren eigenen schriften gezogen in Jahre" by Joseph Perl

آرای واپسگرای خود بردارند[۲۴] . پیروان حسیدیم، برخلاف هواداران جنبش هسکالا، رستگاری را در عبادتِ هر چه بیشتر مردم می‌پنداشتند. حسیدیم با جنبش صیهونیسم نیز از در مخالف در آمدند و هرگز یهودیان را تشویق به مهاجرت به سرزمین موعود نمی‌کردند. در پاسخ، "ساموئل ژوزف هوروویتس"[۲۵] ، یکی از پیروان جنبش صیهونیستی اوایل قرن بیستم، در یك رشته مقاله سخت به حسیدیم حمله کرد و آن را جنبشی "وحشی و بی نظم" خواند و بعال شم توو، بانی این جنبش را، "شارلاتان" نامید. به دیده هوروویتس، در حسیدیسم از الفاظ کابالا، بدون درك معانی آنان، به فراوانی استفاده شده و باور های نیمه فلسفی آنها متعلق به "روانشناسی مزمن گتو" می‌باشد و حقیقت نوینی تقدیم یهودیت نمی‌کند[۲۶] .

وجد و شعف گروهی، چسبندگی بی اندازه قومی و صدیقان پر انرژی از ویژگیهای جوامع حسیدی می‌باشند. مردان حسیدیم لباس سیاه می پوشند، همواره سر خود را می‌پوشانند و اوقات زیادی از شبانه روز را وقف عبادت می‌کنند. زنان حسیدیم لباس موقر به تن دارند و موهای خود را همیشه می پوشانند. در جریان جنبش حسیدیم، هر از گاه زنان نیز به مقام صدیق رسیده اند، منجمله از " آدل" دختر شم توو و "حنا راحل" معروف به باکره لادومیر[۲۷] می‌توان نام برد. پیروان حسیدیم با وجود اعتراضهایشان به رهبران سنتی مذهب، در رعایت مراسم و آیین سنتی به ویژه در رابطه با شنبه و آداب مربوط به غذا بسیار سختگیرند. آیین عبادت در حسیدیم آمیزه ای از آداب یهودیان اشکنازی و سفاردی است. در جوامع حسیدی، ثروتمند موظف است که مستمندان را یاری کند، دانا نادان را تحقیر نکند و انتظار می‌رود که مردم در غم و شادی یکدیگر شریك باشند. در این جوامع، صدیق همواره مسئولیت خطاکاریهای اعضا را عهده دار می‌گردد. اطاعت بی چون و چرا از خدا و مفاد تورات پایه و اساس این جوامع را تشکیل می‌دهد. مردان جوان را تشویق می‌کردند تا خانواده خویش را برای مدتی طولانی رها کرده و به خدمت صدیق کمر همت ببندند.

۲۴   Encyclopedia Judaica, CD-ROM edition, Hasidism p 30

۲۵   Samuel Joseph Horowitz (1874-1931)

۲۶   Encyclopedia Judaica, CD-ROM edition, Hasidism p 31

۲۷   Hannah Rahel (1805-1892) known as the Virgin of "Ludomir" in Ukraine

در جریان مهاجرت بزرگ بین سالهای ۱۸۸۰ و ۱۹۲۵، برخی از پیروان حسیدیسم به امریکا مهاجرت کردند، ولی از آنجا که از "صدیقان" دور افتاده بودند، نتوانستند آرا و باور های خویش را گسترش دهند. در روند به قدرت رسیدن "ناسیونال سوسیالیسم" در آلمان و طی جنگ دوم جهانی، حسیدیم ضربه های مهلکی خورد و پیروان آن تلفات سنگینی را متحمل شدند. بسیاری از مراکز آنها در لهستان و روسیه با خاک یکسان شد. در جریان این وقایع، برخی از صدیقینِ حسیدیم مانند "اهرون روخا، آبراهام موردخای گور و یوسف اسحق لیوباویچ"[۲۸] به ترتیب به تل آویو، اورشلیم و نیویورک گریختند. از این میان تنها جنبش حسیدی لیوباویچ، با تبلیغات گسترده در زمینه تشویق یهودیان به بنیادگرایی، مبارزه با آموزش غیر مذهبی و دشمنی با دولت نوین اسرائیل، توجه بسیاری را در ایالات متحد امریکا جلب کرد. در حال حاضر، جمعیت پیروان حسیدیم را به دویست و پنجاه هزار تخمین می‌زنند.

۳ ـ بدعت گذاری در یهودیت

هنگامی که یهودیان اروپای شرقی، به جنبش حسیدیم می‌گرویدند یهودیت در غرب دچار دگرگونیهای تازه ای بود. تحت تاثیر رنسانس در ایتالیا و تجدد خواهی و عصر روشنگری در اروپای غربی به تدریج دگرگونیهایی هم در جوامع یهودی رخ داد. دگرگونیهایی که جرگه حخامیم، به راحتی یارای مقابله با آن را نداشت.

حخامیم و گردانندگان مذهب این گونه استدلال می‌کردند، که چون جوامع یهودی را نیرو های دشمن احاطه کرده بود، مذهب یگانه پشتوانه حیات این جوامع محسوب می‌شد و حیات این جوامع مدیون رعایت احکام مذهبی بود. از این رو حخامیم هر گونه مطالعات غیر مذهبی را نه تنها نوعی تهدید به خود بلکه لطمه به جوامع یهودی تلقی کرده و آن را به

---

۲۸ Aaron Rokah, Abraham Mordecai Gur and Joseph Isaac Liubavich

شدت منع می‌کردند. ژول سرکیس[29] حاخام بزرگ شهر "کراکو"، در لهستان، معتقد بود که " فلسفه، مادر خداشناسی " است و به این سبب او یهودیانی را که در حوزه تحت نفوذ وی فلسفه می‌خواندند، تکفیر می‌کرد. تلمود نیز برخوردی مشابه با این مساله داشت و تاکید می‌کرد که فلسفه و علوم غیر مذهبی را در ساعاتی باید آموخت که نه شب است و نه روز[30].

به هر حال، رنسانس و روشن اندیشی که از قرن چهاردهم در اروپا آغاز شده بود سرانجام به جوامع یهودی نیز رسوخ کرد و بر اثر این دگرگونیهای فرهنگی، اینک اندیشمندانی ظهور کردند که مایل بودند تا مذهب و نقش حخامیم را از زاویه عقل و منطق بررسی کنند. حاصل آنکه برخی از شیفتگان فرهنگِ نوین این دوران، بسیاری از آموزشهای حخامیم و مندرجاتِ تلمود را به زیر سئوال کشیدند. جای دارد که به بیان برخی از این دیدگاهها بپردازیم.

یوسف دلمدیگو

در سال ۱۶۲۰ میلادی، یوسف سلیمان دلمدیگو[31]، یکی از شیفتگان رنسانس ایتالیا، به هنگام سفر به لهستان، در کمال شگفتی دریافت که به دستور حخامیم آموزش علوم از برنامه تحصیلی دانش آموزان یهودی حذف گردیده است. او در این رابطه نوشت که "تاریکی و جهل همه جا را فرا گرفته است"[32]. این شاید از جمله نخستین اعتراضها به سلطه حخامیم آن دوره بود. دلمدیگو در جوانی با آموختن زبان یونانی و علوم در کنار تلمود، از سنت دیرینه تخطی کرد. گرچه در ابتدا پزشکی را پیشه کرد ولی چون علاقه فراوان به ریاضیات داشت در دانشگاه "پادوا"، زیر نظر گالیله به یادگیریِ این علوم پرداخت و برخی از تعصبات مذهبی دیرینه خویش را کنار گذاشت. او پس از مدتی به قاهره و قسطنطنیه سفر کرد و شیفته آرا و عقاید قرائتیها گردید و به جز تورات، اتکا بر نوشته های دیگر از جمله تلمود را بی پایه

---

۲۹   Joel ben Samuel Serkeis (1561-1640)

۳۰   Talmud, Menachoth 99-b

۳۱   Joseph Solomon Delmedigo (1591-1655)

۳۲   Dubnow SM. History of the Jews in Russia and Poland, I:133-134, Philadelphia 1916

و اساس شناخت. در واقع آرا و عقاید دلمدیگو، در اواخر عمر، میان علوم آن روز و عرفان در
نوسان بود. او سرانجام، به خاطر تامین معاش، بار دیگر به جرگهٔ حخامیم پناه برد و این بار
درمقام دفاع از کابالا بر آمد. دلمدیگو در سال ۱۶۵۵ به عنوان پزشکی گمنام در پراگ
درگذشت.

لئو بن اسحق مودینا

خانواده "لئو بن اسحق مودینا" از جمله یهودیانی بودند که از فرانسه اخراج شده و
سرانجام در ایتالیا سکونت گزیده بودند. لئو مردی با هوش و تحصیل کرده بود که به خاطر
اعتیادش به قمار از جانبِ حخامیم تکفیر شده بود، هر چند که ستیز او با حخامیم جدی‌تر از
موضوعِ قمار می‌نمود. لئو، تورات و تلمود را به خوبی می‌دانست و اشعار فراوانی به عبری و
ایتالیایی سروده بود. او نخست در رساله ای نوشت که حخامیم از اصول تورات سر پیچی
کرده اند. در سال ۱۶۳۷ طی رساله دیگری، مدعی شد که بسیاری از تشریفات مذهبی از
اهداف اصلی خود فاصله گرفته و اهمیت خود را از دست داده اند. سرانجام او در رساله
ای با نام مستعارِ "کل ساکال"، یهودیتِ تحت سلطه حخامیم را به باد انتقاد گرفت و تاکید
ورزید که بخش بزرگی از آموزشهای حخامیم موادی غیر ضروری هستند که بر مبانی اصولی
مذهب افزوده شده اند. او مردم را تشویق کرد که تلمود و احکام آن را رها کرده و تنها به
مفاد تورات بسنده کنند. سرانجام او پا را از این هم فراتر گذاشت و حتی به فرامین موسی
نیز خرده گرفت. ناگفته نماند که رساله کل ساکال در سال ۱۶۳۸ میلادی یعنی پس از مرگ
لئو انتشار یافت.

اوری‌یل آکوستا

سرگذشت اوری‌یل آکوستا[33]، داستان اسفناکی در تاریخ بدعت گذاری یهودیت است.
اوری‌یل در خانواده ای از مورانو[33] های پرتغال متولد شد و در سال ۱۶۱۷ میلادی، همراه

---

33   Uriel Acosta (1585-1640)

۳۳   مورانوها یهودیانی بودند که تحت فشار تفتیش عقاید در اسپانیا و پرتغال به ظاهر مسیحیت پذیرفته بودند ولی در پنهان
به رسوم و احکام یهودیت عمل می‌کردند.

۱۱۷

مادر و برادرانش به آمستردام مهاجرت کرد. او در جوانی شیفتهٔ فلسفه علمی [۳۵] شد و در سایهٔ آموزش این فلسفه برخی از مسایل، کنجکاوی وی را سخت بر انگیخته و مدتها فکر او را به خود مشغول کردند. درک این نکته که کلیسای کاتولیک تورات را کلام خدا می‌دانست و مسیح و حواریونش نیز فرامین موسی را پذیرفته بودند ولی در عین حال پیروان مسیح، رفتاری این چنین ناخوشایند با یهودیان داشتند، برای اورییل مشکل بود. این تناقض مدتها او را سرگرم کرده بود و از این مقوله که "پائول مقدس" موجب جدایی مسیحیت از یهودیت شده بود، بسیار ناخشنود بود. همان روح سرکشی که سبب شد تا او از کلیسای کاتولیک فاصله بگیرد و به یهودیت روی بیاورد، این بار او را به ستیز با گردانندگان کنیسا کشاند. او با شهامتی بی نظیر، تمامی مراسم و اعتقادات مذهبی را که پایه و اساسی در تورات نداشتند به باد مسخره گرفت و ارزش احکام تلمود را زیر پرسش برد. اورییل اصرار داشت که بسیاری از ادعاهای حخامیم بر پایه و اساس استواری قرار ندارند. حاصل این افشاگریها آنکه، حاخام بزرگ شهر آمستردام او را تکفیر کرد، دوستانش او را رها کردند و بسیاری از مردم شهر دست به آزار او زدند.

اورییل در دوران تلخ انزوا مانند اسپی‌نوزا، به بنیاد عقیدتی قریب به اتفاق همه مردم آن روزِ اروپا حمله کرد. او نامیرندگی روح را به زیر سئوال کشید و نوشت که روح، همان زندگیِ معنوی است که در خون ما جریان دارد و به هنگام مرگ با جسم ما می‌میرد [۳۶]. در پاسخ به اورییل، یک طبیب یهودی به نام "سموئل دو سیلوا"، رساله ای در حمایت از نامیرندگی روح نوشت و اورییل را جاهل، ناتوان و کور دل خواند. اورییل نیز در رساله ای به ادعاهای سموئل پاسخ داد. بزرگان مذهبی شهر آمستردام به مقامات دولتی شکایت بردند که اورییل با سخنانش نه تنها یهودیت بلکه مسیحیت را نیز زیر پرسش برده و پایه های هر دو مذهب را متزلزل کرده است. مقاماتِ اداری شهر آمستردام، اورییل را دستگیر کردند، جریمه ای سنگین بر او بستند و کتابهایش را سوزاندند. او بر اثر فشارهای مالی و

---

۳۵ فلسفهٔ علمی یا "اسکولاستیک" شیوهٔ تحلیل ارسطویی از تعابیر ماورا طبیعه آموزشهای مسیحیت است.

۳۶   Wolfson HA. Philosophy of Spinoza, II:323, Harvard University Press, 1948

اجتماعی، به ویژه از آن روی که عهده دار معاشِ برادرانش نیز بود، حاضر شد تا از ادعاهای خود چشم پوشی کند، تسلیم کنیسا شود و وعده داد که از آن پس بنا بر گفته خویش "میمونی مانند دیگر میمون ها" [۳۷] باشد. در سال ۱۶۳۳ میلادی توبه او پذیرفته شد و جامعه یهودیان آمستردام از آرامشی نسبی، هر چند موقتی برخوردار گردید. اما جنبش فکری که اوری‌یل آغاز کرده بود در درون او همچنان ادامه یافت و به تدریج ابعاد گسترده تری به خود گرفت. اوری‌یل نوشت "من در اینکه فرامین موسی در حقیقت فرامین الهی هستند شك دارم". او بر این عقیده اصرار داشت که آنها "تراوشات اندیشه آدمی" هستند. اوری‌یل به جز تصویری مبهم از خدا، به جنبه های دیگر مذهب اعتقاد نداشت و تمامی مراسم، شعائر و احکام سخت آن را بیهوده می انگاشت. درسال ۱۶۳۹ میلادی برای دومین بار، جامعه یهودی آمستردام او را تکفیر کرد و این بار برادرش یوسف نیز به جمع مخالفان وی پیوست [۳۸].

اوری‌یل پس از هفت سال دوباره به تمکین رضا داد. ولی گردانندگان کنیسا به خاطر سر سختی و استقامتی که او از خود نشان داده بود و برای آنکه از او زهر چشمی گرفته باشند، این بار به شیوه دستگاه تفتیش عقاید پرتغال [۳۹] از او توبه نامه گرفتند. این گونه که نخست او را بر سکویی در میانِ کنیسا نشاندند و از او خواستند که در پیشگاه تمامی بزرگان کنیسای شهر آمستردام به یکایك گناهان خود اعتراف نماید و سوگند یاد کند که به تمامی احکام و مراسمِ یهودیت احترام خواهد گذاشت و از آن پس مانند یك " یهودی واقعی " زندگی خواهد کرد. اوری‌یل را سپس تا کمر لخت کرده و ۳۹ ضربه شلاق زدند و در پایان مراسم، پیکر مجروح او را به آستانهُ ورودیِ کنیسا کشیدند تا همه حاضران، از جمله برادرش یوسف، هنگام خروج از روی پیکرِ وی پا گذارند.

این همه رفتار تحقیر آمیز، اوری‌یل را بسیار گران آمد و بیش از پیش او را خشمگین کرد.

---

۳۷   Jewish Encyclopedia, I:168a, New York, 1901

۳۸   Graetz H. History of the Jews. V:64, Philadelphia 1891

۳۹   Graetz H. History of the Jews. V:63, Philadelphia 1891

اوری‌یل در آن روز از کنیسا به خانه رفت و برای سه شبانه روز در را به روی خود بست و تندترین و در واقع آخرین انتقادات خود را بر علیه سلطه حخامیم و مذهب سنتی به رشته تحریر در آورد. این رسالهٔ کنایه آمیز [30] که در واقع داستان زندگی معنوی خود اوری‌یل است با عنوان "عاقبتِ کسی که می‌اندیشید" به رشته تحریر در آمده است. اوری‌یل در این رساله نوشت که "تمامی بدبختیهای انسان زاییده نادرست اندیشیدن و نادیده گرفتن قوانین طبیعت است" [31]. او طبیعت را در برابر مذاهبی که پیامبران برای انسان به ارمغان آورده اند قرار داد و نوشت "اولی عشق و محبت و دومی، بدبینی و تنفر را می‌آموزد". در سال ۱۶۳۷ میلادی، اوری‌یل آکوستا با به پایان رساندن این رساله، به زندگی خویش نیز پایان داد. جامعهٔ رسمی یهودی آمستردام مرگ اوری‌یل را با سکوت برگزار کرد.

باروخ اسپی نوزا

باروخ اسپی نوزا در ۲۳ نوامبر ۱۶۳۲ میلادی در آمستردام چشم به جهان گشود. نیاکان او از یهودیانی بودند که زیر فشار و تضییقات سازمانِ تفتیش عقاید اسپانیا به ظاهر مسیحیت آورده بودند. پدر و پدر بزرگ باروخ نخست به پرتغال، سپس به جنوب فرانسه و سرانجام در سال ۱۵۹۳ به آمستردام مهاجرت کردند. آنها از نخستین یهودیانی بودند که به خاطر آزادیهای نسبی مذهبیِ موجود در آمستردام به آن شهر روی آورده بودند. پدر بزرگ باروخ که در اداره امور یهودیان شهر سخت فعال بود در سال ۱۶۲۸ میلادی ریاست جامعه یهودیان سفاردیک آمستردام را عهده دار گردید. پدرش مدتها سرپرستی مدرسه یهودیان پرتغالی را به عهده داشت. باروخ در شش سالگی مادرش را از دست داد و از آن پس با پدر و نا مادریش زندگی کرد. در اسناد رسمی نام باروخ، که واژه ای عبری به معنی "متبرک" است، "بنه دیکتوس" ذکر شده است.

باروخ در کنیسا، تورات و تلمود آموخت و بیرون از کنیسا با آثار فلاسفه یهود از جمله ابن میمون آشنا شد. از آنجا که پدرش مایل بود که باروخ داد و ستد را پیشه کند، بیرون از

---

۳۰   Exemplar Humanae Vitae

۳۱   Zangwill I. Dreamers of the Ghetto. p 112, New York 1923

مدرسه به فراگیری دروس غیر مذهبی می پرداخت. علاوه بر زبانهای پرتغالی، لاتین و هلندی، قدری نیز ایتالیایی و فرانسه آموخت و سخت شیفته ریاضیات، به ویژه هندسه گردید. باروخ جوانی باهوش بود که آموخته هایش مدتها مغز کنجکاو او را سخت به خود مشغول کرده و او را به اندیشیدن وا می‌داشت. از جمله موضوعهایی که باروخ در این دوره زندگی در میان آنها دست و پا می‌زد از این قرار بودند: مشکلاتی را که ابن میمون در تعبیرِ برخی از آیات تورات به آن اشاره کرده بود و یا در رابطه با نامیرندگی روح تردید نشان داده بود[۳۲]؛ ادعای کرسکاس[۳۳]، حاخام شهر آراگون، مبنی بر این که نمی‌توان با عقل و برهان تداوم روح و حتی وجود خدا را ثابت کرد؛ باورهای لوی بن گرشون[۳۴]، فیلسوف و ریاضیدان، که معجزات تورات را مدیون عوامل طبیعی می شناخت و اصرار داشت که ایمان باید همواره زیر سلطه برهان باشد و یا ادعای او مبنی بر این که تورات نمی تواند مانع درک ما از حقیقت متکی بر عقل و منطق شود[۳۵]؛ و سرانجام سرگذشت اسف انگیز اوریل آکوستا که صِرفاً به خاطر انکار نامیرندگی روح به چنان وضع رقت انگیزی تکفیر شد.

باروخ در سال ۱۶۵۴ میلادی، پدرش را از دست داد و به جز یک تختخواب، تمامیِ دارایی پدر را به خواهر ناتنی خود که مدعی ارث پدر بود بخشید. باروخ از راه صیقل دادن شیشه و ساخت عدسی برای تهیه عینك، میکروسکپ و تلسکوپ تامین معاش می‌کرد. او در کنار این شغل با آثار فلاسفه ای چون دکارت، بیکن، هابز و توماس آکیناس[۳۶] آشنا شد

---

۳۲   Maimonides, Guide to the Perplexed

۳۳   Crescas, Hasdai ben Abraham (1340-1410)

۳۴   لوی بن گرشون (1288-1344) Levi Ben Gershon یکی از منتقدین تورات و تلمودبود که در باره زندگی شخصی او اطلاعات چندانی در دست نیست. ولی بزرگترین اثر او تحت عنوان " جنگ خدایان یا Milhamot Adoni " در شش جلد موجود می باشد.

۳۵   Jewish Encyclopedia, VIII:29

۳۶   Saint Thomas Aquinas (1225-74)

و به تدریج ایمان او به یهودیت سنتی سست گردید. تردید در مبانی مذهب پیش از سن بیست سالگی در اندیشه و باور او جوانه زد ولی به احترام پدر تا هنگامی که وی هنوز در قید حیات بود ابراز نداشت. سرانجام به سست ایمانی خویش اعتراف کرد و اطرافیانش نیز آن را به آگاهیِ کنیسا رسانیدند. حاخام بزرگ شهر آمستردام، اسپی نوزا را مورد بازخواست قرار داد و از این که او با این اقدام خود بسیاری از آموزگارانش را مایوس کرده بود، اظهار تاسف نمود. یکی از آموزگارانش به نام شائول مورتیهرا[37] عاجزانه از او خواست تا حرفهایش را پس بگیرد و از ارتداد دست بر دارد. مورتیهرا زحماتی را که برای آموزش او متحمل شده بود به او یاد آور شد. گفته می‌شود اسپی نوزا در پاسخ آموزگار، کنایه وار بیان کرده بود که "با قدردانی از زحماتی که او در آموزش زبان عبری برای وی متحمل گردیده آرزو داشت که مورتیهرا راه و روش تکفیر کردن را نیز به او آموخته بود"[38]. در این رابطه ویل دورانت می‌نویسد که با شناخت از شخصیت اسپی نوزا، این پاسخ بعید می‌نماید.

خشم و غضب گردانندگان مذهب بر علیه اسپی نوزا و دیگر بدعت گذاران به دو دلیل بود. نخست آنکه بدعت گذاران، یهودیت و یا برخی از جنبه های آن را، نفی می‌کردند و پایه های قدرت مذهب را در ادارهٔ جوامع یهودی سست می‌نمودند. دوم آنکه بسیاری از آنها اصول مسیحیت را نیز به زیر سئوال کشیده و خشم برخی از مسیحیان را برمی‌انگیختند و بدین ترتیب اسباب دردسر برای تمامی جوامع یهودی بودند. می‌گویند گردانندگان کنیسای شهر آمستردام مایل بودند سالانه مبلغی به اسپی نوزا بپردازند مشروط بر اینکه او دست از حمله به مذهب بردارد و هر از گاه در کنیسا خودی نشان دهد[39]. به هر حال، در ابتدا حق مراوده با جامعهٔ یهودیان برای مدت یک ماه از اسپی نوزا سلب گردید. سپس یکی از بنیادگرایان مذهبی به او سؤقصد کرد که نافرجام ماند. سرانجام در ۲۳ جولای ۱۶۵۶، مقامات مذهبی جامعه یهودیان آمستردام او را تکفیر رسمی کردند. "روز و شب برو او باد

---

۳۷   Saul Levi Morteira (1596-1660)

۳۸   Lucas " Life of Spinoza ", in Clark's great short biographies " p 720

۳۹   Graetz H. History of the Jews. V:93, Philadelphia 1891

لعنت، هنگامی‌که می‌خوابد و آن هنگام که از خواب بر می‌خیزد، لعنت براو باد وقتی‌که از خانه بیرون می‌رود و یا وقتی که به خانه برمی‌گردد؛ خداوند هرگز او را نبخشد و خشم و غضب خود را همواره بر او ارزانی دارد؛ خداوند همه نفرین هایی را که در تورات آمده است بر او نازل کند و نام او را از فهرست ساکنین بهشت حذف نماید؛ پروردگار او را به همراه همه نفرین شدگان، از قبایل بنی اسرائیل دور کند......دستور می‌دهیم که هیچ‌کس نه شفاهی و نه کتبی با او تماس نگیرد؛ کسی مجاز نیست که به او مساعدتی کند و زیر یک سقف با او بنشیند و از نوشته های او بخواند" [۵۰].

پس از خواندن این تکفیر نامه، شائول مورتیهرا از مقامات شهر آمستردام خواست تا او را از شهر اخراج کنند [۵۱]. در پی این واقعه اسپی نوزا به دهکده مجاور رفت ولی پس از چند ماه دوباره به آمستردام بازگشت.

چرا جامعه یهودیِ آمستردامِ اسپی نوزا را تکفیر کرد؟ چرا او نه از اعتماد مسیحیان و نه از حمایت یهودیان برخوردار بود؟ چرا برخی، چه در زمان زندگی و چه پس از مرگش، او را خداشناس خواندند در حالی که سراسر فلسفه او را اندیشه خدا فراگرفته بود؟ پاسخ این پرسشها را در برداشت ویژهٔ او از مفهوم خدا باید جستجو کرد. باروخ اسپی نوزا خدا را در همه چیز و همه چیز را در خدا [۵۲] می‌دید. به اعتقاد او خدا را می‌توان ستایش کرد ولی خدا نه گوش شنیدن عبادت انسانها را دارد و نه می‌تواند بابت عبادتشان پاداشی به آنها بدهد. "میان فلسفه و مذهب وجه مشترکی موجود نیست زیرا که اولی در جستجوی حقیقت گام برمی‌دارد و دومی فقط پیرویِ محض را از آدمی می‌طلبد" [۵۳]. " آنچه با جهانِ هستی در تضاد است با برهان نیز در تناقض است، و آنچه که با برهان در تناقض باشد پوچ و بیهوده

---

۵۰   Graetz H. History of the Jews. V:94, Philadelphia 1891

۵۱   Lucas" Life of Espinoza " in Clark's great short biographies, p 722

۵۲   Pantheism

۵۳   Spinoza, Tractus Theologico-Politicus, Chapter XIV, p 189

است"^{۵۳}. این شاید بی پروا ترین کلامی بود که تا آن زمان از دهان یک فیلسوف بیرون می‌آمد، کلامی که در واقع سبب همه آشوبها و تکفیر ها محسوب می‌شد. اسپی نوزا اصرار داشت که فلاسفه را باید آزاد گذاشت تا در جستجوی حقیقت، بدون تعهد پیشین به مذهب، کوشا باشند. او در جایی دیگر بیان کرده است که " انسان باید بتواند آزادانه قضاوت کند و مذهب را به شیوه ای که دوست می‌دارد برای خویش تعبیر کند"^{۵۵}. اسپی نوزا بر این باور بود که نهاد های اجتماعیِ مذهب، از آنجا که بنیاد اخلاقی جامعه را شکل می‌دهند، باید در کنترل مطلق دولت، به عنوان بالاترین مرجع تصمیم گیرنده جوامع انسانی باشند. در واقع اسپی نوزا و هابز^{۵۶} هر دو، در این رابطه، که نهاد های اجتماعیِ مذهب باید در کنترل دولت باشند، هم عقیده بودند. درعین حال اسپی نوزا معتقد بود که دولت نباید از مذهب برای پیشبرد مقاصد سیاسی خویش استفاده کند. روشن است که اسپی‌نوزا به این مرحله از درک قدرت دولت نرسید که به ضرورتِ جدایی دین از دولت اشاره نماید.

به باور اسپی نوزا، خدا ذات و اساس همه چیز به حساب می آید و واقعیتی است که جسم و روح بر آن استوارند. اسپی‌نوزا خدا و ماده را یکی نمی دید و از این رو او فیلسوفی ماده گرا محسوب نمی‌شود. او در عین حال باور داشت که ماده جلوه هایی از وجود خداست. افزون بر این، اسپی نوزا به وحدت وجود اعتقاد داشت، بدین معنی که خدا و ذات را همسان جهانِ هستی می دید. او نیز چون توماس آکیناس، به کار گیریِ ضمیر مذکر را برای خدا امری پوچ و بی معنی می‌دانست و فقط از لحاظ راحتی کار آن را بکار می‌برد. اسپی نوزا در این نکته که بیشتر صفتهای خدا در واقع قیاس ضعیفی از صفات انسان است با ابن میمون هم رای و هم زبان بود: " *توصیف خدا به عنوان مرجع، قانونگذار، عادل، بخشنده و .....در واقع تبلوری از درک ناقص مردم عامی است .....خدا از شور و هیجان به دور است و تحت تاثیر عواطفی مانند شادی و غم قرار نمی گیرد...بسیاری میان صفات خدا و*

---

۵۴   Spinoza, Tractus Theologico-Politicus, Chapter VI, p 92

۵۵   Spinoza, Tractus Theologico-Politicus, Chapter VII, p 118

۵۶   Thomas Hobbes (1588-1679)

انسان در نوسانند و به سهولت صفات انسان را به خدا نسبت می‌دهند در حالی که حتی نمی‌دانند که عواطف چگونه در روان آدمی شکل می‌گیرد"[57].

به باور اسپی‌نوزا، خدا پیر مرد ریش سپیدی نیست که از فراز ابرها بر جهان حکم می‌راند. او در پسِ خیمه شب بازیِ جهان، هستی را از طریق ریسمانی در فرمان خویش ندارد. آفرینشی در کار نیست مگر به مفهومی لایتناهی از ماده و روان که همواره در حال دگرگونی و نوسازی است. به زبانی دیگر، کلیه پدیده های جهانِ هستی فقط از راه قوانین جدایی ناپذیر طبیعت کنترل می‌شوند[58]. پس از فیلو، فیلسوف قرن اول میلادی، اسپی‌نوزا نخستین فیلسوف در فرهنگ یهودی مسیحی است که مفهوم ابداع جهان از راه الهام و وحی را مردود می‌شناخت[59]. در نظر اسپی نوزا احکامِ موسی برای جامعه عبرانیونِ دوران او وضع شده و برای اقوام دیگر، حتی یهودیانی که بیرون از جامعه آن روز زندگی می‌کردند، مصداقی ندارد. او بر این باور بود که فقط کلیات اخلاقی ده فرمان موسی از اعتبار عام برخوردارند[60]. بالاخره، اسپی‌نوزا منکر آن بود که تورات را خداوند، لغت به لغت، به موسی الهام کرده بود. وی با استناد بر آیه دهم، باب سی‌و چهارم کتاب تثنیه که می‌گوید "پیامبری چون موسی که با پروردگار روی در رو گفتگو کرد، هرگز بر بنی‌اسراییل ظاهر نشد" بر این باور بود که بخش هایی از تورات پس از موسی به رشته تحریر در آمده است. اسپی‌نوزا نوشت این سخنان کسی است که فرصت مقایسه موسی را با دیگر پیامبران داشته و بنابراین باید پس از موسی نوشته شده باشد[61]. به باور اسپی‌نوزا، پاراگرافهایی مشابه این فراوان در تورات یافت می‌شوند. از آنجا که اسپی‌نوزا به ماورای طبیعت باور نداشت،

---

57 Spinoza, Tractus Theologico-Politicus, p 65

58 Spinoza, Ethics and on the improvement of the intellect. I:32

59 Encyclopedia Judaica, Spinoza Baruch De p 3

60 Spinoza, Tractus Theologico-Politicus, Preface, p 5

61 Friedman RE. Who wrote the Bible? p 21, HarperSanFrancisco 1987

تورات را سندی محصول تفکر انسان می‌شناخت^{۶۲} .

آرای اسپی نوزا، مانند عقاید دیگر بدعت گذاران، نه تنها ارکان یهودیت، بلکه پایه های مسیحیت را نیز لرزانید. بی جهت نبود که بنیادگرایان هر دو مذهب برای آزار او پیمانی مقدس با هم بسته بودند. گروهی از آنان از مقامات دولتی خواستند تا کتب اسپی‌نوزا را که در نظر آنان " مخرب روان آدمی " بود گرد آوری کنند. برخی دیگر گفتند که او "شیطانی است در لباس انسان" و دیگران مدعی شدند که او "ماهرانه خداشناسی را ترویج کرده و مذهب را از بنیان تخریب می‌نماید"^{۶۳} و برخی نیز معتقد بودند که اسپی‌نوزا "مشهورترین ضد خدای زمان است"^{۶۴} . باروخ اسپی نوزا در تاریخ ۲۰ فوریه ۱۶۷۷ میلادی، در سن ۳۳ سالگی، در اثر بیماری سل جهان را بدرود گفت و بدون هیچ گونه تشریفات مذهبی به خاك سپرده شد.

آرا و عقاید اسپی نوزا و دیگر بدعت گذاران آن دوره، گرچه با خشونت از سوی جوامع یهودی آن روزگار طرد گردید، ولی موجی از نو اندیشی و اصلاح طلبی را در یهودیت دامن زد و درك نوینی از جهان را ارائه نمود. حاصل باور ها و نقطه نظر های این پیشگامان عصر روشنگری به گونه ای نطفه های تمدن امروز جهان غرب را پایه ریزی کرد^{۶۵} .

---

۶۲   Encyclopedia Judaica, CD-ROM edition, Spinoza Baruch De, p 9

۶۳   Meyer RW, Leibniz and the 17th century revolution, p 46-47, Cambridge University Press, 1952

۶۴   Kayser R. Spinoza, 249-51, New York 1947

۶۵   Encyclopedia Judaica, CD-ROM edition, Spinoza Baruch De, p 7

بخش پنجم
پذیرش یهودیان در غرب و انقلاب کبیر فرانسه

۱. پذیرش یهودیان در اروپای غربی

آن گونه که پیشتر بازگو شد، جوامع یهودی دورانِ پراکندگی عموماً تجمعِ خود کفای کوچکی بودند که با دیوار های بلند از جوامعِ بزرگ غیر یهودیان جدا می‌شدند. در محدودهٔ این محله ها، گردانندگانِ مذهبی یا حخامیم از قدرت بسیار برخوردار بودند و اعضای جامعه را همواره تحت کنترل خویش داشتند. دراین جوامع، به بیان ویل دورانت، کنیسا هم مرکز ثقل مذهب و هم رکن اساسی حکومت محسوب می‌شد. پنج کتابِ موسی نقش "قانون اساسی" را ایفا می‌نمود و تلمود به مثابهٔ "دیوان عالی" کاربرد داشت. گذشته از زندگی اجباری در محله های بسته و جدا کردن اجباری آنان از مسیحیان، مزاحمت در اجرای آیین مذهبی یهودیت، تحمیل اجباری مسیحیت به آنان، تهاجم و تخریب منازل و محل کسب یهودیان، به ویژه در ایامی که احساساتِ مذهبیِ مردم بالا می‌گرفت، پدیده ای متداول بود.

رنسانس [۱] و عصر روشنگری [۲] در اروپا، همراه با اصلاح طلبی در مسیحیت و ظهور

---

۱ منظور از واژهٔ رنسانس Renaissance، به معنی تجدد، نوآوری و شکوفایی، تجدید حیات فرهنگ و تمدن دوران باستان یونان و روم می‌باشد که قرنها در سلطه کلیسای کاتولیک بود. این انقلاب فرهنگی، که پس از فروکش همه گیری طاعون سیاه در پایان قرن چهاردهم، در ایتالیا آغاز گردید، نه منحصر به ایتالیا ماند و نه ایتالیا تنها کشوری بود که در وقوع آن ایفای نقش کرد. این تحول که در قرن شانزدهم به اوج خود رسید، سر آغاز تمدن نوین اروپا محسوب می‌گردد.

۲ عصر روشنگری Age of Enlightenment که مدیون افکار و اندیشه های فلاسفه ای چون اسپینوزا، دکارت، هابز و

۱۲۷

پروتستانیسم [3] و سرانجام، انقلاب علمی [4] ، برخی از پایه های یهودی ستیزی را به تدریج سست کرد. این دگرگونیها، اقلیتی از مسیحیان را به فکر واداشت که تنبیه کردن یك قوم، آن هم برای نسل های متمادی، فقط به این خاطر که پیشینیان آنان شاید در حق مسیح اجحاف کرده باشند، کاری پوچ و بی اساس است. در سایهٔ این موج روشنگرایی، بسیاری در انجیل تعمق بیشتری کردند و دریافتند که گرچه عیسی با برخی از گردانندگان مذهبی یهود در ستیز بود ولی تا هنگام مرگ هرگز از یهودیت روی گردان نشد. افزون براین، مسیحیانی که با تاریخ آشنایی داشتند، می دانستند که مسیحیت در برخورد با یهودیان، تنها به آزار و اذیت آنان اکتفا نکرد بلکه اقدام به بنیاد سازمانِ تفتش عقاید برای شناسایی آنها و کشتار های همگانی و گروهی آنان نمود که در دیدگاه بسیاری از مسیحیان عصر روشنگری ناپسند جلوه می کرد. در جو تازه ای که بدین ترتیب به وجود آمد، اندیشمندان بیشماری، یهودی یا غیر یهودی، کوشیدند تا کینه توزیهای گذشته را پشت سر بگذارند و راه را برای تفاهم بیشتر میان

دیگران بود در حقیقت شیوه تفکر نوینی بود که از سه ویژگی برخوردار است: نخست، ایمان به قدرت و توانایی "برهان و منطق انسان"؛ دوم، دستیابی به حقیقت از راه تجربه و بررسی طبیعت و نه از طریق اتکا به سخنان بزرگان و سوم، توجه به بهبود زندگی این جهانی انسان و نه امید به رستگاری و آخرت. انقلاب کبیر فرانسه، انقلابهای صنعتی اروپا، اعلامیه حقوق بشر، اختراعات و اکتشافات جهان غرب دستاوردهای این جنبش فکری به حساب می‌آیند.

3 در اکتبر ۱۵۱۷ هنگامی که" مارتین لوتر Martin Luther" به زیاده روی های کلیسای کاتولیك اعتراض کرد، کلیسا نیرومند ترین نهاد اجتماعی بود. در سراسر اروپا و متصرفات، کشیشان وابسته به این سازمان بزرگ مذهبی، فرزند آدمی را در بدو تولد غسل تعمید داده، آموزشهای کلیسای کاتولیك مفهوم "ایمان" را برای وی تعریف می‌کردند و باور های او را شکل می‌دادند و به هنگام مرگ او را به گورستان بدرقه می‌نمودند. فرمان کلیسا، غنی و فقیر، نجیب زاده و عامی، پادشاه و رعیت را زیر چتر خویش داشت. بین ۱۵۱۷ و مرگ "جان کالوین John Calvin" در سال ۱۵۶۳، ارکان کلیسای کاتولیك بلرزه در آمد و دگرگونی های فراوانی در مسیحیت روی داد. از جمله سلطهٔ کلیسای روم به زیر سئوال رفت؛ حقوق کشیشان بعنوان یگانه افرادی که توانایی طلب آمرزش برای مردم دارند، نقض گردید؛ نماز جماعت بعنوان بخشی از تشریفات مذهبی غیرضروری شناخته شد و فرقه ها و کلیساهای جدید تاسیس گردیدند. بدین ترتیب در مدتی کمتر از نیم قرن وحدت مسحیت اروپا، که بیش از یك هزاره دوام یافته بود، در هم شکسته شد.

۳ علوم تجربی، به شیوه امروزی، در قرن هفدهم و هجدهم در اروپای غربی شکل گرفت. اندیشهٔ علمی یا کشف حقیقت از راه بررسی طبیعت ابتدا در ستاره شناسی، سپس در فیزیك و دیرتر در زیست شناسی جلوه گر شد. این یك پدیده اتفاقی نبود و بر یافته های فلسفی تمدن باستان یونان و روم و تمدن اسلامی از یك سوی، و بر تجدید حیات فرهنگی و رهایی علم از سلطه مذهب از سوی دیگر، استوار بود.

مسیحیان و یهودیان هموار کنند. تلاشهای خستگی ناپذیر مانسه بن ایسراییل[5] در راه آشتی یهودیان و مسیحیان و کوششهای وی برای گشایش درهای امپراتوری انگلیس به روی یهودیان، که برای مدتی بیش از چهار قرن متوالی بسته مانده بود، قابل توجه است.

مانساه در اثبات بی پایگی این باور مسیحیان که "یهودیان خون کودکان مسیحی را در مراسم عید پسح می‌خورند" مجدانه کوشید. او در رساله ای خاطر نشان کرد که این ادعای نادرست مسیحیان بر اعترافاتی که زیر شکنجه از یهودیان گرفته شده استوار می‌باشد و بنابراین از درجه اعتبار ساقط است. وی نشان داد که از بیشتر یهودیانی که در گذشته باین اتهامات به مرگ محکوم شده بودند، بعدها پس از پژوهشهای کافی، اعاده حیثیت گردیده است. افزون بر این، مانساه در تماسهایی که با سران کلیسای کاتولیك به عمل آورد، کوشید تا آنان را متقاعد کند که یهودیان هرگز   دخل و تصرف در مذهب مسیحیان نکرده اند و بدین ترتیب خواست که بر زخم دیرینه میان یهودیان و مسیحیان به شکلی مرحم نهد.

مانساه به عنوان نماینده یهودیان، کوششهای فراوان در زمینهٔ گشایش درهای امپراتوری انگلیس به روی آنها به عمل آورد. به هر حال به خاطر تمایلات ضد یهودی مردم انگلیس، این تلاشها برای مدت مدیدی بی نتیجه ماند. در عمل پس از اخراج یهودیان در سال ۱۲۹۰ میلادی از انگلیس، تا سال ۱۶۳۹ میلادی که اولیور کرامول در انگلیس به قدرت رسید پای هیچ یهودیی به جزایر بریتانیا نرسید.

مانساه بر این باور بود که به زودی قبایل گمشده بنی‌اسراییل ظهور خواهند کرد و پس از اتحاد با یکدیگر، راهی سرزمین موعود می‌گردند. او همچنین معتقد بود که پیش شرط بازگشت یهودیان به سرزمین موعود، پراکندگی هر چه بیشتر آنان در سراسر جهان است. شاید هم کوششهای او برای گشایش در های امپراتوری انگلیس به روی یهودیان و پراکندگی بیشتر آنان از این اعتقاد او ریشه می‌گرفته است.

هشتاد و پنج سال پس از آغاز فرمانراویی اولیور کرامول یعنی در سال ۱۷۳۳ میلادی، جمعیت یهودیان انگلیس شش هزار نفر بود و در سال ۱۸۰۰ به ۲۶ هزار افزایش یافت. این مهاجران از فقیر ترین یهودیان اروپا محسوب می‌شدند که بیشتر آنان از لهستان به این کشور

---

٥   Manasseh ben Israel (1604-1657)

مهاجرت کرده بودند. آزار یهودیان همچنان در انگلیس رواج داشت و مانند دیگر کشورهای مسیحی نشین، آنها نیز از شرکت در ارتش و کسب مشاغل دولتی محروم بودند. تمایلات یهودی‌ستیزی در انگلیس از دیگر کشور های اروپای غربی شدید تر بود و از این رو، گفته می‌شود که شکسپیر، نمایشنامه "تاجر ونیزی" را تحت تاثیر موج ضد یهودی مردم انگلیس به رشته تحریر درآورده است [6]. به هر حال، کوششهای فراوان سیاستمدارانی که در این رابطه علاقه نشان می‌دادند، در تعدیل این گونه احساسات کمتر با موفقیت روبرو بود. فعالیتهای سامپسون گیدیون [7] نمونه ای از این گونه کوششها بود. گیدیون مردی یهودی بود که به مسیحیت گروید و سرانجام به مقام ریاست بانك انگلیس رسید. در سال ۱۷۳۵ هنگامی که لشگریان اسکاتلند، سلطنت جرج دوم را تهدید به سرنگونی کرد و مردم اعتماد خود را به بانك مرکزی از دست دادند، گیدیون از بازرگانان یهودی یاری خواست. یهودیان نیز با واریز اندوخته های شخصی خود بانك را از خطر ورشکستگی نجات دادند. در پی این رخداد، دولت به عنوان قدردانی از جامعه یهودیان، در ماه مه سال ۱۷۵۳ میلادی لایحه ای، بنام "لایحهٔ یهودی" تقدیم مجلس کرد که مطابق آن تمامی یهودیانی که برای مدت سه سال در انگلیس و ایرلند ساکن بودند تبعه انگلیس شناخته می شدند [8]. گرچه لایحه در مجالس لردها و عوام به تصویب رسید ولی با مخالفت شدید مردم انگلیس روبرو شد. اعلامیه های اعتراضی از شهرها و آبادیهای گوناگون به پارلمان سرازیر شد. تجار انگلیسی تهدید کردند که رقابت با یهودیان را تحمل نخواهند کرد و بار دیگر داستانهای کهنه در رابطه با کشتار کودکان مسیحی از سوی یهودیان و استفاده از خون آنان در مراسم مذهبی مطرح گردید. گفته می‌شود که زنان روی سینه های خود شعار "یهودی هرگز، مسیحی همیشه" [9] را

---

[6]   Modder MF. The Jews in the Literature of England, 24f, Philadelphia 1939

[7]   Sampson Gideon (1699-1762)

[8]   Finkelstein L. The Jews: their history, culture and religion. I:260, New York 1949

[9]   Besant, Sir Walter. London in the 18th Century, p 180, London 1903

نوشته و در کوچه و بازارها راهپیمایی می‌کردند. نمایندگان مجلس هم از ترس شکست در انتخابات بعدی لایحه مزبور را در دسامبر ۱۷۵۳ لغو کردند، هر چند که به اقلیتی از یهودیانِ ثروتمند اجازه اقامت دادند. در عمل تامین حقوق مدنی یهودیان انگلیس تا سال ۱۸۵۸ به تعویق افتاد.

در فرانسه شرایط کاملاً متفاوت بود. به این معنی که جو حاکم امکان اظهار نظر در باره یهودیان و مسائل و مشکلات آنها را تا حدی آسانتر کرده بود. ولتر[10] به حق کشی‌هایی که در طول تاریخ از یهودیان شده بود سخت واقف بود و همواره آزار آنان را تقبیح می‌کرد. او زندگی همراه با انظباط یهودیان را مورد ستایش قرار می‌داد و می‌دانست که رغبت یهودیان اروپا به داد و ستد و امور مالی فقط زاییده فقدان امنیت اجتماعی و سلب حق مالکیت زمین از آنان بوده است. با این وجود، به خاطر تجربه ناخوشایندی که با یك صراف یهودی داشت، عجولانه به قضاوت نشست. نزاع میان فیلسوف و صراف سرانجام به دادگاه کشید و به تنفر وانزجار میان آنان انجامید. در رساله "باب اخلاق"، ولتر نوشت که " عبرانیون باستانی مردمانی شرور بودند که به جز قوانین جنگل چیزی نمی شناختند و تاریخشان مملو از جنایات بر علیه بشریت است"[11].

"اسحق دِپینتو" اقتصاد دان و فیلسوف پرتغالی به نوشتهٔ ولتر سخت حمله کرد و از او خواست بپذیرد که *"او به حقیقت، به یهودان و به قرنی که در آن زندگی می‌کند پوزشی بزرگ بدهکار است"*. یك کشیش کاتولیك نیز رساله ولتر را به باد انتقاد گرفت و سرانجام تحت تاثیر این گونه برخوردها ولتر پذیرفت که قضاوتش درباره یك قوم، صرفاً براساس تجربه تلخ او با یك صراف یهودی، کاری بس نادرست بوده است.

ژان ژاك روسو[12]، نویسنده فرانسوی در رابطه با این واقعه و به حمایت از یهودیان

---

۱۰   Voltaire, Francois Mary Arouet (1694-1778)

۱۱   Black JB. The Art of History, 49-50, New York 1926

۱۲   Rousseau, Jean Jacques (1712-1778)

نوشت "قوانین سولون، نوما و لیکورگاس ¹³ همه از درجه اعتبار ساقط گردیده اند در حالی که قوانین موسی همچنان جاودانه است. آتن، اسپارت و روم به ویرانه هایی بدل شدند، اما فرزندان صیون ¹³ در سراسر جهان پراکنده اند. با وجود آنکه یهودیان فرمانراویی ندارند، فرمانبردارند. در میان همه نظامهای قانونگذاری که بشریت به یاد دارد تنها این یکی محک زمان خورده است" ¹⁵ .

در اسپانیای قرن هجدهم به ظاهر کسی ادعای یهودیگری نداشت، گرچه گروه کوچکی آیین یهودیت را درپنهان اجرا می‌کردند. در این کشور نیز شرایط تحمل یهودیان در جامعه مسیحیان بیش از پیش مهیا بود. بدین معنی که از ۸۶۸ موردی که توسط سازمان تفتیش عقاید، بین سالهای ۱۷۰۰ و ۱۷۲۰ میلادی، محاکمه شدند، ۸۰۰ مورد آنها به جرم یهودی‌گری بود. در حالی که در فاصله سالهای ۱۷۸۰ و ۱۸۲۰ که همزمان با پایان عمر تفتیش عقایداست، از میان بیش از پنج هزار فقره، فقط ۱۶ مورد به جرم یهودی‌گری محکوم گردیدند ¹⁶ . قوانین دولتی اسپانیا به هر حال آنانی را که نمی توانستند ثابت کنند که خون " پاك مسیحی " در رگهایشان جریان دارد، از شرکت در ارتش و کسب مشاغل دولتی محروم

---

۱۳   سولون Solon سیاستمدار و قانونگذار آتن (۶۳۸ تا ۵۵۹ قبل از میلاد) بنیانگذار دموکراسی آتن محسوب میگردد.

مجموعه قوانینی که از وی به جای مانده یکی از گسترده ترین احکام آن دوره از تاریخ بشر شناخته شده است. سولون باور داشت که هر یك از طبقات اجتماعی، به نسبت مسئولیتی که در اجتماع به عهده می‌گیرند از مزایای اجتماعی برخوردار باشند.   نوما پومپیلیوس Numa Pompilius   (۷۱۵ تا ۶۷۳ قبل ازمیلاد) متدین ترین و هوشمندترین پادشاه از میان هفت پادشاه روم است و تجدیدنظر در تقویم روم را به او نسبت داده اند.   لیکورگاس Lycurgus (۳۹۶ تا ۳۲۵ پیش از میلاد)، شاگرد افلاطون و سیاستمدار آتن که اداره امور مالی شهر و ساختمان بناهای معتبر مانند تآتر دیونیسوس Dionysus را به او نسبت داده اند.

۱۳   صیون Zion نام تپه و پایگاهی است در اورشلیم است و منظور از فرزندان صیون اشاره به یهودیان می‌باشد.

۱۵   In Masson PM. La Religion de Rousseau, II:240, Paris 1916

۱۶   Bell A. Portugese Literature, p 280, Oxford, 1922

می‌کرد[17]. این قوانین[18] که نخستین بار در سال ۱۵۴۷ از سویِ کلیسای شهر "تولیدو" به اجرا در آمده بود، سرانجام در سال ۱۷۸۳ میلادی توسط شارل سوم تعدیل گردید.

در اتریش، برخلاف ماری ترز که وظیفه مذهبی ـ اخلاقی خویش می‌دانست تا بر یهودیان سخت گیرد و آنان را مجبور به زندگی در گتو کند و حق مالکیت زمین را از آنها سلب نماید، پسرش ژوزف دوم رفتار مادر را با یهودیان نمی پسندید. او که تحت تاثیر دگرگونیهای ترقی خواهانه فرانسه قرار داشت، در سال ۱۷۸۱، طی بیانیه ای یهودیان ساکن اتریش، مجارستان و بوهم را مردمانی سودمند برای جامعه معرفی کرد. به دنبال انتشار این بیانیه، یهودیان در اجرای مراسم مذهبی خویش آزاد شدند و توانستند فرزندانشان را به مدارس دولتی بفرستند. یهودیان تشویق شدند تا زبان رسمی کشور را بیاموزند و آن را در امور اداری و حقوقی به کار گیرند ولی حق مالکیت بر زمین هنوز از آنان سلب بود و مجاز به ساختن کنیسا و داشتن سازمانهای مستقل اجتماعی خود هم نبودند.

ژوزف مسیحیان را تشویق کرد تا دست از آزار یهودیان بردارند و به آنها به چشم یك شهروند اتریشی نگاه کنند. اما تجار مسیحی از ورود این رقبای تازه به بازار تجارت سخت دلگیر بودند و اهدای این حقوق را برای یهودیان غیر ضروری می‌دیدند[19].

از سویِ دیگر، حخامیم هم از شرکت کودکان و جوانان یهودی در مدارس دولتی زیاد خشنود نبودند و آن را به نوعی دوری جستن از مذهب و تهدید به سنت تلقی می‌کردند. با وجود همه این مشکلات، به هنگام مرگ ژوزف در سال ۱۷۹۰ میلادی، وین تا حدودی به نظم نوین خوی گرفته بود و یکی از مراکز عمده همکاری میان یهودیان و مسیحیان در اروپا به شمار می‌رفت.

---

۱۷   سازمان تفتیش عقاید پرتغال، در نیمه اول قرن هجدهم میلادی بیست و هفت هزار نفر یهودی را بخاطر امتناع از قبول مسیحیت در آتش سوزانید. از جمله آنتونیو دو سیلوا درام نویس یهودی که بهمراه مادرش از ریو دو ژانیرو به لیسبون مهاجرت کرده بود. تفتیش عقاید، مادر آنتونیو را در سال ۱۷۲۶ و خود او را درسال ۱۷۳۹ بجرم یهودی گری سوزانید.

۱۸   Purity of blood statute

۱۹   Padover. The Revolutionay Emperor " Joseph II ", p 257, London 1934

در آلمان یهودیان از امنیت نسبیِ بیشتری برخوردار بودند. در عین حال که دوکها به یهودیان مالیاتهای ویژه می بستند، بسیاری از این فرمانروایان، حتی آنهایی که کاتولیک بودند، از یهودیان در اداره ارتش و امور مالی استفاده می‌کردند. ژوزف سویس اوپنهایمر[۲۰] از جمله یهودیانی بود که در خدمت کارل الکساندر اول، "دوکِ ورتمبرگ" سالها فعالیت کرد. او مالیاتهای جدیدی وضع کرد و انحصارات سلطنتی را سازمان داد. گفته می‌شود که اوپنهایمر رشوه می‌گرفت و با دوکِ ورتمبرگ تقسیم می‌کرد[۲۱]. هنگامی که دوکِ ورتمبرگ خواست تا دارایی کلیسا را به حساب شخصی خویش در بانک مرکزی واریز کند، اشراف و کشیشان پروتستان برعلیه او و مباشرش شوریدند. مرگ نابه هنگام دوک در سوم مارس ۱۷۳۷ فرصتی به دست مخالفان داد تا به کمک ارتش، اوپنهایمر و بسیاری از یهودیان اشتوتگارت را دستگیر کنند و در تاریخ سوم فوریه ۱۷۳۸ اوپنهایمر را پس از محاکمه   حلق آویز کنند[۲۲].

به هر حال پیش از انقلاب کبیر فرانسه، یهودیان ساکن بخشهای بزرگ اروپا از حقوق اجتماعی ناچیزی برخوردار بودند هر چند که هر از گاه دولتها، به هنگام کسب پیروزی در جنگها، از کمکهای مالی صرافان یهودی به ظاهر قدردانی می‌کردند.

۲ ـ نو آوری و انقلاب کبیر فرانسه

اروپا در فاصله سالهای ۱۷۸۹ تا ۱۸۳۸ عملا در روند و بسترِ انقلاب به سر می‌برد. ابتدا انقلاب کبیر فرانسه، انقلاب در یونان و لهستان و سپس در سال ۱۸۲۱ انقلاب در بلژیک، آلمان و اتریش و بار دیگر در سال ۱۸۰۳ در فرانسه و سرانجام انقلاب سال ۱۸۳۸ در فرانسه و آلمان

---

۲۰   Joseph Suess Oppenheimer (1692-1738)

۲۱   Jewish Encyclopedia XIX, 418-a

۲۲   Jewish Encyclopedia XIXm 415-418

از جمله جنبشهای آزادی خواهانه بودند. به موازات این دگرگونیهای سیاسی ـ اقتصادی، جمعیت اروپا به سرعت رشد می کرد و سرمایه داری به عنوان طبقه ای منسجم قدرت خویش را تثبیت می‌نمود. مجموعه این شرایط نه تنها قدرت سلطنت و اشرافیت را زیر پرسش می‌برد بلکه سلطه روحانیت را نیز تهدید می‌کرد. دگرگونی در آرایش طبقاتی، نوعی اصلاحات اساسی در حقوق مدنی را طلب می کرد و به تدریج انسان محور ارزیابی ها قرار می‌گرفت . *اعلامیه حقوق انسان و شهروند* [۲۳] و دیگر اصلاحات از این نوع، دست کم افراد را به ظاهر در برابر قانون مساوی می‌دید.

این دگرگونیها فرصتی بی نظیر و استثنایی برای یهودیان اروپای غربی به همراه آورد. در این شرایط بسیاری از یهودیان نیز سلطه حکامیم، کنیسا و تلمود را طرد کردند، به جمع دیگر شیفتگان تجدد طلبی پیوستند و به دنبال دانش این جهانی رفتند. آنها به یادگیری زبانهای آلمانی و فرانسه پرداختند و از این گذر با آثار اندیشمندانی چون لسینگ، کانت، هردر، شیلر و گوته آشنا شدند و به کندو کاو و ژرف نگری در افکار اندیشه ورزانی چون ولتر، روسو و دیدرو پرداختند. برهان و خردگرایی به تدریج جانشین پیروی کورکورانه از آموزشهای تلمود و باورهای حکامیم شد.

نطفه های جنبش فرهنگی خردگرایی یا هسکالا در آستانهٔ قرن هجدهم، ، ابتدا در جوامع یهودی هلند و ایتالیا و سپس در آلمان بسته شد. اهداف این جنبش، اشاعهٔ فرهنگ مدرن اروپایی در میان یهودیان بود. پیروان این جنبش بر این باور بودند که رهایی یهودیان و تامین حقوق شهروندی برای آنان فقط از راه فراگیری فرهنگ پیشرفتهٔ اروپایی و تجدید نظر در آیین سنتی یهودیت مقدور است. در برابر این پاسخ، دو دیدگاه متفاوت دیگر نیز عرضه می‌گردید.

بنیادگرایان مذهبی همچنان پیروی بی چون و چرا از سنت را راه رستگاری می‌دیدند. آنها رعایت و پیروی محض تورات، تلمود و کنیسا و شریعت را تنها چاره می‌شناختند و برای اثبات حقانیت دیدگاههایشان این چنین توجیه می‌کردند که آرا و افکار انسان همواره در معرض تشتت و لغزش است، در حالی که سنت همیشه روشن و بی ابهام باقی می‌ماند. آنها بر

---

۲۳   Declaration of the Rights of Man and of the Citizen, August 26, 1789

این باور بودند که اگر میان مفاهیم نو و سنت هم تناقضی پیش می‌آید باید مفاهیم نو را رها کرد و به سنت پناه برد. در واقع آنها در انتظار ظهور "ماشیا" ناجیِ موعود، روزشماری می‌کردند تا با ظهورش به ناسامانیهای جوامع یهودی پایان بخشد. پیروان این بینش گرفتاریهای اجتماعی موجود را دلیلی بر درستیِ نظر خود می‌آوردند و معمولاً برخوردی ضد روشنفکری با وقایع محیط اطراف داشتند[۳۴]. در برابر، گروه دیگری چاره را در ادغام کامل یهودیان در جوامع اروپایی می‌دیدند هر چند که این نقطه نظر هرگز از پشتیبانی گسترده ای برخوردار نگردید.

در حقیقت جنبش هسکالا راه حل میانی، بین این دو دیدگاه به شمار می‌آمد. تحت تاثیر این جنبش فرهنگی، سرانجام قشری از یهودیان در میان طبقهٔ متوسط ظهور کرد که نه تنها شیفته آرای سیاسی ـ اجتماعی جهان غرب بود بلکه به تاریخ و فرهنگ یهودی نیز دلبستگی داشت. بدین ترتیب بود که در جوامع یهودی شکافی روی داد و یکپارچگی و انسجام جوامع سنتی یهودیان به تدریج از میان رفت. گروهی از یهودیان که در چهار چوب جنبش هسکالا از نوخواهی و روشنگرایی پشتیبانی می‌کردند، چاره پایان عذاب را در آمیختن با دیگر مردمان و شرکت فعال در امور اجتماعی می‌دیدند. دسته دیگر یهودیان بنیادگرا و قشری بودند که پیروی از تلمود، کنیسا و شریعت را تنها راه علاج می‌شناختند.

جنبش فرهنگی هسکالا و فلسفه خردگرایی در نجات یهودیان از انزوای زندگی در گتو و سوق آنان به عصر روشنگریِ اروپا تاثیر شایانی داشت. موسی مندلسن[۳۵] را در حقیقت بنیانگذار این جنبش فرهنگی باید به شمار آورد.

موسی مندلسن، پدر بزرگ فلیکس مندلسن، آهنگساز مشهور قرن نوزدهم، در ۶ سپتامبر ۱۷۲۹ چشم به جهان گشود. او در چهارده سالگی به برلن رفت تا آموزشهای متداول تلمود را بیاموزد......" نان را با نمك بخورید، آب را جرعه جرعه بنوشید، بر زمین سخت بخوابید و

---

۳۴   Encyclopedia Americana,XVI, p94, Americana Corporation, 1979.

۲۵   موسی مندلسن   (1729-1786) Mendelssohn, Moses   پس از موسی بن عمران و موسی بن میمون، به خاطر

خدماتش به یهودیت، موسی سوم لقب گرفت.

همواره با قرائت تورات سرگرم باشید." [۲۶] او در حین فقر و تنگدستی به یادگیری آثار موسی بن میمون پرداخت و زبان آلمانی را نیز فراگرفت. دوران فقر او در بیست و یك سالگی، هنگامی به پایان رسید که آموزگار خانواده "اسحاق برنارد" شد. چهار سال بعد، مندلسن حسابدار تاسیسات ابریشم بافی برنارد بود. در شانزده اکتبر ۱۷۵۳، لسینگ [۲۷]، شاعر و درام نویس آلمانی در باره مندلسن این چنین نوشت "باوجود اینکه مندلسن تحصیلات دانشگاهی ندارد ولی در بیست و پنج سالگی به زبان، ریاضیات، فلسفه و شعر تسلط دارد. قریحه فلسفی و صراحت لهجه او مرا به یاد اسپی نوزا می اندازد. من فکر می کنم که اگر هم مسلکهایش بگذارند تا او رشد کند و نبوغ خود را عرضه نماید، او یکی از افتخارات ملی ما خواهد بود" [۲۸].

مندلسن در رساله ای که با همکاری لسینگ در سال ۱۷۵۵ منتشر کرد از آرا و عقاید اسپی‌نوزا و لیبنیتس [۲۹] به شدت دفاع کرد. او در رساله ای دیگر تحت عنوان "یادداشت هایی درباره احساسات" از آرا و عقاید کانت [۳۰] پشتیبانی نمود. انتشار این دو رساله برای این یهودی جوان شهرت فراوان به ارمغان آورد. مندلسن در مشهورترین اثر خود، به شیوهٔ افلاطون از نامیرندگی روح دفاع می‌کند و می‌گوید که "اگر به خدا ایمان داریم باید بپذیریم که او در صدد اغفال ما نیست و امید واهی به ما نمی دهد. گذشته از این، روح آدمی در راستای تکامل خود حرکت می‌کند و از آنجا که این تکامل در زمان زندگانیِ فرد مقدور نیست، لذا خدا می بایست که روح را پس از مرگ جسم، حفظ کند." مندلسن معتقد

---

۲۶   Graetz H. History of the Jews. V:294, Philadelphia, 1891

۲۷   Lessing, Gotthold Ephraim (1719-1781)

۲۸   Lessing, Sir James, I:133, London, 1879

۲۹   Leibniz, Gottfried Wilhelm (1646-1716)

۳۰   Kant, Immanuel (1724-1804)

بود که "بدون وجود خدا و با نفیِ نامیرندگی روح، همه زیباییهای زندگی جلوه های خود را از دست می‌دهند......مانند ره گم کرده ای که درشبی طوفانی، از یافتن پناهگاه نا امید شده باشد" [31]. شیوه نگارش این رساله بسیار مطلوب عام قرار گرفت و لقب "افلاطون آلمان" را برای نویسنده آن کسب کرد.

در سال ۱۷۶۹ جامعه مسیحی از مندلسن دعوت به عمل آورد تا مسیحیت را بپذیرد. مندلسن این دعوت را رد کرد و در پاسخ گفت "راست است که یهودیت و شیوه زندگی یهودیان از نقائصی برخوردار است ولی این کمبودها را در دیگر مذاهب نیز می‌توان یافت.....فراموش نکنیم که در جهان مسیحیت چه بر سر یهودیان آمده است......خدا را شاهد می آورم که تا روح در بدن دارم به یهودیت پایبند بمانم " [32]. از سوی دیگر بنیادگرایان یهودی شبنامه هایی پخش کردند و مندلسن را به خاطر دیدگاههای روشنفکرانه و شاید پشتیبانی از آرا و عقاید اسپی نوزا، کافر خواندند. همزمان با این وقایع، مندلسن برگردان آلمانی خمسه موسوی را در سال ۱۷۷۱ منتشر کرد که برخی از حخامیم آن را تحریم کردند ولی بسیاری از جوانان یهودی به استقبال آن رفتند و از این راه زبان آلمانی را فراگرفتند.

مندلسن در سال ۱۷۸۲ یعنی هنگامی که در اوج شهرت بود، از حخامیم دوران خویش خواست تا دست از تکفیر دگراندیشان بردارند. او پس از یك سال در رساله ای که زیر عنوان "یهودیت و سلطه مذهبی" نوشت بار دیگر بر ایمان خود به یهودیت تاکید ورزید و یهودیان را تشویق کرد تا از گتوها بیرون بیایند و در زندگی و فرهنگ غرب فعالانه شرکت کنند. مندلسن بر لزوم جدایی مذهب از دولت تاکید ورزید و پیشنهاد کرد که دولت باید از راه تشویق و نه از راه تهدید و اعمال زور مردم را به رعایت قوانین ملزم کند. گرچه این رساله هم از سویِ بنیادگرایان مسیحی و هم یهودی تحریم گردید ولی در رهایی یهودیان از انزوای چهار دیواری گتو و جلب آنان به تمدن غرب نقشی بزرگ ایفا کرد. موسی مندلسن، یکی از شایسته ترین شخصیتهای دوران خود و الهام بخش بسیاری از جوانان یهودی بود.

---

31   In Wolf A. History of Science, Technology and Philosophy in the Eighteenth Century, p 781, New York, 1939

32   Graetz H. History of the Jews, V:311, Philadelphia, 1891

جوانانی که با شهامت از گتو ها بیرون آمدند، فرهنگ غیر مذهبی آموختند و در علوم، فلسفه و ادبیات آثاری ارزنده از خود به جای نهادند.

نیاز به یادآوری است که چند تن از فرزندان مندلسن سرانجام به مسیحیت گرویدند و این مستمسکی شد در دست حخامیم مبنی بر اینکه اعتراضات آنها به عقاید لیبرالی موسی مندلسن چندان هم بی دلیل نبوده است. روشن است که این فقط جلوه کوچکی از تاثیر جهان بینی مندلسن بر فرزندانش بود و تاثیر اساسی آن را همانا در روشن اندیشی و گسترش جنبش خردگرایی بر یهودیان جوان باید جستجو کرد.

جنبش "هسکالا" که در آستانهٔ قرن هجدهم در جوامع یهودی آلمان آغاز شد، باوجود مخالفتهای حخامیم از یک سوی و یهودیان حسیدیم از سوی دیگر، سراسر آن کشور را در نوردید و از آنجا به اتریش، بوهم، لهستان و روسیه کشیده شد. در اتریش، این جنبش، به ویژه به دنبال فرمان ژوزف دوم مبنی بر دعوت کودکان یهودی به شرکت در مدارس عمومی، الغای حکم پوشیدن وصله و حذف مالیاتهای ویژه یهودیان، به شدت تقویت گردید. هم چنان که پیشتر نیز یادآور شدیم، حخامیم با شرکت کودکان یهودی در مدارس عمومی به شدت مخالفت کردند در حالی که پیروان جنبش هسکالا از فرمان ژوزف دوم استقبال نمودند. ولی این بار بر خلاف گذشته، اعتراضات حخامیم از توان چندانی برخوردار نبود. پیروانِ جنبش هسکالا در سال ۱۷۸۳ در شهر کونیگزبرگ در آلمان نشریه ای به زبان عبری به نام "هاماسف" منتشر کردند که هدف اصلی آن ترویج لزوم تعلیم و تربیت غیر مذهبی برای یهودیان بود[33]. انتشار این فصلنامه تا سال ۱۸۱۱ ادامه داشت. افزون بر هاماسف، هسکالا اقدام به انتشار نشریات دیگری از جمله "بی‌خوره حا-ایتم" بین سالهای ۱۸۲۰ و ۱۸۳۱، "حه‌حالوتص" بین سالهای ۱۸۵۹ و ۱۸۸۹ و "ِکرِم‌حرمد"[34] بین سالهای ۱۸۵۳ و ۱۸۵۷ کرد.

به رغم کوششهای خستگی ناپذیر پیروان هسکالا، این جنبش فرهنگی به اقشار روشنفکری و لایه های بالایی جوامع یهودی محدود ماند و هرگز توده های یهودی را در بر

---

۳۳ Encyclopedia Americana, XVI, p92, Americana Corporation, 1979.

۳۴ Bikkure Ha-Ittem, He-Halutz and Kerem-Hermed

نگرفت. همچنان که در بخشهای آینده به آن اشاره خواهیم کرد، این از عمده عواملی بود که هم در پیدایش اشکال نوین یهودی‌ستیزی و هم در بسیج یهودیان حول محور تامین هویت ملی و صیهونیسم ایفای نقش کرد.

در کنار دگرگونیهایی که بدین ترتیب در جوامعِ یهودیِ این دوره روی داد، برخی از مسیحیان، لزوم تامین آزادی در اجرای فرائض مذهبی را برای یهودیان پیشنهاد کردند. "کریستیان ویلهلم دام"، دوست موسی مندلسن در سال ۱۷۸۱ مجموعه ای تدوین کرد و طی آن خواست تا یهودیان از حق آزادی عبادت برخوردار گردند، درهای موسسات آموزشی به روی آنان باز شود و از تمامی حقوق مدنی مانند دیگر شهر وندان بهره مند شوند. ویلهلم دام نوشت "سلب حقوق شهروندی از یهودیان نشانه ای از بربریت و تاریک اندیشی است که با عصر روشنگری خوانایی ندارد"[۳۵]. ناگفته نماند که این پیشنهادها، خشم بسیاری از بنیادگران مسیحی را برانگیخت. مخالفان، او را متهم کردند که قلمش را در خدمت به یهودیان به کار گرفته است.

سرانجام، گنجانیدن اصل جدایی مذهب از دولت در قانون اساسی ایالات متحد امریکا به سال ۱۷۸۳، نیرو و انرژی بیشتری به این جنبش آزادیخواهانه بخشید. در سال ۱۷۸۴ دولت فرانسه قوانین مالیاتی را تغییر داد و مالیاتهای ویژه یهودیان را لغو کرد. میرابو خطیب بزرگ فرانسه رساله ای تحت عنوان " مندلسن و رفرم سیاسی یهودیان " نوشت و از حقوق مدنی یهودیان به شدت پشتیبانی کرد. سه سال بعد ابی هانری گرگوار[۳۶] رساله ای تحت عنوان "تجدید حیات سیاسی و اخلاقی یهودیان" به رشته تحریر در آورد که به شدت مورد استقبال قرار گرفت.

گرچه مجموعه این اقدامات کمکهای فراوانی به تامین حقوق مدنی یهودیان اروپا کرد ولی اقدام نهایی و اساسی در بطن انقلاب کبیر فرانسه تبلور یافت. هر چند که یهودیان در انقلاب کبیر فرانسه شرکت فعال نداشتند ولی از آرمان های آن به شدت پشتیبانی کردند. در اثر این دگرگونیها بسیاری از یهودیان، فرانسه را به مثابهٔ "سرزمین موعود" پذیرا شدند

۳۵   Graetz H. History of the Jews, V,355, Philadelphia, 1891

۳۶   Gregoire, Henri (1750-1831)

"فرانسه......اورشلیم ما، کوههایت تپه های صیونِ ما و رودخانه هایت رود اردنِ ما. بگذار از سر چشمهُ برکت تو بنوشیم....نعمت آزادی را"[37]. در تاریخ ۲۷ سپتامبر ۱۷۹۱ مجلس موسسان فرانسه برخورداری کامل از حقوق مدنی را به تمامی یهودیان فرانسه اعطا کرد. در اجلاسیهٔ شورای ملی فرانسه که در دسامبر ۱۷۸۹ تشکیل گردید، "کنت دو کلرمانت–تونر" به صراحت خواست که مادهُ دهم اعلامیه حقوق انسان و شهروند، یهودیان را نیز در برگیرد. به موجب این ماده " آزار افراد به خاطر باور های مذهبی آنها مرود شناخته می‌شود". در همین جلسه به پیشنهاد کنت، به تصویب رسید که " *یهودیان از هیچ حقوقی به عنوان یك قوم و ملت جداگانه برخوردار نیستند، درحالی که حقوق فردیِ آنان، برابر با شهروندان دیگر به رسمیت شناخته می‌شود*". اینها در واقع حقوقی بودند که ابتدا توسط ارتش انقلاب و کمی دیرتر از جانب نیروهای نظامیِ ناپلئون به سال ۱۷۹۶ در هلند و به سال ۱۷۹۷ در ونیز، در ماینز به سال ۱۷۹۸، در روم به سال ۱۸۰۱ و در فرانکفورت به سال ۱۸۱۱ تحکیم گردیدند. این چنین، یهودیان روزهای سیاه اروپای قرون وسطی را پشت سر گذاشتند.

درسال ۱۸۰۶ ناپلئون، به منظور گسترش سازش بیشتر میان یهودیان و مسیحیان و رفع سو تفاهمهای گذشته، از ۱۱۱ نفر از حخامیم و بزرگان جوامع یهودی دعوت کرد تا به برخی از پرسشهای او که به مجمع حخامیم ارائه گردیده بود پاسخ دهند که از این قرار بودند: "آیا یهودیان چند همسری را می‌پذیرند؟ آیا آنها مجازند تا با مسیحیان ازدواج کنند؟ آیا حخامیم به خود حق می‌دهند که مستقل از محاضر دولتی حکم طلاق صادر کنند؟ آیا یهودیان ربا خواری را مجاز می‌شناسند؟". مجمع یهودیان پس از مذاکرات طولانی پاسخهایی بدین شرح برای ناپلئون تهیه کردند: چند همسری در یهودیت منع شده است، حکم طلاق فقط از سوی محاضر دولتی باید صادر شود، ازدواج میان یهودی و مسیحی بلامانع بوده و سرانجام رباخواری در تضاد با قوانین موسی است.[38] این پاسخها به مذاق ناپلئون بسیار خوش آمد و به کنت لوئی مول[39] ماموریت داد تا مراتب قدردانی او را به مجمع حخامیم

---

۳۷ نامه ای به نشریه La Chronique de paris در سال ۱۷۹۱

۳۸ Graetz H. History of the Jews, V, 491, Philadelphia 1891

۳۹ Mole, Count Louis-Mathieu (1758-1850)

اعلام کند. کنت در جریان اعلام این قدردانی یك قدم فراتر رفت و پیشنهاد کرد تا مجلس علمای سنهدرین که از سال ۶۶ میلادی اجلاسیه ای نداشت، بار دیگر در پاریس تشکیل شود. دعوت به تشکیل مجمع بزرگ سنهدرین با آب و تاب غلیظی از سوی بزرگان مذهبی یهودیان به این شرح به کنیساها ابلاغ گردید. " واقعه بزرگی در شرف تکوین است، پدیده ای که نه نیاکان ما در طی قرون، و نه ما در زمان حاضر انتظار آن را داشتیم. مجمع بزرگ سنهدرین روز بیستم اکتبر، در پایتخت نیرومندترین کشور مسیحی جهان و تحت توجهات شاهزاده جاویدان گشایش خواهد یافت. در آن روز پاریس شاهد رهایی و سعادت اعقاب پراکنده ابراهیم خواهد بود."[۳۰] در پاسخ به این دعوتنامه، نمایندگانی از جوامع یهودی اروپا به پاریس اعزام شدند.

مجلس سنهدرین جدید ۷۱ عضو داشت که ۳۵ نفر آنها از حخامیم و ۲۶ نفر دیگر از اعضای معمولی جوامع یهودی بودند. این مجمع از ۲۶ژوئیه ۱۸۰۶ تا ۶ آوریل ۱۸۰۷ در اجلاسیه بود ولی فعالیت چندانی از خود نشان نداد. آنچه از جلسات نامرتب این مجمع حاصل شد یك رشته پیشنهاداتی بود که در نهم فوریه ۱۸۰۷ به جوامع یهودی اروپا ابلاغ گردید. از جمله این پیشنهادات عبارت بودند: دشمنی میان یهودیان و مسیحیان باید پایان پذیرد؛ یهودیان باید وطن خود را دوست بدارند و در صورت لزوم از آن دفاع کنند؛ از صرافی و ربا خواری بپرهیزند و بیشتر به زراعت، صنایع و هنر دل ببندند. سال بعد، ناپلئون ضمن تایید این احکام، افزود که یهودیان باید برای خود نام خانوادگی اختیار کنند. به ظاهر هدف امپراتور از این پیشنهاد تامین همگونی بیشتر میان یهودیان و دیگر شهروندان بوده است[۳۱]. در سال ۱۸۰۸ به فرمان ناپلئون کنیساها مسئولیت سرباز گیری از میان یهودیان را عهده دار گردیدند[۳۲]. ناپلئون با این اقدام کوشید تا از سویی شکاف میان یهودیان و مسیحیان را کاهش دهد و از سوی دیگر، جنگها و کشورگشاییهای خود را نیز از

---

۳۰   Graetz H. History of the Jews, V:492, Philadelphia 1891

۳۱   بنا به آنچه که در کتاب آبا ابان تحت عنوان Civilization and the Jews آمده است طرح تشکیل دولت یهودی برای اولین بار در زمان ناپلئون مطرح گردید ولی به خاطر کشورگشاییهای امپراتور مجالی برای تحقق یافتن آن دست نداد.

۳۲ Encyclopedia Americana, XVI, p84, Americana Corporation, 1979.

وجود سربازان یهودی بی بهره نگذارد.

۳ . زندگی در اروپای غربی

رهایی یهودیان اروپای غربی و تامین حقوق مدنی برای آنان، تاثیر شایان توجهی در زندگیِ سیاسی ـ فرهنگیِ آنان گذاشت. با ادغام هر چه بیشتر یهودیان در زندگیِ دنیای جدید، به تدریج دیواری را که حخامیم و یهودیت سنتی به دور جوامعِ یهودی تنیده بودند، فروریخت. در پی این دگرگونیها، اقلیتی از یهودیان، یهودیگری را به کلی کنار گذاشتند و با پذیرش مسیحیت فرصتهای بی نظیری در زندگی اجتماعی و فرهنگی به دست آوردند. از این گروه کسانی چون دیزراییلی، کارل مارکس، هاینریش هاینه و فلیکس مندلسن را می‌توان نام برد.

بنیامین دیزراییلی در سال ۱۸۰۳ چشم به جهان گشود و در سن سیزده سالگی غسل تعمید گرفت. پدر بنیامین، اسحق دیزراییلی، تاریخ نویس، با شیوه آموزش و پرورش یهودیان زمان خویش سخت در تعارض بود. او زمانی گفته بود که "تلمود خشن ترین نظام آموزشی است..... و حاصل این نظام آموزشی آنکه، طی ده قرن حتی ده انسان متفکر تقدیم بشریت نکرده است" [۳۳] . بنیامین، به سبب جاه طلبی های اجتماعی ـ سیاسی فراوانش، در سی و سه سالگی به نمایندگی مجلس عوام انگلیس رسید و سرانجام در سال ۱۸۷۳ نخست وزیر انگلیس شد و تا سال ۱۸۸۰ در این مقام انجام وظیفه کرد. دیزراییلی از هواداران سرسخت محافظه کاریِ انگلیس بود که شکوفایی دولت را در تفاهم میان سلطنت، کلیسا و اشرافیت جستجو می‌کرد. موثر از این جهان بینی، درسال ۱۸۳۱ جنبش "انگلستانِ جوان" را به خیال بسیج طبقه کارگر انگلیس حول محور سلطنت و کلیسا به راه انداخت که با شکست مواجه گردید. پژوهشگران تاریخ برخوردی متناقض نسبت به دیزراییلی ابراز کرده اند. برخی او را سیاستمداری چیره دست و توانا و دیگران او را ماجراجوی سیاسی معرفی کرده اند. به هر حال، کوششهای وی در زمینه مرمت گرفتاریهای میان یهودیان و مسیحیان بی ثمر بود و

---

۳۳   A History of the Jews, Paul Johnson, p311, HarperPerennial Publishers, 1987

باورهای وی در رابطهٔ برتریِ نژاد سامی هرگز از پشتیبانی جوامع علمی برخوردار نگردید [۳۴].

هفت سال پس از تعمید دیزراییلی، کارل مارکس [۳۵] در سال ۱۸۲۴ در سن شش سالگی غسلِ تعمید یافت. گرچه پدر بزرگ و عموی کارل در جرگه حخامیم بودند ولی پدرش از شیفتگان جنبش هسکالا محسوب می شد. مارکس فیلسوفی ژرف نگر و اندیشمندی نیرومند بود که بعدها بنیانگذار سوسیالیسمِ علمی شناخته شد. "موسی هِس" [۳۶]، سردبیر روزنامهٔ "راینیش زایتونگ" و یکی از پیشگامان جنبش صیهونیسم سیاسی، در نامه ای به "برتولد آئورباخ"، نویسندهٔ یهودیِ آلمانی، مارکس را این چنین معرفی می‌کند: "مارکس هنوز جوان است؛ او از ذکاوت و توانایی بی سابقه ای بهره مند است؛ گویی روسو، ولتر، هولباخ، لسینگ، هاینه و هگل را در یك فرد گرد آورده اند.....بی شك او آخرین ضربه را به مذهب و سیاست قرون وسطی خواهد کوبید" [۳۷].

مارکس در جوانی سخت شیفتهٔ فلسفه هگل بود و از این روی به گروه رادیکالی بنام "طرفداران جوان هگل" پیوست. دیرتر، او از فلسفه هگل فراتر رفت و به مفهوم "انسان، محصول کار" دست یافت. مارکس در آثار خود، رهایی انسان را مدیون دست یابی به جامعه ای آزاد می‌شناخت که توسط دولتها اداره نمی‌شود و در آن انسان با کار بیگانه نیست. در رابطه با یهودیان، در آثار مارکس تناقضی بزرگ به چشم می‌خورد. مارکس، از یك سوی، در رساله "مساله یهودیان"، از رهایی یهودیان به شدت پشتیبانی کرده و دیدگاهِ برونو بائور [۳۸]، که رهایی آنان را در گروی دست کشیدن از یهودیت می‌دید، مردود می‌شناسد [۳۹].

---

۳۴   Encyclopedia Judaica, CD-ROM edition, Disraeli Benjamin, Earl of Beaconsfield, p 2

۳۵   Marx, Karl (1818-1883)

۳۶   Moses Hess (1812-1875), German Social Philosopher

۳۷   Kamenka E, The Portable Karl Marx, p 22, Penguin Books, New York 1983

۳۸   برونو بائور (1882-1809) Bruno Bauer ، فیلسوف آلمانی، پیرو مکتب هگل

۳۹   مراجعه کنید به "جنبش چپ و یهودیان" در بخش هشتم کتاب

از سوی دیگر، در نامه های خصوصیِ وی نکته های بیشماری با محتوایِ یهود ستیزی به چشم می‌خورد. از جمله، در نوشته زیر عنوان "فرضیه ای بر فویرباخ"[50] و در برخورد با دیدگاهِ فردیناد لاسال[51]، بیانی تحقیر گونه به کار می‌برد. به نظر می‌رسد که مارکس یهودیت و نظام سرمایه داری را مترادف یکدیگر ارزیابی کرده و تنفر و انزجار از بورژوازی را به یهودیان نسبت می‌دهد[52]. جالب آنکه برخی از مخالفان عقیدتیِ مارکس در بین الملل اول، مانند باکونین[53]، از یهودی تباریِ مارکس برای کوبیدن وی بیشترین استفاده را کردند.

هاینریش هاینه شاعر و نویسنده آلمانی، در سال ۱۸۲۵ به مسیحت گروید. او دربارهٔ تغییر مذهب خویش به صراحت گفت که آن را نوعی "اجازه ورود به جامعه اروپا" تلقی می‌کرد[53]. با وجود این در بسیاری از آثار وی پشتیبانی از یهودیت به اشکال گوناگون به چشم می‌خورد. هاینریش زمانی گفته بود "من چیزی درباره یهودی بودنم مخفی نمی‌کنم، من یهودیت را ترک نکردم و از این روی نیازی به بازگشت به آن ندارم". به رغم این دیدگاه، جامعه یهودی سنتی آن روز، وی را طرد کرد. هاینه یکی دیگر از پیروان فلسفه هگل بود که با بسیاری از فلاسفه قرن نوزدهم اروپا در تماس بود و میراث بسیار چشمگیری از شعر

---

۵۰   لودویگ فویرباخ (1804-1872) Ludwig Feuerbach فیلسوف آلمانی، یکی از شاگردان هگل که به نیازهای مادی انسان به عنوان زیربنای اجتماعی ـ سیاسی جوامع انسانی باور داشت.

۵۱   فردیناد لاسال (1825-1864) Ferdinad Lassalle یکی از رهبران سوسیالیسم آلمان، فرزند یک تاجر یهودی بود که ابتدا شیفته ادبیات شد و سپس به تاریخ و فلسفه روی آورد. وی فعالانه در انقلاب ۱۸۴۸ آلمان شرکت کرد و پس از شکست انقلاب در گیر یک رشته مکاتبات با مارکس گردید. در جوانی به مذهب پایبند بود ولی دیرتر از یهودیت دل کند و آن را به عنوان "یک واقعیت زنده" نفی کرد. موثر از فلسفه هگل، لاسال بر نقش یهودیت در مرحله ای از تاریخ تاکید داشت ولی آن را عنصر موثری در تاریخ نوین نمی دید.

۵۲   Encyclopedia Judaica, CD-ROM edition, Marx Karl, Heinrich, p 4

۵۳   میخاییل الکساندرویچ باکونین (1814-1876) Mikhail Bakunin بنیانگذار و فرضیه پرداز آنارشیسم و از مخالفان عقیدتی مارکس بود که دیدگاههای یهودی ستیزانه شدیدی داشت. وی با معرفی کردن مارکس به عنوان موسی دوران نوین، می‌کوشید تا جنبش چپ را توطئه یهودیان جلوه دهد.

۵۳   A History of the Jews, Paul Johnson, p312, Harper- Perennial Publishers, 1987.

به جای گذاشت. در سال ۱۹۱۲، بیش از چهار هزار قطعه موسیقی در برگیرنده اشعار وی موجود بود. آثار وی بسیاری، از جمله، ریچارد واگنر، نیچه و سیاستمدارانی مانند مترنیخ و بیسمارک را به تحسین واداشت.

هانری برگسون، فیلسوف فرانسوی، برنده جایزه نوبل سال ۱۹۲۷، که آثارش در زمینه و راستای معنوی زندگی انسان به پیشبرد فرضیه تکامل کمک شایانی کرد. او در سال ۱۹۲۱ از علوم دل کند، شیفته سیاست و دین شد و به مذهب کاتولیک گروید.

سرانجام می‌توان از موسیقیدان و پیانیست مشهور آلمانی و نوه سوسی مندلسن، فلیکس مندلسن [55]، نام برد که در کودکی به همراه دیگر اعضای خانواده، مذهب پروتستان آورد.

اما بخش بزرگتری از یهودیان، بی آنکه یهودیت را کنار بگذارند، از اصلاح طلبی در یهودیت استقبال کردند. این گروه، مذهب و اجرای مراسم آن را امری شخصی تلقی کرده، آن را مانعی برای مراوده و معاشرت با دیگر اقوام ندیدند و بسیاری از آنان خدمات شایانی به فرهنگ و ادب غرب کردند: "هرمان کهن" فیلسوف آلمانی و بنیانگذار مکتب نوین کانت، در سال ۱۸۳۲، در خانواده متعصب یهودی چشم به جهان گشود. در ابتدا مایل بود که حاخام شود ولی دیرتر تغییر عقیده داد و شیفته فلسفه گردید. در سال ۱۸۷۹، هنگامی که "ترایتسکه"، تاریخ نویس آلمانی، یهودیت را "مذهب ملی یک نژاد بیگانه" [56] ترسیم کرد، هرمان کهن در پاسخ وی رساله ای [57] نوشت و در آن به صراحت بر یگانگی و یکرنگی یهودی آلمانی با جامعه آلمان پافشاری کرد [58]. موثر از آرایی که در این رساله ابراز کرد، کهن صیهونیسم را نهضتی ارتجاعی ارزیابی می‌کرد، در عین حال که خدمات شایانی در زمینه مبارزه با یهودی ستیزی انجام داد.

"مارتین بوبر" فیلسوف اتریشی، در سال ۱۸۷۸ در وین چشم به جهان گشود. در سال ۱۹۰۱ به سمت سردبیری هفته نامهٔ "دای ولت"، ارگان جنبش صیهونیسم، نایل شد و در

---

۵۵   Mendelssohn, Felix (1809-1847)

۵۶   Ein Wort ueber unser Judentum

۵۷   Ein Bekenntnis Zur Judenfrage

۵۸   Encyclopedia Judaica, CD-ROM edition, Cohen, Hermann, p 2

همان سال جناحی دموکراتیك در این جنبش بنیانگذاشت که همواره هرتصل در تضاد بود. بوبر بر این نکته که صیهونیسم در برابر اعراب نیز مسئول است، تاکید داشت. او در کنگره صیهونیسم که در سال ۱۹۲۱ تشکیل شد گفت: "یهودیان مایلند که در آرامش و با تفاهمی برادرانه با اعراب زندگی کرده و وطن مشترك را با یکدیگر بسازند....این ما هستیم که می‌توانیم به دیدهٔ اعراب، همسایهٔ خوبی به حساب آییم و یا افرادی متجاوز ارزیابی شویم". بوبر، حتی پس از وقوع جنگ میان اعراب و اسراییل، از طرفداران سر سخت تفاهم میان یهودیان و اعراب بود.

زیگموند فروید، بنیانگذار روانکاوی، درسال ۱۸۵۶، در یکی از شهر های "موراویا" چشم به جهان گشود. وی تحصیلات پزشکی را در دانشگاه وین به پایان رسانید و در سال ۱۸۸۲، به دلایل مالی، محیط دانشگاهی را رها کرد و به طبابت پرداخت. در رابطه با یهودیت، در کتابش زیر عنوان "سلبستارزتلانگ"[59]، فروید نوشت: "پدر و مادرم یهودی بودند، من یهودی به دنیا آمدم". به هر حال، وی نه زبان عبری می‌دانست و نه با آرمانهای صیهونیسم همدردی می‌کرد. در سال ۱۹۳۹، آخرین سال حیاتش، اثری بحث انگیز زیر عنوان "موسی و توحید" منتشر کرد و در آن مدعی شد که موسی مردی مصری بود که نوعی مذهب توحیدی به بنی اسراییل آموخت و در شورشی که قوم بنی اسراییل برعلیه وی کردند به قتل رسید. در دیدگاه فروید، برخی از ویژگیهای یهودیان، حاصل احساس گناهی است که آنان در رابطه با قتل این پدر نمادین دارند. به هر حال واکنش شدیدی از جانب یهودیان و غیر یهودیان نسبت به این کتاب ابراز گردید. فروید بر این باور بود که همه مذاهب و از جمله یهودیت جلوه های غیر منطقی روان آدمی هستند. افزون بر روانکاوی، فروید تحقیقات گسترده ای در فرضیه شخصیت و رشد و تکامل روان آدمی دارد [60].

آلبرت انیشتین در سال ۱۸۷۹ در "اولم" آلمان متولد شد و تحصیلاتش را در سوییس به پایان رسانید. وی در سال ۱۹۱۳ به مقام استادی دانشگاه برلین نایل آمد. با ظهور نازیسم در سال ۱۹۳۳ به ایالات متحد امریکا مهاجرت کرد و یکی از فعالان جنبش صیهونیستی محسوب

۵۹ Selbstdarstellung, An Autobiographical Study, 1925 in Encyclopedia Judaica, CD-ROM edition, Freud Sigmund, p 3

۶۰ Encyclopedia Judaica, CD-ROM edition, Freud, Sigmund, p 3

می‌شد. انیشتن برنده جایزه نوبل سال ۱۹۲۹ در فیزیك بود.

به این گروه، آدلف فون بایر [61] آلمانی، هانری موآسان [62] فرانسوی، آلبرت آبراهام مایكلسن [63] آمریكایی، الی مچنیكف [64] روسی، انریكو فرمی [65] ایتالیایی را برای نمونه باید افزود. در زمینه هنر نام شخصیتهایی چون آمدئو مودیگلیانی [66] ایتالیایی، و همچنین كامیل پیسارو [67]، مارك شاگال [68] و جكوب اپستاین [69] را می‌توان یادآور شد. سرانجام، در عرصه ادبیات به سالومون رابینویچ با نام مستعار شالوم الخم [70] و مندل موشر سفوریم [71] باید اشاره كرد.

---

۶۱   آدلف فون بایر   (1835-1917) Adolf Von Baeyer برنده جایزه نوبل ۱۹۰۵ در شیمی

۶۲   هانری موآسان   (1852-1907) Henri Moissan برنده جایزه نوبل سال ۱۹۰۶ در شیمی

۶۳   آلبرت مایكلسن   (1852-1931) Albert Abraham Michelson برنده جایزه نوبل سال ۱۹۰۷ در فیزیك

۶۴   الی مچنیكف   (1845-1916) Elie Metchnikoff برنده جایزه نوبل سال ۱۹۰۸ در پزشگی

۶۵   انریكو فرمی   (1901-1954) Enrico Fermi برنده جایزه نوبل سال ۱۹۳۸ در فیزیك

۶۶   Modigliani, Amedeo (1884-1920)

۶۷   كامیل پیسارو   (1830-1903) Camille Pissarro یكی از بنیانگزاران مكتب امپرسیونیسم در نقاشی

۶۸   مارك شاگال   (1887-1985) Marc Chagall متولد روسیه كه درسال ۱۹۲۲ به فرانسه مهاجرت كرد. طرحهای سر در شیشه ای مركز پزشگی حاداسا در اورشلیم، سقف اپرا خانه پاریس و دیواره شیشه ای واتیكان از نمونه كارهای اوست.

۶۹   جكوب اپستاین   (1880-1959) Jacob Epstein مجسمه ساز متولد امریكا

۷۰   شالوم الخم   (1859-1916) Shalom Aleichem as Solomon Rabinovich، مهمترین اثر ادبی او رمان " ته ویه شیرفروش Tevye the Milkman " است كه نمایشنامه " ویلون زن روی شیروانی " بر مبنای آن تهیه شده است.

۷۱   مندل موشر سفوریم (1836-1917) Mendle Mocher Seforim كه برگردانیدن پنج كتاب موسی به زبان ییدیش Yiddish از جمله كارهای اوست.

بدین ترتیب در زمانی   کمتر از هفتاد سال، از ۱۸۴۸ تا ۱۹۱۷، بخش چشمگیری از یهودیان اروپا عملا از گتو ها بیرون آمدند و به کاروان فرهنگی دیگر اقوام اروپا پیوستند و نوابغ بیشماری نیز تقدیم بشریت کردند.

بخش ششم

یهودیان در قاره جدید

۱. ورود یهودیان به قارهٔ جدید

چهار روز پس از اخراج یهودیان از اسپانیا، کریستف کلمب سفر دریایی خویش را آغاز کرد و روز ۱۲ اکتبر ۱۳۹۲ به جزیرهٔ باهاماس در قاره جدید رسید. چند تن از مارانوهای اسپانیایی، از جمله "لوئیز دو تورز" و "پدرو آلوارز کابرال"، به سبب آگاهی و شناختشان از فن نقشه خوانی، ستاره شناسی و استفاده از قطب نما، در این سفر او را همراهی می‌کردند. ولی پس از سال ۱۵۰۷، فقط آنانی که می‌توانستند ثابت کنند که خون "پاک مسیحی" در رگهایشان جریان دارد، حق مسافرت به قارهٔ جدید را داشتند. به رغم این گونه محدودیتها تعداد بیشماری از "تازه مسیحیان"، برای گریز از جور و ستم سازمان تفتیش عقاید، در قارهٔ جدید اسکان گزیدند. تفتیش عقاید نیز سخت کوشید تا آنان را شناسایی کرده و برای محاکمه و تنبیه به اسپانیا و پرتغال بازگرداند ولی در این امر با موفقیت چندانی روبرو نشد.

ساحل شرقی برزیل یکی از مستعمرات بزرگ پرتغالیها محسوب می‌شد که تازه مسیحیان در کشتزار های نیشکر و تهیهٔ چوب آن فعالانه شرکت داشتند. پس از سال ۱۶۳۰ هنگامی که برزیل مستعمرهٔ هلند شد، به خاطر محیط بازتری که بدین ترتیب ایجاد گردیده بود، نه تنها مارانوها آشکارا به اجرای مراسم مذهبیِ یهودی دست زدند بلکه به تشویق آنان، گروهی از یهودیان آمستردام نیز به این منطقه مهاجرت کردند. در این دوره، برزیل بزرگترین تجمع یهودیان را در نیمکره غربی داشت. درمیان این گروه از مهاجران یهودی، بازرگانانی بودند که شرکت هند غربی را تاسیس کردند و تا سال ۱۶۵۴ که برزیل از سیطرهٔ استعماری هلند بیرون آمد، و دوباره در جمع مستعمرات پرتغال قرار گرفت، در دادو ستد برده و چوب سخت

کوشا بودند. ۲۰۱

از برزیل، یهودیان به "گایانا" یکی از مستعمره های هلند، و سپس به "باربِدوس" و "جامائیکا"، مستعمرات انگلیس کوچ کردند. دامنهٔ این مهاجرتها پس از سال ۱۶۵۴ که پرتغال برزیل را بازپس گرفت ابعاد گسترده ای یافت. از اواسط قرن هجدهم، با آغاز مبارزات استقلال طلبانه و ضد استعماری و انحلال تفتیش عقاید در مستعمرات، جوامع یهودیان در همه کشورهای امریکای لاتین یافت می‌شدند.

ناپلئون در سال ۱۸۰۸، فردیناند هفتم پادشاه اسپانیا را معزول کرد و برادرش ژوزف بناپارت را جایگزین او نمود. دو سال بعد، با سقوط ناپلئون، این بار فردیناد با شعار حق تعیین سرنوشت برای اسپانیا، بار دیگر به قدرت رسید. به دنبال گرفتاریهای داخلی اسپانیا و دگرگونیهای ناشی از آن و در سایهٔ پیروزیِ جنگهای استقلال طلبانه در مستعمرات، دوران سلطهٔ اسپانیا در قاره جدید به پایان رسید و سازمان تفتیش عقاید، این نماد اختناقِ اسپانیا، در سال ۱۸۲۴ منحل گردید. لازم به تذکر است که این سازمان در سال ۱۸۱۱ در کلمبیا و در سال ۱۸۱۳ در جمهوریهای نوین مکزیک، پرو، شیلی و آرژانتین منحل گردیده بودند و بی آنکه مسالهٔ جدایی دین از دولت مطرح گردد، جمهوریهای نوین حق اسکان اتباع غیر کاتولیك را به رسمیت می‌شناختند. برزیل نیز در سال ۱۸۲۴ اعلام استقلال کرد و باوجود اینکه مذهب کاتولیك به عنوان مذهب رسمی دولت جدید پذیرفته شد، آزادی دیگر اقلیتهای مذهبی از جمله یهودیان نیز به گونه ای تضمین گردید.

پژوهشهای تاریخی نشان می‌دهد که یهودیان اروپای غربی از سال ۱۸۰۸ میلادی در برزیل، از سال ۱۸۳۰ در مکزیك، از سال ۱۸۳۳ در پرو، از سال ۱۸۳۳ در آرژانتین و از سال ۱۸۳۲ در شیلی می‌زیسته اند. افزون بر یهودیانِ اروپای غربی که به قارهٔ جدید مهاجرت کردند، ابعاد مهاجرت یهودیان مراکش و روسیه به امریکای لاتین چشمگیر بوده است. سرانجام، مهاجرت یهودیان، پس از انقراض امپراتوری عثمانی، به امریکای جنوبی را نباید از نظر دور داشت.

۱   Encyclopedia Americana, XVI:82, Americana Corporation, 1979

۲   Wolf Eric R. Europe and the People Without History, p 115, University California Press 1982

از آنجا که کشور های امریکای لاتین از نظر صنعتی عقب مانده بودند، بسیاری از مهاجران اروپایی به کشاورزی دل بستند و بهره برداری از ذخایر طبیعی برزیل و صدور آن را به اروپا پیشهٔ اصلی خویش قرار دادند. همان گونه که پیشتر هم یاد آور شدیم، مهاجرتهای بزرگ یهودیان روسیه در دههٔ ۱۸۸۰ به کشاورزی در این مناطق رونق بیشتری داد. در سال ۱۸۸۹ یهودیان مجتمع کشاورزی "موئیزویل" را در آرژانتین بنا نهادند که بسیاری از مهاجران فرانسوی و انگلیسی را نیز جذب خود کرد. اشتیاق به کشاورزی در میان یهودیان سرانجام "بارون موریس هیرش" را متقاعد کرد تا از راه هدایایِ یهودیان اروپای غربی، کشتزارهای بزرگ کشاورزی برای مهاجرین روسی خریداری کند. مجتمعهای کشاورزیی که بدین ترتیب احداث گردید، سرانجام در سال ۱۹۲۵ به اوج گسترش خود رسید. این تاسیسات سی و سه هزار کارگر کشاورزی را، که بیش از بیست هزار آنان یهودی بودند، تغذیه می‌کرد. مشابهٔ این مجتمعها در برزیل و دیگر کشور های امریکای جنوبی نیز بوجود آمدند. اما فاصله زیاد میان مجتمع های کشاورزی، آموزش ناکافی کشاورزان، امکانات مالی محدود و مهمتر از همه عدم پشتکار لازم کشاورزان که اقشار پایین شهری را در دنیای قدیم تشکیل می‌دادند، سرانجام باعث شکست این طرح جاه طلبانه شد.[۳]

۲ ـ یهودیان در ایالات متحد امریکا

"جکوب برسیمپسون" نخستین یهودیِ اهل هلند بود که به آمستردام جدید (نیویورك) قدم نهاد[۳] و چند ماه دیرتر، در سال ۱۶۵۴، یك گروه ۲۳ نفری از مورانوهای برزیل، از طریق کشتی فرانسوی به نام سن کاترین، به او پیوستند و بدین ترتیب نخستین مجتمع یهودی شمال امریکا پدید آمد. در همین سال، هنگامی که دولت پرتغال برزیل را از هلند بازپس گرفت و برای بار دیگر به مستعمرات خود افزود، تعداد بیشتری از یهودیان از ترس دادگاه‌های تفتیش عقاید به نیویورك مهاجرت کردند. افزون بر مهاجرت یهودیانِ

---

۳   Barnavi E. A Historical atlas of Jewish People, p 216, Schocken Books, New York 1992

۴   The New Standard Jewish Encyclopedia, 7th edition, p 118, Facts on File, New York 1992

ساکن مستعمرات پرتغال در امریکای جنوبی و مرکزی، یهودیان اسپانیا، انگلیس و هلند نیز مانند دیگر اقوام در جستجوی آزادی مذهب، کسب حقوق اجتماعی و فرصتهای بهتر اقتصادی به امریکای شمالی مهاجرت کردند. از سال ۱۶۵۰ در انگلیس، تحت رهبری سیاسی ـ نظامی اولیور کرامول و به تشویق مردان بانفوذی چون فیلسوف معروف جان لاک و واعظ مستعمرات راجر ویلیامز، یهودیان به مستعمرات انگلیس در امریکای شمالی مهاجرت کردند.

در حقیقت، یهودیان ساکن مستعمرات در برخی موارد از حقوقی حتی بیشتر از کاتولیکها برخوردار بودند ولی مانند آنها حق شرکت در ادارهٔ مستعمرات را نداشتند. در عمل، پروتستانها از حقوق ویژه برخوردار بودند. مهمتر از همه، برخوردهای یهودی‌ستیزانه بندرت در امریکایِ این دوره مشاهده می‌شد. مناطق بِکر و دست نخوردهٔ امریکای شمالی، فقدان خاطرات تاریخی و سنت پناه دادن به ستمدیدگانِ آزارهای مذهبی، شرایط ایده آلی را برای یهودیان تامین می‌کرد. بی دلیل نبود که یهودیان در انقلاب امریکا حضور چشمگیر داشتند. شاید بزرگترین ارمغانی که استقلال امریکا برای یهودیان داشت اصل جدایی دین و دولت بود که در سال ۱۷۸۷ ابتدا در ایالت ویرجینیا به تصویب رسید و در سال ۱۷۹۱ اصل اول قانون اساسی ایالات متحد شناخته شد.

جمعیت یهودیان آمریکا را هنگام جنگ استقلال و حوالی سال ۱۷۸۰، نزدیک به دو هزار نفر تخمین می‌زنند. رشد جمعیت یهودیان را در ایالات متحد امریکا به سه دوره می‌توان تقسیم نمود. دوره نخست از سال ۱۶۵۴ با مهاجرت یهودیان سفاردیک از برزیل آغاز گشت و به طور پراکنده تا اوایل قرن نوزدهم ادامه یافت. دوره دوم از اوایل قرن نوزدهم تا جنگ داخلی در دههٔ سال ۱۸۶۰، مربوط به مهاجرت یهودیان اشکنازی اروپای غربی، به ویژه یهودیان آلمانی، به امریکا بود که پس از انقلاب نافرجام سال ۱۸۳۰ در آلمان ابعادی گسترده پیدا کرد. سرانجام، دوره سوم، مهاجرت بزرگ یهودیان اروپای شرقی است که پس از سال ۱۸۸۰ در مقیاسی بسیار بزرگ و گسترده صورت پذیرفت.

بین سالهای ۱۸۰۰ تا ۱۸۶۰ با ورود یهودیان آلمان و دیگر کشورهای اروپای غربی، اشکنازیها بر سفاردیکها اکثریت داشتند. جمعیت یهودیان ایالات متحد امریکا را در سال ۱۸۶۰ به صدو پنجاه هزار نفر تخمین می‌زدند. یهودیان آلمانی که بخش اصلی مهاجران را در این دوره تشکیل می‌دادند نه به خاطر یهودی ستیزی بلکه در جستجوی شرایط بهتر زیست به امریکا مهاجرت کردند. آنها به مراتب از مهاجران دیگر این دوره، تحصیلکرده تر

بودند و با آداب شهرنشینی آشنایی بیشتری داشتند. افزون بر این، مهاجران آلمانی تحت تاثیر آرای عصر روشنگری و خردگرایی اروپای غربی، کمتر از یهودیان سفاردیك متعصب بودند و نوعی اصلاح طلبی را در یهودیت پذیرا گردیدند. موثر از فرهنگ یهودیان آلمانی، کنیساها به تدریج عبادات غیر ضروری را از مراسم مذهبی حذف کردند، مردان پوشش سر را کنار گذاشتند و زبان انگلیسی را جانشین عبری نمودند. آنها در دادوستد، تجارت و صنایع نساجی و تولید پوشاك سخت کوشا بودند و در مجموع برخورد غیریهودیان با آنان خوب بود. حدود سالهای ۱۸۸۰ تا ۱۸۹۰ این بخش از یهودیان موقعیتهایی برجسته و استثنایی در زندگی اجتماعی آن روز ایالات متحد کسب کردند.

جنگ داخلی امریکا (۱۸۶۵-۱۸۶۱) یهودیان را در دوسوی خویش و در تضاد با یکدیگر یافت. در شمال جوامع یهودی، طرفدار لغو بردگی و در جنوب، یهودیان مانند بیشتر مسیحیان، پشتیبان برده داری بودند. ولی در رابطه با نفس اخلاقی برده داری، اغلب یهودیان و حتی رهبران متنفذ مذهبی آنان سیاست سکوت را پیشه کردند و هرگز تعیین موضع ننمودند[۵]. گفته می‌شود که حدود شش هزار تن از یهودیان در جنگهای داخلی امریکا و در دو سوی آن فعالانه شرکت داشتند[۶].

دورهٔ سوم مهاجرت یهودیان به امریکا در پی پوگرومها و قتل عامهای سالهای ۱۸۸۰ اروپای شرقی، صورت گرفت. جمعیت یهودیان ایالات متحد که در این سال حدود دویست و پنجاه هزار نفر بود در مدتی کمتر از چهل سال به بیش از سه میلیون نفر افزایش یافت. سکنه یهودی شهر نیویورك، به عنوان بزرگترین مرکز یهودی نشین امریکا، در فاصله سی سال از هشتاد هزار نفر به یك میلیون و دویست هزار فزونی یافت. این رشد جمعیت در اساس مدیون مهاجرت یهودیان اروپای شرقی بود. به بیان دیگر، در سال ۱۸۸۰ از هر شش یهودی ساکن امریکا یکی از مهاجران اروپای شرقی بود در حالی که در سال ۱۹۲۰ از هر شش یهودی پنج نفرشان از اروپای شرقی مهاجرت کرده بودند. یهودیان اروپای شرقی که در این دوره به امریکا کوچ کردند، برخلاف یهودیان مهاجر آلمانی، بسیار واپسگرا و متعصب

---

۵   Heritage-Civilization and the Jews. Abba Eban, p270, Summit Books, New York, 1984.

۶   The New Standard Jewish Encyclopedia, p 942, Facts on File, New York 1992

بودند. فرهنگ و مذهب آنان در عمل از قرون وسطی به بعد دست نخورده باقی مانده بود و کمتر تحت تاثیر موج روشنگری و خردگرایی اروپای غربی قرار داشت. یهودیان اروپای شرقی نه مهارتهای شغلی یهودیان مهاجر آلمانی را داشتند و نه از تمدن غرب بهره برده بودند. اختلافهای فاحش فرهنگی میان یهودیان اروپای شرقی و یهودیان آلمانی در ابتدا درگیریهای بیشماری را در میان آنان دامن زد. از این روی یهودیان مهاجر آلمانی، برخورد های متفاوتی نسبت به مساله مهاجران اروپای شرقی داشتند. برخی سرخورده از بابت این تازه واردین، خود را کنار کشیدند و چاره ای به جز جدایی از آنان نمی‌یافتند. بسیاری سرانجام به این واقعیت دردناک پی بردند که نمی‌توانند یهودیان اروپای شرقی را، بی توجه به شدت عقب ماندگی شان، انکار کنند. سرانجام، یهودیان آلمانی به این نتیجه رسیدند که باید کمر همت ببندند و شرایط یهودیان اروپای شرقی را بهبود بخشیده و آنان را با تمدن غرب آشنا کنند. از نخستین اقدامات یهودیان آلمانی در این زمینه تاسیس سازمان "هیاس"[۷] در سال ۱۸۸۳ بود. خدمات این سازمان در رابطه تامین مترجم و کمک به تازه واردان برای پشت سر گذاشتن مراحل اداری ورود به امریکا، تهیه مسکن و شغل برای آنان حائز اهمیت فراوان بود. برنامه گسترده ای در زمینه بهبود شرایط زندگیِ یهودیان اروپای شرقی تهیه شد که حوالی سال ۱۹۱۷ آماده اجرا بود. افزون بر ایجاد کنیساها، مدارس گوناگونی برای آموزش زبان انگلیسی، حسابداری، حرفه و تجارت تاسیس شد. جالب اینکه در این دوره، صنایع نساجی و پوشاک در انحصار یهودیان بود و آنها کمر همت بستند تا یهودیان اروپای شرقی را در این صنایع به کار گمارند. تمرکز یهودیان اروپای شرقی در این صنایع، دگرگونیهای نوینی را به همراه آورد. اگر اصلاح طلبی و رفورمیسم در یهودی‌گری را به یهودیان مهاجر آلمانی نسبت دهیم، اشاعهٔ آرای سوسیال دموکراسی و صیهونیسم را به حساب مهاجرین اروپای شرقی باید بگذاریم. در سالهای آخر قرن نوزدهم و آستان قرن بیستم، سوسیال دموکراسی و صیهونیسم هر دو پدیده نوینی بودند که ابتدا به درون گتو های اروپای شرقی رسوخ کردند و سر انجام مهاجران یهودی اروپای شرقی آنها را با خود به درون صنایع نساجی و پوشاکِ امریکا آوردند. بنابراین جای شگفتی نبود که یهودیان در

---

۷   Hebrew Immigrant Aid Society (HIAS)

اتحادیه های کارگری صنایع نساجی و پوشاک و کمی دیرتر در دیگر جنبشهای کارگری برای

تامین رفاه اجتماعی[8] نقشی ارزنده ایفا کردند. بهر حال، موثر از گسترش فعالیتهای

یهودی‌ستیزی سالهای ۱۹۲۱ تا ۱۹۲۳ در امریکا، با تجدید نظر در قوانین، مهاجرتهای گروهی

یهودیان به ایالات متحد متوقف گردید.

۳ ـ ویژگی جوامع یهودی امریکا

پس از ژاپنیهای ـ امریکایی، یهودیان موفقترین اقلیت در امریکا بشمار می‌آیند. بر

خلاف دیگر اقوام که در جریان ارتقای اجتماعی در این کشور، هویت قومی خود را معمولاً

از دست داده اند، یهودیان این موفقیت را با حفظ هویت قومی خویش کسب کرده اند.

این موفقیت چشمگیر مدیون ویژگیهای جوامع یهودی ساکن امریکا ست.

یهودیان امریکا مشخصاً در شهرهای بزرگ متمرکز هستند. در سال ۱۹۳۸ بیش از

هشتاد در صد یهودیان در شهر هایی با جمعیت بیش از صد هزار نفر زندگی می‌کردند. بر

اساس همین آمار، سه میلیون و دویست و شصت هزار یا سه چهارم یهودیان امریکا در ده تا

از بزرگترین شهرها به سر می‌بردند. با استناد به آمار سال ۱۹۸۷، حدود هفتاد و نه درصد

یهودیان، ساکن شهرهایی با جمعیت بیش از صدو پنجاه هزار هستند[9]. به همین ترتیب آمار

سال ۱۹۹۱ نشان می‌دهد که پنجاه و دو درصد یهودیان در شش تا از بزرگترین مادر ـ

شهرهای امریکا یعنی نیویورک، لوس انجلس، فیلادلفیا، میامی، شیکاگو و واشنگتن زندگی

می‌کنند[10].

---

8   Malcolm V.Hay, Europe and the Jews, Boston, 1961.

9   American Jewish Year Book 1992, 92:147

۱۰   جمعیت یهودیان در بزرگترین مادر ـ شهرهای امریکا از این قرارست:

نیویورک	۱۶۷۱۰۰۰
لوس انجلس	۵۰۱۰۰۰

یهودیان بیشتر از اقوام دیگر به یادگیری دل می بندند. این بدان معنی است که نه تنها در صد بیشتری از آنان در طلب آموزش هستند بلکه سالهای بیشتری را نیز در موسسات آموزشی سپری می‌کنند. در ابتدا، همانند قرون وسطی، تحصیل به آموختن تلمود و تورات محدود می‌شد. یهودیان اروپای شرقی، که بخش عمده ای از جامعه یهودیان امریکا را تشکیل می‌دادند، در آغاز، آموزش "غیر مذهبی" را به سختی می‌پذیرفتند و یهودیان مهاجر آلمانی بسیار کوشیدند تا با این گونه برخورد واپسگرایانه آنها مبارزه کنند. به هر حال این دگرگونی در فرهنگ یهودیان مهاجر اروپای شرقی، نه به راحتی صورت پذیرفت و نه به طور کامل.

شیفتگی یهودیان به فراگیری دانش شاید یگانه برچسبی است که به توان به آنان زد. برای نمونه ده در صد نسل نخست یهودیان مهاجر در ایالت رودآیلند تحصیلات عالی داشتند. در حالی که این رقم برای نسل دوم به بیست و شش درصد و برای نسل سوم به چهل و دو و نیم درصد افزایش یافت. هشتادو هشت در صد نسل سوم یهودیان "مینیاپولیس"، تحصیلات دانشگاهی داشتند هنگامی که این رقم برای کل کشور در همان مقطع زمانی بین ده تا دوازده در صد برآورد می‌شد[11].

در تایید این نکته و با استناد به آمار دولتی ایالات متحد که در سال ۱۹۸۸ منتشر شد، درحالی که ٪۳۷/۸ سفید پوستان امریکایی تحصیلات عالی کسب می‌کنند این رقم برای یهودیان ٪۷۱/۳ ست. آمار مقایسه اشتغال به تحصیل در میان یهودیان و امریکاییان سفید پوست از این قرار است[12]:

فیلادلفیا	۲۵۰۰۰۰
میامی	۲۵۰۰۰۰
شیکاگو	۲۳۸۰۰۰
واشنگتن	۱۶۵۰۰۰

۱۱   Pacifica Radio Archive

۱۲   American Jewish Year Book, 92:159, 1992

تحصیل	یهودیان	آمریکاییان سفید پوست
دبیرستان و کمتر	٪۲۸/۵	٪۶۲/۲
تحصیلات کالج	٪۱۸/۷	٪۱۷/۳
اتمام تحصیلات کالج	٪۲۶/۸	٪۱۱؟۸
تحصیلات دانشگاهی	٪۲۵/۹	٪۸/۷

یهودیان بیش از ده در صد اساتید دانشگاهی را در ایالات متحد تشکیل می‌دهند و
در پژوهشهای علمی موقعیتی برجسته دارند [۱۳].

یهودیان به رشته های خاصی از مشاغل دل می بندند. برای آن که این نکته
روشن گردد به آمار مشاغل یهودیان دوران پراکندگی برحسب محل زیست که در دهه
۱۹۳۰ تهیه شده است توجه می‌کنیم:

	دادوستد	صنایع کوچک	مشاغل آزاد	کشاورزی	خدمات دولتی
آلمان	۳۹/۸	۱۸/۷		۹/۳	
لهستان	۳۸/۲	۳۵/۴			
آمریکا	۵۰/۰	۲۸/۰		۱۰/۰	
آرژانتین	۵۵/۰			۷/۰	
برزیل	۶۶/۰			۶/۰	
مکزیک	۶۸/۳			۲/۵	
شوروی	۱۴/۳	۱۲/۸	۷/۱		۳۷/۲
خاورمیانه	۳۶/۵	۳۶/۱	۷/۶		۳/۱

همچنان که ملاحظه می‌کنید در حالی که در صد اشتغال یهودیان به داد وستد
در کلیه کشورها چشمگیر است دلبستگی آنان به کشاورزی بسیار ناچیز می‌باشد [۱۴].

با توجه به آماری که در رابطه با آموزش ارائه شد، اشتغال قابل ملاحظه یهودیان تحت

---

۱۳   Barnavi E. A Historical Atlas of the Jewish People. p 270, Schocken Books, New York 1992

۱۴   لازم به یاد آوری است که دلبستگی یهودیان به داد و ستد از ویژگیهایی بود که در قرون وسطی شکل گرفت. پیش تر، پیش
از ظهور اسلام، بیشتر یهودیان خاورمیانه مانند دیگران به کشاورزی اشتغال داشتند.

عنوان کارمندی بخش "خدمات" قابل درک است. یهودیان نیویورک در سال ۱۹۳۷ حدود سی درصد جمعیت شهر را تشکیل میدادند و بیشتر از سی درصد نیروی کار را در خدمات، مدیریت تولید و فروش عرضه می‌کردند. نسبت یهودیانی که به رشته های پزشکی، حقوق، حسابداری و تدریس اشتغال دارند به مراتب از دیگر اقوام بیشتر است.

پس از جنگ جهانی دوم، تمرکز یهودیان در خدمات و رشته های بازرگانی نیز افزایش یافت. در اواخر دهه ۱۹۵۰ ، هشتاد در صد یهودیان "پراویدنس" در ایالت رودآیلند در بخش خدمات فعالیت می‌کردند در حالی که این رقم برای غیر یهودیان حدود سی درصد بود. پس از گذشت چهل سال، طرح کلی اشتغال یهودیان کم و بیش دست نخورده به جای مانده است و درصد چشمگیری از آنان به پیشه وری و مشاغل حرفه ای اشتغال دارند. آمار مشاغل یهودیان در مقایسه با سفید پوستان امریکایی به استناد آمار وزارت کار ایالات متحد امریکا در سال ۱۹۹۱ این نکته را به وضوح نشان می‌دهد[۱۵]:

مشاغل	یهودیان	امریکاییان سفید پوست
پیشه وران	۳۸/۸٪	۱۵/۸٪
مدیریت	۱۷/۸٪	۱۳/۳٪
فروش	۲۵/۷٪	۱۷/۵٪
صنایع	۷/۶٪	۱۹/۸٪
خدمات	۱۰٪	۲۸/۵٪
کشاورزی	–	۴/۲٪

از سوی دیگر کارگران صنعتی و زراعی در میان یهودیان کمتر از دیگر اقوام به چشم می‌خورند[۱۶]. در حالیکه شصت درصد نیروی کار یهودیان در سال ۱۹۰۰ در صنایع فعالیت می‌کرد، این رقم در دههٔ ۱۹۳۰ به کمتر از بیست درصد کاهش یافت. به موازات آن حضور آنان در بخش بازرگانی و کارمندیِ بخش خدمات از بیست و پنج درصد در سال ۱۹۰۰ به

---

۱۵   American Jewish Year Book 92:162, 1992

۱۶   Encyclopedia Americana, XVI:131, Americana Corporation 1979

شصت درصد در سال ۱۹۳۰ افزایش یافت[17]. گذشته از این، در قیاس با دیگران، زنان یهودی نیروی ناچیزی به بازار کار عرضه می‌کنند. گرچه گهگاه جامعه یهودیان، اقداماتی به طور پراکنده ، در راستای جلب علاقه آنان به مشاغل دیگر بعمل آورده است ولی این کوششها در عمل تاثیر ناچیزی داشته ا ند.

سنت شهر نشینی یهودیان و انتخاب مشاغلی که الزاما تماس مستقیم با مردم را ایجاب می کند این توهم را برای بسیاری به وجود آورده است که یهودیان اقتصاد ایالات متحد را در انحصار خود دارند. در رد این توهم، بنابر آمار سال ۱۹۰۰ در هفت شهر بزرگ ایالات متحد، ۵۹/۶٪ یهودیان از راه کار مزدی در صنایع تولید پوشاك امرار معاش می‌کردند و فقط ۲۰/۶٪ به دادوستد اشتغال داشتند. بررسی سال ۱۹۳۶ مجله "فورچن" نیز نشان می‌دهد که یهودیان موقعیتی پایین تر از دیگران در امور مالی و صنایع سنگین داشتند و نقش ناچیزی را در سطوح بالای بازرگانی ایفا می‌کردند. افزون بر این، یهودیان مهار رسانه های گروهی را در انحصار نداشته و از این طریق توانایی شکل دادن افکار عمومی را نداشتند.

بررسیهای آماری جدید نیز دلالت بر این دارند که یهودیان ایالات متحد امریکا، دو و نیم درصد جمعیت کشور را تشکیل می‌دهند که سی و هشت درصد آنان متعلق به خانواده های با درآمد بالا و شست و دو درصد متعلق به خانواده های با میانگین درآمد متوسط و پایین هستند[18]. در برابر پروتستانهای "پرسبیتریان" و "اپی‌سکوپال"[19]، چهار و نیم درصد جمعیت ایالات متحد را تشکیل داده و توزیع ثروت در میان آنان بسیار مشابه یهودیان است[20]. به بیان دیگر، امکانات مالی این گروه اخیر نزدیك به دو برابر ثروت یهودیان بوده و بنابراین توانایی آنان در تاثیر گذاری بر افکار عمومی به همین نسبت بالاتر است. از آنجا که

---

۱۷   Barnavi E. A Historical Atlas of the Jewish People. p 218, Schocken Books, New York 1992

۱۸   Bogue DJ. The population of the United States, p 659, The Free Press, New York 1985

۱۹   Presbyterian and Episcopal Protestants

۲۰   Bogue DJ. The population of the United States, p 659, The Free Press, New York 1985

قوانین دولت فدرال ایالات متحد آمارگیری دارایی افراد را بر حسب وابستگی مذهبیشان مجاز نمی‌داند، اطلاعات معتبری از دارایی یهودیان و یا دیگر اقلیتها در دست نیست. باوجود این بررسیها و مطالعات مشابه دیگر، این توهم که یهودیان اقتصاد کشور را به دست دارند به عنوان نوعی ابزار سیاسی در خدمت یهودی ستیزی همچنان تا زمان حاضر به کار گرفته می شود[21].

جمعیت یهودیان ایالات متحد امریکا را در سال ۱۹۹۱ پنج میلیون و نهصدو هشتاد و یك هزار نفر برآورد کرده اند. برخورد یهودیان امریکا، با مذهب بسیار متغیر بوده و به هیچ وجه همگونی جوامع یهودیان اروپایی گذشته در میان آنها مشاهده نمی‌شود. بر خلاف گذشته، کنیسا یگانه رابط میان مذهب و مردم نیست و از وجهه و قدرت آن در دهه های اخیر کاسته شده است. تنها حدود نیمی از جمعیت یهودیان در کنیساها عضویت دارند[22]. در حالی که چهل و سه در صد یهودیان امریکا، "اصلاح طلب" هستند، سی و نه در صد محافظه کار، هفت در صد ارتدکس و هشت در صد "یهودی غیر مذهبی" می باشند[23].

مقایسه آمار ۱۹۹۱ با ارقام سال ۱۹۷۰ نشان می‌دهد که در مدتی حدود بیست سال جمعیت یهودیان غیر مذهبی پانزده درصد افزایش یافته است[24]. یهودیان ایالات متحد، در کلیه شئون زندگی اجتماعی ، پا به پای غیر یهودیان فعالیت می‌کنند. شرکت فعال حدود دویست و پنجاه هزار یهودی امریکایی در جنگ جهانی اول و بیش از پانصد و پنجاه هزار در جنگ جهانی دوم نیز قابل توجه می‌باشد[25].

۲۱   Encylcopedia Americana, XVI:135, Americana Corporation 1979

۲۲   Barnavi E. A Historical Atlas of the Jewish People. p 270, Schocken Books, New York 1992

۲۳   American Jewish Year Book, 1992, 92:170

۲۴   American Jewish Year Book 1992, 92:132

۲۵   The New Standard Jewish Encyclopedia, p 943, Facts on File, New York, 1992

۳. اصلاح طلبی (رفورم) در یهودیت

اگر یهودیانِ شرقی اروپای شرقی آرای صیهونیسم و سوسیال دموکراسی را با خود به امریکا آوردند، یهودیان اشکنازیِ آلمانی بنیانگذاران اندیشهٔ اصلاح طلبی در یهودیت به حساب می‌آیند. "ایسرایل جکوبسون" از اهالی "وستفال" نخستین یهودیِ آلمانی بود که اقدام به اصلاحاتی در زمینهٔ آموزش مذهب و آداب نماز در کنیسا نمود. موثر از آرای عصر روشنگری اروپا، او بر این باور بود که حذف جزئیات دست و پا گیر مراسم مذهبی کمك به تفاهم بیشتر میان یهودیان و مسیحیان خواهد کرد. از این روی، در سال ۱۸۰۱ او اقدام به تاسیس مدرسه مختلط برای شاگردان یهودی و مسیحی نمود که تا هنگام ظهور ناسیونال سوسیالیزم در آلمان مشغول فعالیت بود. جکوبسون در سال ۱۸۱۰، به اقتباس از پروتستانیسم، نخستین کنیسایِ رفورم را بنیاد نهاد که در آن مراسم و آداب نماز به اختصار برگزار می‌گردید. این کوشش را سپس "سموئیل هولدهایم"[26] و "ابراهام گایگر"[27] پی‌گیری کردند. نخستین بنیانگذاران جنبش اصلاح طلبی، تحت تاثیر آرای فلسفیِ کانت و هگل بیشتر از اینکه به مراسم و تشریفات مذهبی توجه کنند بر ارزشهای انسانی آن تاکید ورزیدند. آنها برخوردی متفاوت با مذهب داشتند و پیشنهاد می کردند تا مفاد دست و پا گیر تلمود کنار گذاشته شود، اجرای مراسم مذهبی در کنیسا به زبان بومی و محلی یهودیان، جانشین زبان عبری گردد و حتی مراسم شبات به روز یکشنبه موکول شود.

ویژگیهای فرهنگی جوامع یهودیان امریکا از قرن نوزدهم با ورود مهاجران آلمانی دستخوش دگرگونی شد. بدین معنی که شیوهٔ زندگی، نحوهٔ برخورد با دیگران و در مجموع فرهنگ آلمانی در بیشتر این جوامع سخت رسوخ کرد. آمیزش این فرهنگ با پلورالیسم (کثرت گرایی) و لیبرالیسم (آزادی گرایی) جوامع امریکایی، پایگاهی استوار برای رشد آرا و عقاید اصلاح طلبی در میان یهودیان گردید. کنیسای "بت الوهیم" در کارولینای جنوبی نخستین تجمعی بود که مراسم مذهبی را به شیوهٔ رفورم در امریکا اجرا کرد. رشد و گسترش

---

۲۶   Samuel Holdheim (1806-1860)

۲۷   Abraham Geiger (1810-1874)

این دگرگونی مدیون کوششهای "ایزاک مایر وایز" بود که در حقیقت پدر جنبش اصلاح طلبی در یهودیت شناخته می‌شود.

وایز در سال ۱۸۱۹ در بوهم چشم به جهان گشود و در سال ۱۸۴۳ در جرگهٔ حخامیم قرار گرفت. او در سال ۱۸۴۶ به امریکا مهاجرت کرد و در سال ۱۸۵۴ رهبری مجتمع مذهبی "بنی یِشورون" را در شهر سین سیناتی عهده دار گردید. وایز بر این باور بود که یهودیت سنتی، انعطاف پذیری لازم برای رویا رویی با دگرگونیهای سریع و پیاپی جهان نو را دارا نیست و از این روی دگرگونی در آن، به گونه ای که در مسیحیت روی داد، الزامی به نظر می‌رسد. به نظرِ وی، برای آنکه یهودیت بیشترین تاثیر گذاری را در جامعه داشته باشد، خود را در روند تاریخ با محیط وفق داده است و اکنون نیز زمان آن است که دگرگونی نوین دیگری در آن روی دهد[28]. او در سال ۱۸۵۵ کنفرانس حخامیم را در شهر سین سیناتی سازمان داد و به منظور ترویج نقطه نظرهای اصلاح طلبانه، اقدام به انتشار دو هفته نامه به نام "اَمریکن ایسرایلایت" به زبان انگلیسی و "دای دِبورا" به زبان آلمانی کرد. اسحق وایز مدیری مدبر بود که برای پیشبرد جنبش اصلاح طلبانه دو سازمانِ به ترتیب در سالهای۱۸۷۳ و ۱۸۷۵ و نخستین آموزشگاه تربیت حخامیم رفورم یا اصلاح طلب را در سال ۱۸۸۹ تاسیس کرد[29].

شاخصترین عنصر فلسفیِ جنبش رفورم در یهودی‌گری، طرد دکترین سنتی در رابطه با ظهور "ماشیا" یا منجی موعود بود. به این معنی که جنبش رفورم بر باور سنتی یهودیان جهان در زمینه ظهور ماشیا و هدایت معجزه آسای آنان به سرزمین موعود خط بطلان کشید. همچنان که در پیش بازگو کردیم، برخی از اندیشمندان عصر روشنگری، تامین "عدالت اجتماعی" در جهان را جلوه نمادین ظهور ماشیا تعبیر کرده بودند. بنیانگزاران جنبش رفورم نیز با استناد از این برداشت، تامین عدالت اجتماعی در جهان را، نه از راه روزشماری برای ظهور ماشیا، بلکه تنها از طریق کوشش و ترقیخواهی انسانها، با لاترین آرمان جنبش رفورم

---

۲۸   The New Standard Jewish Encyclopedia, 7th edit. p 791, Facts on File, New York 1992

۲۹   The Union of American Hebrew Congregations and Hebrew Union College

تشخیص دادند. به بیان دیگر، به دیده جنبش رفورم، سرنوشت یهودیان نه مدیون ظهور ماشیا بلکه در دست یک یک یهودیان قرار داشت. دومین وجه تمایز جنبش رفورم با یهودیت سنتی در شیوه برخورد آنها با دیگر اقوام بود. با ایمان به رسالت معنوی قوم یهود در برابر دیگران، به شیوه ای‌که در تورات آمده است، جنبش رفورم هر گونه فعالیتی را که باعث جدایی میان یهودیان و غیر یهودیان می‌گردید، مردود می‌شناخت. از این روی، در آغاز، جنبش اصلاح طلبانه با صیهونیسم سخت در تناقض بود. در زمینه آیین و تشریفات مذهب، جنبش رفورم گر چه پایبند بسیاری از مراسم مذهبیِ یهودیت بود، ولی بر این نکته که مراسم باید از مقبولیت عام برخوردار باشند و اجرای آنان می‌بایست اهدافی را تامین کنند، نیز تاکید می‌ورزید.

بیانیه هشت ماده پیتزبورگ[30]، چکیدهٔ آرا و باورهای جنبش رفورم، که در سال ۱۸۸۵

---

[30]   First- We recognize in every religion an attempt to grasp the infinite, and in every mode, source, or book or entire relevation held sacred in any religious system, the consciousness of the indwelling of God in man. We hold that Judaism presents the highest conception of the God idea as taught in our holy Scriptures and developed and spiritualized by the Jewish teachers, in accordance with the moral and philosophical progress of their respective ages. We maintain that Judaism preserved and defended, midst continual struggles and trials and under enforced isolation, this God idea as the central religious truth for the human race.

Second- We recognize in the Bible the record of the cosecration of the Jewish people to its mission as priest of the one God, and value it as the most potent instrument of religious and moral instruction. We hold that the modern discoveries of scientific researches in the domains of nature and history are not antagonistic to the doctrines of Judaism, the Bible reflectin the primative ideas of its own age, and at times clothing its conception of Divine Providence and justice, dealing with man in miraculous narratives.

Third- We recognize in the Mosaic legislation a system of training the Jewish people for its mission during its national life in Palestine, and today **we accept as binding only the moral laws, and maintain only such ceremonies as elevate and sanctify our lives**, but reject all such as are not adapted to the views and habits of modern civilization.

Fourth- We hold that all such Mosaic and rabbinical laws as regulate diet, priestly purity and dress, originated in ages and under the influence of ideas altogether foreign to our present mental and spiritual state. They fail to impress the modern Jew with a spirit of priestly holiness; **their observance in our days is apt rather to obstruct than to further modern spiritual elevation.**

Fifth- We recognize, in the modern era of universal culture of heart and intellect, the approaching of the realization of Israel's great messianic hope for the establishment of the kingdom of truth, justice, and peace among all men. We consider ourselves no longer a nation, but a religious community, and therefore expect neither return to Palestine, nor a sacrificial worship under the sons of Aaron, nor the restoration of any of the laws concerning the Jewish state.

Sixth- We recognize in Judaism a progressive religion, ever striving to be in accord with the

صادر گردید یهودیان را فقط به اجرای آن بخش از احکام الهی که معقول به نظر می‌رسند و با ارزشهای اخلاقیِ روز، همخوانی دارند، موظف می‌کرد. پیروان یهودیتِ اصلاح طلب به اجرای مراسم مذهبی شبات، اعیاد و روزهای مقدس اکتفا نموده، در کنیسا[31] زبان انگلیسی را جانشین عبری کرده و استفاده از پوشش سر را، بیرون از کنیسا، برای مردان مردود می‌شناختند. با مهاجرت جمعیت بزرگی از یهودیان سنتی اروپای شرقی به امریکا در پایان قرن نوزدهم، گسترش شدید یهودی ستیزی در غرب، وقوع فاجعهٔ هولوکاست و بنیانگذاری دولت اسرائیل، جنبش اصلاح طلبانه به تدریج از مواضع نخستین خود عقب نشینی کرد[32]. سر انجام، مفاد بیانیه پیتزبورگ در سال ۱۹۳۷ مورد تجدید نظر اساسی قرار گرفت. در حال حاضر، یهودیان اصلاح طلب سخت طرفدار جنبش صیهونیسم بوده، دکترین مشخص و متمایزی را در این رابطه عرضه نمی‌کنند و به بسیاری از آداب و مراسم سنتی یهودی‌گری نیز پایبند هستند.

پیروان یهودیت اصلاح طلب گرچه منحصر به امریکای شمالی نمی‌شوند ولی بیشتر آنان در ایالات متحد اسکان دارند. در حال حاضر، یهودیان اصلاح طلب حدود چهل وسه درصد جمعیت یهودیان امریکا را تشکیل می‌دهند.

‹

postulates of reason. We are convinced of the utmost necessity of preserving the historical identity with our great past. Christianity and Islam being daughter religions of Judaism, we appreciate their providential mission to aid in the spreading of monotheistic and moral truth. We acknowledge that the spirit of broad humanity of our age is our ally in the fulfillment of our mission, and therefore, we extend the hand of fellowship to all who operate with us in the establishment of the reign of truth and righteousness among men.

Seventh- We reassert the doctrine of Judaism, that the soul of man is immortal, grounding this belief on the divine nature of the human spirit, which forever finds bliss in righteousness and misery in wickedness. We reject as ideas not rooted in Judaism the beliefs both in bodily resurrection and in Gehenna and Eden (Hell and Paradise) as abodes for everlasting punishment or reward.

Eighth- In full accordance with the spirit of Mosaic legislation, which strives to regulate the relation between rich and poor, we deem it our duty to participate in the great task of modern times, to solve on the basis of justice and righteousness, the problems by the contrasts and evils of the present organization of society.

۳۱   یهودیان رفورم واژه Temple را به جای Synagogue بکار می‌برند.

۳۲   The Perennial Dictionary of World Religions, p 602, HarperSanFrancisco, 1981

بخش هفتم

يهودی ستیزی

۱. یهودی ستیزی

یهودی‌ستیزی به معنی تمایلات، تحریکات و فعالیتهای گروهیِ سیاسی، اجتماعی و اقتصادی بر علیه یهودیان است[1]؛ تمایلات و فعالیتهایی که تنها به خاطر یهودی بودن بر علیه یهودیان اعمال می‌گردد. روشن است که می‌بایست این گونه فعالیتها را از تحریکات بر علیه فرد یهودی به دلایلی غیر از یهودی‌بودن وی و یا تضییقات برعلیهٔ افرادی که برحسب تصادف برخی از آنان یهودی هستند تمیز داد.

واژه آنتی‌سمی‌تیسم یا سامی‌ستیزی را نخستین بار در سال ۱۸۷۹، روزنامه نگار آلمانی "ویلهلم مار" که تمایلات شدید ضد یهودی داشت به کار برد[2]. واژه سامی از واژه "شِم" نام فرزند ارشد "نوح" پیغمبر مشتق شده و در تورات[3] به اعوان و انصار او اطلاق گردیده است.

این واژه معرف گروهی از زبانها ست و به مردمانی که به زبانهای سامی[4] سخن می‌گویند اطلاق

---

1   Glock CY, Stark R. Chrisitan beliefs and antisemitism, p 102, New York 1966

۲   Howard Fast, The Jews, Story of a people, p 281, New York, 1968

۳   کتاب پیدایش، باب ۱۰، آیات ۲۱ و ۲۲

۴   زبان شناسان، زبانهای سامی (Semitic languages) را به چهار گروه تقسیم کرده اند. قدیمی ترین آنها زبان آسوری ـ بابلی یا آکادیان است که در فاصله سه هزار سال تا چهارصد سال پیش از میلاد مسیح زبان ساکنان بین النهرین بود. دوم، گروه زبانهای عبری که عبری باستانی و جدید، زبان فنیقی و آرامی را نیز شامل می‌شد. دسته سوم زبان عربی باستان و جدید و چهارم گروه زبانهای حبشی هستند.

می‌شود. در دوران باستان، ساکنانِ سرزمینهای آشور، آرام، بابل، کنعان و فنیقیه به اقوام سامی زبان معروف بودند[5] ولی امروز تنها یهودیان، اعراب و حبشیها به این گروه زبانها سخن می‌گویند.

میهن اصلی سامی زبانان به دقت مشخص نیست. پژوهشگران بر این باورند که، پیش از آشنایی با تمدن شهر نشینی، این اقوام در نواحی جنوب غربی قاره آسیا ، شبه جزیره عربستان و سراسر بین النهرین پراکنده بوده اند. شواهد باستان شناسی نشان می‌دهد که چادرنشینان سامی زبان به تدریج از این صحراهای خشک و غیر قابل کشت به نواحی سبز تر غربی کوچ کرده و بسیاری از آنان در ضلع شرقی دریای مدیترانه و شمال افریقا اسکان گزیده اند. امروزه این اقوام که بیشتر عرب زبان هستند در منطقه وسیعی از شمال افریقا تا هندوستان پراکنده اند. ادیان سه گانه ابراهیمی؛ یهودیت، مسیحیت و اسلام و استفاده از الفبا از جمله دستاورد های این اقوام سامی باستانی به شمار می‌آید.

بنیاد فلسفی آنتی سمی تیسم بر درک نادرست استعمار گران اروپایی از بومیانِ مستعمرات متکی است. بدین معنی که آنها اشاعه فرهنگ اروپایی را در این مناطق به تنهایی مدیون هوشیاری استعمارگران سفید پوست ارزیابی کردند و دیری نپایید که ژوزف آرتور گوبینو[6] سیاستمدار و ارنست رنان[7] ، شرق شناس و فیلسوف فرانسوی، با استناد بر این تحلیل، انسانها را به گروههای نژادی متمایز از یکدیگر تقسیم کردند[8]. آنها مدعی شدند که ذکاوت، اخلاق و رفتار اجتماعی هر گروه از ویژگیهای زیست شناسی از پیش پرداخته این گروهها هستند. افزون براین، سفید پوستان را نیز به دو گروه، سفید پوستان با پوست روشن از ردهٔ آریایی و سفید پوستانِ با پوست تیره از ردهٔ سامی طبقه بندی کردند. معیار اصلی این طبقه بندی علاوه بر خصایص جسمانی مانند رنگ پوست بر اختلاف زبان این گروهها استوار بود. در همین رابطه، زبان آریایی را معرف سفید پوستان "مرغوب" با پوست روشن و زبان سامی را مشخصه سفید پوستان "پست" با پوست تیره در نظر گرفتند. روشن است که در این طرح ساختگی به این نکته که میلیونها انسانِ با پوست تیره به

---

5   Encarta Encyclopedia, CD-ROM edition, Semites

6   Gobineu, Joseph Arthur Comte De (1816-1882)

7   Renan,Ernest (1823-1882)

8   Gobineau's Essai sur l'inegalitè des races humaines

سانسکریت، یکی از معتبر ترین زبانهای آریایی[9]، سخن می‌گفتند توجه نشده بود[10]. سپس دیگران مقوله زبان و نژاد را مغلطه نمودند و از زبانهای آریایی و سامی، نژادهای آریایی و سامی اختراع کردند و بدین ترتیب "اسطوره آریایی" خلق گردید.

اسطوره آریایی بر دو فرضیه استوار است: نخست آنکه یهودیان نژاد مشخص و متمایزی را تشکیل می‌دهند و دوم اینکه، این نژاد از نژاد آریایی پست تر است[11]. یهودیان، با توجه به اینکه در طول تاریخ در مناطق جغرافیایی گوناگون و تحت تاثیر فرهنگ اقوام و ملل دیگر زیسته اند و در گذرگاه تاریخ به مثابه اقلیتی پراکنده همواره در معرض یورش دیگران قرار داشته اند، نمی‌توانسته اند که حدود و ثغور نژادی منسجمی را حفظ کنند، حتی اگر برخی از آنان ویژگیهای جسمانی مشابه ای داشته باشند. گذشته از این، جامعه شناسی نوین توجیه علمی برای مفهوم نژاد سراغ ندارد[12]. انسانها را نمی‌توان بر اساس ویژگیهای جسمانی به گروههای متمایز بخش کرد. در عمل بسیاری از افراد را می‌توان در چندین گروه نژادی جای داد در حالی‌که بسیاری دیگر را در هیچیک از نژاد های شناخته شده نمی‌توان طبقه بندی کرد. در یک محاسبهٔ ساده، هر فرد، دو نفر به عنوان پدر و مادر، چهار پدر بزرگ و مادر بزرگ، هشت جد وجدهٔ اعلا، و به همین ترتیب اگر به عقب برویم هزاران میلیون نیاکان در دوران باستان داشته است. از آنجا که این همه انسان بر کره زمین حضور نداشته اند بی‌تردید آمیزش بیشمار میان گروههای انسانی روی داده است. بنابراین تمایز گروههای انسانی تحت عنوان نژاد های متفاوت، ناشدنی به نظر می‌رسد. افزون بر این، اگر عوامل اجتماعی که موجب عقب ماندگی برخی از گروههای انسانی بوده اند حذف نماییم، اختلافات ظاهری میان این گروهها بسیار ناچیز خواهد بود. با وجود این، انسانشناس آلمانی "یوهان فردریک بلومن باخ" نخستین بار طبقه بندی از نژاد های انسان ارائه داد که هنوز در بسیاری از کتابهای آموزشی مشاهده می‌شود. بر اساس این طبقه بندی، انسانها را به پنج گروه نژادی قفقازی

۹   زبانهای گروه هند ـ اروپایی یا آریایی زبانهای آلبانی، ارمنی، آلمانی، یونانی، اسلاوی، هند ـ ایرانی را شامل می‌شوند. زبان انگلیسی بخشی از گروه زبانهای آلمانی است.

۱۰   Howard Fast, The Jews, Story of a People, p 282, Dell Publishing, New York, 1968

۱۱   Langmuir GI. Toward a definition of anti-semitism. p 311, University California Press, 1996

۱۲   Montigu A. Man's most dangerous myth: The fallacy of race. Oxford University Press, 5th edition, 1974

یا اروپایی، نژاد مغولی یا آسیای شرقی، نژاد سرخ یا هندِ امریکایی، نژاد سیاه یا افریقایی، و نژاد استرالیایی و آسیای جنوبی بخش کرده اند.

به هر حال گرفتاری اصلی اسطوره آریایی، معرفی یهودیان به عنوان یك نژاد متمایز نیست. ضعفِ عمده این فرضیه در رابطه علت و معلولی میان خصایص جسمانی و ویژگیهای فرهنگی گروههای انسانی است. رابطه ای که دانش امروزین به هیچ وجه آن را تایید نمی‌کند[13] و در حقیقت بیش از یافته های علمی، غرض ورزیهای بنیانگذاران آن در پشت این فرضیه ایستاده است[13] .

سرانجام کارل دورینگ[15]، فیلسوف و اقتصاددان آلمانی، از اسطوره آریایی جانبداری کرد و داستان توطئه غصب قدرت توسط یهودیان، "این نمونه انسانهای پست و نامرغوب" را به اسطوره آریایی افزود. بر اساس پیش بینی دورینگ، یهودیان در پی کسب قدرت به منظور نابودی نژاد برتر آریایی بودند. این چنین نطفه "نژاد برتر آریایی" و ترس از نابودی آن توسط یهودیان، بسته شد و جوانه زد و ریشه در خاك گستراند. این فرضیه سخت به مذاق بیسمارك صدراعظم آلمان خوش آمد و سرانجام لزوم تفویض قدرت فراوان به بیسمارك، به منظور پیشگیری از این "توطئه شوم" مطرح شد که پیروزی او را در کسب قدرت دولتی تضمین نمود.

۲ ـ ریشه های تاریخی یهودی ستیزی

گرچه واژه "آنتی‌سمی‌تیسم" از اواخر قرن نوزدهم مورد استفاده قرار گرفت،

---

۱۳   Langmuir GI, Toward a definition of anti-semitism, p 312, University California Press, 1996

۱۴   Jensen AR, et al. Environment, heredity and intelligence, Harvard Educational Reprint Series, No.2, Cambridge, Mass. 1969

۱۵   کارل دورینگ   (1833-1921) Eugene Karl Duhring به نوعی سوسیالیسم که در آن، برخلاف مارکسیسم، سرمایه و کار با یکدیگر در توافق و همگونی هستند باور داشت. نقطه نظر های او توسط فردریك انگلس در اثر معروفش به نام آنتی دورینگ Anti-Duhring در سال ۱۸۷۸ مورد نقد قرار گرفته است. آثار دورینگ عموماً رنگی از ملی گرایی افراطی و یهودی ستیزی دارند.

ولی تمایلات و فعالیتهای ضد یهودی قدمت تاریخی چند هزار ساله دارند. ریشه دشمنی با یهودیان در کجاست؟ با وجود اینکه ماهیت یهودی ستیزی آگوستین مقدس، مسیحیت قرون وسطی، ولتر، مارتین لوتر و ناسیونال سوسیالیسم قرن بیستم بسیار متفاوت می‌باشد، به نظر ویل دورانت ریشه این عداوت و تنفر بیشتر اقتصادی بوده که همواره در طول تاریخ در پوششی فرهنگی مستور شده است[16].

یهودی ستیزی دوران پیش از ظهور مسیحیت همواره به صورت پراکنده و ناهمگون آشکار می‌شد و سبب اصلی آن نوعی اعتراض به آداب و رسوم متفاوت یهودیان بود[17]. در این دوره از تاریخ، پارسیان، یونانیها و رومیان هویت اجتماعی مستقل خویش را داشتند که اثری از فرهنگ یهودیت در آن به چشم نمی‌خورد. از این روی فقط به سبب آنکه فرهنگ یهودیان با فرهنگ این اقوام متفاوت بود آن را به مسخره می‌گرفتند[18]. به بیان دیگر، ویژگی شیوهٔ عبادت یهودیان و دلبستگی شدید آنها به مذهب، همواره بهانه ای بود در دست دیگران تا تضییقات سیاسی و اقتصادی فراوانی را بر آنان اعمال کنند. درک "تاسیتوس" تاریخ نویس روم باستان و تمایلات ضدیهودی او را به دقت می‌خوانیم[19]. تاسیتوس می‌نویسد: "یهودیان مردمانی هستند که شبات را تقدیس می‌کنند، دستهایشان را به سوی ابرها دراز کرده و برای خدایی ناپیدا که ساکن بهشت است عبادت می‌نمایند. چون پدرانشان گوشت خوک نخورده اند، معتقدند که خوردن گوشت خوک همانند گوشت انسان ممنوع است. پس از

16   Will Durant, Story of the Civilization,IV:385, Simon and Schuster, New York, 1950

17   Langmuir GI, Toward a Definition of Antisemitism, p 57, University California Press, 1996

18   Langmuir GI, Toward a Definition of Antisemitism p 6, University California Press 1996

19   Kautsky K. Foundations of Christianity. p 265-266, Monthly Review Press, New York 1972

تولد فرزندان پسر، پوست آلت آنان را می‌برند. در حالی که قوانین روم را خوار می‌شمارند، قوانین مذهبی خویش را زود فرامی‌گیرند و سخت از آن پیروی می‌کنند. قوانینی که موسی در طومار مرموزی به آنها هدیه کرده است. راه به راه گم کردگان نشان نمی دهند مگر آنکه از هم کیشانشان باشند و فقط تشنگانِ ختنه شده را به لب چشمه آب هدایت می کنند. این چنین است آموزشهای خدایی که آنها می‌پرستند. خدایی که برایش هر شنبه دست از کار می‌کشند و در آن روز از هر چیز که بوی زندگی می‌دهد پرهیز می‌نمایند". در جایی دیگر تاسیتوس می نویسد که " یهودیان با متداول کردن ختنه فرزندان پسر می‌کوشند تا خود را از دیگر اقوام متمایز کنند".

در روم قدیم، امپراتوران با اتکا به ارتش نیرومندی که در خدمت داشتند با هرگونه سازمان مردمی، حتی بی آزارترین آنها، دشمنی می‌ورزیدند. بسیاری از آنان یهودیان را، به خاطر انسجامی که در اعتقاد به یهوه و رعایت آداب مذهبی از خود نشان می‌دادند، نوعی سازمان مردمی تلقی کرده و همواره با بی اعتمادی و دشمنی با آنها برخورد می‌کردند [۲۰]. دیرینه گی آزار های گروهی یهودیان به دوران امپراتوری "تی بریوس"، بین سالهای ۳۲ پیش از میلاد و ۳۷ میلادی، باز می‌گردد. به خاطر وابستگی تاریخی ـ فرهنگی نزدیك میان مسیحیت و یهودیت، دشمنی مسیحیان با یهودیان در طول تاریخ از دیگر اشکال یهودی ستیزی شدیدتر بوده است [۲۱].

پس از ظهور مسیحیت، به ویژه پس از تحکیم آن به عنوان قدرت سیاسی در قرن چهارم میلادی، دو مقوله [۲۲]، یکی موضوع به صلیب کشیدن عیسی [۲۳] و

---

۲۰   Foundations of Christianity, Karl Kautsky, pp 269, Monthly Review Press, New York, 1972

۲۱   Langmuir GI, Toward a Definition of Antisemitism, p 57, University California Press 1966

۲۲   Encyclopedia Judaica, CD-ROM edition, Anti-Semitism p 7

۲۳   در کتاب ماتیو، آیهٔ ۲۵ از باب بیست و هفتم، هنگام صلیب کشیدن مسیح "مردم فریاد زدند که ما و فرزندانمان مسئولیت خون وی را به دوش می‌گیریم".

دیگری شناخت یهودیان به مثابهٔ نیرویی شیطانی[۲۳] محور اصلی دشمنی میان مسیحیان و یهودیان را تشکیل داده و همواره دستاویزی در دست مسیحیان بوده است. یك مسیحی خداشناس و با ایمان، مسئولیت رفتار معدودی یهودی ساكن اورشلیم را نسبت به مسیح به گردن یهودیان سراسر جهان می‌انداخت و در نظر وی این كاری غیرعادی و یا غیرانسانی نمی نمود. با وجود اینکه فرد مسیحی در انجیل لوك خوانده بود که "اجتماعی بزرگ از یهودیان ورود مسیح را به اورشلیم خوش آمد گفتند"[۲۵] و هنگامی که او صلیب را به پشت خویش حمل می‌کرد " انبوهی از مردان و زنان برای او سوگواری کردند"[۲۶] و پس از به صلیب کشیده شدن مسیح " همه آنهایی که در آنجا حاضر بودند بر سینه کوفتند و اشك ریختند"[۲۷]، ولی همواره این رفتار که دلالت بر همدردی بیشتر یهودیان با مسیح بود، همواره به بوته فراموشی سپرده می‌شد و تحت تاثیر سیاست امپراتوری روم، نقش حکمران رومی در رابطه با قتل مسیح با اهمیت تر جلوه می‌گرفت[۲۸]. کشیشان، به ویژه در روزهای مقدس، بر سر هزاران منبر داستان به صلیب کشیده شدن مسیح را با آب و تاب موعظه می‌کردند و در این روزها، یهودیان، معمولاً در خانه های خود مخفی می‌شدند مبادا که حضورشان در اجتماع، مسیحیان را تهییج کرده و آنها را وادار به اعمال خشونت کند[۲۹]. از این پس دشمنی با یهودیان تحت عنوان "قاتلان مسیح" توجیه می‌گردید. در

---

۲۳   در کتاب جان، آیهٔ ۳۳ از باب هشتم، عیسی رو به مردمی که به وی اعتراض دارند می‌گوید: "شما فرزندان شیطان و مانند پدرتان شیفته رفتار شیطانی هستید".

۲۵ انجیل لوك آیه ۳۷ از باب ۱۹

۲۶ انجیل لوك آیه ۲۷ از باب ۲۳

۲۷ انجیل لوك آیه ۳۸ از باب ۲۳

۲۸   Encycolpedia Judaica, CD-ROM edition, Anti-Semitism, p 8

۲۹   Lacroix Paul. Manner, Customs and dress during Middle Ages, P 439, New York, 1876

فاصلهٔ بین قرن چهارم تا یازدهم میلادی، دشمنی با یهودیان بسیار متغیر بود و با اشاعهٔ مسیحیت در بخشهای بزرگی از اروپا، بر شدت آن افزوده شد. در این دوره، به منظور تشویق یهودیانِ ساکن امپراتوریِ بیزانس به قبول مسیحیت، قوانینی وضع گردید که به موجب آن یهودیان از شرکت در ارتش و ادارات دولتی محروم بودند، مالیات ویژه می‌پرداختند و به خاطر آن که از مسیحیان متمایز شوند مجبور به پوشیدن وصلهٔ زرد بودند. ناگفته نماند که این گونه فعالیتهای یهودی ستیزی هر از گاه، در پرتو تحریکات کلیسا، اشکال خشونت آمیز و زشتی به خود می‌گرفت. در پایان قرن یازدهم، مشخصاً در سال ۱۰۹۶ که همزمان با آغاز جنگهای اول صلیبی بود، کشتارهای همگانی گسترده ای از یهودیان اروپا صورت گرفت.

در این رابطه که یهودی ستیزی این دوره ریشهٔ فرهنگی داشت یا اقتصادی، دیدگاههای گوناگونی بیان شده است. به بیان دیگر، آیا تنفر از یهودیان از این بابت بود که مسیحیان آنان را "قاتلان مسیح" می‌شناختند و یا در پس این دشمنی منافع اقتصادی برخی دیگر نهفته بود؟ برای روشن شدن این مساله، توجه به نقش عوامل اقتصادی در پس این دشمنیها ضروری به نظر می‌رسد.

رقابت اقتصادی میان یهودیان و مسیحیان، همواره با درگیری، تنفر و انزجار همراه بود. با رشد اقتصاد در جهان مسیحیت و ورود صرافان مسیحی در بازاری که پیش از این، کم و بیش در انحصار یهودیان بود این اختلافات به اوج خود رسید. از این روی، قربانیان اصلی یهودی ستیزی این دوره صرافان یهودی و یهودیان در راس امور مالی دولتها، بودند.

عامل دیگری که به رشد یهودی ستیزی کمک کرد خوی سکون طلبی و تنگ نظری است که از ویژگیهای زمینداری و کشاورزی بود[30]. این خلق و خو با روحیه بی قرار و ماجراجویانه تجارت و داد و ستد همواره ناسازگار بود. درواقع

---

۳۰   Foundations of Christianity, Karl Kautsky, p 264, Monthly Review Press, New York, 1972

زمینداران بزرگ، به دادو ستد به گونه ای که آنان را از زمین جدا می‌کرد رغبت نشان نمی دادند و بیشتر این شیوهٔ امرار معاش را مذموم می‌شماردند. دشمنی با دادو ستد و تجارت، به تدریج مترادف دشمنی با یهودیان گردید. به بیان دیگر، از آنجا که یهودیان در زمینه داد و ستد نقشی چشمگیر داشتند به تدریج تنفر از دادوستد به تنفر از یهودی بدیل شد. البته همین زمینداران بزرگ دیگر به خاطر نمی آوردند که این پدران و اجدادِ خود آنان بودند که با سلب حق مالکیت زمین از یهودیان، آنان را به داد و ستد و صرافی سوق داده بودند. ارباب تنفر خود را از دادو ستد به رعایا نیز الغا می‌کرد و این خود عاملی مهم در تلخی روابط میان کشاورزان و یهودیان در طی سالهای قرون وسطی به شمار می‌آمد.

با تیرگی اوضاع اجتماعی و اقتصادی، دشمنی با یهودیان نیز شدت می‌گرفت. این دشمنی در بسیاری از مواقع ساده ترین راه ابراز اعتراض توده ها به شرایط سخت اقتصادی و اجتماعی موجود بود. مردم اگر جرات و توانایی اعتراض به شاهان و امپراتوران خودکامه، اشراف، ملاکان بزرگ، امرای ارتش و حتی رباخواران را نداشتند ولی یهودیان بی دفاع همواره در دسترس همه بودند.

برخورد کلیسا به درگیریهای میان مسیحیان و یهودیان اشکال متفاوت و گهگاه غیر منتظره ای داشت. هر از گاه در ایتالیا و دیگر کشورهای اروپایی از یهودیان تحت عناوین نگهبانان "قانون و تورات" و یا " شاهدانِ زنده آیات الهی " تقدیر می‌شد. اما اینجا و آنجا کلیسا با وضع قوانین تازه، زندگی را بر یهودیان سخت تر می‌گرفت[31] و به ویژه در مورد ازدواج میان افراد یهودی و مسیحی، کلیسا معمولاً سختگیری بیشتری نشان

---

۳۱   در سه نوبت، در سالهای ۴۳۹، ۵۳۵ و ۵۸۹ میلادی، کلیسا یهودیان را از ارتقا به مشاغلی که احیاناً حق تنبیه مسیحیان را به آنها می‌داد منع کرد. در موردی دیگر، مجمع اولئان در سال ۵۳۸ میلادی یهودیان را موظف کرد که در روزهای مقدس از خانه های خود بیرون نیایند. البته در این رابطه کلیسا مدعی بود که این تمهیدات صرفاً به خاطر امنیت خود یهودیان در نظر گرفته شده بود.

جنگهای صلیبی گرچه با هدف بازپس گیری اورشلیم از مسلمانان آغاز شد ولی تمایلات و فعالیتهای یهودی ستیزی را در اروپا به شدت دامن زد. با شروع نخستین جنگ صلیبی (۱۰۹۶ تا ۱۰۹۹) بسیاری از مسیحیان، از جمله فرمانده نیروهای صلیبی، در این شبهه بودند که ابتدا باید یهودیان اروپا را قلع و قمع کنند و سپس به مسلمانان اورشلیم بپردازند. "گادفری"، فرمانده صلیبیون مدعی بود که انتقام خون مسیح را از یهودیان خواهد گرفت. او اعلام کرد که هیچ یک از آنان را زنده نخواهد گذاشت مگر آنکه همه مسیحیت را پذیرا شوند. در پشتیبانی از این ادعا، کشیشی، با استناد به "سندی مقدس" که به ظاهر در اورشلیم کشف شده بود، غسل تعمید یهودیان را وظیفه اخلاقی هر مسیحی معرفی کرد.[٣٤] این اخبار وحشتی بزرگ در جوامع یهودی اروپا به راه انداخت و حخامیم چندین روز عبادت و روزه گیری را تجویز کردند. به هر حال جو حاکم حربه ای به دست متعصبان داد تا در هر فرصتی به کشتار همگانیِ یهودیان دست بزنند.

در تایید نقش عوامل اقتصادی، "رانسیمان"[٣٥] کشتارهای یهودیان اروپا در آغاز جنگهای صلیبی را این چنین تحلیل می‌کند: به موازات بالاگرفتن دامنهٔ

---

٣٢   در سال ۱۲۲۲ مردی را که یهودیت آورده و با دختری یهودی ازدواج کرده بود، سوزاندند. در سال ۱۲۳۳ مجمع لاتران فتوا داد که " هرگاه، به غلط ازدواجی میان یک مسیحی و یهودی روی دهد، شوهر باید وصله ای رنگی به کلاه خود و زن به لباس بدوزد تا در مجامع عمومی از دیگران متمایز شوند. این مشابه مقراتی بود که پیشتر مسلمانان بر علیه اهل ذمه در سرزمین های اسلامی وضع کرده بودند. شکل، رنگ و اندازه این وصله از طرف مجامع کلیسا در محل تعیین می‌شد. این فرمان در سال ۱۳۱۸ در انگلیس، بسال ۱۲۱۹ در فرانسه، به سال ۱۲۷۹ در بوهم و هر ازگاه در اسپانیا، ایتالیا و آلمان به مورد اجرا درآمد.

٣٣   Coulton GG, Medieval Panorama, p 352, New York, 1944

٣٤   Graetz H, History of the Jews, III, 299, Phila 1891

٣٥   Runciman S. A History of Crusades. I:135, New York 1964

وام‌گیری از یهودیان در قرن یازدهم، به تنفر از آنان در میان اقشار مسیحی نیز افزوده شد. شوالیه‌هایی که برای شرکت در جنگهای صلیبی آماده می‌شدند برای تامین مخارج خود، نیازمند به وام یهودیان بودند. در دیدگاه آنها به هیچ وجه عاقلانه نبود که برای دفاع از مسیحیت در این "جنگ مقدس" می‌بایست از "قاتلان مسیح" وام می‌گرفتند و احیاناً وامهایشان را نیز باز پرداخت می‌کردند.

"مایر"[36] با بهره‌گیری از این گونه تحلیل می‌نویسد: مانند آزار‌های یهودیان پایان قرون وسطی، در این دوره نیز بحث درباره یهودیان تحت عنوان "قاتلان مسیح" فقط پوششی بود بر انگیزهٔ اصلی یعنی "حرص و آز".

پس از شکست مسلمانان در جنگ‌های اول صلیبی، همواره آنان در صدد بودند تا اورشلیم را آزاد کنند و مسجد مقدس اقصی را از "دست ناپاك مسیحیان" باز پس گیرند. در سال ۱۱۳۳ میلادی برده زاده‌ای به نام زنگی، ملقب به شاهزاده موصل، به بخشهایی از متصرفات مسیحیان حمله کرد و این سر آغازی برای بسیج توده‌های مسیحی   در جنگهای دوم صلیبی (۱۱۳۶ تا۱۱۳۸) بود. در پس شکست صلیبیون، انبوهی از مسیحیان به بخاك و خون کشیده شدند. در پس این وقایع، اروپا در حیرتی بزرگ فرو رفت. مگر ممکن بود که پروردگار این چنین شکست رقت باری را بر مردمی که در راه او شمشیر می‌زدند روا دارد؟ در پاسخ سرکردگان و بزرگان کلیسا این شکست را کفاره گناهان مسیحیان تشخیص دادند و چه گناهی بالاتر از حضور یهودیان. از این روی، به دنبال این شکست، شعار "جنگهای صلیبی در درون مرزهای مملکت" مطرح شد که تعبیری جز آزار و کشتار همگانی بیشتر یهودیان نداشت.

شدت تنفر و کینه توزی میان مسیحیان و   یهودیان این دوره را در متن اندرزهای پطر مقدس، راهب "کلونی" به لویی هفتم، پادشاهِ فرانسه می‌توان یافت: " من نمی‌گویم که این موجودات منفور را باید نابود کرد... خداوند به قتل آنان رضا نمی‌دهد، اما باید که مانند قابیلِ بردار كش از شکنجه‌های هولناك رنج ببرند، باید آنها را برای خواری و رسواییهایی بس بزرگتر حفظ

---

۳۶ Meyer HE. The Crusades. p 44, New York 1972

کرد، برای زندگی که تلختر از مرگ است"^{۳۷}. البته لویی هفتم به این اندرزها
وقعی نگذاشت و فقط به سرکیسه کردن یهودیانِ ثروتمند بسنده کرد. برعکس،
در آلمان قضیه به این سادگیها برگزار نشد. با طرح شعارِ "جنگ صلیبی در درون
مرزهای کشور" کشتارهای همگانی گوناگونی در آلمان از یهودیان صورت
گرفت. این رخدادها، بسیاری از یهودیان را ناگزیر کرد تا به فلسطین، لهستان و
لیتوانی مهاجرت کنند.

انگیزه های اقتصادی یهودی ستیزیِ این دوره در رابطهٔ با یهودیان
انگلیس با آشکاری بیشتری مشاهده می‌شود. یهودیان انگلیس از دیر باز از
زمینداری محروم بودند و به پیشه های صرافی، دادوستد و رباخواری اشتغال
داشتند. همان گونه که پیشتر نیز به آن اشاره شد، در جریان جنگهای صلیبی،
دوکها، شوالیه ها و زمینداران بزرگ برای تامین مخارج جنگها از یهودیان وام
می‌گرفتند و برای باز پرداخت این وامها درآمد حاصل از زمینهای خود را به
یهودیان وعده می‌دادند. این قول و قرار ها، از دید کشاورزانِ مسیحی که روی
زمینهای دوکها و بارونها عرق می‌ریختند، نوعی بهره کشی یهودیان از آنان تلقی
می‌شد. کشاورزان از این زاویه به مساله می‌نگریستند که می بایست روی زمین
ارباب رنج می‌بردند و ثمره دسترنجشان، سرانجام به جیب یهودیان سرازیر
می‌شد و از این بابت سخت ناخشنود بودند. در چنین شرایطی توده کشاورزان
از هر دستاویزی که به آن بهانه می‌توانستند برعلیه ساکنان یهودی وارد عمل
شوند، و بدین ترتیب نا خوشنودی خود را از ارباب ابراز دارند، حد اکثر
استفاده را می‌کردند. از سوی دیگر، دوکها و بارونها هم از تضاد میان کشاورزان
و یهودیان بهره می‌گرفتند و با به هم انداختن این دو، از پرداخت بدهی های
خود به یهودیان سر باز می‌زدند. برای نمونه در سال ۱۱۳۳ مسئله خون گیری از
کودکان مسیحی دوباره مطرح شد و دستاویزی به دست کشاورزان داد تا به
یهودیان و خانه های آنان حمله کنند. پادشاه نیز به شرطی میانجیگری می‌کرد
که یهودیان از مطالباتشان چشم پوشی کنند. در موردی دیگر هانری سوم که

۳۷   Graetz H. The history of the Jews, III:350, Philadelphia 1891

مبلغ چهارصد و بیست و دو هزار پوند از یهودیان وام گرفته بود در جشن تاجگذاری ریچارد اول در سال ۱۱۹۰ میلادی، یهودیان را متقاعد کرد که برای پشتیبانی از سلطنت، از بازپرداخت وامهای خود چشم پوشی کنند. درهمین سال، "ریچارد دو مالابستیا" که سخت به یهودیان بدهکار بود در شهر "یورك" بلوایی به راه انداخت که در جریان آن سیصد و پنجاه نفر از یهودیان به قتل رسیدند و بدهی او نیز مسکوت ماند.

در فرانسه، با ادامه جنگهای صلیبی و نیاز به تامین هزینه های سنگین آن، با یهودیان کم و بیش همانند انگلیس رفتار می شد. سلب مالکیت از یهودیان و یا باجگیری از آنان در برابر رفع اتهام از آنان کاری بسیار سود آور بود و قدرتمندان هر از گاه از آن بهره مند می‌شدند. در سال ۱۱۸۰ میلادی، فیلیپ آگوستوس، گروهی از یهودیان را به جرم مسموم کردن چاه آب، به زندان افکند و پس از دریافت خراج هنگفتی آنان را آزاد کرد و در سال ۱۲۵۳ بار دیگر از یهودیان سلب مالکیت کرده، بسیاری از آنان را به قتل رسانیدند. در ۱۳۰۶ نیز بسیاری از یهودیان فرانسه را زندانی کردند و بیش از صد هزار نفر از آنان را بدون آنکه بتوانند چیزی از دارایی خود را با خود ببرند، از کشور اخراج کردند. این برنامه آن چنان سودآور بود که پادشاه، حتی به کالسکه ران خویش یکی از کنیسا های مصادره شده را هدیه کرد.

در سال ۱۳۳۸، پس از همه گیریِ بیماری طاعون در اروپا، دولتهای فرانسه و انگلیس دوباره دست به آزار و اخراج یهودیان زدند. این گونه اخراجها به کشور های دیگر نیز سرایت کرد و تا سال ۱۵۲۰ همچنان ادامه یافت. در نیمه دوم قرن شانزدهم کم کم یهودیان به اروپای غربی پذیرفته شدند. اخراج و پذیرش مجدد یهودیان در این کشور در ارتباط با مساله رباخواری بود. به این معنی که رباخواری در مسیحیت مذموم بود و از این رو دولتها هنگام نیاز به وام برای تامین مخارج جنگها، نیاز مالی سلاطین و دوکها و برای تامین وامهای کوتاه مدت برای ساکنان فقیر مسیحی، یهودیان را به کشور می‌پذیرفتند. این شرایط یهودیان را در وضعیتی بسیار نامناسب قرار می‌داد و دشمنیِ تودهٔ مسیحی را بر علیه آنها به شدت برمی‌انگیخت. حامیان پذیرش یهودیان به درون کشور، مساله را از زاویه حفظ مسیحیت از رباخواری و فساد اخلاقی می‌دیدند و حضور یهودیان

را همانند نیاز به فحشا برای پشتیبانی از ازدواج و پیشگیری از همجنس بازی توجیه می‌کردند. با رشد سرمایه داری و نیاز به سرمایهٔ مالی، به تدریج از زشتی رباخواری کاسته گردید و نیروی بازار مسیحیان را نیز جذب این رشته از مشاغل کرد.

در آستانهٔ قرن سیزدهم حدود یک پنجم املاک و زمینهای اروپا در مالکیت کلیسا بود و از نظر سیاسی نیز مذهب از قدرت بلامنازعی برخوردار بود. زیاده رویهای کلیسا همراه با رفتار غیر اخلاقی پاپها سلسله مراتب کلیسا را سخت تحت فشار قرار داد. از سوی دیگر، با اختراع دستگاه چاپ و توزیع کتاب مقدس در ابعاد گسترده، انحصار فهم مقولات مذهبی به تدریج از دست کلیسا بیرون آمد. حاصل آنکه جنبشهای اعتراضی بیشماری بر علیه کلیسا ظهور کرد که بزرگترین آن جنبش اصلاح طلبی پروتستانیسم بود که در قرن شانزدهم توسط مارتین لوتر مطرح شد. لوتر پشتیبانیِ گستردهٔ یهودیان، که بیش از دیگران تحت ستم کلیسا قرار داشتند، را انتظار می‌کشید و هنگامی که از این بابت ناامید شد، ابتدا از در دشمنی با صرافان یهودی و سپس بر علیه همه یهودیان در آمد. درسال ۱۵۳۷، تقاضای یهودیان را برای شفاعت، هنگام اخراج آنان از ساکسونی، رد کرد و آنها را در ردیف دشمنان عقیدتی خویش یعنی پاپهای کاتولیک قرار داد. لوتر گفت"یهودیان و پاپها هر دو بدبختهای بی‌خدا هستند... مانند دو لنگه جوراب که از یک قماش بافته شده اند". لوتر در سالهای آخر عمر دچار نوعی یهودی ستیزی افراطی گردید. او متهم کرد که "یهودیان مردمانی کله شق و مغرور هستند...مدرسه و کنیساهایشان را باید به آتش کشید و بر آنها گوگرد و قیر پاشید....این کار را با افتخار باید انجام داد تا پروردگار بداند که ما مسیحیان واقعی هستیم، بگذار خانه هایشان ویران گردد.... تلمود و تورات از آنها باز پس گرفته شود....واعظان شانِ بیمار شوند تا نتوانند تدریس کنند"[۳۸] . لوتر با همه اختلافاتی که با کلیسای کاتولیک داشت در این نکته که "مسیحی نیاز به کلام بی چون و چرای پروردگار دارد تا با اعتماد، با آن زندگی کند و با آن باور بمیرد" با

---

۳۸   Durant W. The Story of Civilization. VI: The Reformation, p 422, Simon and Schuster, New York 1957

کلیسا هم عقیده بود. در سال ۱۵۳۲ لوتر در رساله ای زیر عنوان " یهودیان و دروغهایشان" یك رشته گلایه و تهمت بر علیه آنان مطرح کرد. از آن جمله که " یهودیان مسیح را پذیرا نشدند و این همه درد و رنج که آنها تحمل می‌کنند به خاطر تنفر خدا از آنان است"، "تلمود رباخواری و قتل مسیحیان را موجه جلوه می‌دهد.....آنها چشمه ها و چاههای آب را مسموم می‌کنند و یا خون کودکان مسیحی را در مراسم مذهبی مورد استفاده قرار می‌دهند". لوتر مردم را اندرز داد تا خانهٔ یهودیان را بسوزانند، مدارس و کنیساها را تعطیل کنند، از یهودیان سلب مالکیت نمایند، مردان و زنان یهودی را به کار اجباری وادارند و دولت باید زبان یهودیانی را که مسیحیت را نمی‌پذیرند، ببرد.

این گونه آموزشها دلالت بر آن دارد که یهودی ستیزیِ پروتستانیسم چندان دست کمی از دشمنیِ کلیسایِ کاتولیك با یهودیان نداشت[۳۹]. شاید تخم یهودی ستیزی که قرنها پروتستانها در آلمان کاشتند در آمادگی افکار عمومی مردم برای تن دادن به فاجعهٔ "هولوکاست" بی‌تاثیر نبود[۴۰].

بدین ترتیب، آزار یهودیان ادامه یافت و به قولی هر یهودی حتی دعای ویژهٔ روز شهادت خود را ازبر داشت.[۴۱] در پس این فشارها و آزار ها اغلب، تب انباشت ثروت بر ترس از عذاب وجدان غلبه می‌کرد. انگیزه های سودجویانه اقتصادی همواره در پوشش و لفافه ای از قبیل مسموم کردن چاه آب، شیوعِ طاعون، خون گرفتن برای جشن پسح[۴۲]، بی احترامی

---

۳۹   Durant W. The story of Civilization. VI: The Reformation, p 727, Simon and Schuster, New York 1957

۴۰   همانجا

۴۱   Cambridge Medieval History, VII:641, New York 1924

۴۲   نخستین سند تاریخیِ این گونه اتهام در رابطه با قتل ویلیام، جوانی از اهالی نورویچ William of Norwich، در سال ۱۱٤٤ میلادی است. جسد ویلیام را حوالی شهر نورویچ در انگلیس یافتند، زیارتگاهی در گورستان وی بنا نهادند و داستانهای بیشماری حول و حوش بهره گیری از خون وی در مراسم پسح ساختند ◄

به کلیسا[43] و کوشش در یهودی کردن مسیحیان عرضه می شد که به راحتی مردم کوچه و بازار را بر علیه آنان تهییج می‌کرد. افزون براین، در سر هر کوی و برزن همواره کودکان بیشماری در انتظار این "وصله زرد پوشان" بودند تا آنها

که تا قرن نوزدهم کشیشان در منابر گوناگون آن را زمزمه می‌کردند. قتل عام یهودیان سال ۱۳۳۰ را در رابطه با این اتهام می‌شناسند.

در سال ۱۳۵۵ در لینکلن شایع گردید که پسرکی به نام هیو را به محله یهودیان برده و در میان ابراز احساسات جمعی، از او برای مراسم عید پسح خون گرفته اند. دیری نپایید که دسته های مسلح وارد محله شدند و رهبر مذهبی یهودیان را که به ظاهر این مراسم در حضور او انجام شده بود، دستگیر نمودند. او را به دم اسب بستند و در محله کشاندند و سپس وی را همراه ۱۸ تن دیگر حلق آویز کردند. از آن پس، مسیحیان ساده لوح و متعصب کلیسای شهر لینکلن را به زیارتگاهی تبدیل کردند. در این رابطه در کلیسای شهر لینکلن هنوز این اعلامیه این به چشم می‌خورد "این داستان به اشکال متفاوت، چه در انگلستان و چه در دیگر کشور های جهان مطرح گردیده است و همه دلالت بر خرافات، تعصب و تنفر بر علیه یهودیان قرون وسطا دارد. داستان قتل مسیحیان به منظور استفاده از خون ایشان در مراسم عید پسح داستانی بی پایه و اساس است....و از قرن سیزدهم به بعد، کلیسا، همواره کوشیده است تا یهودیان را در برابر تنفر مردم عامی و این گونه اتهامات پشتیبانی کند".

"شهادت" ریچارد پونتوز Richard Pontoise در پاریس در سال ۱۱۷۹ و "شهادت" دومینگو وال Domingo of Val در سال ۱۳۵۰ در ایالات آراگون اسپانیا نمونه های دیگری از این گونه اتهامات بودند.

۴۳   بیش از ۱۲۰ نمونهٔ متفاوت از حماسهٔ "یهودیِ سرگردان"، برای مقاصد متفاوت، در زمانهای گوناگون، در ادبیات فولکلور اروپاییان نقل شده است. قهرمان اصلی این داستان حماسی، کفاشی یهودی است که عمر جاودانه دارد. نمونه ای از این داستان که از جانب یک اسقف ارمنی به هنگام زیارت صومعهٔ سن آلباس (Saint Albass) در قرن سیزدهم نقل گردیده از این قرار است. اسقف در بازگشت از زیارت مدعی بود که، با مردی یهودی بنام کاتوفیلوس (Cartophilus) که با مسیح ملاقات داشته است، شام صرف کرده است. هنگامی که مسیح صلیب را بر دوش می‌کشید به پشت او می‌زند و از او می‌خواهد که تندتر برود. مسیح در پاسخ می‌گوید " من تندتر می‌روم ولی تو منتظرم باش تا برگردم". از آن تاریخ ارامنه ای که از این صومعه زیارت می‌کردند این داستان را با آب و تاب فراوان تکرار می‌نمودند و به آن نیز می‌افزودند. باور عوام آن بود که کفاش یهودی عمر جاودانه داشته، هر صد سال به بیماری هولناکی مبتلا گردیده، به اغما می‌رود و سپس بهبود یافته، نیروی جوانی را دوباره کسب می‌کند و محاکمه، مرگ و رستاخیز مسیح را مانند روز نخست به یاد دارد. این داستان نه تنها عظمت و جلال پروردگار را تصویر می‌کرد، بلکه بر بی‌احترامی یک یهودی دون پایه به مسیح نیز اشارت داشت. حماسهٔ یهودی سرگردان که مدتها به فراموشی سپرده شده بود، در قرن شانزدهم، هنگامی که اعتقاد مردم به مذهب کاهش نسبی یافته بود و یا در مواقعی که نیاز به تحریک مردم بر علیه یهودیان بود، بر سر هر منبر تکرار می‌شد.

را به سخره گیرند و قلب و روحشان را نیز مجروح کنند. آشکار است که واکنش یهودیان در برابر این رنج و درد سرانجام به صورت نوعی بی اعتمادی به غیر یهودیان جلوه گر می‌شد. بسیاری از آنان همواره از خود و خدای خود می پرسیدند که به خاطر شهادت یک نفر بر روی صلیب، چند میلیون یهودی می بایست مصلوب شوند؟

از نظر تاریخی، تضاد میان مسلمانان و یهودیان کمتر حول محور اختلافات عقیدتی و بیشتر به خاطر مخالفتهای قبایل یهودی ساکن مدینه با پیامبری محمدبن عبداله و آموزشهای او بود. پیامبر اسلام درآغاز، اصل "لااکراه فی الدین" را که به استناد آن مسلمانان، یهودیان، مسیحیان و بت پرستان از حقوقی یکسان برخوردار می‌شدند، مطرح کرد [33]. یهودیان مدینه از جمله یهودیانی بودند که پس ازتخریب معبد دوم اورشلیم و سپس در پی شکست قیامِ برکوخبا به شبه جزیرهٔ عربستان مهاجرت کرده بودند. محمدبن عبداله مانند عیسی اعتراف کرد که انگیزهٔ او برانداختن یهودیت نبوده و فقط برای ارتقای آن، بر اساس آنچه به او الهام گردیده، آمده است. یهودیان که تفاوت چندانی میان آموزشهای پیغمبر و اعتقادات خویش نمی دیدند با او از درِ مخالفت برخاستند [35] و تعابیر او را از تورات و دعوی وی را مبتنی بر "ماشیای موعود" به تمسخر گرفتند. به تلافی آیاتی نازل آمد که به حکم آن یهودیان کتاب مقدس را دستکاری کرده [36]، پیامبرانشان را به قتل رسانیده [37] و ظهور ماشیا را نفی می‌کنند [38]. افزون براین، محمد بن عبداله که در ابتدا اورشلیم را قبله مسلمانان قرار داده بود در سال ۶۲۳ میلادی، به عنوان اعتراض به برخورد یهودیان با آموزشهایش، آن را به مکه تغییر داد. در پس درگیریهای لفظی، برخوردهای نظامی بیشماری میان او و سه طایفهٔ یهودی معروف مدینه درگرفت. در آن روزگار دو طایفهٔ یهودی بنی النفیر و بنی قریظه، به کاشتن نخل و طایفهٔ بنی

---

۳۳ قرآن، سورهٔ البقره، آیه ۲۵۶

۳۵ قرآن، سورهٔ البقره، آیهٔ ۱۱۸ و ۱۱۹

۳۶ قرآن، سوره البقره، آیه ۷۳

۳۷ قرآن، سورهٔ البقره، آیهٔ ۹۰

۳۸ قرآن، سورهٔ البقره، آیهٔ ۱۰۰

قینقاع[39] به زرگری اشتغال داشتند. در سال ۶۲۳، در جنگ بدر، طایفهٔ بنی قینقاع از
مدینه اخراج شدند و سه سال بعد طایفهٔ بنی‌قریظه با میانجیگری سعدبن معاد تسلیم
گردید. چندی بعد، طایفهٔ بنی‌قریظه در خیبر، با همکاری اعراب بر علیه پیامبر اسلام
شوریدند. در این آخرین برخورد یهودیان با پیغمبر، مردانِ طایفهٔ بنی‌قریظه به قتل
رسیدند و زنان و کودکانشان به بردگی در آمدند[50].

انعکاس روابط محمدبن عبدالله و یهودیان را در اختلاف مضمون آیات مکی و مدنی
می‌توان یافت. در آیات مدنی قرآن، که طی سیزده سال از بعثت پیغمبر تا هجرت وی از
مکه به مدینه به او الهام گردیده، موضعی دوستانه با یهودیان مطرح می‌شود. در حالی که
در آیات مکی بیشتر مواضعی دشمنانه در برابر آنان اتخاذ شده است. درجایی گفته شده
است که "سخت ترین دشمن مسلمانان همانا یهود و مشرکان عرب هستند"[51]. در سوره
توبه می‌خوانیم که "با جماعت اهل کتاب که به خدا و روز قیامت ایمان ندارند و آنچه
را خدا و پیامبرش حرام کرده اند، حرام نمی شمارند و پیروی از دین حق نمی‌کنند
کارزار کنید تا جزیه دهند و حقیر شوند"[52]. به استناد این آیه، در سال ۶۳۲ پیامبر اسلام،
مساله پرداخت جزیه را به جای پذیرش اجباری اسلام از سوی یهودیان، مسیحیان و
زرتشتیان مطرح کرد. گرچه اینجا و آنجا حقوق اهل کتاب، به نوعی تامین شده بود ولی
همچنان که از مفاد این آیه برمی‌آید، در بطن آن برتری مسلمانان بر پیروان دیگر ادیان از
جمله یهودیان آشکارست. شرایط جزیه ای که به یهودیان و مسیحیان تحمیل گردید بی
شباهت به آنچه که در طول تاریخ فاتحان بر شکست خوردگان تحمیل کردند، نبود[53].
در رابطهٔ پرداخت جزیه در کتاب دو قرن سکوت این چنین آمده است: "در پرداخت
جزیه نیز در حق آنها تحقیر و استخفاف بسیار می‌رفت زیرا، لازم بود این جزیه را با

---

۳۹   Banu-Nadhir, Banu-Kuraiza and Banu-Kainuka

۵۰   Barnavi E. A Historical atlas of the Jewish People. p 75, Schocken Books, New York 1992

۵۱   قرآن، سوره مائده، آیه ۸۱

۵۲   قرآن، آیه ۲۸ از سوره توبه

۵۳   Abba Eban, Heritage: Civilization and the Jews, p 131, Summit Books, New York 1984

خاکساری و فروتنی به مسلمانان بپردازند. از این رو، عاملی که برای گرفتن جزیه مامور بود، خود می‌نشست و ذمی را که برای پرداخت جزیه آمده بود در پیش روی خویش بر پا می‌داشت. اگر ذمی توانگر بود در هر سال معمولاً چهار دینار از او می‌گرفتند و اگر بینوا بود دیناری بیش نمی‌داد. اما هنگامی که برای ادای جزیه او را پیش می‌خواندند، عامل او را قفایی سخت می‌زد و می‌گفت: جزیه بده ای کافر! و ذمیِ بیچاره ناچار بود دست به جیب برد و جزیهٔ خویش را برآورد و بر کف دست نهد و با نهایت سرشکستگی و خاکساری بپردازد. هنگام گرفتن جزیه لازم بود که دست گیرنده بر فراز دست آن کس باشد که جزیه می‌دهد. غالباً، پس از آنکه این جزیه ادا می‌شد، مهری از سرب به جای رسید جزیه، بدان ذمی می‌دادند که برائت نام داشت و آن را به گردن می‌آویخت تا از مطالبهٔ دوباره مصون بماند. عامهٔ مسلمانان حق داشتند در این مجلس حاضر شوند و این زبونی و حقارت ذمیها را که نشانهٔ قدرت و پیروزی آیین مسلمانان بود تماشا کنند"[54].

قابل توجه اینکه، علما و روحانیون اسلامی دوران خلفای اموی، میان یهودیان و مشرکان اختلاف اساسی قائل بودند در حالی که در ادوار بعدی یهودیان و مسیحیان را فقط گروه خاصی از مشرکان می‌شناختند[55]. با وجود این، در دوره جنگها و کشور گشاییها، اعراب نسبت به یهودیان سرزمینهای نوگشوده منتهای درجه مدارا را مبذول می‌داشتند[56]. به باور پتروشفسکی، اعراب قرن هفتم نه تنها با تعصب دینی بیگانه بودند بلکه پیامبر یهودیان را با محمدبن عبداله برابر می‌دیدند. از لحاظ سیاسی نیز به خاطر انسجام اقلیت یهودی ساکن عربستان، قدرت مرکزی ترجیح می‌داد که با آنان مدارا کند. آنچه مسلم است اینکه، آزار یهودیان در کشورهای اسلامی هرگز اشکال کریه تفتیش عقاید اسپانیا و پرتغال را به خود نگرفت[57]. در واقع پیروزی اسلام از دو جهت شرایط مناسب تری برای یهودیان تامین کرد. نخست، یهودیان در برابر گردن نهادن به قدرت سیاسی‌ـ‌نظامیِ اسلام و حمایت از اعراب در جنگها، امنیت اجتماعی و آزادی اقتصادی

---

۵۳   دو قرن سکوت، به قلم عبدالحسین زرین کوب، صفحات ۲۸۳ و ۲۸۴، انتشارات جاویدان ۱۳۳۰

۵۵   اسلام درایران، ص ۱۰۷، به قلم ا. پطروشفسکی، ترجمه کریم کشاورز، انتشارات پیام ۱۳۵۱

۵۶   اسلام در ایران، ص ۱۰۴، به قلم ا.پطروشفسکی ترجمه کریم کشاورز، انتشارات پیام ۱۳۵۱

۵۷   اسلام در ایران، ص ۱۰۷، به قلم ا. پطروشفسکی، ترجمه کریم کشاورز، انتشارات پیام ۱۳۵۱

کسب کردند . دوم آنکه یهودیان حق اِسکان مجدد در اورشلیم را، که توسط رومیان از آنها غصب شده بود، باز پس گرفتند.

اخراج هاجر و فرزندش اسماعیل از خانه ابراهیم، آن گونه که در تورات آمده است[58]، نقطه حساس دیگری در روابط میان مسلمانان و یهودیان به شمار می‌آید. بسیاری از مسلمانان این را به گونه ای طرد اسماعیل از سوی بنی اسرائیل تلقی کرده و با توجه به اینکه اسماعیل بنیانگذار طایفه قریش محسوب می‌شود اهمیت تاریخی داستان هاجر و اسماعیل در تیرگی روابط میان آنها ملموس می‌شود.

عامل دیگر در تیرگی روابط میان یهودیان و مسلمانان، صدور فرمان عمر بود که در دوران خلافت او از سال ۶۳۳ تا ۶۳۳ میلادی روی داد. این فرمان شامل یک رشته محدودیتهای مذهبی و غیر مذهبی برای اهل ذمه (نامسلمانان صاحب کتاب) بود. ساختمان کنیساهای جدید و تعمیر کنیساهای قدیمی به کلی ممنوع شد و اجرای دست جمعی مراسم دینی و قرائت قرآن از آنان سلب گردید[59]. یهودیان از حمل اسلحه و تصدی خدمات دولتی، حق استخدام کارگران و خدمتگزاران مسلمان و سوار شدن بر اسب محروم شدند. افزون بر این برای آنکه از دیگران متمایز شوند موظف بودند تا وصلهُ زردی به آستین خود بدوزند[60]. بعد ها مفاد این فرمان را که گهگاه در کشورهای اسلامی مورد اجرا قرار می‌گرفت بسیاری از دولتهای مسیحیِ اروپا اقتباس کردند.

بر اثر این فرمان، یهودیان و مسیحیان به پذیرش رشته تعهدات دیگری نیز تن دادند. مضمون تعهداتی که اهل ذمه به خلیفه عمر کردن چنین است: " در شهرهای خود و اطراف آنها کلیسا و دیر و ....نسازیم و هر کدام خراب شود مرمت نکنیم و .....تعهد می‌کنیم که اگر مسلمانانی بر ما وارد شدند سه شب به فراخی از ایشان پذیرایی کنیم و شرع خود آشکار نکنیم و کسی را بدان فرانخوانیم و اگر کسی از خویشاوندان ما اسلام بیاورد او را بازنداریم و مسلمانان را گرامی بداریم و در مجالس خود به احترام ایشان برخیزیم و از آنان سخن نگوییم و به نامها و کنیه های ایشان نامگذاری نکنیم و اسب سوار نشویم و شمشیر حمایل نکنیم و سلاح برنگیریم و .....شراب نفروشیم و به کسی شراب

۵۸   کتاب پیدایش، باب ۲۱ آیات ۹ تا ۱۳

۵۹   Barnavi E. A Historical atlas of the Jewish People. p 80, Schocken Books, New York 1992

۶۰   Abba Eban, Heritage: Civilizaton and the Jews, p 132, Summit Books, New York 1984

نخورانیم و موی جلو سر را بتراشیم و زنار بر کمر بندیم و .....در کلیساهای خود ناقوس جز به ضرب خفیف ننوازیم و در حضور مسلمانان آواز خود به خواندن چیزی بلند نکنیم و برای مردگان خود به بانگ بلند زاری نکنیم و .....مردگان خود را نزد مردگان مسلمانان دفن نکنیم و بردگانی را که در دست مسلمانانند تملك نکنیم و به خانه های مسلمانان ننگریم" [61]. این گونه تنگناها، بویژه در دوران خلافت هارون الرشید و خلیفه متوکل از خلفای عباسی، تشدید شد [62]. محدودیت ورود یهودیان به خدمات دولتی و منع شرکت کودکانشان در مکاتب اسلامی، افزایش پرداخت جزیه، پوشیدن وصله و الصاق صورت شیاطین بر ورودی خانه هایشان از نمونه تنگناها برعلیه یهودیان آن دوره بود [63].

این گونه اقدامات در طول تاریخ تنگناها، آب بی‌اعتمادی، دشمنی و حسادت بر آسیاب پیروان دو مذهب ریخته است. ابن اخوه، صاحب کتاب "معالم القربه فی احکام الحسبه" [64] که در نیمه دوم قرن هفتم می‌زیست ناخرسندی خویش را از آزادیهای اهل ذمه این چنین آشکار می‌کند. "کاش عمربن خطاب یهودی و نصارای امروز را مشاهده می‌کرد که بناهای ایشان بر بناها و مساجد مسلمانان برتری دارد و آنان را با القاب وکنیه های خلفا می‌خوانند....... و به هر حال از اندازه و قدر خود در گذشته اند و ...... اینك بر مرکب مسلمانان سوار می‌شوند و بهترین جامه ها را می‌پوشند و مسلمانان را به خدمت در آورده اند.....".

۳ ـ یهودی ستیزی و ویژگیهای قومی یهودیان

بدون آن که بخواهیم عوامل اقتصادی ـ فرهنگی را که غیر یهودیان در طیِ تاریخِ پراکندگی از آنها بر علیهُ یهودیان استفاده کرده اند انکار کنیم، باید به

---

۶۱   از مزدك تا بعد، به قلم رحیم رئیس نیا، صفحه ۵۸، انتشارات پیام ۱۳۵۸

۶۲   از مزدك تا بعد، به قلم رحیم رئیس نیا، صفحهٔ ۵۷، انتشارات پیام ۱۳۵۸

۶۳   اسلام در ایران، ص ۱۰۵ ، به قلم ا.پطروشفسکی، ترجمه کریم کشاورز، انتشارات پیام ۱۳۵۱

۶۴   از مزدك تا بعد، به قلم رحیم رئیس نیا، صفحه ۵۹ انتشارات پیام ۱۳۵۸

برخی از ویژگیهای قومی یهودیان که همواره آنان را به صورت طعمهٔ دلچسبی در برابر اقوام دیگر قرار داده است، اشاره کنیم. ویژگیهایی که به خاطر آن یهودیان همواره سپر بلای قدرتهای بزرگ تاریخ، بویژه به هنگام بحرانهای اقتصادی و اجتماعی، بوده اند. عواملی که از ویژگیهای درونی جوامع یهودی بوده و از بیرون بر این جوامع تحمیل نشده اند.

یکی از این ویژگیها را در میثاق [65] "سینا"، میان یهوه و بنی اسراییل، جستجو باید کرد. در پنجمین آیه از باب نوزدهمِ کتاب مهاجرت، آفریدگار در کوه سینا با بنی اسراییل پیمان می‌بندد که " اگر مرا به عنوان یگانه خدا و تنها قانونگذار بشناسید و از احکام من اطاعت کنید، در عوض شما را مردمی برگزیده و برتر از دیگر ملل به شمار آورده و همواره نظری خاص معطوفتان خواهم کرد". میثاق میان یهوه و بنی اسراییل، که دومین اصل در آیین یهود به شمار می‌آید به رابطه ویژه ای میان این دو اشارت دارد. نویسندگان تورات و بعد ها بنیادگرایان مذهبی، به استناد این سند و آیات دیگر [66]، براین باور که بنی‌اسراییل در واقع رابطی میان پروردگار و دیگر اقوام بوده و "قومی برگزیده" محسوب می‌گردد، پافشاری کرده اند. بسیاری نیز آن را دال بر نوعی غرور نژادی [67] تعبیر کرده و کوشیده اند تا مرزبندی منسجمی میان یهودیان و غیر یهودیان قائل شوند [68]. این گونه برداشت از رابطهٔ پروردگار و بنی اسراییل جلوه های

---

[65] برگردان عبری آن Berit و در انگلیسی Covenant نامیده می‌شود. افزون بر میثاق سینا، در تورات از چهار میثاق بزرگ دیگر گفتگو می‌شود. میثاق میان یهوه و نوح پیغمبر .... قوس و قزح بر فراز ابرها یادآور میثاق من با تو و همه موجودات زنده باشد که هرگز توفانی حیات را نابود نکند(کتاب پیدایش، باب نهم، آیه ۱۳)؛ پیمان میان یهوه و ابراهیم....تو، پسران و مردان قوم ختنه کنند و در برابر من تمامی این سرزمین را برای همیشه به تو و فرزندان تو ارزانی می‌دارم (کتاب پیدایش، باب هفدهم، آیه ۱۰)؛ میثاق میان یهوه و داود که به استناد آن، سلطنت در خانواده وی موروثی می‌گردد (کتاب دوم سموئیل، باب بیست و سوم، آیه ۵) ؛ و سرانجام میثاق میان یهوه و اهرون، برادر بزرگ موسی، که بر اساس آن نقش کاهنی و کشیشی برای همیشه به خانواده وی اختصاص می‌یابد(کتاب اعداد، باب بیست و چهار، آیه ۷).

[66] کتاب مهاجرت، باب نوزدهم، آیه ۶   کتاب پیدایش، باب سی و دوم، آیه ۲۸

کتاب پیدایش، باب سی و پنجم، آیه ۱۰

[67] Durant W. The history of civilization: Our oriental heritage, I:331, Simon and Schuster, New York, 1963

گوناگونی داشته و در طول تاریخ در تحریکِ حسادت و کینه توزی بر علیهُ یهودیان بی تاثیر نبوده است. ناشی از این مفهوم، غیر یهودیان در دیدگاه یهودیان "ناپاك" ارزیابی می‌شدند و مراودات اجتماعی میان آنها بسیار محدود می‌گردید. یهودیان با پیروی از آیین تغذیهٔ، به گونه ای که در تورات آمده بود، با دیگر اقوام در سر یك سفره غذا نمی‌خوردند، دربارهٔ ازدواجهای مختلط بیش از دیگران سختگیری نشان می‌دادند و خدای همسایگانش را انکار می‌نمودند[69].

این به ویژه در دوره استیلای فرهنگ یونان که اقوام گوناگونِ خدایانِ همسایگانشان را به رسمیت می‌شناختند، به چشم می‌خورد. به استناد این میثاق، برخلاف آنچه که در مسیحیت و اسلام مرسوم گردید، یهودیت سنتی اقوام دیگر را به یهودیت تشویق نمی‌کرد[70]. در طول تاریخِ بیش از سی و دو قرن، تنها در دوران سلطنت داوود و حکومت سلسلهُ مکابی، آن هم برای مدتِ کوتاهی، تشویق دیگر ملل به یهودیگری مرسوم بود که به خاطر مخالفت شدید حخامیم و ملایان سرانجام منسوخ گردید. یهودیت سنتی، بار دیگر بر اثر این میثاق، میان آنان که از مادر یهودی متولد شده و کسانی که به یهودیت گرویده اند، مانند موارد ازدواجهای مختلط، تفاوت قائل است. به رغم آنکه دولت جدید اسرائیل بین این دو تمایزی نمی‌بیند و بر اساس تعریف سال ۱۹۷۰ کسی را یهودی می‌شناسد که یا از مادر یهودی تولد یافته و یا به یهودیت گرویده باشد. سرانجام، به استناد این میثاق، گاهی یهودیان خود رغبت به آمیزش با دیگر اقوام نشان نداده اند[71]، هرچند که در طول تاریخ بارها غیر یهودیان آنان را از خود جدا نموده و به حاشیهُ جامعه رانده اند. از جمله در سال ۳۳۲ پیش از میلاد، پس از بنیاد بندر اسکندریه جمعیت بزرگی از یهودیان، در ضلع شمال شرقیِ آن اسکان گزیدند. آنها ترجیح دادند که در محله هایی جدا از دیگران زندگی کنند تا بدین ترتیب تحت تاثیر آرا و عقاید یونانیان قرار نگیرند[72]. به رغم این جدایی، فرهنگ و زبان یونان به شدت بر یهودیت تاثیر گذاشت و پنج کتاب موسی در سال

68 Arendt H. Antisemitism: Part one of the Origin of Totalitarianism, p viii, A Harvest Book, 1968

69 Encyclopedia Judaica, CD-ROM edition, Anti-Semitism, p 1-3

70 Johnson P. A History of the Jews, p 168, Harperprennial 1987

71 Arendt H. Antisemitism: Part one of the Origins of Totalitarianism, p ix, A Harvest Book, 1968

۷۲ تاریخ فلسفهٔ غرب بقلم "برتراند راسل"، صفحه ۳۲۱

۱۰۰ میلادی در اینجا به زبان یونانی برگردانده شد.

افزون براین، یهودیان به طبیعت و تاریخ از وراى اعتقاد به این میثاق نگریسته و به منظور کسب شایستگی " قوم برگزیده" بیش از پیروان ادیان دیگر در اجراى فرامین پروردگار کوشا بوده اند. حاصل آنکه پیوند آنها با مذهب به چشم غیر یهودیان، چه پیش از ظهور مسیح و چه پس از آن، دلچسب نمی‌آمد و گهگاه حسادت و دشمنى آنها را برمی‌انگیخت. اسطوره "قوم برگزیده" بیش از هر دوره در قرن پانزدهم و شانزدهم، که رابطه میان جوامع یهودى و غیر یهودى اروپا به حد اقل خود نزول کرده بود، تقویت شد. به باور "هانا آرنت"^{۷۳}، جوامع یهودى این دوره، نظامهاى فکرى بسته اى بودند که با دنیاى بیرون کمترین تماس را داشتند و شرایط گسترش و تحکیم این گونه تمایلات را سخت دامن می‌زدند^{۷۴}. افزون بر انزوا، در دوره هایى که ظلم و ستم اجتماعى بیشترى بر آنان تحمیل می‌شد، باور به این اسطوره نیز در میان یهودیان تقویت می‌گردید.

از سوى دیگر همان طور که پیشتر هم یاد آور شدیم، رومیان و یونانیها فرهنگ مستقل خویش را داشتند که کمتر از فرهنگ یهودیان در آن به چشم می‌خورد. از این روى که آداب، رفتار و زبان یهودیان با فرهنگ این اقوام متفاوت بود آن را نمی‌پسندیدند. به همین ترتیب بسیارى از آداب و آیین یهودیان براى مسیحیان نامأنوس و غیرعادى می نمود. از جمله هنگامى که مسیحیان روزه می‌گرفتند، یهودیان غذا می‌خوردند و هنگامى که مسیحیان غذا می‌خوردند، یهودیان روزه می‌گرفتند. یهودیان طبق معمول، شنبه ها دست از کار می‌کشیدند ولى روز استراحت مسیحیان به یکشنبه تغییر یافته بود. یهودیان عید پسح را هنگامى جشن می‌گرفتند که بسیار به روزى نزدیك بود که مسیحیان براى مرگ مسیح سوگوارى می‌کردند. یهودیان، با استناد بر قوانین تورات که قرنها پیش از ظهور مسیح و آیین مسیحیت وضع گردیده بود، موظف بودند که غذا یا

---

۷۳   Hannah Arendt (1906-1975) در آلمان متولد شد و در ۲۲ سالگى به درجه دکتراى فلسفه سیاسى از دانشگاه هایدلبرگ نائل گردید. در سال ۱۹۳۳ تحت فشار نازیها به فرانسه و سپس به ایالات متحد فرار کرد. خانم آرنت، در اداره چندین سازمان یهودى در نیویورك فعالیت نمود و در پى انتشار کتاب معروفش به نام " ریشه هاى توتالیتریانیسم " در سال ۱۹۵۱ به مقام استادى دانشگاههاى برکلى، پرینستون و شیکاگو دست یافت.

۷۴   Arendt H. Antisemitism: Part one of the origin of totalitarianism. p vii, A Harvest Book 1968

شرابی را که توسط غیر یهودی تهیه شده بود مصرف نکنند، ظروفی که دست غیر یهودی به آنها خورده است مورد استفاده قرار ندهند[75]، و با غیر یهودیان ازدواج ننمایند[76]. مسیحیان این آیین باستانی یهودیان را در رابطه با تغذیه نوعی تو هین به خود تلقی می‌کردند. همان گونه که رومیها مسیحیان را متهم کرده بودند که فرزندان غیر مسیحیان را می‌کشند تا خون آنان را تقدیم خدای مسیح کنند، این بار مسیحیان قرن دوازدهم به یهودیان اتهام می‌زدند که کودکان مسیحی را می‌ربایند تا خونشان را تقدیم یهوه کنند، یا آن را در درمان بیماریها بکار گیرند و به هنگام جشن پسح در فطیر یا نان بی خمیرمایه بریزند. در چنین جَوی اگر معدودی از تجار یهودی اجحاف می‌کردند بی محابا همه یهودیان متهم می‌شدند که می‌خواهند ثروت مسیحیان را از آن خود کنند. به زنان یهودی به عنوان ساحره و جادوگر می نگریستند و بسیاری آنان را در ردیف شیطان ارزیابی می کردند[77]. در برابرِ این گونه اتهامات، یهودیان هم داستان تولد مسیح را به مسخره می گرفتند. با وجود اینکه تلمود بار ها کمك به غیر یهودی را تشویق کرده بود و موسی بن میمون آموزشهای مسیحیت و اسلام را در ارتقا و تعالی انسان موثر شناخته بود[78]، ولی یهودیانِ عامی کمتر به این مقولات فلسفی توجه داشتند و ترجیح می‌دادند که تنفر را با تنفر پاسخ گویند.

همچنین باید به این نکته نیز اشاره کرد که اقوام بنی‌اسراییل سرزمین موعود را موروثه پروردگار محسوب کردند که اقوام بت پرست را حقی بر آن منظور نبود. اگر در دوران پیش از سلسلهُ هسمونیم این مساله بسیار پیش پا افتاده ای بنظر می‌آمد، اما پس از تثبیت دولتهای هسمونیسم دیگر مساله کوچکی نبود و امروز نیز منشا گرفتاریهای بیشماری است[79].

---

[75]   Abrahams I. Jewish Life in the Middle Ages, p 411, Phila 1896

[76] کتاب تثنیه، باب ۷ آیه ۳

[77]   Baron SW. Social and Religious History of the Jews. II:55, Columbia University Press, 1937

[78]   Abrahams I, Chapters on Jewish Literature, 413-414, Philadelphia, 1899

[79]   Encyclopedia Judaica, CD-ROM edition, Anti-Semitism, p 3

سرانجام، از آنجا که پس از سقوط دولت اسراییل باستان، یهودیان به صورت اقلیتی پراکنده، کم و بیش در سراسر جهان حضور داشتند، اقوام و ملل دیگر آسانتر می‌توانستند آنها را مسئول گرفتاریها و تنگناهای اقتصادی و اجتماعی خویش معرفی کنند. این دستاویز را کمتر در مورد اقلیتهایی که فقط در مناطق جغرافیاییِ ویژه می‌زیستند، می‌توانستند به کار گیرند. پرواضح که با جهانی شدن سرمایه و ظهور تاسیسات اقتصادی چند ملیتی، از اهمیت "پراکندگی یهودیان" به عنوان یک دستاویز به شدت کاسته شده است. همچنان که در بخش های دیگر کتاب خواهیم دید، در این برش زمانی، دستاویزی چون "یهودیان، گردانندگان واقعی اقتصاد جهانی" کاربرد بیشتری دارد.

۳ ـ یهودی ستیزی به مثابه ابزار سیاسی

نخستین احزاب سیاسی که یهودی ستیزی را در برنامه خود گنجانیدند، پس از دههٔ ۱۸۷۰ پا به صحنه سیاسی اروپا نهادند. این پدیده که در کشور های آلمان، اتریش و فرانسه به صورتی بارزتر از دیگر کشورها جلوه گر شد، کم و بیش با رشد سرمایه داری در اروپا همزمان بود. بهره گیری از یهودی ستیزی به مثابه ابزار سیاسی، مدیون یک رشته عوامل گوناگون بود.

رشد سرمایه داری، اقشار پایینی طبقات میانی را بیش از اقشار و طبقات دیگر تحت فشار قرار داد به گونه ای که خطر سقوط به طبقات پایین تر جامعه، هرلحظه آنان را تهدید می‌کرد. طبقات میانی، یا در حقیقت همان کسبهِ کوچک و صنعتگران پیشین، که در دوران پیش از سرمایه داری کم و بیش از درگیری در رقابتِ بازار در امان بودند، اکنون در رقابتی هولناک دست و پا می‌زدند. رقابتی که به تدریج آنان را از موقعیت طبقاتی‌شان ساقط کرده، به طبقات پایین تر می‌راند. همزمان با این دگرگونیها، که حاصل رشد سرمایه داری اروپا بود، به ویژه پس از انقلاب کبیر فرانسه، شمار روز افزونی از یهودیان از گتو ها بیرون آمده و در فعالیتهای تجاری و اجتماعی شرکت کردند. در چنین شرایط طبیعی به نظر می‌رسید که این دو پدیده، یعنی دشواریِ زندگی طبقات میانی جامعه و ورودِ یهودیان به صحنه اجتماعی را توده های ساده اندیش در ارتباط با یکدیگر

دیده و یهودیان را مسئول مشکلات خود بپندارند[80].

گذشته از اقشار میانی، اشراف و نجبا نیز رشد سرمایه داری را نوعی تهدیدِ به موقعیت طبقاتی خویش تلقی کرده، چندان دل خوشی از آن نداشتند. آنها نیز خشم توده ها را نسبت به یهودیان، از این زاویه که سرمایه داری موجب حضور یهودیان در صحنه داد و ستد و باعث بروز مشکلات اجتماعی گردیده، دامن می‌زدند. بی دلیل نبود که فردریک انگلس نوشت که " در سناریویِ یهودی ستیزی این دوران، اشرافیت نقش اصلی را ایفا می‌کند و ارکستری از زوزه اوباش و اراذل[81] او را همراهی می‌کنند"[82]. این وضعیت نه تنها در مورد آلمان بلکه در موارد فرانسه و اتریش نیز صادق بود. اشرافیتِ سرخورده از قدرت، در فرانسه و اتریش با نیروهای کلیسای کاتولیک و در آلمان با قدرت کلیسای پروتستان به وحدت رسیدند و فریاد دسته های اوباش نیز به اعتراض آنان طنین بیشتری داد. اشرافیت و کلیسا به زودی در یافتند که شعارهای ضد یهودی آنها جذبه فراوانی دارد که حول آن بخش بزرگی از توده ها را می‌توانستند بسیج کنند.

یهودیان اروپا پیش از این دوران افول از یک دوره ترقی و شکوفایی گذار کرده بودند. ترقی و افول یهودیانِ اروپا را در این دوره این چنین می‌توان خلاصه کرد. با زوال نظام اقتصادِ فئودالیسم در قرون هفدهم و هجدهم، به تدریج "دولتهای ملی"درقالب سلطنتهای مطلقه پا به عرصهٔ وجود نهادند. این دولتها، در جریان رشد و توسعه شان، نیاز به سرمایه و اعتبار مالی داشتند و طبیعی

---

80 Antisemitism: Part one of the origins of totalitarianism. Hannah Arendt, pp 36, A Harvest Book, 1968

81 اوباش و اراذل ترجمه واژه انگلیسی Mob است. این واژه در حقیقت کاریکاتور "مردم" تعریف شده و به بخشی از مردم اطلاق می‌شود که در واقع تفاله و بازمانده اقشار و طبقات جامعه هستند. به گفته آرنت، وجه تمایز این دو در این است که مردم همواره در جنبشهای بزرگ شرکت می‌کنند تا نمایندگان خودرا به مجالس بفرستند در حالی که اوباش، در جستجوی "رهبر بزرگ" هستند. به نظر وی، اوباش از جامعه متنفرند زیرا که از آن طرد شده اند و ازمجالس بیزارند زیرا که این مجالس آنان را نمایندگی نمی‌کنند.

82 Arendt Hannah, Antisemitism: Part one of the origin of the Totalitarianism. p 37, A Harvest book, 1968

بود که دراین رابطه، از یهودیان، که قرنها تجربه در وام و تامین اعتبار برای نجبای اروپا را در پشتوانه خویش داشتند[83]، یاری بگیرند. به منظور بهره برداری از این ویژگیِ یهودیان، دولتهای ملی که پس از انقلاب کبیر فرانسه تاسیس شدند به هیچ وجه اجازه نمی‌دادند که یهودیان بطور کامل در جامعه غیر یهودیان ادغام گردند. برای این دولتها بیشتر مقرون به صَرفه بود که در برابر بهره گیری از تواناییهای آنان در رابطه با امور مالی و اعتبار، امتیازات ویژه ای به اقشار مرفه یهودیان بدهند. از این روی در آستانهٔ قرن هجدهم، نماد رهایی و ارتقای سیاسی یهودیان در بسیاری از کشور های اروپا، ظهور بانکدارانی بود که توسط دولتهای ملی حمایت می‌شدند. به نظر آرنت، پس از انقلاب کبیر فرانسه *رهایی یهودیان در حذف کاملِ محدودیتها و امتیازات کلیهٔ یهودیان و برابری آنان با غیر یهودیان خلاصه نمی‌شد. در حقیقت رهایی آنان در حذف محدودیت برای کلیه یهودیان و حفظ "برخی امتیازات" برای "برخی از یهودیان" تبلور یافت* [83].

لازم به یادآوری است که این امتیازات، بیشتر به رغم مخالفت مردم و به بهای تشدید خشم و تنفر آنان نسبت به یهودیان، به برخی از آنان تفویض می‌گردید. جای شگفتی نیست که "کریستیان ویلهلم دام"، که از طرفداران رهایی یهودیان در قرن هجدهم بود، به این گونه رفتار دولتها سخت اعتراض داشت. هانا آرنت بر این باور بود که رغبتِ خودِ یهودیان به کسب این گونه امتیازها و همکاریهای داوطلبانه آنان، به موفقیت دولتها در این زمینه کمک فراوان کرد. حاصل آنکه یهودیان هرگز در جامعه طبقاتی اروپا ادغام نشدند و همواره به صورت "گروهی مشخص و متمایز" در درون یکی از طبقات اجتماعی

۸۳   Arendt H. Antisemitism: Part one of the origins of totalitarianism, p 14,15, A Harvest Book, New York 1968

۸۴   Arendt H. Antisemitism: Part one of the origins of totalitarianism. p 12, A Harvest Book, New York 1968

زیستند[85].

سرانجام به موازات استحالهٔ سرمایه داری به امپریالیسم و نابودیِ دولتهای ملی در دهه های پیش از جنگ جهانی اول، یهودیان اروپا نیز همگام با سرمایه داری ملی رو به افول نهادند[86]. باید توجه داشت که در این برش تاریخی، ثروت یهودیان در مقیاس با سرمایهٔ جهانی بسیار ناچیز بود و یهودیان به هیچ وجه اقتصادِ سرمایه داری را نمایندگی نمی‌کردند[87]. از آنجا که ثروت یهودیان دیگر نقش تعیین کننده ای نداشت، یهودیان نیز موقعیت ویژه اجتماعیِ پیشین خویش را آسانتر از دست دادند.

افزون بر عوامل اقتصادی که به آنها اشاره شد برخی از عوامل فرهنگی نیز در ظهور و رشد یهودی ستیزیِ نوین موثر افتاد[88]. جوامع یهودیِ این دوره نه تنها از بیرون تهدید می‌شدند، بلکه از درون نیز دچار زوال بودند. به این معنی که تاکنون انسجام این جوامع مدیون وجود یهودی‌ستیزیی بود که رومیان و پس از آن مسیحیان، چه در دورانِ سیاه تاریخ و چه در قرون وسطی به یهودیان تحمیل کرده بودند. ولی اکنون به سبب غیر مذهبی شدن نسبی اروپاییان و پشتیبانی از ادغام یهودیان در جوامع غیر یهودی و سرانجام تضعیف برخی از ارزشهای سنتیِ مذهب در میان یهودیان، انسجام پیشین جوامع یهودی رو به تحلیل رفت. به منظور بازگردانیدن این انسجام در این برش زمانی، نه تنها بخش بزرگی از یهودیان، بلکه برخی از پژوهشگران بی تعصب تاریخ، نیز شیفتهٔ مفهوم "یهودی ستیزیِ جاویدان یا ابدی" شدند. به نظر آرنت، در بطن این

---

٨٥   Arendt H. Antisemitism: Part one of the origins of totalitarianism. p 12, A Harvest Book, New York 1968

٨۶   Arendt H. Antisemitism: Part one of the origins of totalitarianism, p 4, A Harvest Book, New York 1968

٨٧   Arendt H. Antisemitism: Part one of the origin of totaliterianism. p 25, A Harvest Book, New York 1968

٨٨   Arendt H. Antisemitism: Part one of the origin of the totalitarianism. p 7, A Harvest book, New York 1968

مفهوم که "تا جهان پایدار است یهودی ستیزی نیز باقی خواهد ماند"، هم رمز زوال یهودیان و هم بقای آنان نهفته است[89]. در واقع ابعاد دشمنی با یهودیان و همچنین استقامت آنان در برابر این دشمنی، در طول تاریخ، بر خرافهٔ "یهودی ستیزیِ جاویدان یا ابدی" و نقش سیاسی ـ معنوی "قوم برگزیده" صحه گذاشته است. خرافه ای که یهودیان را به صورت گروه مشخص و متمایزی در درون دیگر جوامع جلوه گر می‌سازد. در عین حال، شیفتگی یهودیان به مقولهٔ "یهودی ستیزیِ جاویدان" نیز مدیون پیشینهٔ تاریخی دگرگونهٔ این اقوام است. تاریخ مردمی که طی قرنها بدون میهن، بدون دولت و بدون زبان زیسته اند و حیات سیاسی آنها بیش از ملل دیگر، دستخوش رخدادهای غیر مترقبه بوده است. موثر از عواملی که بدین ترتیب یادآور شدیم، اتفاقی نبود که یهودیانِ اروپا در این دوره، خود را در اقیانوسی از تنفر و دشمنی یافتند.

ركن اصلیِ یهودی ستیزی نوین، را فرضیهٔ "سپرِ بلا"[90] که به استناد آن یهودیان مسئولِ تمامیِ گرفتاریهای اجتماعی معرفی می‌شوند، تشکیل می‌دهد. در چهارچوب این نگرش، احزاب و سازمانهای سیاسی دشمنی با یهودیان را زیر این عنوان که آنها "قدرتهای پشت پردهٔ دولتها و گردانندگان اقتصاد جهانی" هستند توجیه می‌کردند[91]. از این پس، دشمنی با یهودیان، نه از این زاویه که شاید برخی از آنان قرنها پیش به مسیح اجحاف کرده بودند و یا یهودیان آداب و رسوم مذهبی متفاوتی داشتند، بلکه تحت تاثیر این توهم که آنها موجب مشکلات اقتصادی ـ اجتماعی بودند توجیه می‌گردید.

هنگامی که جذبه و گیرایی شعار هایِ نوینِ ضد یهودی به عنوان ابزاری نیرومند برای بسیج توده ها مسجل گردید، عناصر ضدیهودی اروپا، اقدام به بنیاد

---

۸۹   Arendt H. Antisemitism: Part one of the origin of totalitarianism. P 7, A Harvest Book, New York 1968

۹۰   Scapegoat Theory

۹۱   Arendt Hannah, Antisemitism: Part one of the Origins of Totalitarianism, p 39, A Harvest Book 1968

احزابی کردند که یهودی ستیزی در راس برنامه هایشان قرار داشت. نخستین سیاستمداری که از مقوله یهودی ستیزی نوین بهره گرفت" آدولف استوکر" بود. وی در ابتدا کوشید تا از راه تاکید بر اصول اخلاقی مسیحیت و لزوم آشتی میان دولت و کارگران، توده ها را به دور برنامه حزب کارگران سوسیال مسیحی جلب کند. ولی پس از شکست در این زمینه، در سال ۱۸۷۹ با حمله به یهودیان، طرفداران بیشماری به دور خود گرد آورد[۹۲]. در سال ۱۸۸۳ نیز "اوتو بوکل" نخستین نماینده ضد یهودی رایشتاك، کرسی خود را مدیون آرای کشاورزان "حِسیان" بود. کشاورزانی که هم با زمینداران بزرگ و هم با یهودیانی که به زمینداران وام داده بودند دشمنی داشتند. همچنین حزب لیبرال آلمان در دههٔ هشتمِ قرن نوزدهم با بهره گیری از شعار های یهودی ستیزی درمیان کارگران و دانشجویان طرفداران بیشماری به دست آوردند. این حزب با هدف گیری به تاسیسات مالی روتچایلد به این پیروزیِ چشمگیر دست یافت. در سال ۱۸۸۲ این احزاب دست به تشکیل نخستین کنگره ضد یهودی در "دِرزِدِن" آلمان زدند که بیش از سه هزار نماینده از آلمان، اتریش، مجارستان و روسیه در آن شرکت کردند. یك سال بعد، عناصر تندرو از این کنگره جدا شدند و سازمانی به نام "اتحادیه جهانی ضد یهود" را تشکیل دادند. به گفته هانا آرنت، از ویژگیهای سازمانهای سیاسی ضد یهودی اروپا، ماهیت چند ملیتی آنها و برتری طلبی شان بر دیگر احزاب بود. به بیان دیگر دامنه کوششهای این احزاب به یك کشور محدود نمی‌شد و از آغاز بنیاد، آنها خود را در حدی بالاتر از احزاب سیاسی دیگر ارزیابی کرده، از دیگر احزاب جدا شده و آنان را تخطئه می‌کردند. به هر حال با رشد سرمایه داری در بسیاری از کشور های اروپا، احزاب متعددی از این قماش پا به عرصه وجود نهادند.

به منظور توجیه فرضیهٔ سپربلا، بارها تاریخ را تحریف کرده اند. سند جعلیِ طرح دانایان یهود[۹۳]، نمونه ای از تحریف تاریخ بود که نخستین بار درسال

---

۹۲   Encyclopedia Judaica, CD-ROM edition, Anti-semitic Political Parties and Oraganizations, p 2

۹۳   Protocols of the Learned Elders of Zion

۱۹۰۵ به پیوست کتاب "سرگی نایهوس" به زبان روسی منتشر گردید. در این رساله ادعا شده بود که "رهبری یهودیان به همراهی لیبرالها و فراماسونری، مخفیانه طرح دستیابی بر جهان مسیحیت را تهیه می‌بینند". این مقاله ابزار موفقی در تهییج احساسات یهودی ستیزی توده ها بود که به بسیاری از زبانها ترجمه گرد ید[93].

فیلیپ گریوز، خبرنگار تایمز لندن در سال ۱۹۲۱، در باره ماخذ این مقاله تحقیق کرد و دریافت که در تهیه آن از مقاله ای تحت عنوان "مباحثه میان ماکیاول و مونتسکیو درباره جهنم"[95]، که "موریس ژالی" طنز نویس فرانسوی در سال ۱۸۶۵ نوشته بود، اقتباس شده است. در این مقاله، موریس ژالی، جاه طلبیهای ناپلئون سوم را برای برتری جویی بر جهان تصویر می‌کند. حوالی سال ۱۸۹۰ اداره پلیس مخفی تزار نیکلای دوم در جستجوی دستاویزی بود تا از طریق آن آزارهای گروهی یهودیان روسیه را موجه جلوه دهد. پلیس تزاری پس از دسترسی به این مقاله و جعل در جابجایی یهودیان با ناپلئون سوم، طرح دانایان یهود را آفرید. به هر حال این نسخه مورد استقبال نیکلای دوم قرار نگرفت و از این رو انتشار آن تا سال ۱۹۰۵ به تعویق افتاد[96].

نمونه دیگر از جعل تاریخ، فرضیه ساده ای بود که "لوئی فردیناد سلین"[97]، ارائه کرد که بیشتر از اینکه احزاب ضد یهودی فرانسه از آن استقبال کنند به مذاق سردمداران رایش سوم خوش می‌آمد. او تاریخ را به این صورت تحریف کرد که مسئولیت کلیه جنگهای اروپای از سال ۸۳۳ میلادی به بعد، بر دوش یهودیان قرار دارد. او مدعی شد که آنها مانع اصلی پیشرفت سیاسی قاره اروپا بوده و دشمنی میان فرانسه و آلمان را نیز آنها باعث گردیده اند. این تفسیر مسخره از تاریخ را، سلین در سال ۱۹۳۹ در فرانسه تحت عنوان "إکول دو کاداور" منتشر کرد که در ماههای نخستین جنگ جهانی دوم به

---

۹۳   Encyclopedia Americana, XXII:694, Americana Corporation, 1979

۹۵   Dialogue aux enfers entre Machiavel et Montesquieu

۹۶   Johnson P. A History of the Jews. p 455, HarperPrennial, 1987

۹۷   (1894-1961) Louis Ferdinand Celine رمان نویس و طبیب فرانسوی به خاطر تمایلات یهودی ستیزی متهم به همکاری با نازی ها گردید و در سال ۱۹۳۳ به آلمان گریخت.

چاپ رسید. در این رساله، سلین از تمایز میان یهودیان فرانسه و یهودیان خارجی خودداری ورزید و وقیحانه کشتار همگانی یهودیان را به عنوان راه حل نهایی کلیه مشکلات اقتصادی ـ اجتماعی اروپا پیشنهاد کرد. به هر حال از نظر نباید دور داشت که تحریف تاریخ، یک روی سکه و شیفتگی تودههای مردم برای شنیدن آن، روی دیگر سکه را میسازند[98].

۵ ـ یهودی ستیزیِ دولتی و آزار یهودیان اروپای شرقی

در قرن شانزدهم با مهاجرت بزرگ یهودیان اشکنازی به لهستان، بافت اقتصادی جوامعِ یهودی دگرگون شد. یهودیان اشکنازی که در آلمان بیشتر به صرافی و رباخواری اشتغال داشتند در لهستان در رشته های متفاوتی از داد و ستد درگیر شدند و به موفقیتهای چشمگیری دست یافتند. بخش از موفقیت اقتصادی یهودیان لهستان مدیون حمایت پادشاهان، فئودالها و نجبا از آنان بود[99]. بدآن گونه که در فصل سوم کتاب نیز به آن اشاره شد، این جوامعِ یهودی که در زبان عبری "کِهیلا" نامیده میشدند به استناد قرارداد های ویژه با پادشاهان و فئودالها و در برابر پرداخت مبالغ سالانه، از امنیت و حق اشتغال به برخی از مشاغل برخوردار بودند. این جوامع به دست چند تن از متنفذین یهودی یا "کَهال"، که فقط در برابر پادشاه و یا نماینده وی مسئول بودند، اداره میگردید. البته مذهب نقش تعیین کننده ای در این سازمان اجتماعی ایفا میکرد و گردانندگان این جوامع خود را نمایندهٔ ارادهٔ پروردگار در جامعه معرفی میکردند. جوامعِ به ظاهر خود کفایی که بدین ترتیب بوجود آمدند به کلی با دنیای غیر یهودی اطراف، بیگانه بودند.

کَهال یا شورای متنفذین به کلیهٔ امور، از ذبح مذهبی گرفته تا ادارهٔ کنیسا و مدرسه و گردآوری عایدات املاک زمینداران و مالیاتها نظارت داشت. این شورا مانند یک سازمان اقتصادی مستقل عمل میکرد؛ املاک فئودالها یا پادشاه را اجاره میداد و درآمد ها را گردآوری میکرد و همانند یک موسسهُ مالی از کلیسا و نجبا پول وام میگرفت و به افراد وام

۹۸   Arendt H. Antisemitism: Part one of the origins of totalitarianism. p 7, A Harvest Book, New York 1968

۹۹   Barnavi E. A Historical atlas of the Jewish People, p 134, Schocken Books, New York 1992

می‌داد. در مراوده با اعضای عادیِ جوامعِ یهودی نیز، مفاد مندرج در تلمود و فتواهای حخامیم حجت تلقی می‌شد. بدین ترتیب مذهب بر کلیه شئون زندگی یهودیان این جوامع حاکم بود.

از سویِ دیگر، این رابطهٔ ویژه میان جوامعِ یهودی، پادشاهان و فئودالها همواره خشم کشاورزان را برعلیه یهودیان برمی‌انگیخت. کشاورزانِ مسیحی، یهودیان را پیشکار زمینداران و پادشاهان می‌دیدند و اگر خشم و نفرت شان را نسبت به زمینداران نمی‌توانستند ابراز کنند نسبت به نمایندگان ظاهریِ آنان، یعنی یهودیان، راحت تر بروز می‌دادند. کشاورز مسیحی بیشتر دچار این توهم بود که او می‌بایست از صبح تا شام عرق می‌ریخت و در نهایت دسترنج کوششهایش نصیب اربابِ و پیشکارِ یهودیِ وی می‌شد. به خاطر همین ویژگی، در لهستان و روسیه، قیام های دهقانی همواره با کشتار همگانی و گسترده ای از یهودیان همراه بوده است. از این روی، یهودیانِ اروپای شرقی بارها در جریان این جنبشهای دهقانی، که قزاقها نیز اغلب در آن شرکت داشتند، قتل عام شدند. یکی از وحشتناکترین این قتل عامها در سال ۱۶۳۸ روی داد که در جریان آن برخی از یهودیان اسلحه به دست گرفتند و به دفاع از شهرها برخاستند ولی بیشترِ آنان سرانجام فرار کردند و به تاتار ها پناه بردند. چند سال پس از این رویداد، بسیاری از یهودیان دوباره به لهستان بازگشتند و با کشتارهای همگانی سالهای ۱۶۵۶، ۱۶۶۳، ۱۶۸۰ و ۱۶۸۷ روبرو شدند [۱۰۰].

در کنار عوامل اقتصادی که قیامهای دهقانی را شکل می‌داد، مقوله های فرهنگی چون اتهام کشتن کودکان مسیحی و استفاده از خونشان در مراسم جشن پسح و مداخله یهودیان در امور کلیسا همواره دستاویزی برای برانگیختن احساسات مذهبی دهقانان بر علیه یهودیان بود. پس از شکست منجی‌گری ساباتای ضوی در نیمهٔ اول قرن هفدهم، همان گونه که در بخش چهارم به آن اشاره شد، مردی به نام یعقوب فرانک ادعای مسیحایی کرد و این بار کلیسا در برابر حمایت از پیروان وی، فرانک را مجبور کرد تا بر "افترای خون" بطور رسمی صحه گذارد. در این رابطه، گهگاه غرض ورزانی نیز یافت می‌شدند که آتش این اختلافات را باد می‌دادند. از جمله در سال ۱۷۱۶ مردی یهودی به نام "سرافینویچ"، که به مسیحیت

---

۱۰۰   Barnavi E. A Historical atlas of the Jewish People, p 154, Schocken Books, New York 1992

گرویده بود، کتابی تحت عنوان "افشاگری از آیین یهودیان" منتشر کرد[101]. در این کتاب، او یهودیان را متهم به استفاده از خون مسیحیان در مراسم گوناگون مذهبی کرد. از جمله او مدعی شد که یهودیان خون را به در منازل خود می‌مالند تا از گزند دیگران در امان باشند؛ یا آن را به در مغازه ها می‌پاشند تا موفقیتهای بیشتر شغلی کسب کنند و یا آن را درفطیر می‌ریزند و در مراسم عید پسح مصرف می‌کنند. یهودیان خواستار شدند که سرافینویچ در جلسه ای با شرکت حخامیم و کشیشان از ادعاهای خود دفاع کند. البته سرافینویچ در جلسه حاضر نشد و همچنان به لجن پراکنی بر علیه یهودیان ادامه داد. در طی سالهای ۱۷۱۰ تا ۱۷۶۰ میلادی، بارها یهودیان لهستان را به خاطر این گونه اتهامات واهی به دادگاه ها کشانیدند و این اتهامات همواره دستاویزی برای آغاز کشتارهای همگانیِ وحشیانه از یهودیان بود. سرانجام یهودیان دست به دامان "پاپ بندیکت چهاردهم" شدند و او نیز کاردینال "کامپانلی" را مامور رسیدگی این موضوع کرد. درسال ۱۷۶۳ سازمان تفتیش عقاید در روم نتیجه پژوهشهای کاردینال را مبنی بر بی پایگی این گونه اتهامات اعلام کرد و آن را طی بخشنامه ای به دولت لهستان نیز ابلاغ نمود[102]. البته این گونه پژوهشها تاثیر ناچیزی در برخورد مردم عامی با یهودیان داشت و به ندرت از شدت تنفر آنان می‌کاست. چنین پژوهشهایی، یك بار دیگر هم درسال ۱۲۳۷ توسط "پاپ اینوسنت چهارم" صورت گرفته بود و به نتایج مشابه نیز رسیده بود.

لازم به یادآوری است که رابطه ویژه میان پادشاهان و فئودالها و جوامع یهودی همواره تحت تاثیر شرایط اجتماعی تغییر می‌کرد. گاهی پادشاهان به دلایل گوناگون از پشتیبانی این جوامع سر باز می‌زدند. از جمله در سال ۱۶۹۸، پطر کبیر در پاسخ به درخواست یهودیان لهستان مبنی بر مهاجرت به روسیه گفت " من روسها و یهودیان را خوب می‌شناسم. به نظر من هنوز وقت آن نرسیده است که این دو قوم با هم تلفیق شوند. مطمئن هستم که یهودیان خدمات شایانی به روسیه خواهند کرد ولی در حال حاضر صلاح نمی‌بینم که با

---

۱۰۱   Dubnow SM. History of the Jews in Russia and Poland, I:173, Philadelphia 1916

۱۰۲   Dubnow SM. History of the Jews in Russia and Poland, I:179-180, Philadelphia 1916

روسها همسایه شوند"[۱۰۳]. از این روی به هنگام مرگ وی تجمع بسیار کوچکی از یهودیان در روسیه می‌زیستند. درسال ۱۷۴۲ میلادی، ملکه الیزابت پطرونا، جانشین پطر، یهودیان ساکن روسیه را مجبور کرد یا به مسیحیت ارتودکس درآیند و یا خاك آن کشور را ترك کنند. از این رو در مدتی کمتر از ۱۳ سال، حدود سی و پنج هزار یهودی از روسیه اخراج شدند[۱۰۴]. لازم به تذکر است که برخی از تجار روسی از دولت خواستند تا جلوی مهاجرت یهودیان را بگیرد، زیرا معتقد بودند که مهاجرت آنان به اقتصاد روسیه لطمه زده و موجب شکوفایی اقتصادی کشورهای لهستان و آلمان خواهد شد.

کاترین دوم، گرچه با آرای روشنگرایی فرانسه آشنایی داشت و علاقمند بود که درهای روسیه را به روی ملیتهای دیگر باز کند ولی به سبب ترس از کلیسا تا سال ۱۷۷۲ میلادی، هنگام تجزیهٔ لهستان و پیوستِ بخشی از آن به روسیه، از ورود یهودیان خودداری کرد. در دعوتنامه هایی که وی به منظور تشویق مهاجرتِ ملیتهای دیگر به روسیه می‌فرستاد، یهودیان را همواره جدا می‌کرد و برای آنان استثنا قائل می‌شد. کاترین به هر حال در حقوق ناچیز موجود یهودیان ساکن لهستان دست نبرد. به سبب رقابت اقتصادیِ تجار و بازرگانان روسی با یهودیان و گرایشهای مذهبی مردم عامی روسیه علیهٔ آنان، یهودیان مدتها نتوانستند که به روسیه مهاجرت کنند.

در لهستان، دولتها یکی پس از دیگری، مالیاتهای سنگین بر یهودیان می بستند و حکام محلی نیز تحت عناوین متفاوت مانند "حمایت از آنان در برابر اوباش و اراذل" یهودیان را می‌دوشیدند. این شرایط سخت اقتصادی، یهودیان لهستان را که در دهه ۶۰ قرن هجدهم بیش از نیم میلیون نفر بودند[۱۰۵]، به فقر سوق داد. افزون بر این، کشیشان گهگاه به این بهانه که یهودیان " دست از بی دینی بر نمی‌دارند " از دولتها می‌خواستند تا به آنان اجازه بنای کنیساهای جدید و تعمیر کنیساهای قدیمی را ندهند. مردم عادی هم حضور یهودیان را فقط

۱۰۳   Dubnow SM. History of the Jews in Russia and Poland, I:246, Philadelphia 1916

۱۰۴   Dubnow SM. History of the Jews in Russia and Poland,I:307, Philadelphia 1916

۱۰۵   Dubnow SM. History of the Jews in Russia and Poland, I:189, Philadelphia 1916

به خاطر اینکه یاد آور "شکنجه های مسیح بر روی صلیب" بودند با اکراه تحمل می‌کردند[106].

همواره وحشت از کشتارهای همگانی همچون شبحی بر زندگی یهودیان لهستان و روسیه سایه افکنده بود. درسالهای ۱۷۳۴، ۱۷۵۰ و ۱۷۶۸ میلادی قزاقهای روسی به همراه دهقانان و اقشار پایینی شهرها، با شعار "مرگ بر زمینداران و یهودیان" به نواحی کیف و "پودولیا" یورش بردند و تنها درشهر "اومان" بیش از بیست هزار یهودی لهستانی را به قتل رساندند. این جنبش دهقانی به جنبش شورشیان یا "هِیداماکس" معروف است. دامنه آخرین کشتار همگانی آن چنان وسیع بود که کاترین برای کنترل اوضاع مجبور به اعزام قوای کمکی به لهستان شد[107].

جمعیت یهودیان جهان در اواسط قرن نوزدهم حدود چهار میلیون و هفتصدو پنجاه هزار نفر برآورد شده بود که هفتاد و دو درصد آنها در اروپای شرقی می‌زیستند.

در روسیه دولتهای تزاری با تشویق مردم به کشتار همگانی یهودیان می‌کوشیدند تا اذهان عمومی را از بیعدالتیهای اجتماعی و نارضایتی نسبت به دولت منحرف کنند. در همین دوره بود که برای نخستین بار واژه روسی "پوگروم" به معنی توفان در مورد کشتارِ همگانیِ یهودیانِ شهر اودسا در سال ۱۸۷۱ به کار گرفته شد. به بیان دیگر، یکی از اهداف دولت انحراف خشمِ دهقانان و کارگران و سوق جنبش انقلابی در شرف تکوین آنان در مجرای اختلافات مذهبی میان مردم بود. افزون بر این، دولت سعی می‌کرد تا به کمک وضع قوانین بسیار بیرحمانه، یهودیان را همواره از مسیحیان مجزا کند. دولت به هنگام وضع قوانین جدید، همواره عبارتِ " به غیر از یهودی" را که از زمان سلطنت ملکه کاترین به یادگار مانده بود، مورد استفاده قرار می‌داد. بیش از نیمی از ۱۲۰۰ لایحه ای که بین سالهای ۱۶۴۹ و ۱۸۸۱ برعلیهٔ یهودیانِ روسیه وضع گردید متعلق به دوران حکومت تزار

۱۰۶   Dubnow SM. History of the Jews in Russia and Poland, I:169-171, Philadelphia 1916

۱۰۷   Dubnow SM. History of the Jews in Russia and Poland, I:182-186, Philadelphia 1916

نیکلای اول (۱۸۵۵–۱۸۲۵) است[۱۰۸]. به استناد این قوانین حق مالکیت زمین و فروش نوشابه های الکلی از یهودیان سلب گردید؛ افزون بر این، آنها موظف بودند تا بابت فروش کالاها دوبرابر دیگران، به دولت مالیات بپردازند؛ در این زمان بود که پسران دوازده ساله یهودی را برای خدمت سربازی به نقاطی دور از جوامع یهودیان می‌فرستادند و می‌کوشیدند تا آنان را از فرهنگ یهودی دور نگهدارند. به موجب قانون سربازگیری سال ۱۸۲۷ از هر هزار یهودی، ده نفر مشمول می‌گردید که هر یک از آنان به مدت ۳۲ سال در خدمت اجباری به سر می‌بردند[۱۰۹]. در حالی که از هر هزار غیر یهودی، ۷ نفر و آن هم به مدت ۲۵ سال انجام وظیفه می‌کردند.

در دوران حکومت تزار الکساندر دوم (۱۸۵۶–۱۸۶۳) به اقشار بالایی جوامع یهودی تحت عنوانِ "یهودیان مفید" امتیازات ویژه ای از جمله کسب مشاغل دولتی اعطا گردید. در اول مارس ۱۸۸۱ در پیِ سوُ قصد به تزار یک رشته "پوگروم ها" در جنوب شرقی روسیه و اوکراین روی داد که از جانب محافل محافظه کار حمایت می‌گردید. در این سال آزارهای دسته جمعی یهودیان به اوج خود رسید. به منظور روشن شدن نقش دولت در بسیاری از کشتارهای همگانی، به دو واقعه زیر می‌توان اشاره کرد.

در یکی از میخانه های "الیزاوت گراد" در اوکراین، میان چند سرباز مست و برزگران فقیر، بحث در گرفت و همگی برای کودکان مسیحی که به ادعای آنان به خاطر خونشان توسط یهودیان کشته شده اند، دلسوزی کردند. یهودیان حاضر در میخانه در برابر این دروغپردازیها جبهه گیری نمودند و میانشان جنگ در گرفت. سه تن از یهودیان به قتل رسیدند ولی به سرعت دامنه نزاع به بیرون از میخانه و به محله یهودیان کشیده شد. مردم و اوباش به خانه های یهودیان حمله برده، آنها را تاراج کرده و بسیاری از خانه ها را طعمه حریق ساختند. این آشوب به شهر خارسون و سپس به کِیف نیز سرایت کرد. دولت تزاری یک گروهان از افراد مسلح به منطقه اعزام کرد؛ البته نه به خاطر برقراری نظم، بلکه به منظور حمایت از اوباش تا به قتل و غارت بیشتر یهودیان بی گناه ادامه دهند. افسران ارتش تزاری

۱۰۸   Encyclopedia Americana, XVI: 81, Americana Corporation, 1979.

۱۰۹   Encyclopedia Americana, XVI:81 Americana Corporation 1979

با خرسندی تمام ناظر وقایع شدند تا گزارشی برای تزار تهیه کنند و نشان دهند که با چه موفقیتی، خشم انقلابی مردم را در مجرای تنگ نظرانه اختلافهای مذهبی انداخته اند. هفته ها، آشوب و بلوا ادامه داشت و به شهرهای اطراف کیِف و اودسا نیز سرایت کرد. حاصل آن، دهها هزار یهودی غارت شده و بی خانمانی بود که زنان و دخترانشان مورد تجاوز قرار گرفته بودند و صدها تن از آنان به قتل رسیدند. به دنبال این وقایع، به فرمان تزار، مردم تشویق شدند تا یهودیان را از شهرها و آبادیها بیرون کنند. ۱۱۰

واقعه "کی شی نِف" ۱۱۱ نمونهٔ دیگری از قتل عامهای سازمان یافته ای بود که خود عامل مهمی در مهاجرت بزرگ یهودیان از روسیه محسوب میشود. در شب عید پاك سال ۱۹۰۳ در کی شی نف مرکز ایالت "بِسارابیا"، شایع شد که یهودیان یك دخترك مسیحی را به قتل رسانده اند. در همان حال، شب نامه هایی مبنی بر اینکه دولت انتقامجویی از یهودیان را، طی سه روز عید پاك، مجاز میداند در شهر توزیع شد. پلیس به هیچ وجه جلوی پخش این شب نامه های تحریك آمیز را نگرفت زیرا که بعدها مشخص گردید که پلیس در سازماندهی این وقایع دست داشته است. یهودیان به عبادت نشستند و نمایندگان جامعه یهودیِ کی شی نف درتماسهایی که با فرماندار و رییس پلیس شهر گرفتند تنها پاسخ سرد و مبهمی دال بر این که؛ "پیشگیریهای لازم به عمل آمده است"، دریافت کردند.

روز یکشنبه ۶ آوریل برابر با روز اول عید پاك مسیحی و روز هفتم عید پسح بود. به هنگام ظهر، زنگهای کلیسای شهر به صدا در آمد و به دنبال آن جمع کثیری از کسبه روسی، که پیشتر در اطراف شهر پراکنده شده بودند، به منازل و محل کسب یهودیان یورش بردند. اوباش و اراذل، که هر لحظه بر جمعیتشان افزوده میشد، دربهای منازل و مغازه ها را شکستند و موجودی آنها را به خیابانها ریختند. پلیس هیچ گونه اقدامی در جلوگیری از این وقایع نکرد و این امر مردم کوچه و بازار را جری تر کرده و آنها را تشویق کرد تا به جمع اوباش و اراذل بپیوندند. سیاست بی اعتنایی پلیس ،در نظر اوباش و مردمی که به آنها پیوسته بودند، شایعه انتقامجویی مورد نظر تزار را تایید می کرد.

---

۱۱۰   Fast H. The Jews; Story of a people. p284, Dell publishing New York, 1968.

۱۱۱   Chomsky N. The fateful triangle; The United States, Israel and the Palestinians.pp329-332, South End Pess, Boston, 1983.

بعد از ظهر همان روز، تاراج منازل و مغازه یهودیان به کشت و کشتار آنان منتهی شد. اوباشی که به چوب، چماق و چاقو مسلح بودند، به جان یهودیان در کوچه و بازار افتادند و بسیاری از آنان را به قصد مرگ کتك زدند. پلیس همچنان ناظر بر فجایع بود و به سیاست "عدم مداخله" خویش ادامه می‌داد. پلیس هنگامی وارد عمل شد که دسته کوچکی از یهودیان در دفاع از خود دست به چماق بردند و پلیس بلافاصله آنان را خلع سلاح کرد.

ناگهان در ساعت ده شب تاراج محلهٔ یهودیان و کشتار آنان متوقف شد و شایع گردید که فرماندهی اوباش تشکیل جلسه داده اند تا به طور جدی تر از یهودیان سلاخی کنند. در تمام روز هفتم آوریل، از صبح تا شامگاه، کی شی نف شاهد یکی از وحشیانه ترین صحنه های جنایات بود. در طول روز گاریهایی که در خیابانها اجساد و زخمیان یهودیان را به بیمارستانها حمل می‌کردند، مشاهده می‌شدند . ولی این وقایع هم پلیس را به حرکت در نیاورد و روز دوم پوگروم فرماندار بسارابیا، در جواب نماینده یهودیان که تقاضای کمك کرده بود گفت که منتظر دستور از پطروگراد است. سرانجام ساعت پنج بعد ازظهر، تلگرامی از پطروگراد دریافت شد و به دنبال آن یعنی ساعت شش بعد از ظهر دسته های مسلح نظامی برای برقراری نظم وارد خیابانهای شهر شدند. بدین ترتیب، اوباش و اراذل و مردمی که از آنها حمایت می‌کردند طی دو روز، چهل و پنج نفر یهودی را به قتل رسانیدند، هشتاد و هفت نفر را به شدت مجروح کردند، به پانصد نفر جراحات سطحی وارد کردند و علاوه بر این، تعداد بیشماری از زنان و دختران مورد تجاوز قرار گرفتند. در مقابل تعداد تلفات اوباش فقط دو نفر گزارش شده بود.

خبر وحشتناك وقایع کی شی نف، افکار عمومی روسیه و کشور های غربی را متاثر کرد. در "پس دربهای بسته" به اصطلاح " دادگاهی " برای رسیدگی به این جنایات تشکیل شد. دادگاه فقط مزدوران آدمکش و چپاولگران حرفه ای دون پایه را محاکمه و تنبیه کرد ولی سرکردگان و سازماندهندگان این جنایات، یعنی پلیس و ارتش هرگز تسلیم عدالت نشدند. تولستوی نویسنده روسی در باره واقعه کی شی نف این گونه نوشته است:

" دلم در آتش درد و رنج قربانیان بیگناه کی شی نف می سوزد. من از این همه شقاوت و سنگدلیِ این به اصطلاح مسیحیان در حیرتم و از این مردمان به ظاهر متمدنی که اوباش را علیه مردم تحریك می‌کنند سر خورده ام. اما پیش از همه از مسئول اصلی این جنایات؛ یعنی دولت روسیه و روحانیت حامی آن، که از انسانها این چنین حیوانات شروری

می‌سازند در خشم هستم. جنایاتی که در کی شی نف اتفاق افتاد چیزی جز بازتاب تبلیغات دروغین و کینه توزانه دولت روسیه نیست...... درست مشابه آنچه که دولت ترکیه با شهروندان ارمنی خود کرد، دولتهایی که در برابر شقاوت و بیرحمی تا جایی که منافعشان در خطر نیفتاده است، سکوت پیشه می‌کنند."

اکتبر ۱۹۰۵، شاید اکتبر سیاه در تاریخ یهودیان روسیه به شمار آید. در اودسا صدها یهودی را قطعه قطعه کردند، هزاران نفر زخمی شدند و بیش از چهل هزار خانه و مغازه ویران گردید. همزمانی این وقایع با جنبش انقلابی سوسیال دموکراسی در روسیه، دستاویزی بود در دست دولت تزاری تا موج عدالت خواهی مردم را "توطئه یهودیان"[۱۱۲] معرفی کند. به منظور حمایت از این فرضیه، در همین سال پلیس روسیه تزاری اقدام به چاپ سندِ جعلی "طرح دانایان یهود" کرد که نویسندهٔ در آن ظهور دشمنان مسیح را پیش بینی می‌کرد. این مقاله ابزار نیرومندی در تهییج احساسات یهودی ستیزیِ توده ها بود که به بسیاری از زبانها نیز ترجمه شد. این نوع نیرنگها و آزارهای گروهی یهودیان تا انقلاب اکتبر ۱۹۱۷ کم وبیش ادامه یافت و عامل اصلی مهاجرت یهودیان روسیه به امریکا بین سالهای ۱۸۹۰ تا جنگ جهانی اول بود. در این مدت بیش از دومیلیون نفر از یهودیان روسیه به امریکا کوچ کردند.

۶ ـ یهودی ستیزی در آمریکا

همان گونه که پیشتر نیز به آن اشاره کردیم رشد جمعیت یهودیان در ایالات متحد امریکا در سه مرحلهٔ کم و بیش متمایز روی داد. دوره نخست، مهاجرتهای کوچك و پراکندهٔ یهودیان سفاردیك از برزیل و دیگر کشور های امریکای لاتین را شامل می‌گردد. این مهاجرتها پس از سال ۱۶۵۴، به هنگامی که پرتغال برزیل را باز پس گرفت، افزایش یافت. دورهٔ دوم، مهاجرت یهودیان آلمانی است که

---

۱۱۲   Encyclopedia Americana, XVI:82, Americana Corporation, 1979

پس از انقلاب نافرجام سال ۱۸۴۰ آلمان در ابعادی گسترده اتفاق افتاد. سرانجام مهاجرت بزرگ یهودیان اروپای شرقی پس از سال ۱۸۸۰ که دورهٔ سوم را تشکیل می‌دهد. مهاجرت‌های پراکندهٔ دوره اول و مهاجرت بزرگ یهودیان آلمانی در دورهٔ دوم، گرچه هزارگاه مشکلاتی به همراه داشت، اما با یهودی ستیزی به مفهومی که در اروپا مشاهده شده بود، همراه نبود. گونه گونیِ مذاهب در مستعمرات، تحمل غیر مسیحیان را مقدور کرده[113] و موجب کاهش دشمنیهای پیشین شده بود. افزون بر این، اصل نخست قانون اساسی ایالات متحد، بزرگترین ارمغانی که انقلاب امریکا برای یهودیان داشت، در سال ۱۷۹۱ به تصویب رسید. به استناد این اصل، کنگرهٔ ایالات متحد حق آزادیِ بیان، عبادت، مطبوعات و اجتماعات را برای همهٔ شهروندان به رسمیت شناخته و متعهد می‌گردید که به پشتیبانی از مذهب، قانونی وضع نخواهد کرد. اصل جدایی مذهب از دولت که بدین ترتیب در قانون اساسی ایالات متحد امریکا گنجانیده شد، فرصت دامن زدن به اختلافات مذهبی را به شدت محدود می‌کرد. این اصل پدیده ای بود نوین که تا این زمان در هیچ یک از کشورهای دنیای قدیم طرح نشده بود.

پس از سال ۱۸۸۰ ورود یهودیان اروپای شرقی به ایالات متحد، آن هم در مقیاسی بسیار بزرگ، سرآغاز ظهور موج تازه یهودی‌ستیزی در امریکا به شمار می‌آید. اگر به خاطر مهاجرت این بخش از یهودیان نبود، شاید یهودی ستیزی هرگز در امریکا واقعیت نمی‌پذیرفت و یهودیان مهاجر آلمانی در میان طبقات متوسط و بالای جامعه امریکا ادغام می‌شدند[114]. همان گونه که در پیش نیز یادآوری شد، یهودیان اروپای شرقی با خود دو پدیدهٔ اجتماعی "سوسیال ـ دموکراسی" و "صیهونیسم" را به امریکا آوردند. تحت تاثیر آرای سوسیال

۱۱۳   The settlement of North America, in The Columbia History of the World, p 673-678, Harper and Row Publisher, New York, 1981

۱۱۴   Pacifica Radio Archive

دموکراسی، یهودیان اروپای شرقی فعالانه در اتحادیه های کارگری شرکت کردند. این گونه فعالیتهای اجتماعی نه تنها بسیاری از یهودیان مهاجر آلمانی را، که متعلق به طبقات بالا و مرفه تر جامعه بودند تهدید می‌کرد، بلکه دستاویزی نیز به دست دشمنان مشترک آنان یعنی غیر یهودیانِ با تمایلات یهودی ستیزی می‌داد. حاصل آنکه پیروزی انقلاب اکتبر ۱۹۱۷ و نا آرامیهایی که در اروپا و آمریکا به دنبال آن روی داد، بار دیگر موج ضد یهودی را به عنوان ابزار سیاسی به دست قدرتمندان داد. کوکلاکس کلان که در سال ۱۹۱۵ با شعار کنترل اقلیتها از جمله یهودیان تجدید سازمان کرده بود، نظریه تخریب نژاد برتر سفید پوستان آمریکایی از سوی مهاجران یهودی اروپا را مطرح کرد و خواستار محدودیتهای بیشتر در امر مهاجرت شد.

کوکلاکس کلان، به عنوان بخش بزرگی از "برتری طلبان سفیدپوست"، فلسفه وجودی خود را از فرقه ای بنام بریتیش ـ ایساییلیسم [115]، که متعلق به دوران ویکتوریای انگلیس است، به عاریت گرفته اند. آنها به نقش سیاسی ـ معنوی "قوم برگزیده" سخت باور دارند، با این تفاوت که "آنگلوساکسون" ها را اعوان و انصار واقعیِ طایفه های گمشده بنی اسراییل می‌شناسند [116]. در آمریکا این باور با تمایلات یهودی ستیزی افراطی و گونه ای "خداشناسی نژاد پرستانه" در آمیخته است [117]. به باور این گروه، یهودیان محصول آمیزش حوا و مار بوده و به بیان دیگر آنها فرزندان شیطان هستند. بسیاری از برتری طلبان سفید پوست به بروز جنگی بزرگ و اجتناب ناپذیر میان نیروهای نیکی و اهریمنی باور دارند.

---

[115]   British-Israelism or Anglo-Israelism

[116]   با الهام از این فلسفه، بسیاری از کلیساهای فرقهٔ "هویت مسیحی Christian Identity"، که یکی از گروههای ضد یهودی محسوب می‌شوند، با نام هایی چون ،
Church of Christ in Israel, Church of Israel, Church of True Israel, Israel Bible Society, Mission to Israel, Old Order Israelite, Virginia Christian Israelites, and Wisconsin Church of Israel, Christian Israel Church   شناخته می‌شوند.

[117]   Intelligence Report, Issue 89, p 11, winter 1998, Published by The Southern Poverty Law Center

در دیدگاه آنان سفید پوستان آنگلوساکسون نیروهای نیکی و یهودیان و دیگر اقوام با پوست تیره، نیروهای اهریمن را تشکیل می‌دهند. آنان همچنین معتقدند که آمریکا را خداوند به عنوان "اورشلیم جدید" به بنیانگذاران مسیحی سفید پوست اهدا نموده و قانون اساسی حقیقی آمریکا فقط شامل ده اصل اول و مواد کنفدراسیون است. با استناد بر این تحلیل، فقط سفید پوستان مسیحی شهروندان واقعی آمریکا محسوب می‌شوند. در دیدگاه آنان، اقوام دیگر فقط به استناد اصل چهاردهم قانون اساسی، که در نظر آنان اصلی "کاذب" به شمار می‌آید، شهروند شناخته شده اند. کوکلاکس کلان و دیگر گروههای برتری طلب، دولت فدرال ایالات متحد را دولتی غیر قانونی و به اصطلاح در اشغال صیهونیسم[118] شناخته و دشمنی با آن را این چنین توجیه می‌کنند[119].

در سالهای بین دو جنگ جهانی، کوکلاکس کلان یهودیان را عوامل بلشویسم معرفی کرد و هانری فورد، به حمایت از برتری طلبان سفید پوست اقدام به انتشار رسالهٔ طرح دانایان یهود در آمریکا نمود[120]. در این دوره، ترس از گسترش انقلاب اکتبر دستاویزی شد تا در سالهای ۱۹۱۹ و ۱۹۲۰ رییس دیوان عالی کشور ایالات متحد، "میچل پالمر"، خطر "وحشت سرخ" را مطرح کند. او مدعی شد که بیش از شصت هزار نفر از طرفداران تروتسکی در سازمانهای انقلابی امریکا رخنه کرده اند. در این زمینه اسنادی با محتوای ضد یهودی شدید نیز از سوی رییس دیوان عالی کشور و طرفدارانش ارائه شد. در یکی از این اسناد ادعا شده بود که از سی و یک نفر از رهبران عالیرتبه حزب بلشویک، به جز لنین همه یهودی بوده اند. در سندی دیگر گفته شده بود که فقط شانزده تن از شورای سیصد و هشتاد و هشت نفره پطروگراد روسی بوده و بقیه یهودی هستند که دویست و شصت و پنج نفر آنان از یهودیان بخش شرقی نیویورک

---

۱۱۸   Zionist Occupied Government (ZOG)

۱۱۹   Klanswatch Intelligence Report, A project of the Southern Poverty Law Center, August 1995

۱۲۰   Barnavi E. A Historiacal atlas of the Jewish People, p 218, Schocken Books, New York 1992

می‌باشند. سند سوم مدعی بود که دولت روسیه تزاری در واقع در ۱۳ فوریه ۱۹۱۶، توسط گروهی از یهودیان نیویورک، از جمله "جیکوب شف"[121] یکی از ثروتمندان یهودی، ساقط شد[122]. در سایه این تبلیغات دروغین، مهاجرت یهودیان به آمریکا به شدت محدود شد.

بررسی دقیق بافت اجتماعی ایالات متحد نشان می‌دهد که، برخلاف جوامع اروپای غربی، امریکا اجتماعی "چند قومیتی" است. ساختار جامعهٔ چند قومی امریکا، هم به سود یهودیان و هم به زیان آنها بوده است. از آن جهت که یهودیان فقط یکی از چندین اقوام درون جامعه چند قومیتی هستند و آن چنان به چشم نمی‌آیند به سود آنها است. اما از سوی دیگر، از آنجا که محور ترقی و پیشرفت در این جامعه بر قومیت استوار بوده و یهودیان اقلیتی موفق بوده اند بنابراین راحت تر به چشم می‌آیند. به بیان دیگر، کسب موفقیت و پیمودن نردبان ترقی، در چنین جامعه ای باخود مشکلاتی نیز برای یهودیان به همراه دارد. بافت اقتصادی این جامعه آن چنان است که موفقیت مغازه داران، پزشکان و یا وکلای یهودی بیشتر به چشم می‌آید. برای مثال مغازه داران بنا بر نقش طبقاتی شان معمولاً اجحاف می‌کنند ولی اجحاف مغازه دارِ یهودی آسانتر باور عمومی را تحت تاثیر قرار می‌دهد. بدین ترتیب "کینه و حسادت مشتریان را نیز آسان تر بر می‌انگیزد[123]. از این رو نگرانی یهودیان از وقوع یهودی ستیزی در امریکا بی‌پایه و اساس نیست، به ویژه که تجارب جنگ دوم جهانی و

---

۱۲۱   جیکوب شف Schiff, Jacob Henry (1847-1920) در سال ۱۸۶۵ به امریکا مهاجرت کرد و در سال

۱۸۸۵ به ریاست تاسیسات مالی کان ـ لوب Kuhn-Loeb نائل آمد. او دشمن سر سخت روسیه تزاری بود و از هیچ کوششی در زمینه لغو تقاضاهای وامی آن کشور فروگذار نکرد. وی فعالانه در امور یهودیان امریکا، به ویژه مسائل فرهنگی، درگیر بود در عین حال که از جنبش صیهونیسم نیز دل خوشی نداشت.

۱۲۲   Palmer MA, "The case against the Reds", Forum, February 1920, Poliakov, op. cit., 231-232

۱۲۳   Pacifica Radio Archive

ناپایداری دولت اسراییل بر این نگرانی می‌افزاید.

یهودی‌ستیزی در امریکا گاهی اشکال زیرکانه به خود گرفته و به شکل بزرگتر جلوه دادن نقش یهودیان در مسایل سه گانه ای ذیل مطرح می‌شود: نخست، نقش ثروت یهودیان و انحصار سرمایه داری مالی در دست آنان؛ دوم نفوذ یهودیان در نهادهای دولتی و سوم نقش آنان در مطبوعات و رسانه های گروهی[۱۲۳]. هواداران این گونه باورها برای اثبات حقانیت این سه موضوع، به ارائه نمونه حکایتهای پراکنده و استنباطهای شخصی متوسل می‌شوند. به هر حال شواهد عینی و بررسی‌های علمی قانع کننده ای در تایید هیچیک از این سه مساله موجود نیست.

از سوی دیگر، "فیلیپ رات" نویسندهٔ امریکایی بر این باور است که نگرانی یهودیانِ امریکا از بابت یهودی ستیزی بی مورد بوده و از ویژگیهای پرورشی آنان ناشی می‌شود. بهر حال این دیدگاه مورد تایید همگان نیست.

---

۱۲۳   Engelmann B. Germany without Jews, p 249, Bantam Books, Toronto, 1984

بخش هشتم

یهودیان در پایان قرن بیستم

۱. صیهونیسم

طی قرنها دربه دری، آرمان بازگشت به میهن اصلی، نه تنها در بافت مذهب یهودیان[۱] بلکه در تار و پود جوامع یهودی و فرهنگ قومیِ آنان مقامی بس والا داشت. در طول تاریخ، هنگامی که بر شدت محرومیت جوامع یهودی از بابت امنیت و حقوق اجتماعی افزوده می شد، باور به بازگشت به میهن نیاکان یا "صیهونیسم" نیز افزایش یافت. گرچه جنبش صیهونیسم نوین در پایان قرن نوزدهم آغاز به فعالیت کرد، ولی قدمت تاریخی صیهونیسم مذهبی به قرن ششم پیش از میلاد یعنی دوران اسارت بابل و اشتیاق یهودیان دوران پراکندگی به بازگشت به سر زمین نیاکانی مربوط می‌شود. از نظر نباید دور داشت که طی قرون، همواره یهودیان آرزوی بازگشت به اورشلیم را با برپاسازی بهشت و ظهور ماشیا، دو عنصر اصلی و جدایی ناپذیر از مفهوم رستگاری در آیین یهودیت[۲]، در هم آمیخته اند. صیهونیسم در قیامهای ناموفقی چون قیام سیمون برکوخبا در سالهای ۱۳۲ تا ۱۳۵ میلادی سرکوب شد و از خاکستر جنبشهای بازگشت به سرزمین موعود چون جنبش ساباتای ضوی دربین سالهای ۱۶۲۶ و ۱۶۷۶ سر برآورد.

---

۱   بخشی از دعای روزانه یا Amidah : " بگذار به چشم خویش شاهد بازگشت به سرزمین صیون (نام تپه ای در اورشلیم) باشیم" هر روز سه بار تکرار می‌گردد.

۲   Leibowitz Y. Judaism, Human values, and the Jewish State. p 125, Harvard University Press, 1992

ناپلئون بناپارت در سال ۱۷۹۹ به هنگام سفر به شرق، مقوله نوسازی اورشلیم باستان را طرح کرد. گرچه این شعار توخالی را امپراتور برای جلب افکار عمومی و تامین نیاز های نظامی خویش طرح کرده بود ولی بار دیگر آتش شوق بازگشت به سرزمین موعود را در میان یهودیان شعله ور کرد. طرح این مسأله از طرف ناپلئون، به ویژه از آن روی حائز اهمیت فراوان بود که برای نخستین بار توسط یک مقام دولتی مطرح می‌شد.

افزون بر محرومیت جوامع یهودی از امنیت و حقوق اجتماعی، جنبش خردگرایی یا "هسکالا" نیز عاملی در شکل گیری جنبش صیهونیسم بود. هسکالا در اواسط قرن هجدهم، انبوهی از یهودیان را از جوامع کلاسیک و مسدود یهودی قرون وسطی به بیرون کشید، و آنان را با فرهنگ و تمدن اروپایی آشنا کرد. بدین ترتیب اقشاری از یهودیان پدید آمدند که جذب جوامع اروپایی شدند و به فعالیتهای فرهنگی، اجتماعی و اقتصادی نوینی دست زدند. آرای هسکالا بر این نکته تاکید داشت که : "بگذار تا یهودیان وارد صحنهٔ اجتماعی شوند و با دیگر اقوام همگون گردند. بگذار تا جوامعِ انسانی به اصول و قوانین طبیعی خویش اتکا کنند که در آن یهودیان نه از امتیازات ویژه برخوردارند و نه محرومیت خاصی را متحمل می‌شوند"[۳].

جنبش خردگرایی محدود به اقشار روشنفکری یهودیان بود و هرگز لایه های پایینی جوامع یهودی را در بر نگرفت. هسکالا راه حل نهایی مساله یهود را در مروادهٔ اجتماعی ـ فرهنگی میان یهودیان و غیر یهودیان جستجو می‌کرد[۴]. به آن گونه که در بخش هفتم به آن اشاره گردید، به موازات رشد جنبش هسکالا، یهودی ستیزی نیز به اتهامات جدیدی چون "توطئه غصب قدرت توسط یهودیان" متوسل شد. این اتهامات جدید، به زبان پرفسور

۳   Hertzberg A. The Zionist idea, p 27, Jewish Publication Society, Philadelphia and Jerusalem, 1997

۴   Encyclopedia Americana, XVI:109, Americana Corporation 1979

هرتسبرگ[5]، بهایی بود که یهودیان بابت توسعهٔ و گسترش ناکامل فرهنگ اروپایی در جوامع یهودی می‌پرداختند[6]. ظهور صیهونیسم سیاسی، از یك سو پاسخ به فعالیتهای جدید یهودی ستیزی و از سوی دیگر واکنش توده هایِ یهودی به جنبشِ خردگرایی بود.

به بیانی ساده تر، هم ظهور صیهونیسم و هم وقوعِ یهودی ستیزیِ نوین، هر دو مدیون محدودیت جنبش خردگرایی به اقشار روشنفکری بود. اگر این جنبش فرهنگی اقشار وسیعتری از یهودیان را در بر می‌گرفت، یهودیان آسان تر در جوامع غیر یهودیان پذیرفته می‌شدند و فعالیتهای یهودی‌ستیزی نوین آنچنان کاربردی در بسیج توده ها علیه یهودیان نداشت. بهمین ترتیب، شاید ظهور صیهونیسم و تاسیس یك دولت یهودی به عنوان یگانه چاره جویی ضرورت نمی‌یافت[7]. از سوی دیگر، صیهونیسم سیاسی در جوامع کلاسیك یهودی قرون وسطی، که غرق در فرهنگ تلمودی بودند، نمی‌توانست مطرح گردد. لازمه پذیرش آرای صیهونیسم سیاسی، رسوخ فرهنگ غیرمذهبی غرب در درون این جوامع بود که جنبش خردگرایی در تامین آن نقش بزرگی ایفا کرد. هانا آرنت، جنبش صیهونیسم را نوعی دهن کجی اقشار پایین جوامع یهودیِ، به ویژه یهودیان اروپای شرقی، به جنبش خردگرایی اروپای غربی به شمار می‌آورد[8].

صیهونیسم را باید جنبشی ملی گرا همانند دیگر جنبشهایِ ملی گراییِ

---

۵   (-1921) Rabbi Arthur Hertzberg   استاد مطالعات یهودی در دانشگاههای کلمبیا، دارتموت و نیویورك است که ریاست کنگره یهودیان امریکا را بین سالهای ۱۹۷۲–۱۹۷۸ عهده دار بود.

۶   Hertzberg A. The Zionist idea, p 29, Jewish Publication Society, Philadelphia and Jerusalem 1997

۷   Encyclopedia Americana, XVI:109, Americana Corporation 1979

۸   Arendt H. Antisemitism: Part one of the origins of totalitarianism. p 56-7, A Harvest Book 1968

قرن نوزدهم اروپا در نظر گرفت، با این تفاوت که دو پیش شرط "هویت ملی" یعنی میهن و زبان واحد را صیهونیسم فاقد بود[9].

در سال ۱۸۶۲ موسی هِس[10] در کتابش تحت عنوان "روم و اورشلیم" به جذب یهودیان در درون جوامع اروپایی اعتراض کرد و آن را مردود شناخت. او تاکید ورزید که مسأله یهودیان بدون وجود میهن ملی برای آنان حل نخواهد شد. در سال ۱۸۸۱، در پیِ قتل عامهای یهودیان روسیه و اروپای شرقی، لئون پینسکر[11] رساله "خودرهایی" را منتشر کرد و در آن تنفر و انزجار از یهودیان را این چنین توضیح داد؛ "یهودی ستیزی یک بیماری اجتماعی و ترس از یهودیان نوعی جنون است که طی بیست قرن درمان ناپذیر مانده است .... یهودی همه جا بیگانه است، هیچ کجا پذیرفته نمی‌شود و بیرون از میهن خویش کسی از او استقبال نخواهد کرد"[12]. به عقیده پینسکر، وظیفه یهودیان است که خود سرنوشت خویش را به دست بگیرند و با جلب رضایت قدرتهای بزرگ اروپایی به منطقه ای از جهان مهاجرت کرده و برای خود سرزمین و میهنی دست و پا نمایند. به باور او، رهایی یهودیان فقط از این راه و نه در سایه اتکا به پیشرفتهای فرهنگی در جوامع انسانی مقدور است. لئون پینسکر به حق نخستین اندیشمند و نظریه پرداز صیهونیسم نوین به شمار می‌آید.

قتل عامهای سال ۱۸۸۱ یهودیانِ روسیه و واقعه دریفوس در پایان سال

۹   Hertzberg A. The Zionist idea, p 15, The Jewish publication society, Philadelphia and Jerusalem, 1997

۱۰   Hess, Moses (1812-1875)

۱۱   Pinsker, Leon (1821-1891)

۱۲   Hertzberg A. The zionist idea, p 43, Jewish Publication Society, Philadelphia and Jerusalem, 1997

۱۸۹۴، دو عامل بزرگ در بسیج افکار عمومی یهودیان و دیگر مردم جهان به حمایت از صهیونیسم سیاسی به شمار می‌آیند. این دو پدیده، در حقیقت صهیونیسم را از قالب مذهبیِ خویش بیرون آورده و به صورت جنبشی تاریخساز بدل کردند[۱۳].

آلفرد دریفوس تنها افسر یهودی ارتش فرانسه به اتهام جاسوسی برای آلمان در پس درب‌های بسته محکوم به حبس ابد شد. سه سال بعد، شواهدی دلالت بر جعل مدارك از سوی ماری شارل استرازی[۱۴]، افسر دیگر ارتش فرانسه، بر علیه دریفوس عرضه شد و در سال ۱۸۹۹ دادگاه تجدید نظر مجازات او را تخفیف داد و این بار او به ده سال زندان محکوم شد. یك هفته بعد، با روی کار آمدن یك دولت لیبرال در فرانسه، دریفوس از سوی رییس جمهور مورد بخشش قرار گرفت. در سال ۱۹۰۳ دریفوس تقاضای تجدید نظر مجدد کرد و تقاضای او به سال ۱۹۰۶ هنگام نخست وزیری کِلِمانسو[۱۵] پذیرفته شد. دادگاه فرجام این بار دریفوس را از تمامی اتهامات تبرئه نمود.

در جو سیاسی ناپایدار فرانسه، واقعه دریفوس تندروهای راست و چپ را به شدت بسیج کرد و کشور را تا سرحد یك جنگ داخلی سوق داد . احزاب دست راستی در کنار ارتش و کلیسای کاتولیك از محاکمه دور نخست دریفوس حمایت کردند. در حالی که، پس از ارائه مدارك، دال بر جعل اسناد، عناصر روشنفکری و لیبرال‌ها تحت رهبری آناتول فرانس و امیل زولا به بیعدالتی در حق دریفوس اعتراض نمودند. بدین ترتیب موضوع دریفوس مدت‌ها مورد بحث محافل سیاسی جهان قرار گرفت.

---

۱۳   Hertzberg A. The zionist idea, p 40, Jewish Publication Society, Philadelphia and Jerusalem, 1997

۱۴   Major Marie Charles Esterhazy (1847-1923)

۱۵   Clemenceau, Georges-Benjamin (1841-1929)

در سال ۱۹۰۸، درست نه سال پس از بخشش دریفوس و دو سال پس از برائت وی در دادگاه فرجام، در مراسم خاکسپاریِ امیل زولا به دریفوس حمله شد. دادگاه پاریس ضارب را تحت این عنوان که او فقط به حکم تبرئه دریفوس اعتراض کرده بود بیگناه تشخیص داد و وی را آزاد کرد. به دنبال آزادی ضارب، فریاد "مرگ بر جهود" بسیاری از شهرهای فرانسه را فرا گرفت. دسته های ضد یهودی تحت رهبری "ژول گورین" در خیابانها ظاهر شدند و از هیچ کوششی در به خاک و خون کشیدن اجتماعات طرفداران دریفوس خودداری نکردند. گورین، بنیانگذار یك سازمان ضد یهودی بود که از سوی دو نفر از اشراف فرانسه، دوك اورلئان و "مارکی دو موره"، پشتیبانی می‌شد. درمیان طرفداران این سازمان کسانی از قماش "ماکس رژیس" پیدا می‌شد که روزی در اجتماعی از طرفدارانش پیشنهاد کرده بود تا "درخت آزادی را با خون یهودیان آبیاری کنند"[۱۶]. آنچه که در بطن این وقایع خشونت آمیز، تازه و نو می‌نمود، قهرمان پرستی دسته های اوباش و ملی‌گرایی افراطی آنان بود. به بیانی دیگر، این همه رذالت تحت عناوین "وطن پرستی، آزادی و فرانسه" صورت می‌گرفت.[۱۷]

واقعه دریفوس تاثیر شایانی در جو اجتماعی و سیاسی فرانسه داشت[۱۸]. این پدیده به محبوبیت جمهوری مترقی فرانسه که در سال ۱۸۹۹ سرکار آمده بود افزود و از سویِ دیگر ازنفوذ و قدرت ارتش و کلیسا به شدت کاست. پیآیند این واقعه، قوانینی وضع گردید که قدرت کلیسای کاتولیك را محدود کرد و سرانجام برای نخستین بار در سال ۱۹۰۵در فرانسه موجب جدایی مذهب از دولت شد. در فردای واقعهٔ دریفوس، بسیاری از یهودیان جهان از

۱۶   Arendt H. Anti-Semitism: Part one of the origin of totalitarianism. p 111, A Harvest Book, 1968

۱۷   Arendt Hannah, Anti-semitism: Part one of the origins of totalitarianism. p 112, A Harvest Book, 1968

۱۸   Bredin Jean-Denis, The Affair; The Case of Alfred Dreyfus, Braziler 1987

این داستان به دو استنتاج دردناک رسیدند. نخست آنکه یهودی، حتی اگر چون دریفوس صاحب موقعیت والایِ اجتماعی هم باشد هنوز میهن ندارد، حقوق بشر برای او استثنا قائل می‌شود و جامعه به راحتی او را از مزایای شهروندی محروم می‌کند[19]. دوم اینکه به سادگی آتش تنفر و انزجار از یهودیان، حتی در کشوری پیشرفته مانند فرانسه، می‌تواند مشتعل شود و ارزشهای فرهنگی _ اجتماعی غرب قادر به حفظ حقوق یهودی نیست. این همان برداشتی بود که گردانندگان جنبش صیهونیسم سیاسی شیفته شنیدنش بودند.

از سوی دیگر، واقعه دریفوس ضربه ای بود مهلک، بر پیکر ناتوان و درحال رشدِ جنبش خردگرایی. داستان دریفوس هنگامی به گوش جهانیان رسید که یهودیان هوادار جنبش خردگرایی و روشنفکری در تلاش بودند تا حقوقی برابر غیر یهودیان برای خود کسب کنند و این حقوق را به تدریج به اقشار پایینی جوامع یهودی اروپا گسترش دهند. آنها به تازگی می‌خواستند که مزه امنیت اجتماعی را بچشند و همگونی و آمیزشهای فرهنگی با غیر یهودیان را بیش از پیش بگسترند. از این رو تحمل واقعه دریفوس برای هیچ بخش از یهودیان به اندازه این گروه دشوار نبود.

واژه "صیهونیسم" را نخستین بار در سال ۱۸۹۰، ناتان بیرن بام[20] فیلسوف اتریشی بکار برد. این واژه از "صیون"، نام تپه ای که معبد اورشلیم بر آن قرار داشت، مشتق می‌گردد.

در سال ۱۸۹۶ تئودور هرتصل[21]، روزنامه نگار اتریشی، کتابی تحت عنوان

---

۱۹   Arendt Hannah, Anti-semitism: Part one of the origins of totalitarianism. p 117, A Harvest Book, 1968

۲۰   Birnbaum, Nathan (1864-1937)

۲۱   (1860-1904) Theodor Herzl   بنیانگذار صیهونیسم سیاسی، در بوداپست زاده شد و تحصیلاتش را در وین به پایان رسانید. در سالهای ۱۸۸۱-۱۸۸۵ او خبرنگار یکی از نشریات وین بود. پیش از واقعه دریفوس، در

"دولت یهودی" نوشت و در آن، مانند موسی هس، به فرضیه جذب یهودیان [٢٢]
در جوامع غیر یهودی حمله کرد. او به سبک بسیاری از روشنفکران زمان خویش،
برخوردی دیالکتیکی با مساله داشت. هرتصل یهودی ستیزی را که هر از گاه
نظم جوامع اروپایی را برهم می‌زد "نهاد یا تز"، جهان لیبرال قرن بیستم که
توانایی تحمل این گونه نا آرامی ها را نداشت "پادنهاد یا آنتی تز"، و
صیهونیسم، یگانه چاره را، "هم نهاد یا سنتز" حاصل از این دو تضاد تلقی کرد. بر
اساس این تحلیل، او تامین هویت ملی یهودیان در قالب تشکیل دولتی برای
کلیه یهودیان را تنها راه حل این مشکل می‌شناخت [٢٣]. هرتصل در ابتدا مخالف
تشکیل چنین دولتی در منطقه فلسطین بود و در این رابطه، در برابر اصرار
همگامان اروپای شرقی خویش، به جز نوعی تایید سرسری چیزی ارائه نکرد [٢٣].
آرتور هرتسبرگ معتقداست که رهبران امروزی صیهونیسم در دو مورد با آنچه

‹

آثار وی به ندرت اشاره به مساله یهودیت بچشم می‌خورد. در این سالها او مانند بسیاری از دیگر روشنفکران
یهودی قرن نوزدهم اروپا، جذب در فرهنگ و زندگی اجتماعی غیر یهودیان را دلچسب و در عین حال
اجتناب ناپذیر می‌دید. در نقدی به کتاب ادوارد درومان (Edouard Drumont)، که اثری به شدت
ضدیهودی بود، هرتصل تحریکات و فعالیتهای یهودی ستیزی را ابزار انحراف خشم انقلابی توده ها تحلیل
کرد. پس از واقعه دریفوس در سال ١٨٩٤ و هنگامی که فریاد های مرگ بر جهود شهرهای فرانسه را
فراگرفت، هرتصل تغییر موضع داد و شیفته صیهونیسم گشت. موثر از کوششهای خستگی ناپذیر او در زمینه
جلب همکاری دولتهای بزرگ، سرانجام در سال ١٩٠٣ دولت بریتانیا بخشی از اوگاندا را برای میهن جدید
یهودیان به او پیشنهاد کرد. این پیشنهاد در نخستین کنگره صیهونیسم جهانی با مشکلات فراوان تصویب شد
اما صیهونیستهای روسیه تحت رهبری حییم وایزمن با آن از در مخالفت برخاستند.

٢٢   در میان یهودیان، جذب یا Assimilation به معنی کنار گذاشتن برخی از ویژگیهای قومی چون لباس
پوشیدن و زبان، پذیرش یهودیت فقط به عنوان یک مذهب و نه چیزی بیش از آن و کناره گیری از هویت
مذهبی یهود بدون دل بستن به مذهب دیگر می‌باشد.

٢٣   From "Zionism Reassessed", presented by Rabbi Arthur Hertzberg, Center for Jewish
studies, University California, April 17, 1997

٢٤   Hertzberg A. The zionist idea, p 74, Jewish Publication Society, Philadelphia and
Jerusalem, 1997

پیشگامان این جنبش مطرح کردند در تناقضند: نخست آنکه پیشگامان صیهونیسم به دولتی "برای کلیه یهودیان" جهان معتقد بودند و نه به تشکیل یک "دولت یهودی" و دوم آنکه آنها بر خلاف رهبران معاصر رابطه عاطفی با اورشلیم نداشتند و در تشکیل چنین دولتی در این منطقه از جهان اصرار نمی‌ورزیدند.

آحاد حاآم[۲۵]، سرسخت ترین مخالفین عقیدتی هرتصل در جنبش صیهونیسم محسوب می‌شد. او نه تنها به جهان غیریهودیان بی اعتماد بود بلکه به توده های یهودی نیز با دیده شک می‌نگریست[۲۶]. دکترین احاد حاآم، تاسیس "دولتی یهودی" برای پاسخگویی به نیاز های معنوی یهودیان بود نه "دولتی برای یهودیان" به عنوان چاره جویی دربرابر یهودی ستیزی، به شیوه ای که هرتصل تصور می‌کرد. او، بر خلاف هرتصل، وضع موجود را شرایط استثنایی تاریخی برای پایان بخشیدن به اختلافات دیرینه میان یهودیان و جهان غیریهودی نمی‌دید[۲۷]. ناشی از بدبینی شدید به جهان سیاسی، احادحاآم در نخستین کنگره جهانی صیهونیسم در سال ۱۸۹۷ مطرح کرد که حتی اسکان کلیه یهودیان جهان در فلسطین جوابگوی مشکل یهودیت نخواهد بود. در نظر او یهودی ستیزی فقط با ظهور ماشیا پایان می‌پذیرد و ماشیا هنگامی ظهور خواهد کرد که

---

۲۵   احادحاآم (Ahad Ha-Am 1856-1927) نام مستعار عاشر گینزبرگ (Asher Ginsberg)، فیلسوف و نویسنده که در اوکراین چشم به جهان گشود و پس از سال ۱۹۰۸ در لندن اسکان گزید. وی بین سالهای ۱۸۹۶ تا ۱۹۰۳ نشریه حا-شیلوها (Ha-Shiloah) را منتشر نمود و در آن به مواضع هرتصل در رابطه با صیهونیسم سیاسی سخت حمله کرد. درسال ۱۹۱۷ مشاور حییم وایزمن بود و در مذاکراتی که سرانجام به انتشار اعلامیه بالفور منتهی گردید شرکت داشت. در مذاکرات ورسای و سالهای پس از آن مدافع گسترده ترین حقوق یهودیان در فلسطین بود. به باور او رهایی یهودیان مدیون احیای یهودیت بود و از این رو احادحاآم بنیانگذار "صیهونیسم معنوی" شناخته می‌شود. در نظر او، تاسیس دولت یهودی هنگامی به وقوع می‌پیوندد که جلال گذشته با اسکان اکثریت یهودیان جهان در فلسطین تامین گردد.

۲۶   Hertzberg A. The Zionist idea, p 51,52,58, Jewish Publication Society, Philadelphia and Jerusalem, 1997

۲۷   Hertzberg A. The Zionist idea, p 56, Jewish Publication Soceity, Philadelphia and Jerusalem, 1997

جهان ارزشهای معنوی پروردگار را پذیرا گردد، که وقوع آن نیز در آینده نزدیکی محتمل به نظر نمی‌رسد. به بیان دیگر، مدینهٔ فاضلهٔ احادحاآم جامعه ای است که برای تحسین مردان معنوی یهودیت سازمان یافته است[28]. بدین ترتیب در می‌یابیم که از ابتدا، هرتصل و احادحاآم دو جهان بینی کم و بیش، متفاوت را در جنبش صیهونیسم رهبری می‌کردند.

به هر حال، خواسته نخستین کنگره صیهونیسم که در سوییس تشکیل گردید تاسیس یک دولت یهودی در فلسطین برای اسکان یهودیان سراسر جهان بود[29]. هرتصل کوشید تا مساعدت دولت عثمانی و بریتانیا را در تامین این هدف جلب کند ولی از آنجا که عبدالحمید دوم، سلطان عثمانی، روی خوش به این پیشنهاد نشان نداد و کوشش خویش را معطوف دولت بریتانیا کرد. دولت بریتانیا امکان تشکیل چنین دولت یهودی را در اوگاندا یکی از مستعمرات افریقایی انگلیس مطرح کرد که در سال ۱۹۰۵ در هفتمین کنگره صیهونیسم مردود شناخته شد.

برخی از طرفداران صیهونیسم، تحت تاثیرِ مارکسیسم اوایل قرن بیستم، "صیهونیسم سوسیالیستی" را مطرح کردند. بر بوروخوف[30] همانند دیگر پیشگامان جنبش سوسیال ـ دموکراسی و برخلاف مارکس، راه حل نهایی مساله یهود را

---

۲۸   Hertzberg A. The Zionist idea, p 59, Jewish Publication Society, Philadelphia and Jerusalem, 1997

۲۹   قطعنامه نخستین کنگره صیهونیسم که به تاریخ ۱۸۹۷ به تصویب رسید بدین شرح است:

۱. تشویق کارگران کشاورزی و صنعتی یهودی به تاسیس مستملکات در فلسطین از طرق مناسب

۲. گردهم آوری کلیه یهودیان جهان از طریق سازمانهای محلی و بین المللی

۳- تهییج احساسات و وجدان ملی یهودیان جهان

۴. اقدامات لازم به منظور کسب موافقت دولتها برای تامین اهداف صیهونیسم

۳۰   بر بوروخوف (Ber Borochov 1881-1917) بنیانگذار حزب پوآل صیون (Poale Zion) در سال ۱۹۰۶، در ابتدا از فعالان جنبش سوسیال دموکراسی روسیه بود که سپس شیفته صیهونیسم گردید. تحلیل مارکسیستی او از بافت اقتصادی ـ اجتماعی یهودیان و مخالفت سرسختانه او در رابطه با تاسیس دولت یهودی در اوگاندا از شمار اقدامات به جای مانده از اوست.

درگروی پیروزی پرولتاریا و حذف طبقات اجتماعی می‌دید. او با اتکا بر این تحلیل، سرانجام به لزوم حمایت از جنبش صیهونیسم دست یافت. او در حقیقت لزوم تاسیس دولتی یهودی در فلسطین و به بیان دیگر اهداف صیهونیسم را در قالب ماتریالیسم دیالکتیك متداول آن روز بیان می‌کند. بوروخوف در این رابطه می‌نویسد: "بورژوازی بزرگِ یهودیان، به عنوان بخشی از سرمایه داریِ بزرگ، به بازار ملی قناعت نمی‌کند و همواره در جستجوی بازار بزرگترِ جهانی است. این بخش از بورژوازی نگران مسأله یهودیت و مشکل یهودیان نیست و ترجیح می‌دهد تا یهودیان در جهان غیریهودی ادغام گردند. برعکس، خرده بورژوازی و توده های پرولتریِ یهودی که کم و بیش منافع مشترکی دارند، یکسان عمل کرده و در جستجوی یك بازار ملی با حداقل رقابت هستند. یهودی ستیزی ماهیت طبقاتی داشته و محصول تضاد میان اقشار خرده بورژوازی و توده های پرولتری یهودی و غیر یهودی است. اقشار پایینی یهودیان منافعی در کسب بازار جهانی ندارند و بر خلاف بورژوازی بزرگ با جذب یهودیان در جهان غیریهودی نیز مخالفند. یهودیان نیاز به قلمرویی به منظور تاسیس جامعه طبقاتی خویش دارند تا در آن مبارزه طبقاتی را دامن زنند. از سوی دیگر، با توجه به امکانات محدود توسعه و تمدن در سرزمین فلسطین، سرمایه داری بزرگ جلب آن نخواهد شد. بنابراین، مبارزه طبقاتی میان توده های یهودی و اقشار میانی سرمایه داری شکل خواهد گرفت. از آنجا که در جوامع یهودی پرولتاریای کشاورزی عملاً وجود ندارد، با مهاجرت اقشار پایینی این جوامع به فلسطین فرصتی برای رشد پرولتاریای کشاورزی دست خواهد داد تا در عنایت مبارزه طبقاتی وقوع انقلاب پرولتری را تسریع کنند. برای پرولترهای صیهونیست، این خود قدمی در جهت تحقق سوسیالیسم به حساب می‌آید"[31].

صرف نظر از نقطه ضعفهایش، این تحلیل شالودهٔ صیهونیسم سوسیالیستی را تشکیل داد و تحت تاثیر آن، تعاونیهای کشاورزی یا "کیبوتص" ها در فلسطین

---

31   Hertzberg A. The Zionist idea, p 355-366, Jewish Publication Society, Philadelphia and Jerusalem, 1997

پدید آمدند که پشتوانهٔ نظامی، سیاسی و فرهنگی اجتماع یهودیان پیش از تاسیس دولت اسراییل بود.

خلاصه آنکه ظهور صیهونیسم سیاسی حاصل برخورد میان دو گونه تفکر به منظور دست یافتن به راه حلی واحد در برابر اشکال نوین یهودی ستیزی بود. نظرِ نخست براین نکته تاکید می‌ورزید که در سایهٔ پیشرفتهای اجتماعی، اقتصادی و فرهنگیِ جوامع غربی، آنها یهودیان را آسان تر از هر زمانِ دیگر پذیرا می‌شوند. بنابراین، به منظور تسریع این پدیده و مبارزه با یهودی ستیزی، مراودهِ هر چه بیشترِ میان یهودیان و غیریهودیان را در امور اجتماعی، اقتصادی و فرهنگی باید دامن زد. در بطن این بینِش، که در اساس توسط یهودیان غربی به ویژه اقشار روشنفکری آنان ترویج می‌شد، تعابیری نمادین از بازگشت منجی موعود، مانند تامین آزادیهای فردی، استقلال ملی، عدالت اجتماعی و توزیع عادلانه ثروت نیز ارائه می‌گردید[۳۲]. دومین خطِ مشی، تامین هویت ملی را برای یهودیان تنها راه چاره می‌شناخت که از پشتیبانیِ گسترده یهودیان اروپای شرقی برخوردار بود. در این اردوگاه نیز دو جناح آشکارا فعالیت می‌کردند: یکی جناح طرفدارِ هرتصل که از جناح دیگری به طور نسبی غیر مذهبی‌تر و مترقی‌تر بود و بر دولتی برای یهودیان، و یا بهتر بگوییم آن بخش از یهودیان که به آن نیازمند بودند، تاکید می ورزید. این جناح در رابطه با موقعیت و حدود جغرافیایی این دولت برخوردی لیبرالی داشت و حتی در انتخاب زبان رسمی نیز پافشاری نمی‌کرد[۳۳]. جناح دوم، تحت تاثیر آرا و افکار احادحاآم، پایان یهودی ستیزی را با کسب رستگاریِ یهودیان مترادف می‌دید. به باور پیروان این جناح آنچه در وهله اول مَد نظر می‌بود "یهودیت" بود و نه "یهودیان" و تاسیس دولت یهودی فقط به عنوان نخستین گام در این راه قابل درک بود. در دیدگاه این جناح، احیایِ فرهنگ سنتی و باز پس گرفتن سرزمین

---

۳۲   Hertzberg A. The zionist idea, p 18, Jewish Publication Society, Philadelphia and Jerusalem, 1997

۳۳   Hertzberg A. The Zionist idea, p 49, Jewish Publication Society, Philadelphia and Jerusalem, 1997

بنی‌اسراییل، با حدود و ثغوری که در میثاق میان پروردگار و ابراهیم آمده بود[۳۴]، از پیش شرطهای ظهور ماشیا و پایان یهودی ستیزی به شمار می‌آمد. کشمکش میان این دو اندیشه، چه پیش از تاسیس دولت اسراییل جدید و چه پس از آن، از ویژگیهای جنبش صیهونیسم در صد سال گذشته بوده است.

۲. جنبش چپ و مساله یهود

به روشنی می‌توان گفت که پیش از انقلاب کبیر فرانسه، یهودیانِ اروپا از حقوق اجتماعی ناچیزی برخوردار بودند، هر چند که دولتها، گهگاه به هنگام پیروزی در جنگها، از کمکِ های مالی صرافان یهودی به ظاهر قدردانی می‌کردند. این مسأله، یعنی محرومیت از حقوقِ مدنی و آزار های دوره اِی یهودیان را بسیاری از نظر پردازان جنبش چپ از زوایای گوناگون بررسی کرده، علل و راه حلهای متفاوتی ارائه داده اند.

در این فصل، برای آنکه رابطه جنبش چپ و مساله یهودیان روشن شود، نخست دیدگاهِ مارکس و دیگر پیشگامان جنبش سوسیال دموکراسی را در رابطه با یهودیان بررسی کرده، سپس واکنش یهودیان را به جنبش چپ مرور می‌کنیم و در پایان به عملکردِ سازمانهای چپ در این رابطه می‌پردازیم.

تحلیل مارکس از مسألهٔ یهودیان در حقیقت نقدی است که او در سال ۱۸۳۴ بر دیدگاه برونو بائوئر نوشت.

"برونو بائوئر"، فیلسوف پیرو فلسفه هگل، با مساله یهودیان این چنین برخورد می‌کند: "در آلمان هیچ کس از آزادی سیاسی برخوردار نیست. در چنین شرایطی یعنی هنگامی که ما غیریهودیان خود از آزادی برخوردار نیستیم چگونه می‌توانیم حقوق سیاسی شما یهودیان را تامین کنیم؟ اگر شما یهودیان انتظار دارید که به صِرف یهودی بودن از حقوق ویژه ای برخوردار شوید، انتظارتان خودستایانه است. شما باید مانند هر آلمانی دیگر، برای رهایی آلمان و به مثابه یک انسان برای رهایی انسان از جور و ستم اجتماعی، مبارزه کنید. دولت مسیحی آلمان فقط با زبان تبعیض علیه غیرمسیحیان و امتیاز برای مسیحیان آشناست.   در بافت چنین دولتی، یهودیان تنها از امتیاز یهودی بودن

---

۳۴   کتاب حزقیل، باب ۳۳، آیه ۲۴

برخوردارند. در چهارچوب یک دولت مسیحی، به چه دلیل فرد یهودی در انتظار حقوقی برابر با یک مسیحی است؟ اگر فرد یهودی علاقمند است که از مزایا و امتیازاتی مشابه یک فرد مسیحی برخوردار باشد، در این صورت این پرسش پیش می‌آید که مگر یهودی از تعصب مذهبی خود دست بر می‌دارد که این چنین انتظاری از یک دولت مسیحی دارد؟". برونو بائوئر ادامه می‌دهد "در چهار چوب یک دولت مسیحی، تامین حقوق سیاسی برابر با مسیحی، برای فرد یهودی مقدور نیست. تا هنگامی که مذهبِ دولت، مسیحیت است و فرد یهودی به مذهب خویش متعصب باقی می‌ماند، نه دولت توانایی اعطای حقوق سیاسی به یهودی دارد و نه یهودی چنین حقوقی را کسب خواهد کرد"[۳۵].

گرچه تحلیل برونو بائوئر در قالب دولت مسیحی آلمان صادق است ولی، از آنجا که او این رابطه را در چهارچوب دولتهای دیگر نیز بررسی نمی‌کند، مارکس آن را قضاوتی یک جانبه اطلاق کرده می نویسد: "کافی نیست که بپرسیم چه حکومتی حقوق سیاسی را تفویض می‌کند و چه کسانی این حقوق را کسب می‌کنند؟ علاوه بر این دو، نکته سومی نیز مطرح است و آن اینکه چه نوع حقوق سیاسی مورد نظر ماست؟ از آنجا که بائوئر به این نکته سوم توجه نمی کند راه نهایی را در نمی‌یابد".

مارکس در باره مسأله یهودیان می‌نویسد: بر حسب اینکه فرد یهودی در چهارچوب کدام دولت موقعیت خود را ارزیابی می‌کند، این مسأله شکل متفاوتی به خود می‌گیرد. در آلمان، مساله یهودیان صرفا مقوله ای مذهبی است. در چنین شرایطی، فرد یهودی خود را در تضاد با دولتی مذهبی می بیند، دولتی که بر بنیاد مسیحیت استوار می باشد. *حرف این دولت مذهب است*"؛ و انتقاد به مذهب، انتقادی است دو جانبه؛ انتقاد به مذهب دولت مسیحی و انتقاد به مذهبِ فرد یهودی.

بر خلاف آلمان، در فرانسه به عنوان یک نمونهٔ دولت مشروطه، آزادی سیاسی یهودیان ناکامل است. پشتیبانی از مذهب در ساختار این دولت به صورت مذهب اکثریت یا "مذهب رسمی" جلوه گر گردیده و دولت برای پیروان مذهب اکثریت مزایای ویژه ای قائل است. رابطه یهودیان و دولت در فرانسه، فقط در چهارچوب این "مذهب رسمی" قابل درک است. برعکس در ایالات متحد امریکا و یا حداقل در برخی از ایالات آن، مسأله یهودیان از قالب مذهبی خود بیرون آمده و به مقوله ای غیر مذهبی و "لاییک"

---

۳۵ Die Judenfrage (The Jewish question) by Bruno Bauer, Baundschweig, 1843; published in Deutsch-franzosische Jahrbucher, February 1844

بدل گشته است. در ایالات متحد امریکا، نه دولت، مذهب رسمی دارد، نه مذهب اکثریت را به رسمیت می‌شناسد و نه نوعی عبادت را به شیوهٔ دیگر آن ترجیح می دهد. قانون اساسی ایالات متحد، در بسیاری از ایالات، ایمان به مذهب و شیوه عبادت را پیش شرط برخورداری از حقوق سیاسی نمی شناسد. به بیانی، در اینجا دولت از مذهب جداست ولی " رهایی دولت از مذهب به معنی رهایی انسان از مذهب نیست. همچنان که در ایالات متحد با وجود جدایی دولت از مذهب، بسیاری از مردم مذهبی هستند و حتی تحت تاثیر مذهب به افراد غیرمذهبی با دیدهٔ بی اعتمادی می‌نگرند."[۳۶]

مارکس ادامه می‌دهد "ما مسائل لاییک را به مقولات مذهبی مبدل نمی کنیم. برعکس می‌خواهیم مسایل مذهبی را به موضوعات لاییک تبدیل کنیم. تاریخ به قدرکافی به خرافات آلوده گشته است، اکنون زمان آن است که خرافات را به تاریخ بسپاریم".

واکنش دولت به مذهب، برخورد اعضای تشکیل دهندهٔ دولت به مذهب است. آزادی سیاسی یک فرد یهودی، مسیحی و هر فرد مذهبیِ دیگر فقط از طریق رهایی دولت از یهودیت، مسیحیت و هر گونه مذهب دیگر مقدور است. دولت میانجی میان انسان و آزادی اوست. بدین ترتیب مشکل یهودیان در نهایت به مقولهٔ لاییکِ رابطه میان دولت و پیش فرضهایش تنزل می‌یابد، پیش فرضهای مادی مانند مالکیت خصوصی، یا پیش فرضهای فرهنگی مانند آموزش و پرورش و مذهب". *انسان هنگامی خود را از مذهب خلاص می‌کند که آن را از محدوده قوانین اجتماعی بیرون رانده و به مقوله ای فردی و خصوصی تبدیل کند.*"[۳۷]

مارکس می‌نویسد، بنابراین ما با برونو بائوئر، هنگامی که راه رهاییِ یهودیان را در گروی دست کشیدن از یهودیت می بیند، همصدا نمی شویم. بر عکس سخن ما با یهودیان آن است که می‌توانید، حقوق سیاسی خود را کسب کنید، بدون آنکه از یهودیت دست بردارید، زیرا که کسب آزادی سیاسی مترادف با رهایی کامل انسان از مذهب نیست. *انسان می‌تواند ارتقای سیاسی کسب کند، به حقوق مدنی دست یابد و یهودی نیز باقی بماند.* این همان چیزیست که برونو بائوئر، با منحصر کردن بررسیِ خویش به دولت

---

۳۶   Marx Karl, On the Jewish question, Die Judenfrage, Published in Deutsch-

Franzosische Jahrbucher, in 1843

۳۷   Marx Karl, On the Jewish question, The Portable Karl Marx, p 103, edited by Eugene

Kamenka, Penguin Books, 1983

مسیحی آلمان، آن را انکار می‌کند. روشن است که در قالب چنین دولتی انتظار یهودیان برای کسب حقوقی برابر با مسیحیان غیرواقعی می‌نماید.

برخلاف مارکس اغلب صاحب نظرانِ جنبش چپ، چه یهودی و چه غیر یهودی، با الهام از فلسفهٔ مارکسیسم، مسألهٔ یهودیان را فقط در قالب مبارزه طبقاتی بررسی کرده اند. به استناد این طرح، آنها مشکل یهودیان و یهودی ستیزی را فقط جلوهٔ کوچک و ناچیزی از تضاد میان طبقات اجتماعی می‌دیدند و به طبع به عنوان مقوله ای ثانوی به آن می‌نگریستند. در جهان بینی جنبش چپ اوایل قرن بیستم، هدف اصلی تعمیم مبارزه طبقاتی به منظور دست یافتن به جامعه بدون طبقات و رشد نیروهای مولد به منظور ساختمان سوسیالیسم بود. این الگوی فکری پاسخگوی بسیاری از گرفتاریها، از جمله مشکل یهودیان و مبارزه با یهودی ستیزی، وانمود می‌شد.

روزا لوکزامبورك معتقد بود که یهودی ستیزی از جلوه های سرمایه داری است که یونکرها، در آلمان و تزارها در روسیه، از آن بهره برداری می‌کنند.[38] او با کم بها دادن به عوامل فرهنگی ـ سیاسی در رابطه با مسأله یهودیان و تمرکز انحصاریش بر تولید سرمایه داری، که در آن یهودیان نه خریداران و نه عرضه کنندگان عمدهٔ نیروی کار محسوب می‌شدند، طبیعی بود که آن را کم اهمیت تلقی کند.[39] از دیدگاه رزا لوکزامبورك این چنین برداشت می‌شود که یهودی ستیزی در دورانِ پیش از سرمایه داری واقعیت تاریخی نداشته است و برخلاف نظر مارکس، تامین حقوق مدنی یهودیان تا پایان مبارزه طبقاتی و تامین جامعهٔ بدون طبقات به تعویق خواهدافتاد.

لنین در رابطه با مساله یهود در سال ۱۹۰۳ نوشت: " تامین هویت ملی برای یهودیان کوششی ارتجاعی است که نه تنها صیهونیستها بلکه برخی طرفداران سوسیال ـ دموکراسی نیز آن را تبلیغ می کنند. ناسیونالیسم یهود در اساس با منافع پرولتاریای یهودی در تناقض بوده و به طور مستقیم و غیر مستقیم مانع جذب یهودیان در جامعه غیر یهودیان می‌شود. این کوشش تنها روحیهٔ گتو را در میان آنان پرورش می‌دهد... شعار فرهنگ ملی یهودیان در تضاد با منافع پرولتاریاست که در واقع از طرف سرمایه داران و

---

۳۸   Arendt Hannah, Antisemitism: Part one of the origins of totalitarianism, p 48, A Harvest Book, 1968

۳۹   Arendt H. Antisemitism: Part one of the origin of totalitarianism. p 34, A Harvest Book, New York 1968

روحانیون یهودی پشتیبانی می‌شود"[30]. در دیدگاه وی، یهودیانی که با جذب یهودیان در جوامع غیر یهودی مخالفت می‌ورزند "ملی‌گرایانی بی‌فرهنگ" هستند[31]. به رغم این گونه برخورد، لنین در برابر یهودی ستیزی موضعی بسیار محکم اختیار کرد و در ۲۷ جولای ۱۹۱۸، کمیساری خلق به شوراهای کارگران، دهقانان و سربازان دستور داد تا هر گونه فعالیت یهودی ستیزی را در نطفه خفه کنند[32].

لئون تروتسکی، کشاورز زادهٔ یهودی اهل اوکراین، مدعی بود که نه یهودی‌گری و نه یهودی ستیزی هیچ یک در دگرگونیِ فکری او تاثیر نداشته اند. به زبان دیگر، در معادلهٔ مبارزهٔ طبقاتی نقش یهودیان آن چنان ناچیز است که تروتسکی آن را به حساب نمی‌آورد. در نهایت او دیدگاهی مشابه رزالوکزامبورک با این موضوع داشت.

نهمان سیرکین[33] نویسنده و متفکر روسی در رابطه با مشکل یهودیان نوشت: "جامعهٔ بدون طبقات و استقلال ملی تنها راه حل مساله یهود است. انقلاب اجتماعی و پایان مبارزه طبقاتی، رابطهٔ یهودیان را با محیط خویش بهبود می‌بخشد. یهودی، بنابراین باید که به صفوف پرولتاریا بپیوندد زیرا که پرولتاریا تنها عنصری است که به مبارزه طبقاتی پایان خواهد بخشید"[33]. در جایی دیگر نهمان می‌نویسد: " سوسیالیسم، با دوری جستن از جنگ، نرخ گذاری و تضادهای نامطلوب اقتصادی در میان ملل پیشرفتهٔ جهان، امکان بهره کشی ملتها را از یکدیگر غیر مقدور می‌کند. گذشته از این، سوسیالیسم با اتکا بر صلح و همکاریهای فرهنگی و اقتصادی میان ملل، مرزبندیهای میان اقوام را نیز مخدوش خواهد کرد.... به رغم فعالیت های یهودی ستیزی که گهگاه در میان احزاب سوسیالیست

---

۳۰ Collected works (London 1961), vii 100ff.; " Critical remarks on the national question" 1913

۳۱ Lenin V.I. "The position of the Bund in the Party" in Iskara, October 22, 1903

۳۲ Weinryb BD, 'Antisemitism in Soviet Russia' in Lionel Kochan (ed.), The Jews in Soviet Russia, Oxford 1972

۳۳ Nachman Syrkin (1867-1924)

۳۳ Hertzberg A. The Zionist idea, p 340, The Jewish Publication Society, Jerusalem and Philadelphia, 1997

به چشم می‌خورد، سوسیالیسم در اساس از حقوق یهودیان دفاع خواهد کرد"[۳۵].

سیرکین مانند بسیاری از دیگر صاحب‌نظران آن روزِ سوسیالیسم در این شبهه بود که پیروزی انقلاب و سقوط طبقهٔ حاکم، مترادف با پایان جامعهٔ طبقاتی‌است. افزون بر این، او به تامین هویت ملی یهودیان در قالب یک دولت یهودی، به منظور پیشبرد آرمانهای سوسیالیسم در میان آنان، باور داشت و موثر از این آرمان خواهی، سرانجام در سال ۱۹۰۹ به سازمان جهانی صیهونیسم پیوست .

برِ بروخوف [۳۶] هم به شیوهٔ متداول دیگر پیشگامان جنبش سوسیال ـ دموکراسی و بر خلاف مارکس، راه حل نهایی مسأله یهود را درگروی پیروزی پرولتاریا و حذف طبقات اجتماعی می‌دید. همانگونه که پیش تر اشاره شد، بروخوف نیز با تاکید بر یک رشته پیش فرضها، از لزوم مبارزه طبقاتی به صیهونیسم و تامین هویت ملی برای یهودیان رسید. او بر این باور بود که جوامع یهودی دارای پرولتاریای کشاورزی نیستند و با مهاجرت یهودیان به فلسطین، فرصتی برای رشد پرولتاریای کشاورزی در میان یهودیان دست خواهد داد تا در سایهٔ مبارزه طبقاتی وقوع انقلاب پرولتری را تسریع کنند". در حقیقت برخوف، لزوم ایجاد دولتی یهودی در فلسطین و به بیان دیگر اهداف صیهونیسم را در قالب ماتریالیسم دیالکتیک متداول آن روز بیان می‌کند.

جالب اینکه، بروخوف همانند سیرکین، آموزش فرهنگی ـ اجتماعی یهودیان و غیر یهودیان و جنبش فرهنگی خردگرایی یا هسکالا را پدیده ای صرفاً طبقاتی ارزیابی می‌نمود که به دیده او سرمایه داری بزرگ یهودیان از آن پشتیبانی می‌کرد. بروخوف در این رابطه می‌گوید بورژوازی بزرگِ یهودیان به دنبال بازار بزرگ جهانی است و از این رو ترجیح می‌دهد که توده های یهودی درمیان غیر یهودیان ادغام شوند [۳۷] . در این رابطه سیرکین نیز می‌نویسد که تمایل وافر بورژوازی بزرگ یهودیان به ادغام توده های یهودی در میان غیر یهودیان از این بابت است که از نظر اقتصادی یهودی بودن سودآور

۳۵ Hertzberg A. The Zionist Idea, p 342, The Jewish Publication Society, Jerusalem and Philadelphia, 1997

۳۶ Ber Borochov (1881-1917)

۳۷ Hertzberg A. The zionist idea, p 360, The Jewish Publication Society, Jerusalem and Philadelphia 1997

نیست^{۳۸}. این گونه نگرش را شاید به حساب کینه متداول اندیشمندان این دوره با بورژوازی باید گذاشت. به هر حال سوسیالیسمِ بروخوف و سیرکین تجانسی با دیالکتیك ماركس نداشت و بیشتر از عواطف انسان دوستانه آنان ریشه می‌گرفت.

تحلیل مساله یهود در چهارچوب مبارزهٔ طبقاتی را بسیاری، به ویژه بنیادگرایان یهودی، بی اعتنایی به مشکل یهودیان و یا انکار آن تلقی کرده اند. حملات آنان به کسانی که فعالانه در جنبش چپ شرکت داشته اند فقط از این زاویه قابل درك است. حاصل آنکه طی دو قرن گذشته، بسیاری از یهودیان فعال در جنبش چپ بیشتر تحت عناوینی چون *"یهودیانِ ضد یهودی"*، *"یهودیانِ غیر یهودی"* و *"یهودیانِ متنفر از خویشتن"* معرفی شده و غیر یهودیان فعال نیز با برچسب *"تمایلات ضدیهودی"* آذین گشته اند.

برای نمونه درباره لوکزامبورك می‌خوانیم " روزا لوکزامبورك همانند ماركس، در باره زحمتکشان و حتی زحمتکشان یهودی چیزی نمی دانست....او طعنه های اتحادیه های کارگری آلمان به خود را که رنگِ یهودی ستیزی داشتند نادیده می‌گرفت.... رزا لوکزامبورك وجود مساله یهود را به کلی انکار کرد". او نوشت"چرا فقط رنج و بدبختی یهودیان را مطرح می‌کنید؟... من از رنج و درد سرخ پوستان پوتومایو و سیاهان افریقایی به همین اندازه رنج می‌برم.... در گوشه قلبم جایِ ویژه ای برای گتو نیست"^{۳۹}.

دربارهٔ تروتسکی چنین می‌خوانیم: "تروتسکی بی تفاوتی خویش را نسبت به یهودیت با انقلاب قهرآمیز جبران کرد. او به لنین آموخت تا چگونه از شوراهای کارگری در پیروزی انقلاب بهره بگیرد. تروتسکی نماد خشونت و رفتار شیطانی بلشویسم بود. مهمتر از همه او موجب شد تا انقلاب اکتبر با یهودیت شناسایی شود"^{۵۰}.

به رغم این گونه کنایه ها، بسیاری از یهودیان مجذوب افکار سوسیال دموکراسی این دوران شدند. به بیان هرتسبرگ، در شرایط سخت پایان قرن نوزدهمِ اروپای شرقی،

---

۳۸   Hertzberg A. The zionist idea, p 341, The Jewish Publication Society, Jerusalem and Philadelphia 1997

۳۹   Letter to Mathilee Wurm, 16 February 1917, Quoted in Wistrich, op. cit, 83

۵۰   Johnson Paul, A History of the Jews, p 451, Harper and Row Publishers, New York 1987

یهودیان یا به جنبشهای رادیکال انقلابی می‌پیوستند و یا آرزوی مهاجرت به امریکا را در سر می‌پروراندند[51]. علاقهٔ فراوان یهودیان به سوسیالیسم احتمالاً ناشی از تامین عدالت اجتماعی و پشتیبانی از حقوق اقلیتهای ملی و مذهبی در دکترین این جنبش بود. در تایید این نکته، لئون بلوم[52] حقوقدان و سیاستمدار فرانسوی این گونه نوشت: "وجدان جمعی یهودیان، آنان را به سوی انقلاب هدایت می‌کند. قدرت تحلیل و نقدی که آنها دارند بر عقاید و باور های سنتی که بر منطق و برهان مبتنی نیستند خط بطلان خواهد کشید. در نهایت، گذشتهٔ دردناک یهودیان و لزوم عدالت اجتماعی و اعتقاد به اداره جهان بر اساس برهان و منطق، سهمی برابر برای همهٔ انسانها به ارمغان خواهد آورد"[53]. برخی از یهودیان نیز برای آنکه این جهان بینی نوین را در قالب سنتی مذهب توجیه کنند جنبش سوسیال دموکراسی قرن بیستم را درکِ نوینی از ظهور منجی موعود یا " ماشیا" تعبیر کردند.

گذشته از شرکت فردی یهودیان در احزاب چپ به میزانی بالاتر از دیگر اقلیتها، سازمان سیاسی "بوند" از نمونه فعالیتهای اجتماعی یهودیان در راستایِ تحقق عدالت اجتماعی آن دوره به شمار می‌آمد. فدراسیون کارگران یهودی لیتوانی، لهستان و روسیه "بوند"[54] یک حزب سوسیالیستی بود که در سال ۱۸۹۷ بنیاد شد. این سازمان در واقع ادامه فعالیت های مخفی کارگری یهودیان دههٔ ۱۸۸۰ در روسیه محسوب می‌گردید. نخستین حوزه های این حزب در لهستان تشکیل شد و به تدریج به لیتوانی و دیگر مراکز یهودی نشین در روسیه سرایت کرد. "بوند" نه تنها یک حزب سیاسی، بلکه یک اتحادیه کارگری به حساب می‌آمد که برای بهبود شرایط کار و تامین آموزش توده های یهودی به ویژه در رابطه با مسائل سیاسی ـ اجتماعی نیز فعالیت می‌کرد. این سازمان در دههٔ ۱۸۹۰

---

۵۱   Hertzberg A. The zionist idea, p 41, The Jewish Society Publication, Jerusalem and Philadelphia 1997

۵۲   Leon Blum (1872-1950)

۵۳   Blum L. Nouvelles Conversations de Goeth avec Echkermann, Paris 1901, quoted in Wistrich op cit

۵۴   Jewish Bund or "Allgemeiner Yiddisher Arbeterbund in Lite, Poiland und Russland"

توسط پلیس تزاری غیرقانونی اعلام شد و بسیاری از گردانندگان آن بشدت تنبیه شدند. نفوذ سیاسی ـ اجتماعی "بوند" پس از شکست انقلاب سال ۱۹۰۵ روسیه بالا گرفت و احزاب مشابه آن در رومانی، انگلیس و حتی ایالات متحد تاسیس گردید. پس از انقلاب اکتبر، در سال ۱۹۱۸ تاسیسات بوند در لیتوانی و روسیه در حزب کمونیست شوروی ادغام شد ولی تشکیلات حزبی آن در لهستان تا سال ۱۹۳۹، به هنگام اشغال لهستان از سوی آلمان نازی، به فعالیتهایش مستقل از حزب کمونیست لهستان ادامه داد. پس از جنگ دوم جهانی در سال ۱۹۴۷، در لهستان نیز سازمانهای بوند جذب حزب کمونیست این کشور شد.

بوند ایدئولوژی سیاسی مستقلی نداشت و کم و بیش از ارزشهای سیاسی حزب کمونیست آلمان پیروی می‌کرد. به عنوان یك حزب کارگری یهودی، مخالف اتحاد یهودیان جهان حول محور هویت ملی بود و اعتقاد داشت که یهودیانِ همه کشورها می‌باید که در کنار شهروندان غیر یهودی برای دموکراسی، ارتقای سیاسی و احقاق حقوق خویش مبارزه کنند. بوند حامی فرهنگ یهودی ـ آلمانی (ییدیش) و دشمن سرسخت صیونیسم بود. از جمله اقدامات بوند سازماندهی کارگران یهودی اروپا، تامین حداقل شرایط زیست و گسترش فرهنگ عمومی بود. در سال ۱۹۳۷ بقایای تشکیلات بوند، کوشید تا فدراسیون جهانی را تجدید سازمان کند ولی هرگز نقشی چشمگیر در زندگی اجتماعی یهودیان ایفا نکرد.

بر اساس آنچه گفته شد شگفت آور نبود که در آستانه انقلاب اکتبر ۱۹۱۷ یك چهارم اعضای رهبری حزب بلشویك یهودی بودند و مطبوعات و احزاب دست راستیِ اوایل قرن بیستم نیز از رابطه میان بلشویسم و یهودیت در تبلیغات برعلیه یهودیان حداکثر بهره برداری را کردند.

بررسی برخورد سازمانها و تاسیسات اجتماعی ـ سیاسی جنبش چپ با یهودیان خود مقوله ای پیچیده است. همانگونه که به آن اشاره کردیم، هدف اصلی این سازمانها گسترشِ رشد نیروهای مولد برای دستیابی به سوسیالیسم بود. در این الگوی فکری، "خرده بورژوازی" عاملی کند کننده و مزاحم به حساب می‌آمد که می‌بایست کنار گذاشته می‌شد. گرچه یهودی ستیزی خط مشی رسمی هیچ یك از سازمانهای چپ نبود ولی ارزیابی یهودیان به عنوان اقشار خرده بورژوازی، آزار آنان را موجه جلوه می‌داد. عملکرد احزاب و سازمانها و دولتهای به اصطلاح سوسیالیستی، که در نیمه نخست قرن بیستم بر اریکهٔ قدرت نشستند، با یهودیان همواره از این زاویه توجیه می‌گردید.

در این جا به دو نکته باید اشاره کرد. نخست، دشمنی سازمانها و تشکیلات جنبش

چپ با "خرده بورژوازی" محدود به یهودیان نبود و به ویژه در دوران حکومت استالین میلیونها انسان غیریهودی مشمول این گونه تسویه ها شدند. دوم، به رغم این که یهودی ستیزی به برنامۀ احزاب چپ رسوخ نکرد اما این شیوه، هر از گاه در پایان قرن نوزدهم، برای بسیج توده ها مورد استفاده قرارمی‌گرفت. از جمله، حزب لیبرال آلمان، به رهبری "گِرگ فون شونِرر"، که در ابتدا طبقات پایین جامعه را نمایندگی می‌کرد در دهه هشتم قرن نوزدهم با استفاده از شعارهای یهودی‌ستیزی در میان کارگران و دانشجویان طرفداران بیشماری کسب کرد. شونِرر با هدف گیری [55] به تاسیسات مالی روتچایلد به این پیروزیِ چشمگیر در بسیج توده ها دست یافت. جالب آنکه حامیان اصلیِ حزب لیبرال آلمان، اقشار پایینی از مناطق آلمانی زبان بودند، که نه سکنه یهودی نشین داشتند، نه در رقابت اقتصادی با یهودیان بودند و نه فشار از جانب بانکداران یهودی برایشان ملموس می‌نمود. بنابراین، دشمنی آنان با یهودیان در قالب مبارزه طبقاتی نمی توانست قابل توجیه باشد. گاهی حتی اقشار پایینی یهودیان به غلط بانکداران یهودی را رکن اصلی سرمایه داری می‌پنداشتند و در برابر آن هدف گیری می‌کردند. در رابطۀ با این موضوع، در مقدمهِ اثر مشهور سزار لومبروزو [56] درباره یهودی ستیزی می‌خوانیم: " مغازه داران کوچک نیاز به پول دارند و ما به خوبی می‌دانیم که این روزها با چه مشکلاتی می‌توان وام گرفت. کسبه، بانکداران یهودی را مسئول این مشکلات معرفی می‌کنند....... همه بر این باورند که پیش از درگیری با سرمایه دارانِ دیگر، باید از بانکداران یهودی سلب مالکیت کرد، زیرا که از این راه توده ها را آسان تر می‌توان بسیج کرد و در نهایت و قوع انقلاب را تسریع نمود" [57] .

همان گونه که در فصل هفتم کتاب نیز به آن اشاره شد پس از پیروزی انقلاب اکتبر

---

۵۵ در این رابطه، به هنگام پخش خبر دست بوسی پاپ توسط روتچایلد در ژانویه ۱۸۳۲، مارکس در هفتاد و دومین نامه اش از پاریس نیز کنایه زد که " پای پاپ را یك مسیحی فقیر و دست او را یك یهودی ثروتمند می‌بوسد. اگر آقای روتچایلد با بهرۀ کمتری از روم وام گرفته بود ولی در عوض سهم کاردینال چمبرلن را نیز می‌پرداخت، شاید به او اجازه می‌دادند تا پدر مقدس را در آغوش بگیرد".

۵۶   Lombroso, Cesar. L'Antisemitisme, 1899, Paris

۵۷   Arendt H, Anti-Semitism: Part one of the origins of totalitarianism, p 48, A Harvest Book 1968

۱۹۱۷ باردیگر سند جعلی طرح دانایان یهود در راسِ وقایع روزِ کشور های اروپای غربی قرار گرفت. انگیزهُ پلیس تزاری از انتشار این سند جعلی در سال ۱۹۰۵، توجیه قتل عامهای یهودیان روسیه و سوق نارضایتی عمومی در مجرای تنگ نظریهای اختلافات مذهبی بود. در این نوشتار ادعا شده بود که "رهبریِ یهودیان به همراهیِ لیبرالها و فراماسونری، در صدد دستیابی بر جهانِ مسیحیت هستند". این بار یهودیانِ بلشویك به مجریان "طرح" متهم گردیدند[۵۸] و مطبوعات دست راستی و ضد یهودی، پیروزی بلشویسم را در شوروی، پرده اول این نمایشنامهُ جعلی تصویر کردند. به ادعای آنان یهودیان در

راسِ انقلاب اکتبر قرار داشتند و می‌رفتند که جهان را به زیر سلطه خویش گیرند[۵۹].

در شوروی، در جریان جنگ های داخلی بین سالهای ۱۹۱۸ تا ۱۹۲۱، مخالفان بلشویك ها نیز با بهره گیری از این سند و این نکته که یك چهارم اعضای رهبری حزب را یهودیان تشکیل می‌دادند، از یهودیان قتل عامها کردند. از جمله ارتش سفید "آنتون دنی‌کین" در یکصد و شصت مجتمع یهودی، هزار ها پوگروم به راه انداخت و به تنهایی در ایالت اوکراین بیش از صد هزار یهودی به هلاکت رسیدند. گفته می‌شود که کمونیستها، به آن شیوه که انتظار می‌رفت، در برابر این گونه وحشیگری‌ها موضع نگرفتند[۶۰].

به رغم تحلیل مارکس از مساله یهود، پس از پیروزی انقلاب اکتبر، حزب کمونیست شوروی جوامع یهودی نشین را اجتماعات "خرده بورژوازیِ" فاقد نقش موثر در تولید تشخیص داد. باوجود آنکه لنین در سال ۱۹۰۳ از پرورش "روحیهُ گتو" در میان یهودیان به شدت انتقاد کرده بود، در پی این ارزیابی، دولت شوراها تعاونیهای کشاورزی مجزایی برای یهودیان تاسیس کرد و آنها از نواحی غربی به قلبِ کشور کوچ داده شدند. به موازات این اقدامات، شاخه یهودیِ حزب کمونیست به نام "یوسکزیا" تاسیس شد. این سازمان که ظاهری بسیار یهودی داشت در باطن به منظور تثبیت دیکتاتوری پرولتاریا در میان توده های یهودی به وجود آمده بود. بر خلاف دیدگاه مارکس در بیرون راندن

---

۵۸   Johnson Paul. A history of the jews, p 455, Harperperennial, 1988

۵۹   Jews and Bolshevism, The Times, November 27, 1919

۶۰   Barnavi E. A historical atlas of the Jewish people, p 214, Schocken Books, New York 1992

مذهب از محدوده قوانین اجتماعی و لزوم آزادی دسترسی به مذهب به عنوان مقوله ای شخصی، در آگوست ۱۹۱۹ تاسیسات مذهبی یهودیان در شوروی منحل شد و انتشارات به زبان عبری ممنوع گردید. در پایان سال ۱۹۲۰ مدیریت جوامع یهودی نشین از یهودیان سلب گردید و رسما به اداره پلیس مخفی سپرده شد. این اختناق محدود به موسسات مذهبی و انتشارات نبود و حزب سوسیالیستیِ "بوند" را نیز شامل گردید. به رغم فعالیتهای اجتماعی ـ سیاسی درخشان بوند، به هنگام انحلالِ آن، "پلخانف" به کنایه نوشت "اینها همان صیهونیستها هستند با این تفاوت که از دریا[۶۱] خوف دارند"[۶۲].

قدرت بلامنازعِ استالین پس از آوریل ۱۹۲۲ بر شدت این عملیات افزود. دامنه این گونه رفتار تحقیر آمیز برعلیه یهودیان در حوزه های حزبی آنقدر گسترده بود که به عنوان اعتراض به ادامه این اعمال، در چهارم مارس ۱۹۲۶، تروتسکی نامه ای خشمانه به بوخارین نوشت و در آن متذکر شد که " چگونه ممکن است در حوزه های کارگری حزب ما در مسکو، تحریکات ضدیهودی نادیده گرفته شود؟"[۶۳]. نه تنها این گونه تحریکات در درون حزب کمونیست نادیده گرفته شد، بلکه بر اساس آمار تلفات دوران استالینیسم، یهودیان نست به جمعیت شان سهم بزرگتری نیز پرداختند. در سال ۱۹۲۸ خود مختاریِ یهودی نشینی در "بیروبیدزان" در مرز چین تاسیس گردید و تا سال ۱۹۳۹ بیش از چهار صد هزار نفر از یهودیان به این اردوگاهها اعزام شدند. در دهه ۱۹۳۰ شاخهٔ یهودی حزب کمونیست منحل شد و هزاران یهودی نیز مشمول اخراجهای سالهای ۱۹۳۷ و ۱۹۳۸ گردیدند. دشمنی با یهودیان در این دوره تحت عنوانِ یهودیان "عوامل امپریالیسم و ارتجاع" به اجرا در آمد. به این ترتیب به هنگام اشغال خاک شوروی توسط ارتش آلمان در سال ۱۹۳۱، یهودیان در شرایطِ بسیار سختی می‌زیستند. بیرون از شوروی و منطقه نفوذ کمونیسم، یهودیان عوامل "بلشویسم" معرفی می‌شدند و در حوزهٔ نفوذ شوروی، عوامل "امپریالیسم و ارتجاع"!

۳ ـ ناسیونال سوسیالیزم، جنگ دوم جهانی و یهودیان

شکوفایی اقتصادی و ظهور دولتهای لیبرال دهه ۱۹۲۰ در اروپا با بحرانِ اقتصادی اکتبر

---

۶۱ این کنایه، به مهاجرت بنی اسرائیل از مصر و گذار از دریای سرخ می‌باشد.

۶۲   Barnavi E. A historical atlas of the jewish people, p 214, Schocken Books, New York, 1992

۶۳   Deutscher Isaac, The Prophet Unarmed: Trotsky 1921-1929, p 258, Oxford 1965

۱۹۲۹ به پایان رسید. ناشی از این بحران، نه تنها اقتصاد جهانی فروریخت بلکه تمدن غرب و
ارزشهای آن به زیر سئوال کشیده شد. دموکراسیهای جوان یکی پس از دیگری فروپاشیدند
و دیکتاتوریهای نظامی جای آنها را گرفتند. در سی‌ام ژانویه ۱۹۳۳ حزب ناسیونال سوسیالیزم
آلمان به قدرت رسید و دیری نپایید که آزار یهودیان در دستور کار دولت قرار گرفت.

عزم نازیها در نابودی یهودیان جهان در این برههٔ تاریخی امری اتفاقی نبود [۶۳] . نازیها
مدعی بودند که به بزرگترین اکتشاف یعنی "نقش یهودیان در سیاست جهانی" دست یافته
اند و با عزمی راسخ در نابودیِ یهودیان جهان، افکار عمومی توده ها را به نفع خویش
بسیج کردند. هیتلر هنگامی به قدرت رسید که بانکها و موسسات مالی آلمان عملاً در انحصار
یهودیان بودند. باوجود امکانات وسیع مالی، یهودیان از نظر عقیدتی و سیاسی در موضع
ضعف قرار داشتند. هانا آرنت می‌نویسد " یهودی‌ستیزی، هنگامی به اوج خود رسید که
یهودیان نقش اجتماعی خویش را از دست داده بودند. به بیان دیگر، در این مرحله از
تاریخ، یهودیان از امکانات مالی در تحکیم موقعیت سیاسی خویش بهره نگرفتند. به باورِ
آرنت، به راحتی می‌توان مردمانی را که از ثروت برخوردارند اما از قدرت عقیدتی ـ سیاسی
محرومند، در نظر توده ها طفیلی جلوه داد و از حیض انتفاع ساقط کرد و این دقیقاً همان
پدیده ای بود که در مورد یهودیانِ آلمان روی داد. در چنین شرایطی، بسیج توده ها علیه
یهودیان که مردمانی بی دفاع بودند و سرزنش آنان به عنوان "عنصر اصلی گرفتاریهای
اجتماعی" سهلتر بود. به دیده آرنت، به همین دلیل پدیده ای چون واقعهٔ دریفوس [۶۵] در
جمهوری دومِ فرانسه، که یهودیان از قدرت و نفوذ سیاسی ـ اجتماعی برخوردار بودند، روی
نداد. برعکس، در جمهوری سوم، که یهودیان از لحاظ سیاسی رو به افول بودند، این واقعه
به انفجاری بدل گردید. همچنین در اتریش، یهودی ستیزی دورانِ مترنیخ و امپراتوریِ
فرانس ژوزف، شکل خشونت آمیزِ دوران پس از جنگ جهانیِ اول را، که یهودیان در موقعیت
ضعیف سیاسی بودند، نداشت. به هر حال ضعف عمومی یهودیانِ اروپا در آستانه ظهور

---

[۶۳]   Arendt H, Antisemitism: Part One of the Origins of Totaliterianism, p 1-3, A Harvest
Book, 1968

۶۵   مراجعه کنید به صیهونیسم در بخش هشتم کتاب

نازیسم نقش تعیین کننده ای در وقوع هولوکاست در آن مقطع تاریخی داشت[66]. گذشته از این، نقش پروتستانیسم آلمانی قرن شانزدهم و آموزشهای یهودی‌ستیزی لوتر را در گیرایی و جذبه نازیسم در میان ملت آلمان کم بها داد[67].

نازیسم فلسفه وجودی خویش را از آرای مدّون فلاسفه ای مانند فیخته، هگل و نیچه و سیاستمدارانی چون گوبینو و چمبرلن به عاریت گرفته است. هنگامی تصویر واقعی از نهادهای فرهنگی ـ سیاسی نازیسم دست می‌دهد که این آرا و باور ها را در کنار هم بگذاریم. فیخته بر این باور بود که که یهودیان نژادی رو به زوال اند[68]. هگل از دولت تجلیل کرده آن را عالی‌ترین مرجع اخلاق بشمار می‌آورد. در نظر وی دولت یگانه نهادی است که اهمیت دارد و به حساب می‌آید. او معتقد است که در تضاد میان دولت و اعضای جامعه، همواره حق با دولت می‌باشد. در جایی دیگر می‌گوید "سعادت و خوشبختی، در واقع صفحات خالی تاریخ انسان را تشکیل می‌دهند ..... و صلح و آرامش طولانی فساد می‌آورد. هگل در باره نژاد می‌نویسد "جامعه بر داربستی به نام نژاد استوار است. مفاهیمی چون حق حیات، حق کار و حق خوشبخت زیستن واقعیت ندارند"[69]. نیچه بر این باور بود که "این پیکار است که نامش زندگی است، آنچه لازم است توانایی است نه نیکی، غرور است نه تواضع، تدبیر است و نه نوع دوستی .... آنچه اختلافات را فیصله می‌دهد و سرنوشت را تعیین می‌کند قدرت است نه عدالت"[70]. و در جای دیگر "مرد برای رزم و زن برای تربیت انسانهای فدایی آفریده شده اند". به دیده وی، زن موجودی پست تر از مرد است و در این رابطه در "چنین گفت زرتشت" می‌نویسد، "به هنگام مراوده با زن، هرگز

---

[66]   Arendt H. Antisemitism: Part one of the origin of totalitarianism. p 5, A Harvest Book, New York 1968

[67]   Shirer LW. The Rise and Fall of the Third Reich. p 91, Simon and Schuster, New York 1959

[68]   Shirer WL. The Rise and Fall of the Third Reich. p 98, Simon and Schuster, New York 1959

[69]   Shirer WL. The Rise and the Fall of the Third Reich. p 100, Simon and Schuster, New York 1959

[70]   جامعه شناسی نخبه کشی، به قلم علی رضا قلی، چاپ ششم، صفحه 89 نشر نی 1377 تهران

شلاقت را فراموش نکن"[۷۱]. سرانجام، نیچه به نقش اَبَر مرد و برگزیدگان در حکومت سخت اعتقاد داشت.

گوبینو، فیلسوف و سیاستمدار فرانسوی، براین باور بود که اختلاف میان انسانها به خاطر نا برابری نژادهای آنهاست[۷۲]. سرانجام، پلاتفرم سیاسی نازیسم تحت تاثیر آرای "هوستون چمبرلن" قرار دارد. چمبرلن معتقد بود که تنها دو نژاد خالص وجود دارند، یهودیان و آلمانها. به دیده وی، وظیفه مقدس یهودیانست که در حفظ خلوص نژاد خویش کوشا باشند. درعین حال او معتقد بود که مسیح یهودی نبود و شاید "آریایی" بود. در کتاب مشهورش تحت عنوان "بنیان قرن نوزدهم"، که تا سال ۱۹۳۸ بیست و چهار بار تجدید چاپ شده بود، او آشکارا می‌نویسد "آلمانی بهترین نژادست و به استناد آن آلمانی حق حکومت بر جهان را داراست"[۷۳]. وی از جمله اندیشمندانی بود که آینده درخشانی را برای هیتلر پیش بینی می‌کرد.

نخستین اقدام دولت جدید کوشش در تعریف "یهودی" بود. در دکترین نازیسم، یهودی کسی بود که پدر بزرگ یا مادر بزرگ یهودی داشت ، بی توجه به اینکه عضو جامعه یهودیان بود و یا آیین مذهبی یهودیت را اجرا می‌کرد. در این چهارچوب، "نیمه یهودی"[۷۳] به کسانی اطلاق می‌شد که با فردی یهودی ازدواج کرده بودند و یا وابسته به جامعه یهودیان بودند. مطابق این تعاریف، یهودیت نه یك آیین یا مذهب بلکه "نژاد" تلقی می‌شد و به استناد اسطوره آریایی، روشن بود که یهودیان و نیمه یهودیان به "نژاد آریایی" تعلق نداشتند. آشکار است که در پس این تعاریف، طرحی هولناك در کمین یهودیان نشسته بود.

---

۷۱   Shirer WL. The Rise and the Fall of the Third Reich. p 100-101, Simon and Schuster, New York 1959

۷۲   Shirer WL. The Rise and the Fall of the Third Reich. p 109, Simon and Schuster, New York 1959

۷۳   Shirer WL. The Rise and the Fall of the Third Reich. p 107, Simon and Schuster, New York 1959

۷۳   Half-Jews or Mischlinge

با وضع قوانین جدید، یهودیان به تدریج از حقوق اجتماعی – سیاسی محروم شدند. ابتدا شماره پذیرش دانشجویان یهودی به دانشگاهها محدود شد و اساتید یهودی از موسسات آموزش عالی اخراج شدند. سازمانهای حرفه ایِ وکلا و پزشکان، اعضای یهودی را از این سازمانها طرد کردند. روز اول آوریل ۱۹۳۳، دولتِ آلمان به طور رسمی مراوده با یهودیان را تحریم کرد و در مقابل، روزنامهٔ یهودی "جودیش راندزکا"[75] از یهودیان خواست تا وصلهٔ زرد را به نشانِ افتخار به یهودیت و به عنوان اعتراض به دولت آلمان بپوشند. سرانجام در پانزده سپتامبر ۱۹۳۵ به استناد قوانین نورمبرگ[76]، یهودیان از کلیه حقوق سیاسی و شهروندی محروم شدند و دولت بطور رسمی از دفاع از حقوق آنان سر باز زد.

هفتم نوامبر ۱۹۳۸، جوان هفده ساله یهودی، دبیرِ سوم سفارت آلمان در پاریس را به قتل رسانید. در پی‌آمد این واقعه، در شبهای نهم و دهم، صد ها کنیسا در آلمان واتریش به آتش کشیده شد و بیش از ۷۵۰۰ محل کسب یهودیان منهدم شد. این عملیات موسوم به "کریستال ناخت" که از سوی دولت سازمان یافته بود به ظاهر اقدامی تلافی‌جویانه در برابر

---

۷۵   Judische Rundschau

۷۶   قوانین نورمبرگ که به منظور" حراست از خون و شرف آلمانی" در ۱۵ سپتامبر ۱۹۳۵ به تصویب رسید، از این قرارند:

از آنجا که خون پاك آلمانی پیش شرط بقای ملت آلمان است و با اعتقاد به لزوم بقای همیشگی این مردم قوانین زیر از طرف رایش تصویب می‌شود:

۱ ـ ازدواج میان یهودی و شهروند آلمانی یا کسی که رابطه نسبی با شهروند آلمانی داشته باشد ممنوع اعلام می‌شود. این گونه ازدواجها اگر در خارج از آلمان و به منظور پیشدستی از این قانون صورت گیرد قابل تعقیب خواهد بود.

۲ ـ روابط جنسی خارج از ازدواج میان یهودی و شهروند آلمانی غیر قانونی است.

۳ ـ یهودی حق استخدام خدمهٔ آلمانی جوان تر از ۴۵ سال را در منزل خویش ندارد.

۴ ـ یهودی حق افراشتن پرچم رایش و یا پرچم ملی آلمان را ندارد. اما یهودی حق نمایش رنگ و نشانه های یهودی را داراست و این حق از سوی دولت حمایت می‌شود.

۵ ـ هر کس که مفاد ماده اول این قانون را نقض کند به زندان با اعمال شاقه محکوم می‌شود. مرد یهودی که ناقض مفاد ماده دوم این قانون باشد نیز به زندان با اعمال شاقه محکوم خواهد شد. هر کس که مفاد ماده ۳ و ۴ این قانون را نقض کند به یک سال حبس و پرداخت جریمه محکوم می‌شود.

۶ ـ مقررات حقوقی به منظور اجرای این قوانین از سوی وزرای کشور و دادگستری رایش صادر خواهد گردید.

۷ ـ به جز ماده سوم این قانون که از اول ژانویهٔ ۱۹۳۵ قابل اجرا ست بقیه مواد آن از روز بعد از انتشار به اجرا در خواهد آمد.

سوقصد به دیپلمات آلمانی در پاریس محسوب می‌شد. فرمان این عملیات را "راینهارد هایدریش"[77] به شرح زیر صادر کرد:

۱_ در اجرای این تظاهرات اقدامات لازم فقط برای حفاظت جان و مال شهروندان آلمانی صورت گیرد (کنیساها را به شرطی که خطر گسترش آتش به اماکن آلمانی نشین اطراف نباشید بسوزانید).

۲_ محل زندگی و کسب یهودیان را تخریب کنید ولی از چپاول بپرهیزید.

۳_ پلیس موظف است که ممانعتی برای تظاهر کنندگان ایجاد ننماید.

۴_ یهودیان، به ویژه یهودیان ثروتمند را تا حدی که زندانها گنجایش دارند دستگیر کنید.

پوگرومی که بدین ترتیب توسط دولت سازمان یافته بود بیش از ۲۵ میلیون مارک خسارت ببار آورد[78]. در پی این وقایع از یهودیان سلب مالکیت شد و دارایی آنها تقدیم شهروندان "آریایی" گردید[79].

پس از اخراج یهودیان از فعالیتهای اقتصادی، دولت می‌بایست برای شهروندان یهودی که همه چیز خود را از دست داده بودند فکری می‌کرد. موضوع انتقال آنان به اردوگاههای کار اجباری و اخراج آنها به دیگر کشورها در اجلاسیه دولت مورد بررسی قرار گرفت و برخی از اعضا از بابت جلوه ناخوشایند اردوگاههای کار در برابر افکار عمومی جهان اظهار نگرانی کردند اما برخورد جدی ننمودند. ویلیام شایرر می‌نویسد: " بیماری هیتلر بخشهای بزرگی از مردم آلمان را نیز گرفتار کرده بود. تا جایی که به خاطر دارم دیپلماتهای فرانسوی، انگلیسی، امریکایی و دیگران تک تک از رفتار وحشیانه دولت رایش با یهودیان ناخوشنود بودند اما هیچیک حتی گردانندگان کلیسا و نمایندگان شرافتمند مردم آلمان در این باره لب به

---

۷۷   Reinhard Heydrich (1904-1942)

۷۸   به رغم مخالفت دولت، شرکتهای بیمه خود را موظف به پرداخت خسارت یهودیان می‌دیدند، در غیر این صورت اعتماد دیگر مشتریان از آنان سلب می‌شد. از سوی دیگر پرداخت این مبلغ بسیاری از این موسسات را ورشکست می‌کرد. دولت رایش سوم سرانجام مشکل را به این ترتیب حل کرد که شرکتهای بیمه خسارت یهودیان را بپردازند و در عوض دولت از یهودیان بابت مبلغ پرداختی سلب مالکیت کند و به شرکتهای بیمه مسترد می‌دارد.

۷۹   Shirer WL. The Rise and the Fall of the Third Reich. p 434, Simon and Schuster, New York 1959

اعتراض نگشودند"[80].

در سال ۱۹۳۹ با آغاز جنگ جهانی دوم، ارتش آلمان بخش غربی لهستان را اشغال کرد و بدین ترتیب بیش از دو میلیون یهودی ساکن این مناطق را به زیر نفوذ خود در آورد. رفتار آلمان نازی با یهودیان لهستان به مراتب خشن تر از رفتارش با یهودیان آلمان بود. در لهستان، یهودیان را از دیگر شهروندان جدا کرده و وادار به زندگی در گتوهایی که با دیوارهای بلند و سیم خاردار از دنیای بیرون جدا شده بودند، کردند. مدیریت گتوها با شورایی از خود یهودیان موسوم به "جودن رایت" بود که مسئولیت تامین مسکن، بهداشت و تولید و توزیع محصولات صنعتی گتو را عهده دار بودند. همه روزه غذا و ذغال وارد گتو می‌شد و تولیدات صنعتی از گتو به بیرون صادر می‌شد. غذا محدود به غلات، شلغم، هویج و چغندر بود. فقر، بی غذایی[81]، تراکم جمعیت و بیماریهای عفونی به ویژه تیفوس به طور متوسط ماهی یک در صد از جمعیت گتو می کاست.

در ژوئن ۱۹۳۱، به هنگام تهاجم آلمان نازی به اتحاد جماهیر شوروی، پلیس آلمان سه هزار نفر از افراد مسلح خود را به مناطق اشغالی اعزام کرد تا یهودیان را شناسایی کرده و در جا به قتل برسانند. این واحد های عملیاتی، یهودیان را در کوچه و بازار شناسایی می‌کردند و اغلب در حضور سربازان نازی و ساکنان محلی آنان را به قتل می‌رساندند. این عملیات ماهها پیش از آنکه مردم شهرهای اروپای غربی از آن آگاه شوند، ادامه داشت.

به جز قرارداد ۱۸ سپتامبر ۱۹۳۲ میان هیملر و وزیر دادگستری رایش سوم، که در آن "کار اجباری تا سرحد مرگ" مطرح شده بود، هیچ یک از مدارک رسمی آلمان نازی اشاره

---

۸۰ Shirer WL. The Rise and the Fall of the Third Reich. p 435, Simon and Schuster, New York 1959

۸۱   مقایسه میانگین مصرف هفتگی (اونس) برخی از اقلام غذائی در سالهای جنگ

	نان	گوشت	شکر	چربی
آلمانی	۸۰	۱۷/۵	۸	۹/۵
لهستانی	۶۲	۹	۵/۵	۲/۲۵
یهودی	۱۳	۳/۵	۱/۷۵	۰/۹

ای به کشتار همگانی یهودیان نمی‌کنند[82]. ناگفته نماند که فقدان مدارك کتبی در این زمینه، همواره دستاویزی در دست آنانی است که فجایع نازیها را انکار کرده اند. با وجود این، نابودی کامل یهودیان اروپا از ابتدا در برنامه کار هیتلر بود و این نکته بر گردانندگان رایش سوم نیز پوشیده نبود. تا پایان سال ۱۹۴۱ بیش از یك میلیون نفر از یهودیان اروپایی ساکن مناطق تحت نفوذ آلمان نازی به هلاکت رسیده بودند. به فرمان "فیلد مارشال فون رِسکِنو" در اکتبر همان سال، علاوه بر جنگ با دشمنان خارجی، انتقام جویی از یهودیان نیز وظیفه ملی سرباز آلمانی به شمار می‌آمد. خط مشی کلی آن بود که یهودیان را به شرق کوچ دهند، آنان را تحت شرایط سخت به کار اجباری وادارند و سرانجام کسانی را که از این شرایط ناگوار جان به در می‌بردند به قتل رسانند[83]. در پیروی از این سیاست، با پیشروی نیروهای آلمان در جبهه های شرق اروپا، بسیاری از یهودیان آلمان را به گتوهای لهستان و شهرهای اشغالی شوروی تبعید کردند.

سرانجام اردوگاههای مرگ تاسیس گردید. کودکان، زنان و سالمندان که توانایی کار در شرایط طاقت فرسایِ گتو را نداشتند از نخستین قربانیان اردوگاهها محسوب می‌شدند. معمولا مردانِ یهودی را از دیگر افراد خانواده جدا کرده و از وجود آنها در کارگاهها استفاده می‌کردند. توانایی انجام کار های سنگین و قابلیت در زمینه های هنری و حرفه ای، حق حیات موقتی برای یهودیان تامین می‌کرد. تنها از گتویِ ورشو بیش از سیصد هزار نفر به اردوگاههای مرگ اعزام شدند. تبعید یهودیان به اردوگاههای مرگ در تابستان و پاییز ۱۹۴۲ به اوج خود رسید با وجود اینکه این تبعید ها مشکلات سیاسی و اداری بیشماری در بر داشت. از جمله بر سر مسأله چگونگی برخورد با نیمه یهودیان در آلمان بحث مفصلی درگرفت و سرانجام دولت، از تبعید آنان منصرف شد. متحدین آلمان مانند "سلواکیا"، "کرویشیا" و دولت ویشی در فرانسه، بی چون و چرا با تبعید یهودیان موافقت کردند. دولت ایتالیا در خواست دولت آلمان را در این زمینه تا سپتامبر ۱۹۴۳ که آلمان رسماً ایتالیا را اشغال کرد به تعویق انداخت. دولتهای مجارستان و رومانیایی نیز از استرداد یهودیان به آلمان

۸۲   Barnavi E. A historical atlas of the Jewish people. p 228, Schocken Books, New York 1992

۸۳   Shirer WL. The Rise and the Fall of the Third Reich. p 966, Simon and Schuster, New York 1959

نازی، تا اشغال این کشورها در مارس ۱۹۳۴، خودداری ورزیدند.

قربانیان اردوگاههای مرگ از راه خطوط آهن به اردوگاهها حمل می‌شدند. در ابتدا پلیس، بابت هر تبعیدی، بهای یک بلیت یک طرفه درجه سوم را به راه آهن آلمان می‌پرداخت ولی دیری نپایید که نرخ گروهی برای حمل و نقل یهودیان به اردوگاهها در نظر گرفته شد و از این پس هر یک از واگنها بیش از هزار نفر از آنان را حمل می‌کردند. سختی راه آن قدر بود که بسیاری از بیماران و سالمندان به مقصد نمی‌رسیدند. مقصد این سفرها برای یهودیان اروپا معمولا آشکار نبود و خبر کشتارهای جمعی ماهها دیرتر به گوش دیگر یهودیان رسید. این خبر نخستین بار در سی‌ام ژوئن ۱۹۴۲ از فرستنده های رادیویی در ایالات متحد امریکا اعلام شد.

قرنها پراکنده زیستن، مقاومت مسلحانه در برابر جنایات نازیها را از وجدان جمعی یهودیان حذف کرده بود. اما اشکال دیگر مقاومت مانند تاکید بر حفظ فرهنگ و آیین یهودی‌گری، فعالیت در گروههای پارتیزانی، همکاری با نیروهای متفقین و در نهایت خودکشی بجای تسلیم به وفور در طی سالهای جنگ در میان یهودیان مشاهده گردید.[83] در نوزدهم آوریل ۱۹۴۳ شصت و پنج هزار نفر از بازماندگان گتوی ورشو دست به قیامی مسلحانه بر علیه پلیس نازی زدند. این قیام که نمونه ای از شهامت و خود گذشتگی انسان را به معرض نمایش گذاشت، سرانجام پس از سه هفته در هم شکسته شد. ویلیام شایرر از قیام گتوی ورشو به عنوان نخستین و یگانه مقاومت مسلحانه یهودیان بر علیه نازیسم صحبت می‌کند[85]، در حالی‌که هاوارد فاست براین باور است که در پی قیام ورشو، یهودیان در گتو هایِ "کاراکو" و "ویلنا" و کمی بعد در اردوگاه کار "کرونین"، "سوبی بور"، "ترابنیک" و "ترابلینکا" نیز دست به شورش زدند.[86]

در پایان جنگ دوم جهانی، بیش از شش میلیون یهودی به قتل رسیده بودند. از این

---

۸۳   Resistance during the Holocaust, p 24-25, published by United States Holocaust Memorial Museum.

۸۵   Shirer WL. The Rise and the Fall of the Third Reich. p 976, Simon and Schuster, New York 1959

۸۶   Fast Howard, The Jews, Story of a People, p336, Dell Publishing, New York, 1992

عده سه میلیون نفر با استشمام گازهای سمی در اردوگاهها به هلاکت رسیدند. بیش از ششصد هزار نفر در اردوگاه "بلزك"، دویست و پنجاه هزار در اردوگاه "سوبی بور"، هشتصد هزار در اردوگاه "تربلینكا"، پنجاه هزار در "لوبلین" و بیش از یك میلیون در "آئوشویتس" جان سپردند. افزون بر این، یك میلیون و چهار صد هزار نفر تیرباران شدند و بیش از ششصد هزار نفر در گتوها از بی غذایی و بیماری در گذشتند.

آمار تلفات یهودیان اروپا، به استناد گزارش "کورهِر"[87] که توسط آلمان نازی در سال ۱۹۳۲ تهیه گردید و تا سال ۱۹۳۳ هر سه ماه در آن تجدید نظر شده بود، از این قرارند:

تلفات یهودیان	جمعیت یهودیان در ۱۹۳۹	کشور
۲۸۵۰۰۰۰	۳۲۵۰۰۰۰	لهستان
۱۳۵۰۰۰۰	۳۰۵۰۰۰۰	شوروی
۳۲۵۰۰۰	۸۵۰۰۰۰	رومانی
۲۵۰۰۰۰	۵۰۳۰۰۰	آلمان
۲۰۰۰۰۰	۴۰۳۰۰۰	مجارستان
۲۸۰۰۰۰	۳۸۰۰۰۰	چکسلواکی
۱۲۰۰۰۰	۲۴۰۰۰۰	فرانسه
۷۰۰۰۰	۱۷۵۰۰۰	اتریش
۱۳۵۰۰۰	۱۵۵۰۰۰	لیتوانی
۸۰۰۰۰	۱۲۰۰۰۰	هلند
۸۶۰۰۰	۹۵۰۰۰	لتویا
۶۰۰۰۰	۷۵۰۰۰	یوگسلاوی
۶۲۰۰۰	۷۵۰۰۰	یونان
۳۰۰۰۰	۵۵۰۰۰	بلژیك
۱۲۰۰۰	۵۷۰۰۰	ایتالیا
۷۰۰۰	۵۰۰۰۰	بلغارستان

---

۸۷ Korherr Report (Korherrbericht) in "A Historical Atlas of the Jewish People", by Eli Barnavi, p 238, 1992

٢٠٠٠	٦٠٠٠	دانمارك
٤٠٠٠	٥٠٠٠	استونى
٢٠٠٠	٣٠٠٠	لوكزامبورك
١٠٠٠	٢٠٠٠	نروژ
٦٠٢٦٠٠٠	٩٥٣٠٠٠٠	جمع

رقم تلفاتی که به دادگاه نورمبرگ تقدیم شد پنج میلیون و هفتصد هزار بود که توسط سازمان جهانی یهود جمع آوری شده بود. "رایتلینگر"، یکی از پژوهشگران این موضوع، معتقد است که رقم واقعی تلفات یهودیان بین چهار میلیون و دویست و چهار میلیون و پانصد می‌باشد [88].

در رابطه با فاجعه هولوکاست، تاریخ پژوهان دو دیدگاه متفاوت ابراز می‌دارند: برخی معتقدند که نابودی کامل یهودیان اروپا از جوهر عقیدتی نازیسم ریشه گرفته و طرح اجرای آن در برنامهٔ حزب و پس از به قدرت رسیدن در برنامهٔ دولت رایش سوم از پیش بررسی شده بود. گروهی دیگر بر این باورند که کشتار همگانی یهودیان اروپا حاصل هرج و مرج در دستگاه اداری نازیسم بود. هرج و مرجی که نه تنها در رابطه با مسأله یهودیان بلکه در سیاست خارجی و طرحهای اقتصادی آن نیز مشاهده می‌شد. در بیستم ژانویه ۱۹۳۲، هنگامی که "راینهارد هیدریش"، رئیس شورای امنیت رایش سوم، مسأله "راه حل نهایی" را درکنفرانس "وانسی" در حومه شهر برلن مطرح کرد، مدتها بود که اردوگاههای مرگ تاسیس گردیده و صنایع یهودی کشی سخت در فعالیت بودند. در این کنفرانس وی پیش بینی کرد که راه حل نهایی حدود یازده میلیون از یهودیان سراسر جهان را در بر خواهد گرفت [89].

سرانجام به این نکته نیز باید توجه داشت که قتل عام یهودیان اروپا، برای آلمان نازی کاری سود آور بود. هنگامی که درهای فلزی اطاقهای گاز باز می‌شد، نخستین اقدام، پیش از

٨٨ Reitlinger. The Final Solution and the SS, p 489 cited in The Rise and the Fall of the Third Reich, p 973 by William Shirer, Simon and Schuster, New York 1959

٨٩ Shirer WL. The Rise and the Fall of the Third Reich. p 965, Simon and Schuster, New York 1959

حمل اجساد به کوره ها، جمع آوری حلقه انگشتری و دندانهای طلای مردگان بود[90]. طلاها را ذوب می‌کردند و به همراه دیگر جواهرات قیمتی به بانک رایش حمل می‌نمودند. بخش عمده طلاها از اردوگاههای آئوشویتس و لوبلین به بانک واریز می‌شد و در دادگاه نورمبرگ مسجل گردید که متصدیان بانک از ماخذ طلاها آگاه بودند.[91] همچنان که در کتاب "طلاهای نازی"[92] آمده است، بدون این دولت رایش سوم توانایی مالی ادامه جنگ را تا سال ۱۹۴۵ نمی‌داشت. در این کتاب می‌خوانیم که به طور میانگین ۷۲ پوند طلا در روز، به اشکال گوناگون از اردوگاه آئوشویتس به بانکهای سوییس سرازیر می‌شد. دولت سوییس نیز، برخلاف اعلام بیطرفی طی سالهای جنگ، در این زمینه با آلمان نازی صمیمانه همکاری می‌کرد.

۳. پایان جنگ و تاسیس دولت اسراییل

حاصل تجربهٔ تلخِ یهودیان جهان از نازیسم و جنگ، نوعی بی اعتمادی و نا امیدی به پایداری و گسترش ارزشهای فرهنگ غرب بود. آنها نه تنها جنایات نازیها، بلکه بی تفاوتیِ بخش بزرگی از جهان متمدن را که در برگیرنده دولتها، واتیکان و سازمانهای کلیسا می‌شد[93] ،

---

۹۰ Shirer WL. The Rise and Fall of the Third Reich. p 970, Simon and Schuster, New York 1959

۹۱ Shirer WL. The Rise and the Fall of the Third Reich. p 974, Simon and Schuster, New York 1959

۹۲ Bower Tom, Nazi gold, HarperCollins, New York, 1997

۹۳ در موزه هنریِ شهر برانکس در ایالت نیویورک، تابلوی نقاشی تحت عنوان "قصابان نازی" به چشم می‌خورد که پاپ پیوس دوازدهم را در لباس رسمی نشان می‌دهد. گرچه به خاطر اقدامات انسان دوستانه اش در جریان جنگ دوم جهانی، پس از مرگ از وی قدردانی به عمل آمد اما بسیاری بر این باورند که او دست نشانده رایش سوم بود و تحت رهبری وی واتیکان کوششهای لازم و به موقع در زمینه نجات یهودیان به عمل نیاورد. سکوت طولانی وی در برابر جنایات نازیها یکی از نکاتی است که منتقدین بر او خرده می‌گیرند. پاپ برای نخستین بار در ۲۵ ژوئن ۱۹۳۳ در رابطه با فاجعه هولوکاست و لزوم حمایت از یهودیان دهان گشود. سرانجام، پنجاه و پنج سال بعد در شانزدهم مارس ۱۹۹۸، پاپ جان پل دوم، از بابت سکوت طولانی واتیکان در برابر جنایات نازیها، از یهودیان جهان پوزش خواست.

به خاطر داشتند. در چنین شرایطی، تحت فشار جنبش صیهونیسم و پشتکارِ یهودیان کشور های غربی ، متفقین سرانجام متقاعد شدند که برای بازماندگان این کشتارهای دسته جمعی مکان و ماوای همیشگی در نظر بگیرند.

فلسطین که در حقیقت باریکه شرقی ساحل دریای مدیترانه را تشکیل می‌دهد و در مقایسه با نواحی دیگر خاورمیانه حاصلخیزتر است، پس از شکست دولت عثمانی در پایان جنگ جهانی اول تحت سرپرستی دولتهای انگلیس و فرانسه در آمد. به دنبال آنچه که دولت بریتانیا در سال ۱۹۱۷ در اعلامیه بالفور[۹۳] متعهد شده بود، حدود نیم میلیون نفر از یهودیان جهان به تدریج به فلسطین مهاجرت کردند. در این اعلامیه، که در واقع در برگیرندهٔ نامه "آرتور جی بالفور" وزیر امورخارجه دولت بریتانیا به رهبران جنبش صیهونیسم بود، دولت بریتانیا متعهد شد که " امکانات ایجاد موطنی برای یهودیان را در فلسطین تسهیل نماید". در این نامه هم چنین تاکید شده بود که دولت بریتانیا این تعهد را مشروط بر "حفظ حقوق مدنی و مذهبی ساکنین غیر یهودی فلسطین" به گردن می‌گیرد. در سال ۱۹۳۹، به منظور حفظ آرامش در جهان عرب، دولت بریتانیا به اکثریت عرب نشین فلسطین تضمین داد که در پنج سال آینده، فقط هفتاد و پنج هزار یهودی دیگر به این منطقه مهاجرت خواهند کرد و مهاجرت بیشتر از این رقم نیازمند کسب موافقت اعراب خواهد بود. افزون براین، در این قرار داد که به «نامه سفید» معروف است وعده تشکیل یک دولت فلسطینی در ده سال آینده نیز گنجانیده شده بود. رهبران جنبش صیهونیسم روی خوش به نامه سفید نشان ندادند و در واقع این قرارداد روابط حسنه میان دولت انگلیس و گرداندگان سازمانهای صیهونیستی را متزلزل کرد. نتیجه آنکه در ماه مه ۱۹۳۲ کنگره ای از رهبران صیهونیسم در نیویورک تشکیل

---

۹۳ "Foreign Office, November 2nd, 1917

Dear Lord Rothschild,

I have much pleasure in conveying to you, on behalf of His Majesty's Government the following declaration of sympathy with Jewish Zionist aspirations which has been submitted to and approved by the Cabinet.

His Majesty's Government view with favour the establishment in Palestine of a national home for the Jewish people and will use their best endevours to facilitate the achievement of this object. It being clearly understood that nothing shall be done which may prejudice the civil and religious rights of existing non-Jewish communities in Palestine or the rights and political status enjoyed by Jews in other country.

I should be grateful if you would bring this declaration to the knowledge of the Zionist Federation.

Arthur Balfour"

شد و خواستار تشکیل یك دولت یهودی در حاشیه غربی فلسطین شد. این تقاضا در واقع دگرگونی اساسی در خواسته های ابتدایی جنبش صیهونیسم محسوب می‌شد.

جنایات نازیها و نابودی میلیونها یهودی طی سالهای جنگ دوم جهانی، نیاز به تشکیل چنین دولتی را برای بسیاری از یهودیان غرب ملموس تر کرد. در کنار این نیاز عمومی، در سال ۱۹۴۳، مناخم بگین[95] که رهبری یك گروه چریکی به نام " سازمان نظامی ملی"[96] را به عهده داشت، بر علیه سرپرستی انگلیس در فلسطین وارد عملیات مسلحانه گردید. هنگامی‌که واحد تحت فرماندهی آورام استرن به ترور مقامات انگلیسی فلسطین دل بسته بود، مناخم بگین انفجار تاسیسات اداری بریتانیا در فلسطین را شیوه مبارزه انتخاب کرد. اقدام به عملیات تروریستی، به عنوان شیوه نوین مبارزه در دهه ۱۹۳۰ متداول نبود و مناخم بگین یکی از پیشگامان آن در این دوره محسوب می‌شد[97].

سر انجام با پایانِ سرپرستی انگلیس بر فلسطین، در ۱۴ مه ۱۹۴۸ دولت جدید اسراییل تاسیس شد. تشکیل دولت اسراییل مدیون یك رشته عوامل استثنایی مانند همدردی جهان غرب برای درد و رنجی که یهودیان طی سالهای جنگ متحمل شده بودند، نفوذ سیاسی یهودیان امریکا در جلب پشتیبانی ترومن، بی علاقگی دولت بریتانیا به ادامه حکومت در

---

۹۵   Menachem Begin عضو یکی از سازمانهای جوانان یهودی لهستان بود. گفته می‌شود که از جمعیت سی هزار نفرهُ

زادگاه او، برست لیتوسك (Brest-Litovsk) در سال ۱۹۳۹، فقط ده نفر آنان در سال ۱۹۴۳ در قید حیات بودند. در این شهر یهودیان حتی حق تدفین مردگان خود را نداشتند و در واقع پدر مناخم نیز، به هنگام تدفین دوستش، با گلوله یك سرباز آلمانی به قتل رسیده بود. مناخم بگین که شخصیتی انتقامجو داشت در سال ۱۹۴۳ مسئولیت یکی از واحدهای سازمان نظامی ملی، یکی از تشکیلات چریکی فلسطین، را عهده دار گردید.

۹۶   سازمان نظامی ملی Irgun Zeva'i le'ummi تشکیلاتی زیرزمینی بود که در سال ۱۹۳۱ تاسیس گردید. در آوریل ۱۹۳۷ بر سر شیوهُ برخورد با اعراب تجزیه شد و بخش تندرو این سازمان زیر سرپرستی "ولادیمیر ژابوتانسکی" خط مشی مدارا با اعراب را به کلی کنار گذاشت. عملیات نظامی این سازمان، از این جهت که مزاحم مذاکرات سیاسی بود و امنیت منطقه را به خطر می‌افکند، به شدت از جانب هیئت اجرایی سازمان جهانی صیهونیسم مورد انتقاد قرار گرفت. بخش تندرو سازمان نظامی ملی در سال ۱۹۳۰ با گروه نظامی دیگری به سرپرستی "آورام استرن" وحدت کرد و مناخم بگین رهبری آن را در سال ۱۹۴۳ به عهده گرفت. سازمان نظامی نوینی که بدین ترتیب تشکیل شد در فوریه ۱۹۴۳، پس از این که جنایات هولوکاست آشکار گردید. بر علیه تشکیلات انگلیس در فلسطین اعلام جنگ کرد.

۹۷   Johnson P. A History of the Jews, p 521, HarperPrennial Publisher, New York 1988

فلسطین و سرانجام پی‌گیری و کوششهای خستگی ناپذیر جنبش صیهونیسم بود.

دولت جدید اسراییل، با دشواریهای فراوان از جمله مسالهٔ مهاجرت یهودیان جهان روبرو بود. به ظاهر تمامی رهبران صیهونیسم، که سالها برای تشکیل دولت اسراییل در کنار یکدیگر مبارزه کرده بودند، بر سر لزوم مهاجرت یهودیانِ جهان به فلسطین یگانگی نظر نداشتند. "بن گوریون"، نخستین نخست وزیر اسراییل، اصرار داشت که صیهونیستهایی که به اسراییل مهاجرت نمی‌کنند حق تصمیم گیری در امور دولت جدید را ندارند، هر چند که دولت اسراییل وجود خود را مدیون کوششهای آنها می بیند. او معتقد بود اکنون که دولت اسراییل تشکیل شده، وظیفه یهودیان جهان است تا به اسراییل مهاجرت کنند. در برابر، "ناۇوم گلدمن"[98] که رهبری جنبش صیهونیسم را بین سالهای ۱۹۵۱ تا ۱۹۶۸ عهده دار شد، بر این باور بود که مهاجرت تمامی یهودیان به اسراییل غیرواقع بینانه بوده و گذشته از این، اهداف صیهونیسم به اسراییل و سکنه یهودی آن محدود نمی شود. گلدمن پشتیبانی از تامین امنیت برای یهودیان پراکنده در سراسر جهان را نیز از مسئولیتهای سازمان جهانی صیهونیسم به شمار می‌آورد.

در تایید نقطه نظرِ گلدمن، تئودور هرتصل نیز، طی هشت سال رهبری سازمان جهانی صیهونیسم، همواره خواستار تاسیس دولتی برای "کلیه یهودیان" بود و با افزودن هر گونه پیش شرط برای شرکت در آن دولت مخالفت می‌ورزید[99]. به رغم این گونه جدلهای عقیدتی، در سال ۱۹۶۸ کنگره جهانی صیهونیسم بار دیگر مهاجرت به اسراییل را پیش شرط عضویت در سازمانهای صیهونیستی شناخت که البته چندان کمکی به حل این مشکل نکرد.

هدفهای امروزین صیهونیسم، در تامین امنیت و استقلال دولت اسراییل، خنثی کردن تبلیغات بر علیه دولت یهودی و پشتیبانی از حق داوطلبانه مهاجرت یهودیان به آن کشور خلاصه می‌شود. این هدفهای سه گانه، در واقع هویت ملی یهودیان و یا "ملیت یهودی" را، برای آن دسته از یهودیانی که به آن نیازمندند، تضمین می‌نماید. با این حال منقدین آنها بر

---

۹۸   Goldman, Nahum (1895-1982)

۹۹   Hertzberg A. The zionist idea, p 623, Jewish Publication Society, Philadelphia and Jerusalem, 1997

چند نکته تاکید می‌ورزند. نخست آنکه صیهونیسم را به عنوان سازمانی تند رو و توسعه طلب مورد سرزنش قرار می‌دهند. منقدین صیهونیسم بر این نقطه نظر پافشاری می‌کنند که این جنبش در ابتدا به عنوان چاره ای در برابر یهودی ستیزی به وجود آمد و هدف اصلی آن تامین هویت ملی برای بخشی از یهودیان جهان که به آن نیاز داشتند بود. بنابراین پافشاری دولتِ صیهونیسم در کنترل کامل اورشلیم و گسترش مرزهای کشور [100] به مرزهای تعریف شده در تورات [101]، انحراف اساسی از هدفهای نخستین این سازمان محسوب می‌شود [102] . منقدین صیهونیسم در تایید نظر خود به این نکته اشاره دارند که پس از پیروزی اسراییل در جنگهایِ شش روزه ۱۹۶۷، بخشی از گردانندگان دولت، با الهام از آرای آحادحام گسترش مرزها را پیش شرط بازگشت منجی موعود و نوید رستگاریِ یهودیان تعبیر می‌کنند. به باور منقدین، طرفداران طرح اسراییل بزرگ بر این نظرگاه تاکید می‌ورزند که پروردگار زمینهای غرب رودخانهٔ اردن را به بنی اسراییل وعده کرد و دولت اسراییل حق تفویض آنها را در برابر تامین صلح با اعراب ندارد. بنابراین خط مشیِ "معاوضه زمین در برابر صلح" نادرست است زیرا که ظهور منجی موعود و در نهایت رستگاری را به تاخیر می‌اندازد [103] . در پاسخ به این انتقادات، صیهونیستها همچنان پافشاری می‌کنند که پس از تشکیل دولت اسراییل دگرگونیِ عمده ای در اهداف نخستین صیهونیسم روی نداده و آنها در حالی که حق تعیین سرنوشت را برای اعراب محترم می شمارند، خواستار تامین امنیت مرزی پایدار هستند. یکی از منقدین جسورِ طرح اسراییل بزرگ، پرفسور یشعیا لیبوویتس استاد دانشگاه عبری اورشلیم است. وی می‌نویسد "رابطه تاریخی یهودیان با سرزمین اسراییل، الزاماً حق حاکمیت آنها را

---

۱۰۰   Chomsky N. The fateful triangle:The United states, Israel and Palestinians, p 162, South end press, Boston 1983

۱۰۱   Biblical Land of Israel

۱۰۲   Hertzberg A. The zionist idea, p 623-4, Jewish Publication Society, Philadelphia and Jerusalem 1997

۱۰۳   Hertzberg A. The Zionist Idea. p 626, The Jewish Publication Society, Philadelphia and Jerusalem, 1997

بر این منطقه تثبیت نمی‌کند"[103] ..... صلح پایدار و مرزهای گسترده دو مقوله جدا از یکدیگرند. تا هنگامی‌که ما از تکنولوژی برتری برخورداریم و از پشتیبانی امریکا بهره می‌گیریم، می‌توانیم اعراب را به هر حدود مرزی که مایلیم پس بزنیم. مرزهای گسترده الزاماً صلح پایدار به همراه نمی‌آورد"[105]. دوم آنکه، منتقدین، دخالت صیهونیسم در جنگ سرد به نفع ایالات متحد امریکا را یکی از عوامل اصلی ادامه جنگ اعراب واسرائیل شناخته و آن را خلاف آرمانهای یهودیان جهان به حساب آورده اند. آنها مدعی هستند که بر اثر این رابطه، اسرائیل به تدریج به عامل اجرای سیاستهای ایالات متحد در خاورمیانه بدل گشته است[106]. سر انجام، حاخام "مردخای کاپلن"، از این زاویه که صیهونیسم باعث نفاق میان اسرائیل و یهودیان پراکنده در جهان شده است، آن را به باد انتقاد می‌گیرد[107].

دولت جدید اسرائیل گرچه در اساس دولتی غیر مذهبی‌ست ولی با نمادهای مذهب به شدت آرایش شده است[108]. جدایی دین از دولت به شیوه ای که در ایالات متحد امریکا مشاهده می‌گردد، در ساختارِ این دولت مصداق ندارد. در عین حال، بافت سیاسیِ این دولت با دولت اسرائیل باستان و دولتهای سلسلهٔ هَسمونیم، که در آنها یهودیت "مذهب رسمی" دولت محسوب می‌شد، تفاوت جدی دارد. قوانین مدنی بر این دولت حاکمند، نه احکام مذهبی[109]. در اعلامیهٔ استقلال اسرائیل به تاریخ ماهِ مِه ۱۹۴۸ آمده است که "دولت بر پایهٔ آزادی، عدالت و صلح، به شیوهٔ پیامبران بنی اسرائیل، بنا گشته و حقوق

---

۱۰۳ Leibowitz Y. Judaism, Human values and the Jewish State, p 196, Harvard University Press, Cambridge, MA 1992

۱۰۵ Leibowitz Y. Judaism, Human values and the Jewish State, p 224, Harvard University Press, Cambridge, MA 1992

۱۰۶ Ira Chernus, Professor of Religious Studies at University of Colorado, author of "American Jews and Israel", 1997

۱۰۷ Hertzberg A. The Zionist Idea, p 538, The Jewish Publication Society, Philadelphia and Jerusalem, 1997

۱۰۸ Leibowitz Y. Judaism, Human values and the Jewish State, p 174, Harvard University Press, Cambridge, MA 1992

۱۰۹ Leibowitz Y. Judaism, Human values and the Jewish State, p 175, Harvard University Press, Cambridge, MA 1992

سیاسی و اجتماعی شهروندانش را بی توجه به نژاد، مذهب و جنسیت تامین می‌کند. دولت، آزادیِ مذهب، زبان و فرهنگ را تضمین نموده، از اماکن مقدسِ دیگر ادیان حراست می‌نماید و به منشور سازمان ملل وفادار باقی می‌ماند"[110].

پس از گذشت نیم قرن، دولت نوین اسراییل با سه مساله و یا سه نگرانیِ اساسی مواجه است. نخست، رابطهٔ اسراییل و اعراب و آیندهٔ صلح خاورمیانه که با توجه به کوششهای جسته و گریخته هنوز بر پایه محکمی استوار نیست. دومین موضوع، شکاف میان یهودیان سنتی و یهودیان غیر مذهبی در درون مرزهای کشور است که با گذشت زمان به تدریج عمیق تر می‌گردد. بیم آن می‌رود که پس از تامین صلح خاورمیانه و حذف دشمن مشترک در آینده، دامنه اختلافات میان یهودیان سنتی و غیر مذهبی در اسراییل ابعاد گسترده تری به خود گیرد. در این رابطه، پروفسور لیبوویتس بر این باور است که مبارزه میان هواداران مذهب و نیروهای غیرمذهبی در اسراییل، مبارزه ای جاودانه خواهد بود[111]. سرانجام، به رابطه میان اسراییل و یهودیان پراکنده سراسر جهان باید اشاره کرد که کم وبیش بی پاسخ باقیمانده است. به هر حال، تصور مهاجرت تمامی یهودیان جهان به اسراییل، به ویژه در دورانی که فشار های سیاسی – اقتصادی – اجتماعی بر یهودیانِ دیگر کشور ها به تدریج از میان می‌روند، بیش از هر زمان دیگر واقع غیر بینانه می‌نماید[112]. در تایید این نکته "یولی اِدلستین"، وزیر مهاجرت اسراییل، می‌گوید "جوامع یهودی تحت ستم دیگری در جهان بجای نمانده است تا بتوان سکنه آن را به اسراییل کوچ داد. بنابراین، زندگی در اسراییل باید آن قدر دلچسب شود که یهودیان زندگی در آن را به دیگر نقاط جهان ترجیح دهند."[113]

---

110   Barnavi E. A Historical Atlas of the Jewish People. p 254, Schocken Books, New York 1992

111   Leibowitz Y. Judaism, Human values and the Jewish State, p 204, Harvard University Press, Cambridge, MA 1992

112   Leibowitz Y. Judaism, Human values and the Jewish State, p 193, Harvard University Press, Cambridge, MA 1992

113   Israel at 50, Los Angeles Times, Sunday, April 12, 1998

۵. اعراب و اسراییل

مهاجرت یهودیان دیگر نقاط جهان به فلسطین در نیمه دوم قرن نوزدهم، به ویژه پس از پوگرومها و قتل عامهای یهودیان در دهه ۱۸۸۰ روسیه، رو به افزایش نهاد. گر چه روابط میان اعراب و یهودیان در طول تاریخ بسیار متغیر بوده است ولی اعراب فلسطین از دیر باز، نه به این مهاجرتها روی خوش نشان می‌دادند و نه به تاسیس دولت اسرائیل. آنها طرح بنیاد یك دولت یهودی را که بدون مشورت آنان به اجرا درآمده بود و با مفاد اعلامیهٔ ۱۹۱۷ بالفور [۱۱۳] مغایر می‌دیدند و آن را نوعی سلب مالکیت از زمین در نظر گرفته و به عناوین گوناگون با آن دشمنی می ورزیدند. در اعلامیهٔ بالفور به صراحت بیان شده بود که دولت بریتانیا در زمینه تاسیس موطنی برای یهودیان در سرزمین فلسطین، تسهیلات لازم را فراهم خواهد کرد...مشروط بر آنکه این اقدامات، حقوق مدنی و مذهبیِ ساکنان غیریهودی فلسطین را نقض ننماید [۱۱۵]. به ظاهر صیهونیستها نیز به عنوان دست اندرکاران این طرح، پیش از تشکیل دولت اسراییل، کم و بیش نگران واکنش اعراب بوده اند. در این رابطه، در اگوست سال ۱۹۲۹، یکصد و سی و سه نفر ازیهودیان و در مورد دیگری شصت نفر در حبرون قتل عام شدند. در جریان این رخدادها نیروهای انتظامی عرب تنها به عنوان ناظر عمل کردند. جالب آنکه بیشتر کشته شدگان این دو فاجعه به جامعهٔ قدیمی یهودیانِ ساکن فلسطین متعلق بودند و از صیهونیسم نیز دل خوشی نداشتند.

کمسیون "کینگ-کرین" [۱۱۶] نیز که در سال ۱۹۱۹ به دستور پرزیدنت ویلسون، به منظور بررسی این مساُله تشکیل گردید، در گزارش نهایی هشدار داد که " صیهونیستها در عمل مساُله نقل و انتقال ساکنان غیر یهودی فلسطین را بیش از نه دهم جمعیت این منطقه را شامل می‌گردید، مطرح می‌کنند" و " چنین طرحی ناقض اصل حق تعیین سرنوشت ملل است". به رغم اظهار همدردی با یهودیان، این کمیسیون پیشنهاد کرد تا

---

۱۱۳   Encyclopedia Judaica, Balfour Declaration, p 3,

۱۱۵   Hourani A. A History of the Arab Peoples, p 318, Harvard University Press, 1991

۱۱۶   King-Crane Commission

مهاجرت آنان به فلسطین محدود شود. افزون براین، کمسیونِ کینگ_کرین طرح ایجاد دولت یهودی را مرود تشخیص داد. در جریان اعتراضهای گستردهٔ اعراب فلسطین به مهاجرت یهودیان بین سالهای ۱۹۳۶ تا ۱۹۳۹، داود بن گوریون که مردی واقع بین بود، این چنین اظهار نظر کرد: "درست است که در جریان مذاکرات خارجی، ما اعتراض اعراب را کم اهمیت تلقی می‌کنیم .... ولی حقیقت بر خودمان نباید پوشیده بماند که از نظر سیاسی در این رابطه ما متجاوز محسوب می‌شویم و اعراب از وطن خود دفاع می‌کنند..... این سرزمین مالِ آنهاست زیرا که آنها، ساکن آن هستند، درحالی که ما از خارج وارد این سرزمین می‌شویم و در نظر آنها ما می‌خواهیم مملکت آنان را از دستشان بگیریم"۱۱۷.

نکته دیگر آنکه، پذیرش این مسأله که وظیفه اخلاقیِ اعراب فلسطین است تا به خاطر جنایات اروپاییان علیه یهودیان دست از زمینهای خود بردارند بسیار مشکل بود، گرچه این عقیده در غرب طرفداران بیشماری داشت. در نظر اعراب ساکن فلسطین، اختصاص بخشی از خاک آلمان به یهودیان معقولتر از این طرح به نظر می‌رسید.

تامین هویت ملی یهودیان در قالب بنیاد "دولتی برای یهودیان" هدف اصلی جنبش صیهونیسم بود، هر چند که تاسیس این دولت در خاک فلسطین در ابتدا مطرح نبود. هرتصل نیز در برابر اصرار دیگران در زمینهٔ تاسیس این دولت در فلسطین به نوعی تایید سرسری اکتفا می‌کرد۱۱۸. به هر حال در سالهای جنگ جهانی دوم و در پی آمد فاجعهٔ هولوکاست، تمایل بیشتر صیهونیستها به فلسطین افزایش یافت تا سرانجام در بهار ۱۹۴۲ تاسیس دولت یهودی در فلسطین در خط مشی و سرلوحهٔ جنبش صیهونیسم قرار گرفت.

" آیرا چرنوس"، استاد مطالعات یهودی در دانشگاه کلرادو می‌گوید مساله اعراب و اسراییل از این رو پیچیده و بغرنج می‌نماید که اشتیاق ملی اعراب به سرزمین فلسطین کمتر از رابطه عاطفی یهودیان به این منطقه نیست. متاسفانه هر دو قوم اصرار دارند که هویت

---

۱۱۷   Flapan Simha, Zionism and the Palestinians, pp 141-2, citing a 1938 speech

۱۱۸   Hertzberg A. The Zionist idea, p 74, Jewish Publication Society, Philadelphia and Jerusalem, 1997

ملی خویش را فقط در این گوشهُ جهان به معرض نمایش بگذارند[119]. به استناد تاریخِ این منطقه، هر دو قوم مستمسك كافی برای اصرار و پافشاری در ادعای مالكیت خویش به این سرزمین دارند[120].

---

۱۱۹   Chernus I. American Jews and Israel, Rocky Mountain Peace and Justice Center, Boulder

Colorado, November 12, 1997

۱۲۰   شهر اورشلیم در طول تاریخ به كرات دست به دست شده است. به تاریخ این شهر توجه كنید:

حوالی چهار هزار سال پیش از میلاد، كنعانیانی كه زیر سلطه مصر قرار داشتند، ساكن اورشلیم بودند.

حدود هزاره اول پیش از میلاد، داود، پادشاه اسرائیل باستان، اورشلیم را تسخیر كرد و دیرتر، جانشین وی سلیمان، معبد اول اورشلیم را بنا نهاد.

سال ۵۸۶ پیش از میلاد، تخریب اورشلیم به دست بابل

سال ۵۳۹ امپراتوری پارسیان دولت بابل را شكست داد و از این پس اورشلیم جزیی از امپراتوری هخامنشی بود.

سال ۳۳۳ اسكندر مقدونی اورشلیم را تسخیر كرد.

سال ۱۶۸ پیش از میلاد، آنتیاكوس چهارم بخشهایی از اورشلیم را تخریب نمود.

سال ۱۶۵ قیام مكابی و تاسیس دولت سلسله هسمونیم روی داد و برای بار دیگر یهودیان صاحب اورشلیم شدند.

سال ۶۳ پیش از میلاد، پمپی، سردار روم، اورشلیم را تسخیر كرد و از این پس این شهر زیر نظر فرمانداران رومی اداره می‌گردید.

بین سالهای ۶۶ و ۷۰ میلادی، در جریان قیام زیلاتها، یهودیان سخت كوشیدند تا شهر را از دست رومیان آزاد كنند ولی كوششهای آنان با شكست روبرو شد.

سال ۷۰ میلادی، به فرمان تیتوس پسر وسپاسین امپراتور روم، معبد دوم اورشلیم ویران گردید.

سالهای ۱۳۲-۱۳۵ قیام بركوخبا و كوششی دیگر در باز پس گرفتن شهر از رومیان با شكست مواجه گردید. از این پس تا سال ۱۹۳۸، هرگز اورشلیم به عنوان پایتخت مطرح نبود.

بین سالهای ۳۰۳-۳۳۷ كنستانتین اول امپراتور روم اقدام به ساختن كلیسا دراورشلیم كرد و از این پس این شهر اورشلیم اعتبار مذهبی برای مسیحیان كسب نمود.

سال ۶۳۷ میلادی، مسلمانان اورشلیم را تسخیر كردند و در محل معبد دوم اورشلیم، مساجد عمر و القصی را بنا نهادند.

سال ۱۰۹۹ مسیحیان صلیبی اورشلیم را از مسلمانان سلجوقی باز پس گرفتند.

سال ۱۱۸۷ صلاح الدین ایوبی اورشلیم را از تصرف صلیبیون بیرون آورد.

سال ۱۵۱۷ اورشلیم بخشی از متصرفات امپراتوری عثمانی بشمار می‌آمد.

سال ۱۹۱۷ پس از شكست امپراتوری عثمانی، دولت انگلیس اورشلیم را صاحب گردید.

سال ۱۹۳۷ موضوع تقسیم فلسطین میان یهودیان و اعراب و تاسیس دو دولت در كنار یكدیگر مطرح گردید. به استناد این طرح، اورشلیم به یك شهر بین المللی بدل می‌گردید.

یشعیا لیبوویتس می‌گوید " یك سرزمین است و دو مردم و هر یك در این كه این خاك متعلق به آنهاست اصرار می‌ورزند. در چنین جوی، صحبت از حق مالکیت به استناد رابطه تاریخی با این سرزمین پوچ است. تنها دو راه وجود دارد؛ یا ادامه جنگ و یا بنیاد دو دولت مستقل فلسطینی و یهودی در كنار یکدیگر، راه سومی موجود نیست"۱۲۱ .

به باور چامسکی، در مورد سازمانهای یهودیان اشتیاق به تاسیس دولت یهودی در بسیاری از موارد حتی از كوشش برای نجات قربانیان جنگ مهمتر جلوه می‌کرد. پس از پایان جنگ دوم جهانی، كنگره ایالات متحد بررسیِ لایحهُ اسکان روسهای كشور های بالتیك، را كه بسیاری از طرفداران نازیها و حتی برخی از افراد اس . اس ۱۲۲ درمیانشان بودند، به تامین مسکن برای یهودیان بی خانمان ارجح تشخیص داد. جالب آنكه هیچ یك از سازمانهای صیهونیستی آمریکا به این لایحه اعتراض نکردند و فقط یهودیان غیر صیهونیست و یا گروههای مخالف صیهونیسم به این لایحه معترض بودند ۱۲۳ . چامسکی در كتاب "مثلث سرنوشت" این مساله را این چنین بازگو می‌کند، " گرچه موضوع رسماً اعلام نشد ولی به طور غیر رسمی رهبران صیهونیسم نگران آن بودند که هرچه یهودیان بی خانمان بیشتر به آمریکا مهاجرت کنند تعداد کمتری از آنان به فلسطین خواهند رفت "۱۲۴ . برخی مانند موریس ارنست، مشاور سابق ریاست جمهوری روزولت، در سال ۱۹۴۸ به رفتار رهبران سازمانهای یهودی آمریکا اعتراض كرد و گفت " بهتر بود كه به جای مهاجرت به فلسطین به عنوان تنها راه چاره، به این مصدومین جنگ، حق گزینش میان مهاجرت به امریكا و فلسطین

---

۱۲۱ Leibowitz Y. Judaism, Human values and the Jewish State, p 236, Harvard University Press, Cambridge, MA 1992

۱۲۲ اس . اس مخفف واژه schutzstaffe سازمان میلیشیایی است كه در آوریل ۱۹۳۳ توسط هاینریك هیملر بنیانگذاری شد. در سپتامبر ۱۹۳۹، پس از آغاز جنگ جهانی دوم، پلیس آلمان در این تاسیسات ادغام گردید و اس . اس رسماً به ارگان ترور و ابزار اصلی اقدامات ضدنژادی هیتلر، از جمله قتل عام یهودیان و حذف افراد " نامطلوب " مبدل شد.

۱۲۳ Friedman, Saul S. No Haven for the Oppressed, p 222f, Wayne State, Detroit, 1973

۱۲۴ Chomsky N. The fateful Triangle: The United States, Israel and Palestinians. p 93, South End Press, Boston 1983

را پیشنهاد می‌کردید "[۱۲۵].

سرانجام، در سال ۱۹۸۰، کمیسیونی زیر نظر" آرتور گلدبرگ"، یکی از قضات سابق دیوان عالی ایالات متحد، در رابطه با این مسأله تشکیل شد. این کمیسیون ماموریت داشت تا نقش سازمانهای یهودی امریکا را، در دورانی که نازیها طرح گسترده نابودی یهودیان اروپا را می کشیدند، بررسی کند. پانزده ماه پس از آغاز فعالیت، اعضای این کمیسیون با خشم و برچسب زدن به یکدیگر از هم جدا شدند. گفته می‌شود که برخی از گردانندگان سابق سازمانهای یهودی امریکا که در کمیسیون حضور داشتند با طرح این مساله که اگر سازمانهای یهودی آمریکا منسجم تر عمل کرده بودند و پرزیدنت روزولت را تحت فشار قرار می‌دادند چندین هزار و یا چندین ده هزار بیشتر از یهودیان اروپا نجات می‌یافتند، مخالف بودند. به هر حال در پیش نویس گزارش کمیسیون آمده بود که سازمانهای صیهونیستی طی سالهای جنگ بیش از اینکه در فکر نجات یهودیان اروپا باشند، سرگرم تهیه طرح تاسیس دولت یهودی پس از پایان جنگ بودند[۱۲۶] . در همین رابطه، حاخام "استیون وایز" یکی از رهبران عالیرتبه سازمانهای یهودی امریکا، با تشکیل کمیسیونی در کنگره امریکا برای تسریع نجات یهودیان اروپا در سال ۱۹۳۳مخالفت کرد، زیرا تبصره درخواستی از دولت انگلیس مبنی بر اجازهٔ مهاجرت یهودیان به فلسطین، در لایحه گنجانیده نشده بود[۱۲۷] .

مجمع عمومی سازمان ملل در نوامبر ۱۹۳۷ پیشنهاد کرد که سرزمین فلسطین به دو منطقه تقسیم گردیده و دو دولت یهودی و فلسطینی در آن تاسیس شود. این پیشنهاد گرچه مورد قبول بیشتر سازمانهای صیهونیستی بود ولی از سوی اعراب فلسطین و "سازمان نظامی ملی" به رهبری مناخم بگین رد شد.

طرح مساله تقسیم فلسطین، نا آرامیهای فراوانی را در منطقه دامن زد. طرفین بیدرنگ به اعمال ترور و خشونت بر علیه یکدیگر پرداختند. تاریخ چهل سال بعد، در واقع تاریخ

---

۱۲۵   Ernst Morris L. So Far So Good, pp 175-6, Harper and Brothers, New York, 1948

۱۲۶   Chomsky N. The fateful triangle: The United States, Israel and the Palestinians, p 94, South End Press, Boston 1983

۱۲۷   Weinraub Bernard, New York Times, Jan 4, 1982

کشت و کشتارهای متعدد و چهار جنگ میان اعراب و اسراییل است. پس از تاسیس دولت اسراییل در ماهِ مه ۱۹۴۸، ارتشهای دولتهای عربی بیدرنگ وارد عملیات نظامی بر علیه اسراییل شدند. تمامی فعالیتهای نظامی تقریباً در مناطقی صورت می‌گرفت که مطابق طرح سازمان ملل به فلسطینیها اختصاص یافته بود. حاصل اینکه بیش از ۷۰۰ هزار نفر از اهالی فلسطین مسکن خویش را ترک گفتند و سر انجام این بخش از فلسطین در عمل به مناطق تحت نفوذ اردن و اسراییل تبدیل شد. بنا بر آمار سازمان ملل، ۲۸۰ هزار نفر از اعراب فلسطینی به ساحل غربی رودخانه اردن، ۷۰ هزار نفر به اردن، ۱۰۰ هزار نفر به لبنان، ۳ هزار نفر به عراق، ۷۵ هزار نفر به سوریه، ۷ هزار نفر به مصر و ۱۹۰ هزار نفر به نوار غزه کوچ کردند.

به باور" آیرا چرنوس"، با وجود اختلافات بی‌شمار میان یهودیان و اعراب فلسطینی، اگر آنها را به حال خود تنها می‌گذاشتند، شاید مشکلات خویش را راحتتر حل می‌کردند[۱۲۸]. در سال ۱۹۵۶، در زمان ریاست جمهوری جمال عبدل ناصر، دولت اسراییل به کمک نیروهای انگلیس و فرانسه به مصر حمله کرد و منطقه سینا را تسخیر نمود. در جریان این زد و خورد ها حدود سه تا پنج هزار دیگر از شهروندان عرب ساکن جلیله، به سوریه اخراج شدند[۱۲۹]. سرانجام دولت اسراییل تحت فشار دولتهای ایالات متحد آمریکا و اتحاد جماهیر شوروی از سینا عقب نشینی کرد.

دو سال بعد، در سال ۱۹۵۸، به تشویق جمال عبدل ناصر "سازمان آزادیبخش فلسطین" تاسیس شد. طی سه دهه، این سازمان به یک مجموعه عملیات تروریستی بر علیه اسراییل و حامیان او به ویژه ایالات متحد امریکا دست زد. این گونه اقدامات خشونت آمیز دستاویزی بود در دست دول غربی و دستگاههای تبلیغاتی آنان داد تا افکار عمومی جهان[۱۳۰] را گرد

---

۱۲۸   Chernus I. American Jews and Israel, Rocky Mountain Peace and Justice Center, Boulder, Colorodo, Novemeber 12, 1997

۱۲۹   Eli Tabor, Yediot Ahronot, November 2, 1982

۱۳۰   Chomsky Noam, The Fateful Triangle: The United States, Israel and the Palestinians, pp 164-7, South End Press, 1983

محور *اعرابِ مخالف صلح* بیش از پیش بسیج کنند. از آغاز دههٔ ۱۹۶۰، سازمان آزادیبخش فلسطین و برخی از دولتهای عرب به طرح ایجاد دولتهای اسراییل و فلسطین در منطقه، رغبت نشان دادند ولی این طرح بارها از سویِ دولت اسراییل رد شد.

سومین جنگِ اعراب و اسراییل در سال ۱۹۶۷ روی داد. هنگامی که دولت های مصر، اردن و سوریه آماده حمله به اسراییل میشدند، اسراییل پیشدستی کرد و در مدت شش شبانه روز شبه جزیره سینا، نوار غزه، ساحل غربی اردن و بلندیهای جولان را تسخیر نمود. در ماههای پس از جنگ ۱۹۶۷، حدود چهار صد و سی هزار نفر دیگر از فلسطینیها جلای وطن کردند[۱۳۱]. سرانجام، درسال ۱۹۷۳ دولتهای مصر و سوریه با حمله به شبه جزیره سینا و بلندیهای جولان، که هنوز در اشغال اسراییل بود، دولت یهودی را غافلگیر کردند.

به موازات چهل سال کشت و کشتار های متقابل، دستگاههای تبلیغاتی طرفین نیز آرام ننشستند و سخت کوشیدند تا افکار عمومی فلسطینیها و اسراییلیها را آن چنان بر علیه یکدیگر مسموم کنند که راه هر گونه مصالحه میان دو قوم مسدود بماند. حاصل این جنگ سرد، ترور رهبرانی بود که هر از گاه نوعی تعدیل و تفاهم را به امید حل مساله اعراب واسراییل پیشنهاد میکردند. از جمله قربانیان این جنگ سرد، ملک عبداله پادشاه اردن در سال ۱۹۵۱، انور سادات رییس جمهور مصردر سال ۱۹۸۱ و اسحق رابین نخست وزیر اسراییل در سال ۱۹۹۵ را می‌توان نام برد.

در مجموع، پس از گذشت پنجاه سال از تاسیس دولت اسراییل، طرفداران راه حل مصالحت آمیز مسأله اعراب و اسراییل در موقعیتی ضعیف تر قرار دارند. یکی از حامیان مصالحه با اعراب نااوم گلدمن بود که ریاست صیهونیسم جهانی را بین سالهای ۱۹۵۶ و ۱۹۶۸ به عهده داشت و همواره از سیاست خارجی دولت اسراییل اظهار ناخوشنودی می‌کرد. گلدمن نه تنها ورود اسراییل را در جنگ سرد میان شرق و غرب به نفع ایالات متحد مردود می شناخت، بلکه سیاست بهره گیری از فاجعه نازیسم به منظور موجه جلوه دادن اِعمال خشونت بر علیه اعراب را هم نمی پسندید. گلدمن در اکتبر سال ۱۹۸۱، در آغاز سال نوی عبری نوشت: *"باید بپذیریم که برای همیشه نمی توانیم در پس درد و رنج یهودیان دوران*

---

۱۳۱   Chomsky Noam, The Fateful Triangle: The United States, Israel and the Palestinians, p 97, South End Press, 1983

فاجعه هولوکاست مخفی شویم. بی شک باید از این فاجعه برای موجه جلوه دادن آنچه که انجام می‌دهیم بپرهیزیم. بهره گیری از هولوکاست به منظور توجیه بمبارانهای لبنان به شیوه ای که مناخم بگین انجام می‌دهد، نوعی توهین به مقدسات [۱۳۲] ما و به ابتذال کشیدن این تراژدی مقدس است. ما نباید برای توجیه اقدامات سیاسی مشکوک و خط مشیهای غیر اخلاقی از این فاجعه بهره برداری کنیم." [۱۳۳] نااوم گلدمن از جمله افرادی بود که باور داشت "یهودیان امریکایی هوادار اسراییل" با ابراز احساسات تشویق آمیزشان نیز لطمات جبران ناپذیری به دولت یهودی می‌زنند.

در گردهمایی کنگره جهانی یهودیان که در ژانویه سال ۱۹۸۱ در اسراییل برگزار شد، گلدمن [۱۳۴] در رابطه با "لزوم تغییر خط مشی دولت اسراییل نسبت به اعراب" سخن گفت. او، هم خط مشی فعلی اسراییل را در برابر اعراب و هم "فریاد های تشویق آمیز یهودیان امریکا را مردود شناخت" [۱۳۵] . در این رابطه، دَنی روبینستاین، سردبیر "دَوار" نشریه حزب کارگر اسراییل در سال ۱۹۸۳، نوشت: "سازمانهای یهودی ایالات متحد، اسراییل را همواره در معرض خطر بیشتر حمله اعراب معرفی می‌کنند زیرا تنها از این طریق می‌توانند انتظار کمکهای مالی از سوی مردم امریکا داشته باشند. در غیر این صورت کمتر کسی برای برنامه های توسعه طلبانه اسراییل پول خرج می‌کند" [۱۳۶] . در ارتباط با همین موضوع آیرا چرنوس می‌گوید: بیشتر یهودیانِ امریکا با مشاهدهٔ قتل سرباز اسراییلی به دست چند

---

۱۳۲   " هیلول هشم "   Hillul Hashem

۱۳۳   Shalom Network Newsletter, October/November 1981, reprinted from the London Jewish Chronicle

۱۳۴ نااوم گلدمن، پس از یک عمر خدمت به جنبش صیهونیسم، در اوت ۱۹۸۲ درگذشت. مناخم بگین، نخست وزیر وقت اسراییل، در مراسم تشییع جنازه گلدمن شرکت نکرد و هیچ گونه نامه رسمی از سوی دولت اسراییل نیز ابلاغ نشد. در این رابطه سرمقاله ای   تحت عنوان " مرگ گلدمن نادیده گرفته می‌شود " در روزنامه Jerusalem Post منتشر شد.

۱۳۵   Israel and Palestine (Paris) October/November 1981

۱۳۶   Chomsky N. Pirates and Emperors: International Terrorism in the Real World. p 28, Claremont Research and Publications, New York 1986

فلسطینی متعصب، خاطرهٔ ۱۹ قرن در به دری و محرومیت برایشان تجدید می‌شود. آنها سرنوشت یهودیانِ جهان را با حیات و استقلالِ اسراییل مترادف می‌بینند و از این روی حمایت بی چون و چرای اسراییل را توجیه می‌کنند. اما برخلاف آنچه که سیاستمداران و رسانه های گروهی ادعا می‌کنند، یهودیان امریکا در این رابطه یک پارچه عمل نمی‌کنند. در حقیقت، پس از اشغال لبنان در سال ۱۹۸۲ و آغاز "جنبش انتی‌فادای" در سالهای آخر دهه ۱۹۸۰، اختلاف نظر میان یهودیان امریکا در رابطه با اسراییل دامنهٔ گسترده تری پیدا کرده است، به رغم اینکه اعتراض به سیاست دولت اسراییل هنوز از جانب برخی از حامیان بی چون و چرای آن نوعی "یهودی ستیزی" تلقی می‌شود [۱۳۷].

از سوی دیگر دولتهای عرب، به امید اینکه زمینهای تحت اشغال اسراییل را به زودی بازپس خواهند گرفت، پناهندگان فلسطینی را به ادامهٔ زندگی درچادر ها تشویق کردند، امیدی که پس از گذشت چهل سال هنوز به واقعیت نپیوست. آنها با سرپا نگهداشتن پناهندگان عرب، ساختمان موطن جدید را معوق گذاشتند و با تبلیغات ضد یهودی، چه در درون و چه در بیرون منطقه، راه هرگونه مصالحه میان اعراب فلسطین و اسراییل را دشوار کردند. سر پا نگهداشتن پناهندگان عرب در حقیقت کارتی بود که دولتهای عربی از آن در مذاکرات آینده با اسراییل می‌بایست بهره می‌گرفتند.

دیگر اقدامات نادرست آنان، اخراج خشونت آمیز یهودیان ساکن کشورهای عرب بود که نه تنها کمکی به حل مساله اصلی نکرد بلکه کینه و دشمنی بیشتر میان دو قوم را دامن زد. در سال ۱۹۳۵ بیش از نیم میلیون نفر یهودیان ساکن کشور های عرب از میهنشان اخراج شدند و بیشتر آنان سرانجام در اسراییل پناه گرفتند. از این عده ۲۵۲ هزار از مراکش، ۱۳ هزار از الجزایر، ۳۶ هزار از تونس، ۳۳ هزار از لیبی، ۳۸ هزار از مصر، ۱۲۵ هزار از عراق، ۳۶ هزار از یمن و ۸ هزار از لبنان و سوریه بودند. لازم به یادآوری است که شیوه برخورد دولتهای عرب با پناهندگان فلسطینی با روش برخورد دولت اسراییل با رانده شدگان یهودی متفاوت بود و این تفاوت تنها از امکانات مالی متفاوت اسراییل و دولتهای عرب ناشی نمی‌گردید. در دیدگاه بسیاری از رهبران دولت های عربی، مسئله "پناهندگان " نقش

۱۳۷ Chernas I. American Jews and Israel. Rocky Mountain Peace and Justice Center, Boulder, Co, November 12, 1997

اساسی در مذاکرات صلح میان اعراب و اسراییل ایفا می‌کرد[138] و بنابراین موضوع پناهندگان می‌بایست هم چنان حل نشدنی باقی می‌ماند. به بیان دیگر، پناهندگان عرب می‌بایست در شرایط بسیار رقت باری زیر چادرها بسر می‌بردند تا رهبران دولتهای عربی در فرصتی مناسب و بنا بر پیش شرطهای دلخواه خویش مساله اعراب و اسراییل را حل می‌کردند. حاصل آنکه اعراب فلسطین بسیاری از فرصتهایِ به مراتب پذیرفتنی تر از قرارداد صلح ۱۹۸۸ مصر و اسراییل را از دست دادند.

جنگ ۱۹۶۷ و پیروزی چشمگیر اسراییل، بُعد تازه ای به اختلافات اعراب و اسراییل داد. بدین معنی که برخی از بنیادگرایان یهودی، از جمله حاخام آلن کوك، تا آنجا پیش رفتند که پیروزی اسراییل را نوید ظهور "ماشیا" منجی موعود تعبیر کردند که بی‌شك در سیاست خارجی دولت اسراییل باز تاب داشت. به استناد آنچه در تلمود آمده است، آنها معتقدند ماشیا هنگامی ظهور می‌کند که جهان را ظلم و ستم فرا گرفته باشد و به بیانی، پیش از ظهور ماشیا، "فرزند شیطان" بر جهان حکومت خواهد کرد. در این اسطوره، نازیسم و فاجعه هولوکاست، حکومت فرزند شیطان بر جهان و به دنبال آن تاسیس دولت اسراییل و پیروزی این دولت در جنگ ۱۹۶۷ مقدمات ظهور ماشیا تعبیر گردیده است. نا گفته نماند که بسیاری از یهودیان، حتی بنیادگرایان مذهبی، این برداشت از ظهور ماشیا را مردود شناخته و آن را انحراف جدی در آموزشهای یهودیت تلقی کرده با آن سخت در ستیزند.

در این رابطه آرتور هرتسبرگ، یکی از چهره های برجسته معاصر طرفدار صلح با اعراب، می‌گوید: "آیندهُ یهودیان را فقط با تواضع، فروتنی، تفاهم و خرد ورزی می‌توان ساخت و نه از راه بنیادگراییِ افراطی. آنانی که تاسیس دولت اسراییل را ثمره رستگاری، آن هم نخستین قدم آن، می‌بینند معقول نمی‌اندیشند .... این بنیادگرایان نقش دیگری برای دولت یهودی در سر می‌پرورانند. در نظر آنها هدف از تشکیل دولت اسراییل نجات یهودیان از رنج و عذاب یهودی ستیزی نیست، بلکه آنها در خیال تسریع بازگشت ماشیا هستند .... اگر قرار بود که ماشیا ظهور کند هنگامی که ما یهودیان، به سوی کوره های آدم سوزی آشوئیتس و بوخن والد قدم بر می‌داشتیم، ظاهر می‌شد.......با اتکای به این گونه تفکر است

---

۱۳۸   Paul Johnson, A History of the Jews. p 530, Harper Perennial Publisher, New York, 1988

که "باروخ گلدستین" در ۲۵ فوریه ۱۹۹۳ نمازگزاران مسلمانِ حبرون را قتل عام می‌کند و "ییگال امیر" در چهارم نوامبر ۱۹۹۵ نخست وزیرِ اسرائیل را به قتل می‌رساند. بی شك این دو نفر با اعتقاد به مرجعی بالاتر از قوانین دولت اسرائیل به چنین اقداماتی دست زدند"۱۳۹. به بیان هرتسبرگ، "این باور که زندگی در کنار دیگران مقدور نیست، ما را به یك جنگ هسته ای هولناك خواهد کشانید."۱۴۰

نوام چامسکی، این نظرگاه را به بیانی‌دیگر بازگو می‌کند. او می‌نویسد: "تاوقتی که امریکا به اسرائیل به عنوان وزنه ای استراتژیك می‌نگرد و به رغم اشتیاق بین المللی برای یافتن راه حل نهایی، از برخورد جدی با مساله اعراب و اسرائیل طفره می‌رود، جنگ، تروریسم، سرکوب و حتی امکان برخورد میان نیروهای بزرگ جهان همواره وجود خواهد داشت. ترس آن می‌رود که سرانجام از راه حل نهایی فقط معدودی جان به سلامت در خواهند برد"۱۴۱.

در همین رابطه، "یزقیل دِرور"، استاد دانشگاه عبری اورشلیم می‌گوید: "در این معادله نه به نقش استراتژیستهای امریکایی می‌توان اعتماد کرد و نه به دولتهای دیوانه ای مانند لیبی و عراق، که در آینده نزدیکی به اسلحه هسته ای دست خواهند یافت"۱۴۲.

یشیعیا لیبوویتس، بیمناك از آینده مذاکرات صلح میان اعراب و اسرائیل، تنها چاره را در بنیاد دو دولت مستقل فلسطینی و اسراییلی در کنار یکدیگر می‌بیند. وی می‌نویسد: طرح اسرائیل بزرگ و ادغام اعراب در درون آن، حتی اگر اعراب حائز اکثریت نباشند، دولت یهودی را ناپایدار می‌کند و چنین دولتی دیگر توانایی اجرای نیازهای مذهبی هواداران

۱۳۹   Hertzberg A. The Zionist idea, p 626, Jewish Publication Society, Philadelphia and Jerusalem 1997

۱۴۰   From "Zionism Reassessed", presented by Rabbi Arthur Hertzberg, Center for Jewish Study, University California, April 17, 1997.

۱۴۱   Chomsky Noam, The fateful triangle: The United States, Isael and the Palestinians. p 468, South End Press, Boston 1983

۱۴۲   Chomsky Noam, The fateful triangle: The United States, Israel and the Palestinians. p 468, South End Press, Boston 1983

هواداران این طرح را نخواهد داشت^{۱۳۳} .

۶ ـ یهودیان در پایان قرن بیستم

در پایان قرن بیستم، یهودیان جهان با شماری از مسایل رو به رو هستند که در بهترین
وجه تنها پاسخهای ضد و نقیض برای آنها می‌توان یافت. از آن جمله اند مقوله اسکان
یهودیان جهان در اسراییل، برخورد یهودیان جهان به دولت اسراییل جدید، نقش دولت
یهودی در برابر فعالیتهای یهودی‌ستیزی نوین در آینده و سرانجام، موضوع آیندهٔ یهودیت
و یهودیان.

در کتاب "میراث: تمدن و یهودیان" به قلم " آبا ابان" می‌خوانیم که در سال ۱۹۸۲
جمعیت اسراییل را به سه میلیون و سیصدو هفتاد هزار نفر تخمین زده اند که حدود یك
چهارم جمعیت یهودیان جهان را تشکیل می‌دهد. این بدین معنی است که پس از گذشت
نیم قرن از تاسیس دولت اسراییل، هنوز از هر چهار یهودی، سه نفر بیرون از اسراییل بسر
می‌برند^{۱۳۳} . پر واضح که از نظر تاریخی این نخستین بار نیست که با وجود یك دولت
یهودی، یهودیان هنوز در سراسر جهان پراکنده اند. پس از رهایی بنی اسراییل از اسارت
بابل نیز اکثریت یهودیان، با وجود اینکه دولتی یهودی در قدرت بود، زندگی در سرزمین
های دیگر را به بازگشت به اورشلیم ترجیح دادند.

چرا تمامی یهودیان جهان اشتیاق به اسکان در اسراییل ندارند؟ اگر پاسخ این پرسش
در مورد یهودیان دیگر کشورها به خاطر مشکلات اقتصادی و سیاسی باشد، به صراحت
می‌توان گفت که بخش بزرگی از ۶ میلیون یهودیان ساکن ایالات متحد و کانادا، امکان و
توانایی مهاجرت به اسراییل را دارند، اگر این چنین تصمیم بگیرند. ولی به دلایل
اقتصادی، اجتماعی و فرهنگی زندگی در زادگاه خود را به مهاجرت به اسراییل ترجیح

---

۱۳۳   Leibowitz Y. Judaism, Human values and the Jewish State, p 234, Harvard University Press,
Cambridge MA, 1992

۱۳۳   Eban Abba, Heritage: Civilization and the Jews, p 334, Summit Books, New York 1984

میدهند. از سویِ دیگر پیش از سال ۱۹۹۰ میلادی، حدود ۱/۷ تا ۲/۵ میلیون یهودی در اتحاد جماهیر شوروی میزیست که پس از سقوط رژیم سابق و لغو ممنوعیت خروج یهودیان از آن کشور، اغلب آنان روسیه و دیگر ایالات اتحاد جماهیر شورویِ سابق را ترک کردند. جالب آنکه بسیاری از این یهودیان، مهاجرت به دیگر کشورها ازجمله آمریکا، آلمان، کانادا و هنگ کنگ را بر کوچ به اسرائیل ترجیح دادند، با وجود اینکه قریب دو هزار سال، در بخشی از نماز روزانه، عبارتِ "بگذار شاهد بازگشت به اورشلیم باشیم"[۱۳۵] را تکرار کرده بودند. بنابراین، رابطه عاطفی با یهودیت تنها عامل تعیین کننده برای مهاجرت به اسرائیل نیست. به شهادت تاریخ، یهودیانِ پراکنده در سراسر جهان، تا هنگامی که فشار های سیاسی و اقتصادی آنان را تهدید نمیکند، زندگی در زادگاهشان را ترجیح میدهند. حتی در مواقع بروز شرایط نامساعد سیاسی و اقتصادی، یهودیان نیز مانند دیگر اقوام و ملل، معمولاً سنجیده عمل کرده، بیشتر به نقاطی کوچ میکنند که شرایط اقتصادی ـ اجتماعی بهتری را برای آنان تامین میکند. خلاصه آنکه به رغم وابستگیِ عاطفی که اغلب یهودیان به اورشلیم و سرزمین موعود دارند، در نهایت عوامل اقتصادی ـ اجتماعی هستند که محل اقامت جدید را مشخص می کنند. برای آنکه این موضوع بهتر روشن شود به مقایسه ارقام مهاجرت یهودیان به اسرائیل و دیگر نقاط جهان توجه میکنیم.

مهاجرت به اسرائیل	مهاجرت به دیگر نقاط جهان	دوران
۵۰۰۰۰	۲۳۲۰۰۰	۱۸۸۱–۱۹۱۴
۱۲۵۲۵۰	۶۳۳۷۲۰	۱۹۱۹–۱۹۳۲
۱۰۶۷۱۷۱	۳۸۴۲۷۰	۱۹۳۳–۱۹۵۱
۱۲۴۲۳۲۱	۳۴۳۷۹۹۰	کل

مهاجرت یهودیان به اسرائیل، پس از سالهای ۱۹۶۰ به طور محسوسی کاهش یافت و در عمل بین سالهای ۱۹۶۰ و ۱۹۹۱ تنها مهاجرت بزرگ شش صد هزار نفر یهودیان شوروی قابل ملاحظه میباشد. از جمله علل کاهش مهاجرت یهودیان به اسرائیل، بهبود حقوق مدنی و

---

۱۳۵ بخشی از آمیدا Amidah و یا تفیلا Teffilah که روزانه سه بار تکرار میشود.

شرایط اقتصادی یهودیان در دیگر کشور های جهان است.

از سویِ دیگر پدیده "مهاجرت از اسراییل" [۱۳۶] به دیگر نقاط جهان، به ویژه ایالات متحد امریکا، رو به افزایش است. بیش از دو سوم مهاجران اسراییلی، پس از سال ۱۹۷۵ به امریکا مهاجرت کرده اند. جمعیت این مهاجران را بین ۹۰ (بررسی نیویورك) تا ۱۹۳ هزار (سرشماری سراسری امریکا در سال ۱۹۹۰) تخمین می‌زنند. مهاجرین، انگیزه اصلی این مهاجرت را کسب فرصتهای بهتراقتصادی، دلایل خانوادگی و نیاز به مراوده با اقوام دیگر توضیح داده اند [۱۳۷].

کاهش مهاجرت به اسراییل، افزایش مهاجرت از اسراییل به دیگر نقاط جهان، ازدواجهای در سنین بالاتر، کنترل جمعیت و ازدواجهای مختلط از عواملی هستند که از رشد و تمرکز یهودیان جهان، به زیر پرچم یك دولت یهودی، سخت می کاهند. گزارش کنگرهٔ یهودیان جهان درباره جمعیت بسیار گویاست. در گزارش این کنگره که در نوامبر ۱۹۹۵ در اورشلیم تشکیل گردید، آمده است که در خاتمه جنگ جهانی دوم، یهودیان ۴ در صد جمعیت ایالات متحد را تشکیل می‌دادند و این رقم به ۲/۳ در صد کاهش یافته است. در این گزارش جمعیت یهودیان جهان حدود ۱۳ میلیون تخمین گردیده که نمایانگر افزایشی چشمگیر در جمعیت پس از جنگ دوم جهانی نیست. افزون بر این، از شروع دهه ۱۹۸۰ بیش از ۵۰٪ یهودیان با دیگر اقوام ازدواج می‌کنند و تنها ۲۸٪ این گروه، فرزندانشان را یهودی تربیت می‌نمایند. در همین رابطه، "دکتر مندل گنچرو"، ریاست جامعهٔ یهودیان ارتودوکس، بی اعتنا به واقعیتهای اجتماعی، اقتصادی و فرهنگی که یهودیانِ جهان را احاطه کرده است، راه چاره را تنها در "ازدواج در سنین پایین تر و افزایش تعداد فرزندان"

---

۱۳۶   در این رابطه به نامه William H. Finestone، که در تاریخ ۲۳ دسامبر ۱۹۸۶ به سردبیر Jerusalem Post نوشته است توجه می‌کنیم " پنج ماه قبل وارد اسراییل شدم و در برنامه WUJS برای آموزش زبان عبری نام نویسی کردم. می‌خواستم زبان بیاموزم تا دانشم را در زمینه فرهنگ، تاریخ و سنن یهودی، که شرمنده ام بگویم بسیار محدود بود، گسترش دهم. کسب هویت یهودی، به نظر من بیرون از اسراییل سخت می‌نمود و من وظیفه خود می‌دانستم که آن را در اسراییل جستجو کنم. هنگام گفتگو با هم شاگردیهای اسراییلی، که بیشتر در سنین ۱۳ و ۱۶ ساله بودند، دریافتم که همه امید و آرزویشان پس از اتمام تحصیلات، مهاجرت به امریکا و یافتن خوشبختی در آنجا بود. اندوه و تاسف من را می‌توانید تصور کنید؟..."

۱۳۷   Gold and Phillips, Israelis in U.S. p 51-101, American Jewish Year Book, 1995

می‌بیند [۱۳۸] . در رابطه با ازدواج‌های مختلط در میان یهودیان قرن بیستم، به آمار این گونه ازدواجها در امریکا توجه می‌کنیم:

در صد ازدواجهای مختلط

پیش از سال ۱۹۲۵	٪۲
۱۹۶۰–۱۹۳۰	٪۶
۱۹۶۳–۱۹۶۰	٪۱۲
۱۹۹۰–۱۹۸۵	٪۲۹

به این مقوله از زاویهٔ دیگری نیز می‌توان نگریست:

در صد یهودیانی که با یهودی ازدواج کردند

پیش از ۱۹۶۵	٪۸۹
۱۹۷۳–۱۹۶۵	٪۶۹
۱۹۸–۱۹۷۵	٪۴۹
۱۹۹۰–۱۹۸۵	٪۴۷

یک سوم یهودیان مذهبی و ۳۵٪ یهودیان غیر مذهبی، ازدواج مختلط را برای فرزندانشان بلامانع می‌شناسند و تنها ۲۲٪ یهودیان مذهبی سرسختانه مخالف این گونه رابطه زناشویی هستند [۱۳۹] . بنابر آنچه گفته شد به نظر می‌رسد که، تمرکز یهودیان جهان زیر پرچم دولت واحد یهودی، در حد یک آرمانخواهی بجای خواهد ماند [۱۵۰] .

یهودیان جهان چگونه برخوردی با دولت اسرائیل دارند؟ آبا اِبان در این رابطه می‌گوید "پس از تشکیل دولت اسرائیل، یهودیان جهان به دو بخش تقسیم گردیده‌اند. نخست، بخشی که در آرزوی سرزمین، زبان، ایمان و فرهنگ مشترک بوده و استقلال ملی را در قالب دولت اسرائیل می‌پذیرد. اما از سوی دیگر، بخش بزرگی از یهودیان، همچنان که

---

۱۳۸   Los Angeles Times, November 23, 1995

۱۳۹   American Jewish Year Book, 92:126-128, 1992

۱۵۰   Leibowitz Y. Judaism, Human values and the Jewish State, p 193, Harvard University Press, Cambridge MA, 1992

در گذشته بارها در بسیاری از نقاطِ جهان مشاهده کرده ایم، خود را به آنچه پیامبران باستانی نوشته اند پایبند نمی‌کنند و به زندگی جدا از دیگر اقوام رغبت نشان نمی دهند. برعکس، می‌کوشند تا به گسترده ترین وجه بر فرهنگ اقوام دیگر تاثیر بگذارند. از این رو، فرهنگی نیست که بازتابی از یهودیت در آن نباشد، همچنان که یهودیت نیز همواره تحت تاثیر فرهنگ دیگر اقوام قرار گرفته است"‏ ۱۵۱.

واکنش یهودیان جهان نسبت به دولت اسراییل از یکپارچگی برخوردار نیست. در پایان هزاره دوم میلادی، شاید بتوان آنها را از این بابت به چهار گروه تقسیم کرد: نخست، بخشی از یهودیانِ متعصب که تشکیل دولت یهودی را فقط در حیطهُ توانایی ماشیا می‌بینند و بر این باورند که تاسیس چنین دولتی تا هنگام ظهور منجی موعود به تاخیر خواهد افتاد. از این روی، آنها دولت فعلی اسراییل را در تعارض با تعالیم مذهب ارزیابی کرده و آن را جدی نمی گیرند. دوم، یهودیانی که دولت اسراییل را به عنوان سومین دولت یهودی، پس از سلطنت داود و حکومت سلسله هَسمونیم، به رسمیت می شناسند و رستگاری را در چهارچوب تجمع یهودیان جهان در این منطقه و زیر پرچم این دولت جستجو می‌کنند. دسته سوم بخش بزرگی از یهودیان را تشکیل می‌دهند که زادگاهشان را وطن می بینند. بسیاری از این گروه، به هر حال به خاطر وابستگی عاطفی خویش به یهودیت، از اسراییل و دستاوردهای فرهنگی آن پشتیبانی می‌کنند، در عین حال که واقعیتهای عینی را نیز انکار نکرده و توهمی در رابطه با مهاجرت با اسراییل ندارند. برخی از این بخش، زندگی در زادگاه خویش را برای پشتیبانی از دولت یهودی ضروری تشخیص می دهند و یا حداقل این چنین توجیه می‌کنند. سرانجام، دسته چهارم، آن بخش از یهودیان هستند که اعتقاد به اختلاط و آمیزش با دیگر اقوام دارند و زندگی جدا از دیگران را نمی پسندند. آنها بر این عقیده پافشاری می‌ورزند که سیر دگرگونیهای اجتماعی و تامین حقوق مدنی برای اقلیتها در بسیاری از کشور های جهان، تاکید بر اصل جدایی مذهب از دولت و گسترش علوم و صنایع ، مردم را بیش از هر زمان دیگر به هم نزدیک کرده و دیر یا زود اقوام منزوی را از انزوا بیرون می‌آورد. از دیدگاه این بخش از یهودیان، اعتقاد به یهودیت به عنوان مقوله

---

۱۵۱   Heritage: Civilization and the Jews, Abba Eban, p 338-9, Summit Books, New York, 1984

ای فردی و خصوصی است که برای اجرای آن نیاز به تصویب قوانین اجتماعی و تعیین خط مشی، سلطه حخامیم و سازمانهای وابسته به آنان و مهمتر از همه هویت ملی نیست. در تایید دیدگاهِ این گروه از یهودیان، لیبوویتس می‌نویسد که بسیاری از پیشگامان جنبش صیهونیسم اوایل قرن بیستم در این شبهه بودند که یهودیان پراکنده سراسر جهان در زادگاه خویش شهروندان دست دومی محسوب می‌شوند و همواره با محنت خواهند زیست. آنها تنها راه نجات از این محنت را در تامین هویت ملی جستجو می‌کردند. ولی واقعیت این است که بسیاری از یهودیان در زادگاه خود درگیر فعالیتهای اجتماعی، اقتصادی و فرهنگی برابر با دیگران گردیده و از حقوق شهروندی برخوردارند بی آنکه مذهب خویش را کنار بگذارند[۱۵۲]. در دیدگاه گروه چهارم، دولت اسراییل دولتی است مانند صد ها دولت دیگر که در عرصه سیاست جهانی از حقوقی برابر با دیگر دولتها برخوردار است.

نقش دولت اسراییل در برابر فعالیتهای یهودی‌ستیزی آینده سراسر جهان چه خواهد بود؟ آشکار است که تاسیس دولت اسراییل پاسخ نهایی به پدیدهٔ یهودی ستیزی نیست و امنیت یهودیان جهان را الزاماً تضمین نمی‌کند[۱۵۳]. اما بنیاد این دولت از چند سوی، دستاوردهای مفیدی برای یهودیان جهان در بر داشته است. نخست، تاسیس دولت یهودی و دستاوردهای چشمگیر آن در زمینهٔ های فرهنگی و اجتماعی، تصویری را که از یهودیان طی قرون در افکار عمومی مردم جهان نقش بسته بود، زدود. یهودیان جهان، موثر از شرایط سختی که طی نوزده قرن در آن می‌زیستند، ترسو، ناتوان، محتاط و ناقابل تصویر می‌شدند و این برچسب، پس از بنیاد دولت اسراییل، به تدریج از آنان زدوده می شود. بار دیگر مسجل می‌گردد که با دگرگونی در شرایط اجتماعی، یهودیان نیز مانند دیگر اقوام، قابلیتهای فرهنگی و علمی خویش را عرضه خواهند کرد. دوم، با وجود اینکه دولت اسراییل لزوماً آرمانهای تمامی یهودیان جهان را نمایندگی نمی‌کند و راه حل مساله یهودیان جهان نخواهد بود، حضور آن در عرصهٔ بین المللی، افکار عمومی مردم جهان را همواره متوجه

۱۵۲   Leibowitz Y. Judaism, Human values and the Jewish State, p 117, 246, Harvard University Press, Cambridge MA, 1992

۱۵۳   Leibowitz Y. Judaism, Human values and the Jewish State, p 117, Harvard University Press, Cambridge MA, 1992

نیاز های این اقلیت پراکنده می‌نماید. سوم، دولت اسراییل، برای آن دسته از یهودیان که مایل نیستند با ارزشهای سنتی مذهب زندگی کنند، ارزشهای فرهنگی نوینی از یهودیت ارائه می‌دهد[153]. سرانجام، بدان گونه که پیشتر نیز یادآور شدیم، هنگام بروز بحرانهای اقتصادی ـ اجتماعی در دیگر نقاط جهان، زمانی که فعالیتهای یهودی‌ستیزی بالا می‌گیرد، اسراییل میهنی است برای آن دسته از یهودیان جهان که در این مواقعِ اضطراری به آن نیاز دارند.

آینده یهودیان، به مثابه اقلیتی پراکنده سراسر جهان، به عوامل اقتصادی، سیاسی، اجتماعی و فرهنگی بی‌شماری بستگی دارد که پیش بینی آن کاری ساده به نظر نمی‌رسد. مسلم آن که دگرگونیهای اجتماعی ـ سیاسی سه قرن اخیر، یک رشته حقوق شهروندی برای انسانها به ارمغان آورده است که یهودیان نیز مانند دیگر اقلیتها از آن برخوردار گردیده اند. آرتور هرتسبرگ می‌گوید: " طی قرون هجدهم و نوزدهم، با تاسیس دولتهای اروپای غربی، وظیفهُ تامینِ حقوق شهروندان به دولتها محول شد و برای نخستین بار انسان معیار همه ارزشها قرار گرفت". به بیان دیگر، از آغاز قرن هجدهم به بعد، افکار عمومی جهان تامین حقوق شهروندی را شاخص عملکرد دولتها شناخته و تخطی به حقوق سیاسی و اجتماعی اقلیتها، از جمله یهودیان را، زیر نظر دارد. از سوی دیگر، طرح اصل "جدایی دین از دولت" در پایان قرن نوزدهم، که حاصل تلاش انسان به منظور تامینِ بیشتر حقوق فردی و مدنی بود، در عمل در برنامه بسیاری از دولتها قرار گرفته است. اجرای این اصل، بیش از هر زمان دیگر، هویتِ فرهنگی ـ مذهبی را برای اقلیتها، از جمله یهودیان، تامین می‌کند. همچنان که پیشتر نیز به آن اشاره کردیم، در سایهُ این دگرگونیها یهودیها می‌توانند ارتقای سیاسی خویش را بیش از پیش کسب کنند، به حقوق مدنی گسترده تری دست یابند و یهودی نیز باقی بمانند.

در چنین شرایطی، برخلاف جوامع کلاسیک یهودی گذشته، یهودیان و درجه دلبستگی‌شان به مذهب سنتی متغیر بوده و از یکپارچگی پیشین برخوردار نیست. آرتور هرتسبرگ فقدان این یکپارچگی را "بحران در یهودیت" تلقی کرده و می‌نویسد : " بهر

---

۱۵۴   Hertzberg A. The Zionist Idea, p 626, Jewish Publication Society, Philadelphia and Jerusalem, 1997

حال، عوامل اجتماعی از مهمترین دلایل بحران میان یهودیان نیستند. بحران اساسی در واقع بحران ایمان به مذهب است......در این زمینه، بدون استثنا نسلهای جدیدِ قوم ما شکست خورده اند؛ نه میتوان پاسخی برای بی‌ایمانی آنها پیشنهاد کرد تا نسلهای جدید یهودی، دوباره به مذهب ایمان آورند و نه می‌توان مقوله ای عاطفی دست و پا کرد تا قلوبشان را تکان دهد..... تاریخ، جامعه شناسی و بی محتوایی مذهبِ نسلهای نوین، همه به پایانی ناخوشایند اشاره می‌کنند....."[۱۵۵] .

در رابطه با پدیده ای که هرتسبرگ مطرح می‌کند، کمتر کسی می پرسد که ریشه های بحران در ایمان به مذهب در کجاست؟ در پاسخ به این پرسش، حاخام "مایکل لرنر"[۱۵۶] سردبیر مجله "تیخون" در نقدی به کتاب "فناپذیریِ یهودیان امریکا"[۱۵۷] می‌نویسد: "موسسات رسمی یهودی را اغلب تنخواه گردانان حرفه ای اداره می‌کنند که در نظرشان یهودیانِ عامی بر حسب مبلغی که به صندوق این موسسات کمك می‌کنند ارزش دارند؛ در نظر این موسسات هر گونه مخالفت با سیاست رسمی دولت اسراییل نوعی کفر و بی ایمانی به مذهب تعبیر می‌گردد؛ در جوامعِ یهودی نیز، همانند دیگر جوامعِ امریکا، خبری از معنویت نیست و یهودیان، مانند دیگران، شیفته ثروت اندوزی و کسب جاه و جلال دنیوی هستند. با توجه به این نکات جای شگفتی نیست که جوانان یهودی تفاوت چندانی میان رفتار و ارزشهای اجتماعی یهودیان و غیر یهودیان نمی‌بینند"[۱۵۸] .

آشکار است که افزایش ازدواجهای مختلط و تغییر مذهب زاییده تماس بیشتر میان یهودیان و دیگر اقوام در جوامعِ باز غربی از یك سوی و آزاد اندیشی نسبی مردم این قرن از سوی دیگر است. افزون براین، افزایش ازدواجهای مختلط در میان بسیاری از اقوام دیگر

---

۱۵۵   Eban Abba, Heritage:Civilization and the Jews, p 334, Summit Books, New York 1984

۱۵۶   Michael Lerner, rabbi of Beyt Tikkun Synagogue in San Francisco

۱۵۷   The Vanishing American Jew, by Alan Dershowitz, Little Brown, Boston 1997

۱۵۸   Los Angeles Times, Book Review, March 23, 1997

نیز مشاهده می‌شود و ویژگی جوامع یهودی بشمار نمی‌آید. معنویتی را که مایکل لرنر از آن سخن می‌گوید، در جوامع مسیحی جهان غرب نیز یافت نمی‌شود. فرهنگ غرب بر روابط اقتصادی ـ اجتماعی منسجمی استوار بوده و اخلاقیات ویژه خود را داراست. این فرهنگ به شدت بر رفتار انسانها تاثیر می‌گذارد و درجه دلبستگی آنها، مسیحی، یهودی و غیره را به جاه و جلال دنیوی تعیین می‌کند. به نظر می‌رسد، پیش از آنکه مذهب ساختار این فرهنگ را دگرگون کند، این فرهنگ بر اخلاقیات مذهب تاثیر می‌گذارد.

ناگفته نماند که آنچه هرتسبرگ در مورد "مذهب سنتی" و ناهمگونی دلبستگی یهودیان به آن صحبت می‌کند بسیاری از گروههای مذهبی افراطی و تند رو را مضطرب می‌نماید. در این رابطه، بسیاری از این گروهها، بر این باورند که ادامه شرایط فعلی به نابودی تدریجی "مذهب" می‌انجامد[159]. از این بابت بسیاری از آنها پیشگیری از جذب یهودیان در بافت اجتماعی غیر یهودیان را، به مثابه یگانه چاره، از اهداف اصلی فعالیتهای خود به شمار می‌آورند[160].

باید توجه داشت که کلیه سازمانهای یهودی برخوردی این چنین با این مسأله ندارند. بر خورد سازمانهای بزرگ یهودی در این رابطه با واکنش گروههای مذهبی تندرو و افراطی متفاوت است. به این معنی که، بر خلاف گروههای تندرو مذهبی که اجرای احکام یهودیت سنتی را تنها راه و رسم زندگیِ مورد تایید پروردگار تبلیغ می‌کنند[161] و با استناد به این باور، به بیان هرتسبرگ، یهودیان را به دو بخش "مومن" و "غیر مومن" تقسیم کرده اند، سازمانهای بزرگ یهودی چون آژانس یهود[162]، سازمان صیهونیسم جهانی[163] و فدراسیون جهانی

---

١٥٩   Los Angeles Times Magazine, p 11, February 2, 1997

١٦٠   Los Angeles Times Magazine, p 13, February 2, 1997

١٦١   Los Angeles Times Magazine, p 28, February 2, 1997

١٦٢   سازمانی جهانی و غیر دولتی است که برای تشویق و حمایت یهودیان جهان برای مهاجرت به فلسطین در سال ١٩٢٩ تاسیس شد.

١٦٣   این سازمان در سال ١٨٩٧ با هدف تاسیس یک دولت یهودی آغاز به کار کرد. اهداف امروزی این سازمان تحکیم و تقویت روابط میان ایالات متحد و اسراییل، نظارت بر تضییق حقوق یهودیان در کشور های دیگر به ویژه کشور های عربی،

یهودیان تنها در راستای حفظ فرهنگ و سنن سه هزار ساله یهودی کوشا هستند. این سازمانها، برخلاف گروههای مذهبیِ تندرو، به این اصل که نمی‌توان مذهب را به مردم تلقین و تحمیل کرد، واقفند. آرتور هرتسبرگ در پاسخ به تندروهای مذهبی‌می‌گوید "طی نوزده قرن دربه دری و آوارگی، مایهودیان در سخت ترین شرایط در کنار یکدیگر ایستادیم. به کدام مجوزی به خود حق می‌دهید که در صفوف ما شکاف بیافکنید و مردم ما را به مومن و غیرمومن تقسیم کنید؟ مگر شما قیم مردم هستید که به آنها نمره عبادت و ایمان می‌دهید؟ به شهادت تاریخ، یهودیان حقیقی آنهایی هستند که در برابر مشکلات به یکدیگر اتکا می‌کنند نه آنانی که فقط یکسان عبادت می‌نمایند" ۱۶۴ .

به هر حال، منتقدان این گروهها، معتقدند که بیش از بیست و پنج سال از این گونه فعالیتها سپری شده ولی در آمار ازدواجهای مختلط و تغییر مذهب یهودیان نقصان چشمگیری روی نداده است. به گفته حاخام "حییم برون دِر"، " بی توجه به این گونه کوششها، یهودیت مسیر تاریخی خود را طی خواهد کرد" ۱۶۵ . در جامعهٔ آزاد وباز اروپای غربی و امریکا، که در آن دیگر اثری چشمگیر از تبعیض و فشار بر علیه یهودیان موجود نیست، مبارزه با جذب یهودیان در جامعه غیر یهودیان اگر غیر ممکن نباشد بسیار مشکل به نظر می‌رسد ۱۶۶ . یهودیان جهان، به ویژه یهودیان کشور های اروپای غربی و ایالات متحد، به آن درجه از فرهنگ اجتماعی دست یافته اند که آزادانه محل سکونت، شغل، دوست و همسر برای خود برگزینند. در واقع جوامع مسدود و خودکفای گذشتهِ یهودیان، جای خود را به جوامع بزرگ در سطح کشور ها داده اند. نقل و انتقالهای فراوان یهودیان، بیش از هر

نظارت بر مهاجرت یهودیان به اسراییل و مبارزه با تبلیغات منفی بر علیهٔ دولت اسراییل می‌باشد. عضویت این سازمان را در سال ۱۹۹۳ به حدود صد هزار نفر تخمین زده اند.

۱۶۴   From "Zionism Reassessed", presented by Rabbi Arthur Hertzberg, Center for Jewish study, University of California, April 17, 1997

۱۶۵   Los Angeles Times Magazine, p 28, February 2, 1997

۱۶۶   Barnavi E. A Historical Atlas of the Jewish people. p 270, Schocken Books, New York 1992

زمان، تماس میان آنان و دیگر اقوام را افزایش می‌دهد و به تدریج یهودیان را به بخشی از بافت اجتماعی و اقتصادی این کشورها بدل می‌نماید. در چنین شرایطی مراوده میان یهودیان و دیگر اقوام در زمینه های فرهنگی، سیاسی، اقتصادی و عاطفی اجتناب ناپذیر به نظر می‌رسد[167].

---

۱۶۷   Goldstein S. Profile of American Jewry: Insights from the 1990 National Jewish Population Survey. In American Jewish Year Book 1992, p 78

فهرست منابع

1. **Durant**, Will and Ariel, The story of Civilization, volume I, Our Oriental Heritage. Simon and Schuster, New York, 1950

2. **Kautsky**, karl, The foundation of christianity: A study of Christian Origin, Monthly Review Press, 1972

3. **Conrad**, JK, The pillars of Religion:Ignorance, Indoctrination and Inadequacy, Adams Press, 1978

4. **Wigoder** GD, The New Standard Jewish Encyclopedia, 7th edition, Facts on File Books, New York, 1992

5. **Langmuir** GI, Toward a Definition of Antisemitism, University of California Press, 1996

6. **Kamenka** E. The Portable Karl Marx, Penguin Books, New York, 1983

7.The Book, Tyndale House Publishers, Illinois, 1979

8. **Fast** H. The Jews: Story of a People, Dell Publishing, New York 1992

9. **Johnson** P. A History of the Jews, Harperperennial Publisher, New York 1988

10. **Chomsky** N. The Fateful Triangle: The United States, Israel and the Palestinians. South End Press, Boston 1983

11. **Arendt** H. Antisemitism: Part one of the origins of totalitarianism. A Harvest Book, San Diego 1968

12. **Eban** A. Heritage: Civilization and the Jews, Summit Books, New York 1984

13. **Garraty** JA and **Gay** P. The Columbia History of the World, Harper and Row Publishers, New York 1972

14. **Durant** Will and Ariel, The Story of Civilization, Volume III, Caesar and Christ, Simon and Schuster, New York, 1950

15. **Durant** Will and Ariel, The Story of Civilization, Volume IV, The Age of Faith, Simon and Schuster, New York, 1950

16. **Durant** Will and Ariel, The Story of Civilization, Volume VI, The Reformation, Simon and Schuster, 1950

17. **Durant** Will and Ariel, The Story of Civilization, Volume VIII, The Age of Louis XIV, Simon and Schuster, New York 1950

18. **Durant** Will and Ariel, The Story of Civilization, Volume IX, The Age of Voltaire, Simon and Schuster, New York 1950

19. **Durant** Will and Ariel, The Story of Civilization, Volum XI, The Age of napoleon, Simon and Schuster, New York 1950

20.Encyclopedia Americana, Americana Corporation, 1979

21. **Fulbrook** M. Piety and Politics, Cambridge University Press,

Cambridge 1983

22. **Fredrickson** GM, White Supremacy, Oxford University Press, Oxford, 1981

23. Holy Bible, King James Version, Collins World

24. **Kertzer** Rabbi MN, What is a Jew?, Fourth edition, Collier Books, London 1953

25. **Bulfinch** T, Bulfinch's Mythology, Gramercy Books, New York 1979

26. **Morse** AD, While Six Million Died. Random House, New York 1967

27. **Friedman** TL.From Beirut to Jerusalem, Farrar Straus Giroux, New York 1989

28. **Glatzer** NN.Jewish History presented in Microsoft Encarta, CD-ROM edition 1994

29. **Sarason** RS, Judaism, presented in Microsoft Encarta, 1994

30. **Rodinson** M, Marxism and the Muslim World, Monthly Review Press, New York 1981

31. **Crim** K, The Perennial Dictionary of World Religions, Harper San Francisco 1981

32. The **Soncino** "Talmud",Davka Corporation and Judaica Press, Inc. 1990

33. The **Soncino** "Tenach",Davka Corporation and Judaica Press,Inc. 1990

34. The **Soncino** "Michna",Davka Corporation and Judaica Press,Inc. 1990

35. **Netzer** A. Padyavand, Volume I, Mazda Publishers, Costa Mesa, California, 1996

36. **Afary** J. The Iranian Constitutional Revolution, 1906-1911, Columbia University Press, New York, 1996

37. **Russel** Bertrand, History of Western Civilization.

38. **Lyon** Ben. Moses, The Tradition is Challenged, Pescadero Publishing Co., Carmel California 1988

39. **Bokser**, Ben Zion, The Jewish Mystical Tradition. Jason Aronson Inc. Northvale, New Jersey

40. **Baron** SW, **Cohen** GD, **Halkin** AS, **Kaufman** Y, **Marcus** R, **Roth** C. Great Ages and Ideas of the Jewish People. Random House, New York,

41. **Browne** L. The Wisdom of Israel. Random House, New York

42. **Wolf** ER. Europe and The People Without History, University California Press, Berkeley 1982

43. **Beaud** M. A History of Capitalism, Monthly Review Press, New York 1983

44. **Payne** R. The History of Islam, Barnes and Noble Books, New York 1959

45. **Hourani** A. A History of the Arab Peoples, Belknap Press of Harvard University, 1991

46. **Eban A.** Personal Witness; Israel through my eyes, Putnam, New York 1992

47. **Hertzberg** Arthur. The Zionist Idea; A historical analysis and reader, The Jewish Publication Society, Philadelphia 1997

48. **Sklar** H. Trilateralism; The Trilateral Commission and Elite Planning for World Management. South End Press, Boston 1980

49. **Bettelheim** C. Class Struggle in the USSR, Monthly Press, New York 1976

50. **Halevi** Shimon Z. Kabbalah: Tradition of hidden knowledge. Thomas and Hudson, New York 1979

51. **Encyclopedia Judaica**, CD-ROM edition, Judaica Multimedia, 1997

52. **Gorelik** Robert R. Messiah: Another Jewish View, Eshav Books, California 1993

53. Microsoft **Encarta** 98 Encyclopedia, Microsoft Corporation 1998

54. **Kertzer** Morris N. What is a Jew? Collier Books, New York 1973

55. **Shirer** William L. The Rise and Fall of the Third Reich: A History of Nazi Germany, Simon and Schuster, New York 1959

56. **Ben-Sasson** H.H. A History of the Jewish People. Harvard University Press, Cambridge Mass. 1976

57. **Jacobs** Louis, The Jewish Religion. Oxford University Press, London 1995

58. **Hertzberg** Arthur, Jews: The Essence and Character of a People. HarperSanFrancisco, 1998

59. **Goldberg** J.J. Jewish Power: Inside the American Jewish Establishment, Addison-Wesley, New York 1996

60. **Gilbert** Martin. The Holocaust: A History of the Jews of Europe during the Second World War. Henry Hold and Company, New York 1985

61. The Book, Tyndale House Publishers, Wheaton Illinois 1986

62. **Chomsky** N. Pirates and Emperors: International Terrorism in the Real World. Claremont Research and Publications, New York 1986

63. **Kolatch** Alfred J. The Jewish Book of Why. Jonathan David Publishers, New York 1981

64. **Friedman** Richard E. Who Wrote The Bible? HarperSanFrancisco, 1987

65. **Leibowitz** Yeshayahu. Judaism, Human values, and the Jewish State. Harvard University Press, Cambridge and London, 1992

66. **Engelmann** Bernt. Germany without Jews. Bantam Books, Toronto, 1984

67. **Cooper** David A. God Is A Verb; Kabbalah and the practice of mystical Judaism. Riverhead Books, New York 1997

۶۸ . تاریخ جهان باستان، ترجمه مهندس صادق انصاری، دکتر علی اله همدانی و محمد

باقر مومنی، جلد اول : شرق، نشر اندیشه ۱۳۵۰

۶۹ . اسلام در ایران، ایلیاباولویچ پتروشفسکی، ترجمه کریم کشاورز، انتشارات پیام، ۱۳۵۱

۷۰ . مفهوم انجیل ها، کرای ولف، ترجمه محمد قاضی، انتشارات فرهنگ، تهران

۷۱ . از مزدک تا بعد، رحیم رئیس نیا، انتشارات پیام، تهران ۱۳۵۸

۷۲ . قرآن مجید، ترجمه حاج شیخ مهدی الهی قمشه ای

۷۳ . تاریخ یعقوبی، احمد بن ابی یعقوب، ترجمه دکتر محمد ابراهیم آیتی، انتشارات بنگاه ترجمه و نشر کتاب، تهران ۲۵۳۶

۷۴ . دو قرن سکوت، دکتر عبدالحسین زرین کوب، سازمان انتشارات جاویدان، تهران ۲۵۳۵

نام نامه

۲۸۳

position of the social democracy movement of the nineteenth century on the "Jewish issue" and the differences in the viewpoint of Karl Marx with those of other pioneers of the left movement is the next topic in this chapter. The philosophical doctrine of National Socialism, World War II, the Holocaust and its aftermath that eventually resulted in the establishment of the State of Israel, are then discussed. The complicated Arab-Israeli issue and the status of the world Jewry at the end of the second millennium bring this book to its close.

the fifteenth century, forcing them into the ghettos, and the establishment of the Inquisition in Europe are among the most prominent events in Jewish history of the Middle Ages. At the end of this chapter, the economic and social factors that forced the Jews of the Medieval European communities out of agriculture and into trade and usury are discussed.

The three socially prominent phenomena that caused serious turmoil for the Jewish establishment of the seventeenth and eighteenth centuries are focus of review in the fourth chapter. First, renewed interest in a return to the Promised Land enticed a number of false Messiahs. Secondly, the hassidic movement promoted "theology without Rabbis" and finally, a tide of heretics challenged the religious tradition by introducing logic and reason into the traditional theology.

The Age of Enlightenment in Europe and its reflection in Jewish communities, known as the *Haskala* movement, as well as the French revolution, had a significant impact on the liberation of the Jews from life in the ghettos. In the same context, liberation of the Jews from the yoke of the Talmud as the only educational system for over fourteen centuries, drastically reduced the traditional homogeneity of Jewish thinking. This transition introduced hundreds of original thinkers and brilliant philosophers to mankind. These are the topics presented in chapter five of the book.

The migration of the Jews to the new continent, first to South and Central America and later to North America is presented in chapter six. The social and cultural differences between the Jewish immigrants of Western and Eastern European countries are also discussed. Finally, the characteristics of North American Jewish communities, as one of the most successful minorities in the United States, bring this chapter to a close.

Chapter seven focuses on the issue of animosity and hatred toward Jews, its history dating back to the pagan period, well before the rise of Christianity. The rationale of hate for the Jews varied at different historic eras. The many facets of Anti-Semitism and its effect on world Jewry are discussed.

Finally, chapter eight is devoted to important social issues Jewish communities are facing in the twentieth Century. For almost seventeen centuries, Jewish communities have been expecting the arrival of the Messiah to save them from persecutions and to restore their ancient glory. At the turn of the century, for the first time, Jews took the initiation and responsibility to arrange for their own homeland, hence resulting in the rise of political Zionism. The

SUMMARY

The history of the Jews, like those of other people, is cloaked in the guise of metaphors, legends, and myths. In some instances mythological encounters have replaced the historic events. The purpose of writing this book is to learn which portions of Jewish history are based on documented anthropological evidence and which parts originated from mythology. Secondly, to find out how the religious ideology and rituals began and have changed over the many centuries.

The book begins with the Hebrews' simple nomadic life, the slavery of some of the tribes in Egypt and their exodus, the conquest of the Promised Land, and finally the rise and the fall of ancient Israel. The first chapter concludes with an analysis of the Hebrew culture, specifically the Israelite's religion and the Mosaic Ten Commandments. We learn that concepts, such as heaven and hell, were not originally in the religion of the Hebrews, but rather, were adopted later from Persian and Greek cultures.

The second chapter focuses on the major crisis in the religion that is characterized by the rise of many religious-political sects, such as the Qomrans, Essenes, Pharisees and Saducees, and the many bloody struggles among them. This period commenced the return of the Israelite from seventy years of Babylonian captivity. For the first time, paradise was only promised to those who participated and were killed in these wars. Festivals like Pesahch, Rosh Hashanah and Hanukah, that were initially celebrated to highlight certain important natural events, evolved to become important religious holidays in this period. The struggle among rival sects eventually ended with the rise of Christianity. The destruction of the Second Temple of Jerusalem in 70 AD by the Romans, initiated a long period of exile for the Jews. The *Talmud*, one of the most complex productions of the human mind, was prepared in this period and served as the fundamental principle for life in the Diaspora.

Chapter three reviews the life of the Jews in the land of Islam and Christianity in the Middle Ages. Special attention is paid to the Jews in Spain and Portugal, where they were most concentrated in this time in history. The expulsion of Jews from Spain at the end of

Mazda Publishers
Academic Publishers Since 1980
P.O. Box 2603
Costa Mesa, California 92626 U.S.A.
www.mazdapublishers.com

Library of Congress Cataloging-in-Publication Data
Mashkīnpūr, Hūshang, 1940-
Az Ūrshalīm ta Ūrshalīm: pizhuhishī az tārīkh-i Yahūdiyān /Hūshang Mashkīnpūr
p. cm.—(Bibliotheca Iranica: Persian language publications series; 11)
Text in Persian with a summary in English.
Includes bibliographical references and index.
Added title page title: Az Orshalīm tā Orshalīm.

ISBN:1-56859-088-1
(pbk. : alk. paper)

1. Jews—History. I. Title. II. Title: Az Orshalīm tā Orshalīm. III. Series.
DS120 .M33 1999 <AMED Pers>
909'.04924—dc21
99-35116
CIP

Az Orshalīm
tā
Orshalīm

[From Jerusalem to Jerusalem]

ॐ

Hooshang Meshkinpour

MAZDA PUBLISHERS
1999

Bibliotheca Iranica
Persian Language Publications Series
No.11

Selected Backlist

No. 1
Tup-e Morvari
[The Pearl Cannon]
Sadeq Hedayat
No. 2
Divan-e Parvin-e E`tesami
[The *Divan* of Parvin E`tesami]
Edited by Heshmat Moayyad
No. 4
Zendegi-ye Toufani
Khaterat-e Seyyed Hassan Taghizadeh
[An Adventurous Life: Memoris of S.H. Taghizadeh]
Edited by Iraj Afshar
No. 5
Ay Koutah Astinan
Critical Essays by
Ali Akbar Saidi-Sirjani
No. 6
Afsaneh-ha
[The Fables}
Ali Akbar Saidi-Sirjani
No. 8
Dar Astin-e Moraqqa`
[Under the Cloak of Hypocrisy]
Ali Akbar Saidi-Sirjani
No. 9
Sargozasht-e Haji Baba-ye Isfahani
[The Adventures of Hajji Baba of Ispahan]
James Morier
Tr. by Mirza Habib Isfahani, edited by M.A. Jamalzadeh
No. 10
Farda dar Esarat-e Diruz
[The Future Held Captive by the Past]
A.G. Mirzai

Az Orshalīm
tā

Orshalīm

[From Jerusalem to Jerusalem]